2,000+
ESSENTIAL FRENCH VERBS

Learn the Forms, Master the Tenses, and Speak More Fluently!

LIVING LANGUAGE®
A Random House Company

2,000+
ESSENTIAL
FRENCH VERBS

Learn the Forms, Master the Tenses, and Speak More Fluently!

VERB LIST, GLOSSARY, AND APPENDICES BY
Christine Boucher
Collège Frison-Roche, Chamonix-Mont-Blanc

VERB CONJUGATION CHARTS BY
Michel Sitruk
New York University
and
Christine Boucher
Collège Frison-Roche, Chamonix-Mont-Blanc

FRENCH VERBS IN ACTION BY
Francesca Sautman, Ph.D.
Hunter College, CUNY

LIVING LANGUAGE, A RANDOM HOUSE COMPANY NEW YORK

Copyright © 2003 by Living Language, A Random House Company

Living Language is a member of the Random House Information Group

Published in the United States by Living Language, A Random House Company

www.livinglanguage.com

Editor: Zvjezdana Vrzić
Production Editor: Linda Schmidt
Production Manager: Pat Ehresmann
Design: Sophie Ye Chin

First Edition

ISBN 1-4000-2053-0

Library of Congress Cataloging-in-Publication Data

Boucher, Christine.
    2,000+ essential French verbs : learn the forms, master the tenses, and speak fluently! / index and
    glossary by Christine Boucher ; verb conjugation charts by Michel Sitruk and Christine Boucher ;
    French verbs in action by Francesca Sautman.
        p. cm.
    Includes index.
    ISBN 1-4000-2053-0 (alk. paper)
    1. French language—Verb.   2. French language—Verb—Tables.   3. French language—Textbooks
    for foreign speakers—English.   I. Title: 2000 plus essential French verbs.   II. Title: Two thousand plus
    essential French verbs.   III. Sitruk, Michel.   IV. Sautman, Francesca.   V. Title.

PC2271.B68 2003

                                                                                          2003047505

PRINTED IN THE UNITED STATES OF AMERICA
10 9 8 7 6 5

ACKNOWLEDGMENTS

Thanks to the Living Language team: Tom Russell, Elizabeth Bennett, Christopher Warnasch, Suzanne McQuade, Helen Tang, Denise DeGennaro, Pat Ehresmann, Linda Schmidt, John Whitman, Lisa Montebello, and Sophie Chin. Thanks also to Christine Boucher, the reviewer of the book. Without everyone's dedication and hard work, this book would not have been possible.

CONTENTS

Part I
ALL ABOUT FRENCH VERBS

INTRODUCTION

Welcome to *2,000+ Essential French Verbs: Learn the Forms, Master the Tenses, and Speak Fluently!* Whether you're more or less fluent in French, have already mastered the basics of French grammar and usage, or are just embarking on a French learning adventure, *2,000+ Essential French Verbs* is the right book for you. It is an essential reference manual about French verbs, developed by native speakers and experts in language teaching. Keep this simple and practical guide on your desk, and consult it whenever you're not sure about a form of a French verb or are wondering about when and how to use a French tense. With repeated use, you'll quickly reach full expertise in French verbs—their forms and tenses, and current, everyday usage in conversation.

2,000+ Essential French Verbs consists of a detailed reference section, followed by a large practice section. The reference part of the book, All About French Verbs, contains an alphabetical list of more than 2000 French verbs, with their translations and information on usage; a guide to forming tenses; and alphabetically ordered conjugation charts of 250 French verbs. The second part of the book, French Verbs in Action, lays out the nitty-gritty details of formation and usage for all major French tenses and more than 80 essential French verbs, using numerous examples and sample dialogues. And so you can put your knowledge to use (and to test!) right away, we've also included more than 100 exercises.

We include appendices offering more useful information on French verbs: a list of common pronominal verbs, a list of impersonal verbs, a list of verbs that take both *être* and *avoir* in the past, a list of verbs that take only *être* (and not *avoir*) in the past, and a summary of the subjunctive. We also added a glossary of commonly used grammar terms and a short summary of French grammar. At the end of the book, you'll also find an English–French glossary with French equivalents for more than 2,000 English verbs. As a very special bonus, we added flash cards of 40 most essential regular *and* irregular French verbs that you can take and study anywhere!

This practical book can be used in several ways: Look up a French verb you have a question about in the Verb List. Find its meaning, see its different properties, including the prepositions that come with it, and then go to the Verb Chart, indicated in the Verb List, to find the full conjugation of the verb itself (all verbs fully conjugated in the Verb Charts are in boldface in the Verb List) or its model. At the bottom of each Verb Chart, you'll also find examples of usage and common related words. If you're wondering about how the different verb forms and tenses are put together, take a look at the explanations in the Guide to Tense Formation. Or go to a section in the French Verbs in Action part of the book if you'd like to concentrate further on a particular tense or a verb, and get more examples of usage, including in everyday dialogues. Do the exercises that follow the explanations and examples to reinforce what you've learned. And if you can't think of a French word for an English verb, look up the verb in the English–French glossary and go to the Verb Charts directly from there!

Whichever way you decide to go, your fluency in French will only keep growing. Have fun!

List of Abbreviations

affirm.	affirmative
e.o.	each other
f.	feminine
fig.	figurative
fml.	formal
inf.	infinitive
infml.	informal
m.	masculine
neg.	negative
o.s.	oneself
pl.	plural
sg.	singular
sb	somebody
sth	something

LIST OF 2,000+

ESSENTIAL FRENCH VERBS

A

KEY: **abattre** = verb in boldface is fully conjugated in a verb chart; 24 = number after the verb indicates the chart number in which the verb itself or a model verb is fully conjugated; *à, de,* etc. = preposition/s used with the verb; *se* = indicates a pronominal verb; *être* = verb (other than pronominal) used with *être; avoir/être* = verb used with either *être* or *avoir.* The prepositions, the reflexive pronoun, or the auxiliaries noted in the index always follow the verb meaning they are used with.

affairer (to bustle about), *se, à* 62

affaisser (to sag, to subside), *se* 62

affaler (to slump), *se, dans/sur* 62

affamer (to starve) 9

affecter (to affect; to allocate; to feign) . . .9

affectionner (to be fond of) 9

affermir (to strengthen), (to become
stronger), *se* .107

afficher (to put up, to display) 9

affiner (to refine; to slim), also *se* 9

affirmer (to maintain, to say) 9

affliger (to distress) 138

affluer (to rush, to flock), *à/vers* 9

affoler (to panic) 62

affranchir (to put a stamp on;
to emancipate) 107

affréter (to charter) 208

affronter (to confront, to face), also *se* 9

affûter (to sharpen) 9

agacer (to get on sb's nerves) 173

agencer (to put together, to arrange),
also *se* 173

agenouiller (to kneel down), *se* 62

aggraver (to make worse),
(to get worse), *se* 9

agir (to act; to behave),
(to be about), *se, de* 8

agiter (to shake), (to fidget, to stir), *se* 9

agoniser (to be dying) 9

agrafer (to staple, to fasten) 9

agrandir (to extend, to enlarge),
also *se* 115

agresser (to attack, to mug) 9

aider (to help), *à*, (to use,
to make use of), *se, de* 9

aiguiser (to sharpen) 9

aimer (to like, to love) 9

ajourner (to postpone, to adjourn) 9

ajouter (to add), also *se, à* 9

ajuster (to adjust, to fit sth to), *à* 9

alarmer (to alarm), (to get alarmed),
se, de/pour 9

alerter (to alert, to warn) 9

aliéner (to alienate) 29

aligner (to line up), also *se, sur* 9

alimenter (to feed; to supply),
(to eat), *se* 9

allaiter (to breast-feed, to suckle) 9

alléger (to lighten, to reduce) 172

aller (to go), *être*, (to go away), *se, en* 10

allier (to combine, to unite), also *se,
avec/contre* 13

allonger (to stretch, to extend),
(to lie down), *se* 138

allumer (to light, to turn on)
(to come on), *se* 9

alourdir (to weigh down, to make
heavy), also *se* 107

altérer (to spoil; to alter), also *se* 93

alterner (to alternate), *avec* 9

amadouer (to cajole) 9

amasser (to amass, to hoard), also *se* 9

améliorer (to improve), also *se* 9

aménager (to convert) 138

amender (to amend), (to mend
one's ways), *se* 9

amener (to bring; to induce), *à* 81

amenuiser (to dwindle), *se* 62

ameuter (to draw a crowd of) 9

amincir (to slim), (to make sb
look slimmer) 107

amortir (to deaden, to cushion) 107

amplifier (to amplify), also *se* 13

amputer (to amputate) 9

amuser (to amuse, to entertain),
(to have fun, to play with), *se, avec* 9

analyser (to analyze) 9

anéantir (to annihilate, to shatter) 107

anesthésier (to anaesthetize) 13

angoisser (to worry) 9

animer (to liven sth up; to host),
(to come to life), *se* 9

annexer (to annex) 9

annoncer (to announce, to forecast) 173

annoter (to annotate) 9

annuler (to cancel) 9

anticiper (to anticipate) 9

apaiser (to calm down, to appease),
also *se* 9

KEY: abattre = verb in boldface is fully conjugated in a verb chart; 24 = number after the verb indicates the chart
number in which the verb itself or a model verb is fully conjugated; *à, de*, etc. = proposition/s used with the verb;
se = indicates a pronominal verb; *être* = verb (other than pronominal) used with *être*; *avoir/être* = verb used with
either *être* or *avoir*. The prepositions, the reflexive pronoun, or the auxiliaries noted in the index always follow the
verb meaning they are used with.

KEY: **abattre** = verb in boldface is fully conjugated in a verb chart; 24 = number after the verb indicates the chart number in which the verb itself or a model verb is fully conjugated; *à*, *de*, etc. = proposition/s used with the verb; *se* = indicates a pronominal verb; *être* = verb (other than pronominal) used with *être*; *avoir/être* = verb used with either *être* or *avoir*. The prepositions, the reflexive pronoun, or the auxiliaries noted in the index always follow the verb meaning they are used with.

B

C

Verb List

KEY: **abattre** = verb in boldface is fully conjugated in a verb chart; 24 = number after the verb indicates the chart number in which the verb itself or a model verb is fully conjugated; *à, de*, etc. = proposition/s used with the verb; *se* = indicates a pronominal verb; *être* = verb (other than pronominal) used with *être*; *avoir/être* = verb used with either *être* or *avoir*. The prepositions, the reflexive pronoun, or the auxiliaries noted in the index always follow the verb meaning they are used with.

KEY: **abattre** = verb in boldface is fully conjugated in a verb chart; 24 = number after the verb indicates the chart number in which the verb itself or a model verb is fully conjugated; *à, de*, etc. = proposition/s used with the verb; *se* = indicates a pronominal verb; *être* = verb (other than pronominal) used with *être*; *avoir/être* = verb used with either *être* or *avoir*. The prepositions, the reflexive pronoun, or the auxiliaries noted in the index always follow the verb meaning they are used with.

Verb List

KEY: **abattre** = verb in boldface is fully conjugated in a verb chart; 24 = number after the verb indicates the chart
number in which the verb itself or a model verb is fully conjugated; *à, de*, etc. = preposition/s used with the verb;
se = indicates a pronominal verb; *être* = verb (other than pronominal) used with *être*; *avoir/être* = verb used with
either *être* or *avoir*. The prepositions, the reflexive pronoun, or the auxiliaries noted in the index always follow the
verb meaning they are used with.

KEY: **abattre** = verb in boldface is fully conjugated in a verb chart; 24 = number after the verb indicates the chart number in which the verb itself or a model verb is fully conjugated; *à, de,* etc. = proposition/s used with the verb; *se* = indicates a pronominal verb; *être* = verb (other than pronominal) used with *être*; *avoir/être* = verb used with either *être* or *avoir*. The prepositions, the reflexive pronoun, or the auxiliaries noted in the index always follow the verb meaning they are used with.

KEY: abattre = verb in boldface is fully conjugated in a verb chart; 24 = number after the verb indicates the chart number in which the verb itself or a model verb is fully conjugated; *à*, *de*, etc. = preposition/s used with the verb; *se* = indicates a pronominal verb; *être* = verb (other than pronominal) used with *être*; *avoir/être* = verb used with either *être* or *avoir*. The prepositions, the reflexive pronoun, or the auxiliaries noted in the index always follow the verb meaning they are used with.

Verb List

KEY: **abattre** = verb in boldface is fully conjugated in a verb chart; 24 = number after the verb indicates the chart number in which the verb itself or a model verb is fully conjugated; à, de, etc. = proposition/s used with the verb; se = indicates a pronominal verb; être = verb (other than pronominal) used with être; avoir/être = verb used with either être or avoir. The prepositions, the reflexive pronoun, or the auxiliaries noted in the index always follow the verb meaning they are used with.

Verb List

divertir (to amuse), (to have fun), *se* . . .107

diviser (to divide), *se* 9

divorcer (to get a divorce) 173

divulguer (to disclose) 9

documenter (to gather information
on), *se, sur* 62

dominer (to dominate),
(to control o.s.), *se* 9

dompter (to tame) 9

donner (to look on), *sur,* (to give) 75

dorloter (to pamper) 9

dormir (to sleep) 76

doser (to measure out) 9

doubler (to double; to pass) 9

doucher (to give a shower), (to have a
shower), *se* 9

douter (to doubt), *de,* (to suspect), *se* 9

dresser (to tame; to erect) 9

droguer (to drug), (to take drugs), *se* 9

durcir (to harden), *se* 107

durer (to last) 9

E

éblouir (to dazzle) 107

ébouillanter (to scald), *se* 9

ébranler (to shake) 9

ébrécher (to chip), *se* 29

écarter (to move away; to spread),
(to move out of the way), *se, de* 9

échanger (to exchange) 138

échapper (to escape), *à/de,* also *se* 9

échauffer (to warm up), *se* 62

échelonner (to stagger, to spread out) 9

échouer (to fail), (to run aground), *se* 9

éclabousser (to splash) 9

éclaircir (to lighten, to clarify),
(to clear up), *se* 107

éclairer (to give light), (to light, to
enlighten), (to light up), *se* 9

éclater (to burst, to break out), (to have
a great time), *se* 9

éclore (to hatch) 34

écœurer (to sicken, to nauseate) 9

économiser (to save) 9

écorcher (to graze), *se* 9

écosser (to shell) .9

écouler (to sell), (to pass; to flow), *se* 9

écourter (to shorten) 9

écouter (to listen; to obey) 77

écraser (to crush; to run over),
(to crash), *se* 9

écrier (to cry out), *se* 13

écrire (to write; to spell), (to write to
each other; to be spelled), *se* 78

écrouler (to collapse), *se* 62

éditer (to publish; to edit) 9

éduquer (to educate, to bring up) 9

effacer (to delete, to erase), (to wear
away, to fade), *se* 173

effectuer (to make; to carry out) 79

efforcer (to try hard to), *se, de* 173

effrayer (to frighten), *se, de* 166

égaler (to equal) .9

égaliser (to tie), (to make equal) 9

égarer (to mislay), (to get lost), *se* 9

égayer (to brighten up) 166

égoutter (to drain), *se* 9

égratigner (to scratch), *se* 9

éjecter (to eject), *se* 9

élaborer (to elaborate) 9

élancer (to rush forward, to bound,
to shoot forth), *se* 132

élargir (to widen), *se* 107

électrocuter (to electrocute), *se* 9

élever (to raise, to breed), (to rise), *se* . . .86

éliminer (to eliminate) 9

élire (to elect) .135

éloigner (to move away), *se* 9

élucider (to elucidate) 9

émanciper (to become independent), *se* . .62

emballer (to wrap up), (to bolt, to get
carried away), *se* 9

embarquer (to board), (to embark), *se* 9

embarrasser (to embarrass; to clutter
up), (to burden o.s. with), *se, de* 58

embaucher (to hire) 9

embellir (to embellish), *se* 107

KEY: **abattre** = verb in boldface is fully conjugated in a verb chart; 24 = number after the verb indicates the chart
number in which the verb itself or a model verb is fully conjugated; *à, de,* etc. = proposition/s used with the verb;
se = indicates a pronominal verb; *être* = verb (other than pronominal) used with *être; avoir/être* = verb used with
either *être* or *avoir*. The prepositions, the reflexive pronoun, or the auxiliaries noted in the index always follow the
verb meaning they are used with.

KEY: **abattre** = verb in boldface is fully conjugated in a verb chart; 24 = number after the verb indicates the chart number in which the verb itself or a model verb is fully conjugated; *à*, *de*, etc. = proposition/s used with the verb; *se* = indicates a pronominal verb; *être* = verb (other than pronominal) used with *être*; *avoir/être* = verb used with either *être* or *avoir*. The prepositions, the reflexive pronoun, or the auxiliaries noted in the index always follow the verb meaning they are used with.

Verb List

KEY: **abattre** = verb in boldface is fully conjugated in a verb chart; 24 = number after the verb indicates the chart
number in which the verb itself or a model verb is fully conjugated; à, de, etc. = preposition/s used with the verb;
se = indicates a pronominal verb; être = verb (other than pronominal) used with être; avoir/être = verb used with
either être or avoir. The prepositions, the reflexive pronoun, or the auxiliaries noted in the index always follow the
verb meaning they are used with.

KEY: **abattre** = verb in boldface is fully conjugated in a verb chart; 24 = number after the verb indicates the chart number in which the verb itself or a model verb is fully conjugated; à, de, etc. = proposition/s used with the verb; se = indicates a pronominal verb; être = verb (other than pronominal) used with être; avoir/être = verb used with either être or avoir. The prepositions, the reflexive pronoun, or the auxiliaries noted in the index always follow the verb meaning they are used with.

flatter (to flatter) .9

fléchir (to bend) 107

fleurir (to blossom, to flower), (to decorate with flowers) 108

flirter (to flirt) 9

flotter (to float; to flap) 9

foncer (to tear along, to go for it), (to make darker) 173

fonctionner (to work, to function) 9

fonder (to found), (to base o.s. on), se, sur 9

fondre (to melt), se 109

forcer (to overdo it), (to force), (to force o.s. to), se, à 173

formater (to format) 9

former (to form, to train sb), se 9

formuler (to formulate) 9

fortifier (to strengthen), se 13

foudroyer (to strike down) 4

fouetter (to whip, to whisk) 9

fouiller (to rummage in)

fournir (to supply, to provide) 107

fracasser (to shatter), se 9

fracturer (to fracture), se 9

fragmenter (to divide up) 9

franchir (to cross, to get over) 107

frapper (to knock), (to hit, to beat) 110

fraterniser (to fraternize) 9

frauder (to cheat), (to defraud) 9

fredonner (to hum) 9

freiner (to brake), (to slow down) 9

frémir (to shudder, to shiver) 107

fréquenter (to frequent; to do things with), (to do things together), se 9

friser (to be curly), (to curl; to verge on) . .9

frissonner (to quake, to shiver) 9

frôler (to brush against; to border on), (to brush against one another), se 9

frotter (to rub), se 9

fuguer (to run away) 9

fuir (to run away, to leak), (to avoid) 85

fumer (to smoke) 111

fusiller (to shoot) 9

gâcher (to waste, to ruin) 9

gaffer (to blunder) 9

gagner (to win, to earn, to gain) 112

galoper (to gallop, to run wild) 9

gambader (to gambol, to caper) 9

garantir (to guarantee, to secure) 107

garder (to keep; to look after), (to keep; to keep o.s. from sth), se, de 9

garer (to park), (to park; get out of the way), se 113

garnir (to stock with, to decorate with), de 107

gaspiller (to waste) 9

gâter (to spoil, to ruin), (to go bad), se 9

gaver (to force-feed), (to stuff o.s. with), se, de 9

gazouiller (to chirp, to gurgle) 9

geindre (to moan) 167

geler (to freeze) 114

gémir (to groan) 107

gêner (to bother, to hamper), (to put o.s. out), se 9

généraliser (to generalize) 9

générer (to generate) 93

gérer (to manage, to handle) 93

gesticuler (to gesticulate) 9

gicler (to spurt) 9

gifler (to slap) 9

glacer (to freeze, to turn sb cold), (to freeze), se .173

glisser (to slide, to slip) , (to slip sth), (to slip somewhere), se 9

gober (to swallow whole) 9

gommer (to erase) 9

gonfler (to swell), (to pump up, to inflate) 9

goudronner (to tar) 9

goûter (to have an after-school snack), (to taste) 9

goutter (to drip) .9

gouverner (to govern) 9

gracier (to grant a pardon to) 13

grandir (to grow [up], to increase) 115

grappiller (to glean) 9

gratifier (to favor with), de 13

KEY: **abattre** = verb in boldface is fully conjugated in a verb chart; 24 = number after the verb indicates the chart number in which the verb itself or a model verb is fully conjugated; à, de, etc. = preposition/s used with the verb; se = indicates a pronominal verb; être = verb (other than pronominal) used with être; avoir/être = verb used with either être or avoir. The prepositions, the reflexive pronoun, or the auxiliaries noted in the index always follow the verb meaning they are used with.

Verb List

gratter (to scratch), *se* 9

graver (to engrave, to cut) 9

gravir (to climb) .107

greffer (to transplant), (to come on
top of), *se, sur* 9

grêler (to hail) 9

grelotter (to shiver) 9

grignoter (to pick at one's food),
(to nibble) 9

griller (to toast, to grill, to roast) 9

grimacer (to pull a face, to wince) 173

grimper (to climb) .9

grincer (to grate, to creak) 173

grisonner (to be going gray) 9

grogner (to grunt, to grumble) 9

gronder (to roar, to rumble), (to tell off) . .9

grossir (to put on weight), (to magnify,
to make sb look fatter) 116

grouiller (to be swarming with), *de*,
(to get a move on), *se* 9

grouper (to group), (to gather, to form a
group), *se* 9

guérir (to get better, to heal), (to cure) .107

guetter (to watch out for, to watch) 9

guider (to guide), *se* 9

H

habiller (to dress), (to get dressed, to dress
o.s.), *se* 117

habiter (to live) .118

habituer (to get sb used to), *à*, (to get
used to), *se, à* .9

hacher (to chop, to grind) 9

haïr (to detest, to hate), (to hate one
another), *se* 119

halluciner (to hallucinate) 9

hanter (to haunt) 9

harceler (to harass) 114

harmoniser (to harmonize), *se* 9

hasarder (to hazard), (to venture,
to risk), *se* 9

hâter (to hasten), (to hurry), *se* 9

hausser (to raise) .9

héberger (to house, to accommodate) . .138

hennir (to neigh) 107

hériter (to inherit), *de* 9

hésiter (to hesitate) 9

heurter (to collide with; to offend),
(to collide, to clash), *se* 9

hiberner (to hibernate) 9

hisser (to hoist), (to clamber), *se* 9

honorer (to honor, to do credit to) 9

horripiler (to exasperate) 9

hospitaliser (to hospitalize) 9

huer (to hoot), (to boo) 9

humecter (to moisten, to dampen) 9

humer (to smell) 9

humilier (to humiliate), *se* 13

hurler (to scream, to howl), (to yell) 9

hydrater (to hydrate, to moisturize),
(to drink a lot), *se* 9

hypnotiser (to hypnotize) 9

I

identifier (to identify), (to identify
with), *se, à* 13

ignorer (to be unaware of; to ignore),
(to ignore each other), *se* 9

illuminer (to light up), *se* 9

illustrer (to illustrate), (to become
famous), *se* 9

imaginer (to imagine, to think up) 9

imiter (to imitate, to impersonate) 9

immerger (to immerse), *se* 138

immigrer (to immigrate) 9

immiscer (to interfere in), *se, dans* 173

immobiliser (to immobilize; to tie up),
(to stop), *se* 9

immortaliser (to immortalize) 9

impatienter (to get impatient), *se* 62

imperméabiliser (to waterproof) 9

implanter (to introduce), (to set up), *se* . . .9

impliquer (to imply; to involve),
(to get involved in), *se, dans* 9

implorer (to implore) 9

imploser (to implode) 9

importer (to matter), (to import) 181

importuner (to bother) 9

KEY: **abattre** = verb in boldface is fully conjugated in a verb chart; 24 = number after the verb indicates the chart number in which the verb itself or a model verb is fully conjugated; *à*, *de*, etc. = proposition/s used with the verb; *se* = indicates a pronominal verb; *être* = verb (other than pronominal) used with *être*; *avoir/être* = verb used with either *être* or *avoir*. The prepositions, the reflexive pronoun, or the auxiliaries noted in the index always follow the verb meaning they are used with.

imposer (to impose, to tax), (to be necessary; to assert o.s.), *se* 9

imprégner (to impregnate with), *se, de* . . .29

impressionner (to impress) 9

imprimer (to print, to imprint) 120

improviser (to improvise), *se* 9

inaugurer (to inaugurate, to open) 9

incarcérer (to incarcerate) 93

incarner (to incarnate, to embody) 9

incendier (to burn) 13

incinérer (to incinerate, to cremate) 93

inciter (to encourage, to incite), *à* 9

incliner (to tilt), (to bow; to lose), *se* 9

inclure (to include, to enclose) 38

incriminer (to incriminate), *se* 9

inculper (to charge with), *de* 9

inculquer (to instill into), *à* 9

indemniser (to compensate) 9

indigner (to make sb indignant), (to get indignant), *se, de* 9

indiquer (to point out, to show) 9

industrialiser (to industrialize), *se* 9

infecter (to contaminate, to infect), (to become infected), *se* 9

infester (to infest) 9

infiltrer (to infiltrate), (to filter through; to infiltrate), *se* .9

infliger (to inflict, to impose), *à* 138

influencer (to influence) 173

informatiser (to computerize) 9

informer (to inform), (to inform o.s.), *se* . .9

ingérer (to ingest) 93

inhaler (to inhale) 9

inhumer (to bury) 9

initier (to initiate), *se, à* 13

injecter (to inject), *se* 9

injurier (to abuse, to insult) 13

innocenter (to clear of), *de* 9

inonder (to flood) 9

inquiéter (to worry), *se, de* 121

inscrire (to note down, to register), (to enroll, to join), *se, à* 78

insensibiliser (to anesthetize) 9

insérer (to insert), (to fit into), *se, dans* . .93

insinuer (to insinuate) 9

insister (to insist, to stress) 9

inspecter (to inspect) 9

inspirer (to breathe in), (to inspire), (to be inspired by), *se, de* 9

installer (to install, to put in), (to set o.s. up; to move in), *se* 9

instituer (to institute, to establish) 9

instruire (to teach), (to educate o.s.), *se* . .43

insulter (to insult), (to insult one another), *se* 9

insurger (to rebel), *se, contre* 241

intégrer (to integrate, to include), (to become integrated), *se, à/dans* 29

intensifier (to intensify), *se* 13

intercaler (to insert), (to come between), *se, entre* 9

intercepter (to intercept) 9

interdire (to forbid, to prevent) 122

intéresser (to interest), (to be interested in), *se, à* 9

interner (to intern, to institutionalize sb) . .9

interpeller (to call; to question) 9

interposer (to intervene), *se* 62

interpréter (to interpret, to sing, to play) 208

interroger (to question, to ask), (to wonder), *se* 138

interrompre (to interrupt), (to break off), *se* 123

intervenir (to intervene, to occur), *être* . .242

intimider (to intimidate) 9

intoxiquer (to poison; to brainwash), (to poison o.s.), *se* 9

intriguer (to intrigue, to puzzle) 9

introduire (to insert, to introduce), (to get into), *se* 43

inventer (to invent, to make up) 124

inverser (to reverse), *se* 9

investir (to invest), *se* 107

inviter (to invite), *se* 125

invoquer (to put forward, to plead) 9

isoler (to isolate, to insulate), (to isolate o.s.), *se* 9

Verb List

KEY: **abattre** = verb in boldface is fully conjugated in a verb chart; 24 = number after the verb indicates the chart number in which the verb itself or a model verb is fully conjugated; *à, de,* etc. = proposition/s used with the verb; *se* = indicates a pronominal verb; *être* = verb (other than pronominal) used with *être; avoir/être* = verb used with either *être* or *avoir*. The prepositions, the reflexive pronoun, or the auxiliaries noted in the index always follow the verb meaning they are used with.

J

jaillir (to spurt, to spring out) 107

jardiner (to garden) 9

jaunir (to turn yellow) 126

jeter (to throw sth, to throw away), (to jump; to flow into), se, dans 127

jeûner (to fast) .9

joindre (to join, to attach; to get in touch), (to join), se, à 128

jouer (to play, to gamble, to act) 129

jouir (to enjoy sth), de 107

juger (to judge, to consider) 138

jurer (to swear), (to vow), se 130

justifier (to justify), se 13

K

kidnapper (to kidnap) 9

klaxonner (to hoot) 9

L

lâcher (to let go, to drop) 9

laisser (to leave, to let), (to let o.s. be), se 131

lamenter (to moan), se 62

lancer (to throw, to launch), (to go for it; to leap), se 132

lasser (to tire), (to grow tired of), se, de . . .9

laver (to wash), se 133

lécher (to lick), se 29

léguer (to bequeath, to hand down) 29

lever (to lift, to raise), (to get up, to rise, to stand up), se 134

libérer (to free, to release; to vacate), (to free o.s.; to become vacant), se 93

lier (to tie, to link), (to become friends with), se, avec 13

ligoter (to bind hand and foot) 9

limer (to file) 9

limiter (to limit, to delimit), (to limit o.s. to, to be limited to), se, à 9

lire (to read), se 135

livrer (to deliver, to hand sb over), (to give o.s. up), se 9

localiser (to locate) 9

loger (to stay), (to accommodate, to put up) 136

longer (to follow, to go along) 138

loucher (to squint) 9

louer (to rent, to reserve) 9

luire (to gleam, to glisten) 43

lutter (to wrestle, to fight against), contre 9

M

macérer (to macerate, to steep) 93

mâcher (to chew) 9

maigrir (to lose weight) 137

maintenir (to maintain, to keep), (to hold), se 232

maîtriser (to master, to control), (to get hold of o.s.), se 9

majorer (to increase), de 9

maltraiter (to ill-treat, to abuse) 9

manger (to eat), (to be eaten), se 138

manier (to handle) 13

manifester (to demonstrate), (to show), (to get in touch; to be apparent), se 9

manigancer (to plot) 173

manipuler (to handle; to manipulate) 9

manœuvrer (to maneuver) 9

manquer (to lack, to miss), (to miss), à, de 139

maquiller (to put make-up on), se 9

marchander (to haggle) 9

marcher (to walk; to work) 9

marier (to get married), se 13

marquer (to score), (to mark, to write down) 9

martyriser (to torture) 9

massacrer (to slaughter; to make a mess of), (to massacre one another), se 9

masser (to massage), se 9

materner (to mother) 9

maudire (to curse) 140

mécontenter (to displease) 9

médire (to criticize, to gossip), de 44

méditer (to meditate), sur, (to plan; to meditate) 9

méfier (to mistrust), se, de 13

KEY: **abattre** = verb in boldface is fully conjugated in a verb chart; 24 = number after the verb indicates the chart number in which the verb itself or a model verb is fully conjugated; à, de, etc. = proposition/s used with the verb; se = indicates a pronominal verb; être = verb (other than pronominal) used with être; avoir/être = verb used with either être or avoir. The prepositions, the reflexive pronoun, or the auxiliaries noted in the index always follow the verb meaning they are used with.

mélanger (to mix, to blend), (to get mixed up), *se* 138

mêler (to involve), (to join, to get involved in), *se, à* 9

mémoriser (to memorize) 9

menacer (to threaten, to jeopardize) . . .173

ménager (to treat gently), (to take it easy), *se* 138

mendier (to beg) 13

mener (to lead) .81

mentionner (to mention) 9

mentir (to lie), *à*, (to lie to each other), *se* 141

mépriser (to despise, to scorn) 9

mériter (to deserve) 9

mesurer (to measure, to assess), (to pit o.s. against), *se, à/avec* 9

métamorphoser (to transform into), *se, en* 9

mettre (to put, to wear), (to put o.s., to start), *se, à* 142

meubler (to furnish; to fill), (to furnish one's home), *se* 9

miauler (to meow) 9

mijoter (to simmer) 9

militer (to militate) 9

mimer (to mime, to mimic) 9

mincir (to get slimmer) 107

miner (to mine, to undermine) 9

miser (to bet, to bank on), *sur* 9

mobiliser (to mobilize), (to join forces), *se, contre* 9

modeler (to model, to shape) 114

modérer (to restrain), *se* 93

moderniser (to modernize), *se* 9

modifier (to modify), *se* 13

moisir (to go moldy, to rot) 107

monopoliser (to monopolize) 9

monter (to go up, to rise), *être*, (to take up) 143

montrer (to show, to point out), (to appear, to show up), *se* 144

moquer (to make fun of, not to care about), *se, de* .62

morceler (to divide up) 127

mordre (to bite), *se* 145

morfondre (to languish), *se* 61

motiver (to motivate), *se* 9

moucher (to blow one's nose), *se* 62

moudre (to grind) 146

mouiller (to drop anchor), (to get wet), *se* 9

mourir (to die), *être* 147

mousser (to froth, to bubble) 9

multiplier (to multiply), *se* 13

munir (to take with), *se, de* 89

mûrir (to ripen) 107

murmurer (to murmur) 9

muscler (to develop one's muscles), *se* .62

museler (to muzzle) 127

mutiler (to mutilate), *se* 9

N

nager (to swim) 148

naître (to be born; to arise), *être* 149

naturaliser (to naturalize) 9

naviguer (to sail, to navigate) 9

nécessiter (to require) 9

négliger (to neglect), *se* 138

négocier (to negotiate), *se* 13

neiger (to snow) 150

nettoyer (to clean) 151

neutraliser (to neutralize) 9

nier (to deny) 13

niveler (to level) 127

noircir (to darken), (to blacken) 107

nommer (to name; to appoint), (to be called), *se* 9

noter (to write down; to notice) 9

nouer (to tie; to form) 9

nourrir (to be nourishing), (to feed), (to eat, to feed on), *se* 152

noyer (to drown), *se* 153

nuire (to harm, to damage), *à*, (to harm each other), *se* 154

numériser (to digitize) 9

numéroter (to number) 9

KEY: **abattre** = verb in boldface is fully conjugated in a verb chart; 24 = number after the verb indicates the chart number in which the verb itself or a model verb is fully conjugated; *à, de,* etc. = preposition/s used with the verb; *se* = indicates a pronominal verb; *être* = verb (other than pronominal) used with *être; avoir/être* = verb used with either *être* or *avoir*. The prepositions, the reflexive pronoun, or the auxiliaries noted in the index always follow the verb meaning they are used with.

O

P

KEY: **abattre** = verb in boldface is fully conjugated in a verb chart; 24 = number after the verb indicates the chart number in which the verb itself or a model verb is fully conjugated; *à, de*, etc. = proposition/s used with the verb; *se* = indicates a pronominal verb; *être* = verb (other than pronominal) used with *être*; *avoir/être* = verb used with either *être* or *avoir*. The prepositions, the reflexive pronoun, or the auxiliaries noted in the index always follow the verb meaning they are used with.

peiner (to work hard, to labor),
(to sadden) 9

peler (to peel) 114

pénaliser (to penalize) 9

pencher (to lean), (to tilt), (to lean over; to
bend down), *se* 168

pendre (to hang), (to hang o.s.), *se* 204

pénétrer (to enter, to penetrate) 29

penser (to think, to think about), *à*,
(to think sth of), *de* 169

percer (to come through), (to pierce) . . .173

percevoir (to perceive; to collect) 195

percher (to perch), *se* 9

perdre (to lose), (to get lost), *se* 170

perfectionner (to improve), *se* 9

perforer (to pierce, to punch) 9

périr (to perish) 107

permettre (to permit, to allow), (to allow
o.s.; to afford), *se* 142

perpétuer (to perpetuate) 9

perquisitionner (to carry out a search),
(to search) 9

persécuter (to persecute, to harass) 9

persévérer (to persevere), *dans* 93

persister (to persist, to linger) 9

personnaliser (to personalize) 9

personnifier (to personify) 13

persuader (to persuade, to convince),
(to convince o.s. of), *se, de* 9

perturber (to disrupt, to upset) 9

peser (to weigh), (to weigh o.s.), *se* 171

pétrir (to knead) 107

peupler (to populate) 9

photocopier (to photocopy) 13

photographier (to take a photo of) 13

picorer (to peck, to nibble) 9

piéger (to trap, to trick;
to booby-trap) 172

piétiner (to stamp one's feet; to make
no progress) .9

piller (to pillage, to loot) 9

piloter (to pilot) .9

pimenter (to put chilies in, to add
spice to) 9

pincer (to pinch) 173

pique-niquer (to have a picnic) 9

piquer (to sting), (to prick; to give sb an
injection), (to prick o.s.), *se* 9

pivoter (to revolve) 9

placer (to place, to seat), (to stand;
to sit), *se* 173

plagier (to plagiarize) 13

plaider (to plead) 9

plaindre (to feel sorry for), (to complain,
to moan), *se, de* 174

plaire (to be pleasing, to like), *à*, (to enjoy,
to like), *se* .175

plaisanter (to joke) 176

planifier (to plan) 13

planter (to plant; to hammer in) 9

plastifier (to coat with plastic) 13

plâtrer (to set in plaster) 9

pleurer (to cry), (to mourn) 177

pleurnicher (to snivel) 9

pleuvasser (to drizzle) 9

pleuvoir (to rain) 178

pleuvoter (to drizzle) 9

plier (to fold, to bend), (to fold; to
submit o.s. to), *se, à* 179

plisser (to pleat, to wrinkle), (to become
creased), *se* .9

plonger (to dive), (to plunge sth), (to throw
o.s. into), *se, dans* 180

poignarder (to stab) 9

poivrer (to pepper) 9

polir (to polish) 107

polluer (to pollute) 9

pomper (to pump) 9

poncer (to sand) 173

pondre (to lay eggs) 204

porter (to carry; to wear),
(to be worn), *se* 181

poser (to pose), (to put down, to lay),
(to land), *se* .9

posséder (to have, to own) 182

poster (to mail, to post), (to take up a position), *se* 9

postuler (to apply for a job), *à* 9

pourchasser (to pursue) 9

pourrir (to rot, to go bad), (to spoil) . . .183

KEY: **abattre** = verb in boldface is fully conjugated in a verb chart; 24 = number after the verb indicates the chart number in which the verb itself or a model verb is fully conjugated; *à, de*, etc. = proposition/s used with the verb; *se* = indicates a pronominal verb; *être* = verb (other than pronominal) used with *être*; *avoir/être* = verb used with either *être* or *avoir*. The prepositions, the reflexive pronoun, or the auxiliaries noted in the index always follow the verb meaning they are used with.

poursuivre (to go on), *se*, (to pursue, to continue) 228

pousser (to grow), (to push, to drive sb to), *à*, (to move over), *se* 9

pouvoir (to be able to, can, may) 184

pratiquer (to practice, to play), (to be played), *se* 9

précéder (to precede) 29

prêcher (to preach) 9

précipiter (to hasten; to throw), (to throw o.s; to rush), *se* .9

préciser (to make clear), (to become clear), *se* 9

préconiser (to recommend, to advocate) . .9

prédire (to predict, to foretell) 44

préférer (to prefer) 93

prélasser (to lounge), *se* 62

prélever (to take from; to levy), *sur* 86

préméditer (to premeditate) 9

prendre (to take), (to think you are sb), *se, pour* 185

préoccuper (to worry), *se, de* 156

préparer (to prepare, to get ready), *se, à* 186

prescrire (to prescribe) 78

présenter (to introduce, to present), (to introduce o.s.; to run for), *se, à* 187

préserver (to preserve) 9

présider (to preside, to chair) 9

pressentir (to sense) 220

presser (to be urgent), (to squeeze), (to hurry), *se* 9

présumer (to presume) 9

prétendre (to claim) 204

prêter (to lend), (to give way, to yield), *se* 9

prétexter (to give as a pretext) 9

prévenir (to warn, to inform; to prevent) 188

prévoir (to foresee, to plan, to expect) . .189

prier (to pray), (to beg) 190

privatiser (to privatize) 9

priver (to deprive of), *de*, (to go without), *se, de* 9

privilégier (to favor) 13

procéder (to proceed, to conduct), *à* 29

proclamer (to proclaim) 9

procurer (to get, to obtain), *se* 9

produire (to produce), (to happen; to perform), *se* .43

profiter (to take advantage of; to be a benefit to), *de, à* 9

programmer (to program) 9

progresser (to make progress, to rise) 9

projeter (to plan; to throw) 127

proliférer (to proliferate) 93

prolonger (to extend), (to last), *se* 138

promener (to take for a walk), (to go for a walk), *se* 81

promettre (to promise) 142

promouvoir (to promote) 92

prononcer (to pronounce), (to be pronounced; to express an opinion), *se, sur* 173

propager (to spread), *se* 138

proposer (to suggest, to offer), (to offer one's services), *se* 9

prospérer (to prosper, to thrive) 93

protéger (to protect), *se* 172

protester (to protest) 9

prouver (to prove) 9

provenir (to come from), *être, de* 242

provoquer (to provoke, to cause) 9

publier (to publish) 13

puiser (to draw from), *dans* 9

punir (to punish) 107

purifier (to purify), (to cleanse o.s.), *se* . . .13

Q

qualifier (to qualify), *se, pour* 13

questionner (to question) 9

quitter (to leave, to quit), (to split up), *se* 191

R

rabâcher (to keep repeating) 9

rabaisser (to disparage; to reduce) 9

rabattre (to close, to fold), (to cut in), *se* . .1

raccommoder (to mend), (to make up), *se* . .9

KEY: **abattre** = verb in boldface is fully conjugated in a verb chart; 24 = number after the verb indicates the chart number in which the verb itself or a model verb is fully conjugated; *à, de*, etc. = proposition/s used with the verb; *se* = indicates a pronominal verb; *être* = verb (other than pronominal) used with *être*; *avoir/être* = verb used with either *être* or *avoir*. The prepositions, the reflexive pronoun, or the auxiliaries noted in the index always follow the verb meaning they are used with.

Verb List

raccompagner (to take sb home) 9

raccourcir (to grow shorter),
(to shorten) 107

raccrocher (to hang up), (to hang on),
se, à 60

racheter (to buy back, to buy some more),
(to make amends), se 6

racler (to scrape) .9

raconter (to tell) 192

radoter (to ramble on) 9

radoucir (to calm down, to become
milder), se 89

rafraîchir (to cool down, to refresh), (to get
cooler; to refresh o.s), se 193

raisonner (to reason), (to reason with),
(to reason o.s.), se 9

rajeunir (to be rejuvenated), (to make sb
look younger) .107

rajouter (to add some more) 9

ralentir (to slow down), se 107

ramasser (to pick up, to collect) 9

ramener (to bring back) 81

ramer (to row) 9

ramper (to crawl, to creep) 9

ranger (to tidy up), (to put away, to tidy),
(to pull over; to settle down), se 138

ranimer (to revive, to rekindle) 9

râper (to grate) 9

rappeler (to call back; to remind of),
(to remember), se 12

rapporter (to retrieve; to tell tales), (to
bring back; to yield) 181

rapprocher (to bring closer), (to get
closer), se 9

raser (to shave), se 9

rassembler (to assemble, to rally), (to
gather), se 9

rassurer (to reassure), se 9

rater (to miss, to fail) 194

rattraper (to catch up), (to stop o.s. from
falling; to make up for), se 21

ravir (to delight) 107

raviser (to change one's mind), se 62

rayer (to cross out; to scratch) 166

rayonner (to radiate) 9

réaffirmer (to reaffirm) 9

réagir (to react, to respond), à 8

réaliser (to carry out, to realize, to direct),
(to come true), se 9

rebeller (to rebel), se 62

rebondir (to bounce) 107

récapituler (to recapitulate) 9

réceptionner (to receive), (to land), se 9

recevoir (to receive), (to land), se 195

recharger (to reload, to recharge) 138

réchauffer (to reheat), (to get warmer), se . .9

rechercher (to look for, to seek) 32

rechigner (to be reluctant to), à 9

rechuter (to have a relapse) 9

récidiver (to commit another offense) 9

réciter (to recite) .9

réclamer (to ask, to claim) 9

récolter (to harvest, to collect) 9

recommander (to recommend) 9

recommencer (to start again) 35

récompenser (to reward) 9

réconcilier (to reconcile), se 13

reconduire (to drive sb home) 39

réconforter (to comfort) 9

reconnaître (to recognize, to
acknowledge) 40

reconstituer (to reconstruct) 9

reconstruire (to rebuild) 43

recopier (to copy) 13

recoucher (to put back to bed), (to go
back to bed), se 9

recoudre (to sew back, to stitch up) 49

recouvrir (to cover) 51

recroqueviller (to huddle o.s. up), se 62

recruter (to recruit) 9

rectifier (to rectify, to correct) 13

recueillir (to collect), (to collect one's
thoughts), se 56

reculer (to move back, to back down),
(to push back, to postpone), (to move
back), se 9

récupérer (to recuperate), (to get back, to
collect) 93

KEY: **abattre** = verb in boldface is fully conjugated in a verb chart; 24 = number after the verb indicates the chart number in which the verb itself or a model verb is fully conjugated; à, de, etc. = proposition/s used with the verb; se = indicates a pronominal verb; être = verb (other than pronominal) used with être; avoir/être = verb used with either être or avoir. The prepositions, the reflexive pronoun, or the auxiliaries noted in the index always follow the verb meaning they are used with.

KEY: **abattre** = verb in boldface is fully conjugated in a verb chart; 24 = number after the verb indicates the chart
number in which the verb itself or a model verb is fully conjugated; à, de, etc. = proposition/s used with the verb;
se = indicates a pronominal verb; être = verb (other than pronominal) used with être; avoir/être = verb used with
either être or avoir. The prepositions, the reflexive pronoun, or the auxiliaries noted in the index always follow the
verb meaning they are used with.

KEY: **abattre** = verb in boldface is fully conjugated in a verb chart; 24 = number after the verb indicates the chart
number in which the verb itself or a model verb is fully conjugated; *à*, *de*, etc. = proposition/s used with the verb;
se = indicates a pronominal verb; *être* = verb (other than pronominal) used with *être*; *avoir/être* = verb used with
either *être* or *avoir*. The prepositions, the reflexive pronoun, or the auxiliaries noted in the index always follow the
verb meaning they are used with.

	CHART NUMBER

réussir (to succeed, to manage to), *à*, (to pass, to make a success of) 215

revaloriser (to re-value, to raise) 9

rêvasser (to daydream) 9

réveiller (to wake up), *se* 9

révéler (to reveal), (to prove to be), *se* . . .29

revendiquer (to claim responsibility for; to demand) 9

revendre (to sell again) 240

revenir (to come back), *être* 242

rêver (to dream), *de/à* 216

réviser (to revise, to review) 9

revivre (to come alive again), (to relive) 247

revoir (to see again; to review), (to see each other again), *se* 248

révolter (to disgust), (to rebel), *se* 9

révolutionner (to revolutionize) 9

révoquer (to repeal) 9

ricaner (to snigger) 9

ridiculiser (to ridicule), (to make a fool of o.s.), *se* 9

rigoler (to laugh, to joke) 9

rimer (to rhyme) 9

rincer (to rinse), *se* 173

riposter (to counter-attack, to retort) 9

rire (to laugh) 217

risquer (to risk, to venture), *se*, *à* 9

rivaliser (to rival) 9

romancer (to romanticize, to make into a novel) 173

rompre (to break up), *avec*, (to break), *se* 123

ronfler (to snore) 9

ronger (to gnaw, to eat into) 138

ronronner (to purr) 9

roter (to burp) .9

rôtir (to roast) 107

rougir (to blush, to turn red) 218

rouiller (to rust), (to make rusty) 9

rouler (to run; to drive), (to roll), *se* 9

rouvrir (to reopen) 159

rugir (to roar) 107

ruiner (to ruin), (to spend a lot of money), *se* 9

ruminer (to ruminate) 9

ruser (to use cunning) 9

rythmer (to punctuate) 9

S

saboter (to sabotage) 9

saccager (to wreck, to destroy; to sack) 138

sacrifier (to sacrifice, to give up), (to sacrifice o.s.), *se*, *à/pour* 13

saigner (to bleed) 9

saisir (to seize, to catch) 107

saler (to put salt in) 9

salir (to get dirty), *se* 107

saliver (to salivate) 9

saluer (to salute, to greet) 9

sanctionner (to punish, to sanction) 9

sangloter (to sob) 9

satisfaire (to satisfy), (to be satisfied with), *se*, *de* 103

saupoudrer (to sprinkle), *de* 9

sauter (to jump), (to jump over, to skip) . .9

sautiller (to hop) 9

sauvegarder (to save, to safeguard) 9

sauver (to save), (to run away), *se* 9

savoir (to know) 219

savonner (to soap), *se* 9

savourer (to savor) 9

scandaliser (to scandalize, to shock), (to be scandalized), *se* 9

scander (to chant) 9

scier (to saw) .13

scintiller (to sparkle, to twinkle) 9

scolariser (to send to school) 9

scruter (to scan, to scrutinize) 9

sculpter (to sculpt, to carve) 9

sécher (to dry), *se* 29

seconder (assist) 9

secouer (to shake), *se* 9

secourir (to help, to rescue) 50

sécréter (to secrete) 208

sectionner (to sever) 9

séduire (to seduce) 43

KEY: **abattre** = verb in boldface is fully conjugated in a verb chart; 24 = number after the verb indicates the chart number in which the verb itself or a model verb is fully conjugated; *à*, *de*, etc. = preposition/s used with the verb; *se* = indicates a pronominal verb; *être* = verb (other than pronominal) used with *être*; *avoir/être* = verb used with either *être* or *avoir*. The prepositions, the reflexive pronoun, or the auxiliaries noted in the index always follow the verb meaning they are used with.

séjourner (to stay) 9

sélectionner (to select) 9

sembler (to seem) 9

semer (to sow, to plant) 171

sensibiliser (to make aware of), à 9

sentir (to smell; to feel), (to feel), se . . .220

séparer (to separate, to divide), (to separate, to part with), se, de 9

séquestrer (to confine illegally) 9

sermonner (to lecture) 9

serrer (to grip; to tighten), (to cuddle up against), se, contre 9

servir (to be used as/for), de/à, (to serve), (to use sth; to help o.s.), se, de 221

sévir (to act ruthlessly) 107

siéger (to be in session, to sit) 172

siffler (to whistle), (to blow one's whistle at) 9

signaler (to indicate; to report) 9

signaliser (to signpost) 9

signer (to sign), (to cross o.s.), se 9

signifier (to mean) 13

simplifier (to simplify) 13

simuler (to simulate, to feign) 9

situer (to situate, to set), (to take place), se 9

skier (to ski) 13

soigner (to treat, to look after), (to take medicine), se 9

solder (to settle; to sell off) 9

solliciter (to seek, to appeal to) 9

sombrer (to sink) 9

somnoler (to doze) 9

sonder (to sound out) 9

songer (to think about), à 138

sonner (to ring, to sound) 222

sortir (to go out, to exit), être, (to take out), (to pull through), se, en 223

soucier (to care about), se, de 13

souder (to weld) .9

soudoyer (to bribe) 4

souffler (to blow), (to blow out; to whisper) 224

souffrir (to suffer), de 225

souhaiter (to wish) 9

soulager (to relieve), se 138

soûler (to get sb drunk), (to get drunk), se 9

soulever (to lift, to raise), (to lift o.s. up; to rebel against), se, contre 86

souligner (to underline, to highlight) 9

soumettre (to subject, to submit), (to submit to), se, à 142

soupçonner (to suspect) 9

soupirer (to sigh) 9

sourire (to smile) 217

souscrire (to subscribe to), à 78

sous-entendre (to imply) 90

sous-estimer (to underestimate) 9

sous-titrer (to subtitle) 9

soustraire (to subtract, to remove), (to shirk), se 74

sous-traiter (to subcontract) 9

soutenir (to support, to hold up), (to stand by each other), se 232

soutirer (to squeeze sth out of sb), à 9

souvenir (to remember), se, de 226

spécialiser (to specialize in), se, dans 62

spécifier (to specify) 13

spéculer (to speculate in), sur 9

stabiliser (to stabilize), se 9

stagner (to stagnate) 9

stationner (to be parked, to park), avoir/être 9

stériliser (to sterilize) 9

stimuler (to stimulate) 9

stopper (to stop) .9

stresser (to put under stress) 9

structurer (to structure) 9

stupéfier (to astound) 13

subir (to suffer, to undergo) 107

submerger (to submerge) 138

subsister (to remain, to subsist) 9

substituer (to substitute for), se, à 9

subtiliser (to steal) 9

subvenir (to provide for), à 242

Verb List

KEY: **abattre** = verb in boldface is fully conjugated in a verb chart; 24 = number after the verb indicates the chart number in which the verb itself or a model verb is fully conjugated; à, de, etc. = preposition/s used with the verb; se = indicates a pronominal verb; être = verb (other than pronominal) used with être; avoir/être = verb used with either être or avoir. The prepositions, the reflexive pronoun, or the auxiliaries noted in the index always follow the verb meaning they are used with.

subventionner (to subsidize) 9

succéder (to succeed, to follow), à,
(to follow one another), se 29

succomber (to die of), à 9

sucer (to suck) .173

sucrer (to put sugar in) 9

suer (to sweat) 9

suffire (to be enough) 227

suffoquer (to suffocate) 9

suggérer (to suggest) 93

suicider (to commit suicide), se 62

suivre (to follow; to keep up), (to follow
one another), se 228

superviser (to supervise) 9

supplanter (to supplant) 9

supplier (to beg, to implore) 13

supporter (to bear, to tolerate;
to support) .181

supposer (to suppose; to imply) 9

supprimer (to delete, to suppress,
to cancel) 9

surcharger (to overload) 138

surchauffer (to overheat) 9

surclasser (to outclass) 9

surélever (to make higher) 86

surenchérir (to bid higher) 107

surestimer (to overestimate), (to overestimate one's abilities), se 9

surfer (to surf) 9

surgir (to appear suddenly) 107

surmener (to overwork), se 81

surmonter (to overcome) 143

surnommer (to nickname) 9

surpasser (to surpass), (to
surpass o.s.), se 9

surplomber (to overhang) 9

surprendre (to surprise) 185

sursauter (to jump) 9

surveiller (to watch over, to keep
an eye on) 9

survenir (to arise, to take place), être . . .242

survivre (to survive) 247

survoler (to fly over; to skim through) 9

susciter (to provoke, to give rise to) 9

suspecter (to suspect) 9

suspendre (to hang up, to suspend), (to
hang from), se, à 204

symboliser (to symbolize) 9

sympathiser (to get on well with), avec . . .9

synchroniser (to synchronize) 9

T

tacher (to stain), (to get stains on one's
clothes) 9

tailler (to cut, to carve, to sharpen) 9

taire (to keep quiet about), (to be
quiet), se 229

tamponner (to dab; to stamp) 9

taper (to type; to bang) 230

tapisser (to paper, to cover) 9

taquiner (to tease) 9

tarder (to delay) .9

tartiner (to spread on) 9

tasser (to pack down), (to shrink; to
subside), se 9

tâter (to feel) 9

tatouer (to tattoo) 9

teindre (to dye) 95

téléphoner (to phone, to call), (to phone
one another), se 231

témoigner (to testify) 9

temporiser (to play for time) 9

tendre (to tighten), (to become taut) . . .204

tenir (to care about, to take after), à/de,
(to hold), se 232

tenter (to try, to tempt) 9

terminer (to finish), (to end), se 233

ternir (to tarnish), se 107

terrifier (to terrify) 13

terroriser (to terrorize) 9

tester (to test) 9

téter (to feed, to suckle) 208

timbrer (to stamp) 9

tirer (to shoot), (to pull), (to get o.s.
out of), se, de 9

tisser (to weave, to spin) 9

tituber (to stagger) 9

tolérer (to tolerate) 93

KEY: **abattre** = verb in boldface is fully conjugated in a verb chart; 24 = number after the verb indicates the chart
number in which the verb itself or a model verb is fully conjugated; à, de, etc. = preposition/s used with the verb;
se = indicates a pronominal verb; être = verb (other than pronominal) used with être; avoir/être = verb used with
either être or avoir. The prepositions, the reflexive pronoun, or the auxiliaries noted in the index always follow the
verb meaning they are used with.

Verb List

KEY: **abattre** = verb in boldface is fully conjugated in a verb chart; 24 = number after the verb indicates the chart number in which the verb itself or a model verb is fully conjugated; *à, de*, etc. = proposition/s used with the verb; *se* = indicates a pronominal verb; *être* = verb (other than pronominal) used with *être*; *avoir/être* = verb used with either *être* or *avoir*. The prepositions, the reflexive pronoun, or the auxiliaries noted in the index always follow the verb meaning they are used with.

KEY: **abattre** = verb in boldface is fully conjugated in a verb chart; 24 = number after the verb indicates the chart number in which the verb itself or a model verb is fully conjugated; *à, de*, etc. = proposition/s used with the verb; *se* = indicates a pronominal verb; *être* = verb (other than pronominal) used with *être*; *avoir/être* = verb used with either *être* or *avoir*. The prepositions, the reflexive pronoun, or the auxiliaries noted in the index always follow the verb meaning they are used with.

GUIDE TO
TENSE FORMATION AND USE

The following charts show the endings for the three groups of regular verbs, ending in *-er*, *-ir*, and *-re*. The endings for each tense represent the following persons:

je	*nous*
tu	*vous*
il, elle, on	*ils, elles*

The simple tenses (in the two leftmost columns in the charts on the following pages) are formed by adding the given endings to the verb stem. The infinitive stem, formed by simply removing the infinitive endings *-er*, *-ir*, or *-re* from the infinitive, is used to form all tenses. For example, the stem of *aimer* "to like, to love," is *aim-*, the stem of *finir* "to finish, to end," is *fin-*, and that of *répondre* "to answer," is *répond-*.

The compound tenses (in the two rightmost columns in the charts) are formed with the auxiliary verb, *avoir* "to have" or *être* "to be," conjugated in the corresponding simple tense and the past participle (p.p.) of the main verb. Although most verbs take *avoir* as their auxiliary, certain verbs, including all pronominal verbs and many intransitive verbs expressing movement or change of state, such as *descendre* "to do down," *entrer* "to come in," *monter* "to go up," *sortir* "to go out," or *venir* "to come," take *être*. Remember that the past participle of pronominal verbs and of verbs conjugated with *être* agrees with the subject of the verb: for example, *nous nous sommes dépêché(e)s de sortir* (we hurried out); *elle est entrée par la porte principale* (she came in through the main door). Remember also that the past participle of transitive verbs conjugated with *avoir* agrees with the object pronoun or noun that precedes it: for example, *tu a vu Sophie? oui, je l'ai vue hier soir* (did you see Sophie? yes, I saw her last night); *j'aime beacoup la peinture que tu m'as montrée* (I very much like the painting that you showed me).

At the bottom of each chart in this section, five model verbs are listed followed by the number of the verb chart where they are fully conjugated. Helpful comments about the pronunciation are also given. Following the charts, find the list of all major French tenses with definitions.

Regular verbs ending in -ER

je	nous
tu	vous
il/elle/on	ils/elles

INDICATIF

PRÉSENT
-e	-ons
-es	-ez
-e	-ent

PASSÉ COMPOSÉ
ai/suis + p.p.	avons/sommes + p.p.
as/es + p.p.	avez/êtes + p.p.
a/est + p.p.	ont/sont + p.p.

IMPARFAIT
-ais	-ions
-ais	-iez
-ait	-aient

PLUS-QUE-PARFAIT
avais/étais + p.p.	avions/étions + p.p.
avais/étais + p.p.	aviez/étiez + p.p.
avait/était + p.p.	avaient/étaient + p.p.

PASSÉ SIMPLE
-ai	-âmes
-as	-âtes
-a	-èrent

PASSÉ ANTÉRIEUR
eus/fus + p.p.	eûmes/fûmes + p.p.
eus/fus + p.p.	eûtes/fûtes + p.p.
eut/fut + p.p.	eurent/furent + p.p.

FUTUR SIMPLE
-erai	-erons
-eras	-erez
-era	-eront

FUTUR ANTÉRIEUR
aurai/serai + p.p.	aurons/serons + p.p.
auras/seras + p.p.	aurez/serez + p.p.
aura/sera + p.p.	auront/seront + p.p.

SUBJONCTIF

PRÉSENT
-e	-ions
-es	-iez
-e	-ent

PASSÉ
aie/sois + p.p.	ayons/soyons + p.p.
aies/sois + p.p.	ayez/soyez + p.p.
ait/soit + p.p.	aient/soient + p.p.

IMPARFAIT
-asse	-assions
-asses	-assiez
-ât	-assent

PLUS-QUE-PARFAIT
eusse/fusse + p.p.	eussions/fussions + p.p.
eusses/fusses + p.p.	eussiez/fussiez + p.p.
eût/fût + p.p.	eussent/fussent + p.p.

CONDITIONNEL

PRÉSENT
-erais	-erions
-erais	-eriez
-erait	-eraient

PASSÉ
aurais/serais + p.p.	aurions/serions + p.p.
aurais/serais + p.p.	auriez/seriez + p.p.
aurait/serait + p.p.	auraient/seraient + p.p.

IMPÉRATIF
-e
-ons
-ez

PARTICIPES

PRÉSENT	PASSÉ
-ant	-é(e)

Model verbs: *aimer* 9, *attraper* 21, *se disputer* 73, *entrer* 91, *passer* 165.

Notes on pronunciation:
In all relevant tenses, the *-ent* ending for the *ils/elles* person is not pronounced.
In the present tense (indicative and subjunctive), only the *nous* and *vous* endings are pronounced.
In the imperfect indicative, *-ais*, *-ait*, and *-aient* are all pronounced as (eh).
In the present conditional, *-erais*, *-erait* and *-eraient* are all pronounced as (uh-reh).

Regular verbs ending in *-IR*

INDICATIF

PRÉSENT

-is	-issons
-is	-issez
-it	-issent

PASSÉ COMPOSÉ

ai/suis + p.p.	avons/sommes + p.p.
as/es + p.p.	avez/êtes + p.p.
a/est + p.p.	ont/sont + p.p.

je	nous
tu	vous
il/elle/on	ils/elles

IMPARFAIT

-issais	-issions
-issais	-issiez
-issait	-issaient

PLUS-QUE-PARFAIT

avais/étais + p.p.	avions/étions + p.p.
avais/étais + p.p.	aviez/étiez + p.p.
avait/était + p.p.	avaient/étaient + p.p.

PASSÉ SIMPLE

-is	-îmes
-is	-îtes
-it	-irent

PASSÉ ANTÉRIEUR

eus/fus + p.p.	eûmes/fûmes + p.p.
eus/fus + p.p.	eûtes/fûtes + p.p.
eut/fut + p.p.	eurent/furent + p.p.

FUTUR SIMPLE

-irai	-irons
-iras	-irez
-ira	-iront

FUTUR ANTÉRIEUR

aurai/serai + p.p.	aurons/serons + p.p.
auras/seras + p.p.	aurez/serez + p.p.
aura/sera + p.p.	auront/seront + p.p.

SUBJONCTIF

PRÉSENT

-isse	-issions
-isses	-issiez
-isse	-issent

PASSÉ

aie/sois + p.p.	ayons/soyons + p.p.
aies/sois + p.p.	ayez/soyez + p.p.
ait/soit + p.p.	aient/soient + p.p.

IMPARFAIT

-isse	-issions
-isses	-issiez
-ît	-issent

PLUS-QUE-PARFAIT

eusse/fusse + p.p.	eussions/fussions + p.p.
eusses/fusses + p.p.	eussiez/fussiez + p.p.
eût/fût + p.p.	eussent/fussent + p.p.

CONDITIONNEL

PRÉSENT

-irais	-irions
-irais	-iriez
-irait	-iraient

PASSÉ

aurais/serais + p.p.	aurions/serions + p.p.
aurais/serais + p.p.	auriez/seriez + p.p.
aurait/serait + p.p.	auraient/seraient + p.p.

IMPÉRATIF

-is
-issons
-issez

PARTICIPES

PRÉSENT

-issant

PASSÉ

-i(e)

Model verbs: *choisir* 33, *finir* 107, *grandir* 115, *se nourrir* 152, *réussir* 215.

Regular verbs ending in *-RE*

je	nous
tu	vous
il/elle/on	ils/elles

INDICATIF

PRÉSENT
-s	-ons
-s	-ez
- /-t	-ent

IMPARFAIT
-ais	-ions
-ais	-iez
-ait	-aient

PASSÉ SIMPLE
-is/-us	-îmes/-ûmes
-is/-us	-îtes/-ûtes
-it/-ut	-irent/-urent

FUTUR SIMPLE
-rai	-rons
-ras	-rez
-ra	-ront

PASSÉ COMPOSÉ
ai/suis + p.p.	avons/sommes + p.p.
as/es + p.p.	avez/êtes + p.p.
a/est + p.p.	ont/sont + p.p.

PLUS-QUE-PARFAIT
avais/étais + p.p.	avions/étions + p.p.
avais/étais + p.p.	aviez/étiez + p.p.
avait/était + p.p.	avaient/étaient + p.p.

PASSÉ ANTÉRIEUR
eus/fus + p.p.	eûmes/fûmes + p.p.
eus/fus + p.p.	eûtes/fûtes + p.p.
eut/fut + p.p.	eurent/furent + p.p.

FUTUR ANTÉRIEUR
aurai/serai + p.p.	aurons/serons + p.p.
auras/seras + p.p.	aurez/serez + p.p.
aura/sera + p.p.	auront/seront + p.p.

SUBJONCTIF

PRÉSENT
-e	-ions
-es	-iez
-e	-ent

IMPARFAIT
-isse/-usse	-issions/-ussions
-isses/-usses	-issiez/-ussiez
-ît/-ût	-issent/-ussent

PASSÉ
aie/sois + p.p.	ayons/soyons + p.p.
aies/sois + p.p.	ayez/soyez + p.p.
ait/soit + p.p.	aient/soient + p.p.

PLUS-QUE-PARFAIT
eusse/fusse + p.p.	eussions/fussions + p.p.
eusses/fusses + p.p.	eussiez/fussiez + p.p.
eût/fût + p.p.	eussent/fussent + p.p.

CONDITIONNEL

PRÉSENT
-rais	-rions
-rais	-riez
-rait	-raient

PASSÉ
aurais/serais + p.p.	aurions/serions + p.p.
aurais/serais + p.p.	auriez/seriez + p.p.
aurait/serait + p.p.	auraient/seraient + p.p.

IMPÉRATIF
-s
-ons
-ez

PARTICIPES

PRÉSENT
-ant

PASSÉ
-u(e)

Model verbs: *attendre* 19, *conclure* 38, *se défendre* 61, *interrompre* 123, *répondre* 209.

Notes on pronunciation:
In the present indicative, the three singular endings are not pronounced and neither is the final consonant of the stem -*d*. For example, in *j'attends*, the d is silent. In the plural forms, -*d*- is pronounced.

Now take a look at a list of major French tenses and moods with short definitions and examples:

Le conditionnel: the mood used for hypothetical statements and questions (depending on a possible condition or circumstance); e.g., *Je mangerais si . . .* (I would eat if . . .).

Le futur antérieur—*anterior future*: A future tense that indicates an action taking place before another future action intervening with it; e.g., *Dès que j'aurai fini le repas, je retournerai au travail* (As soon as I have finished my meal, I'll go back to work).

Le futur simple—*simple future*: A tense indicating that an action is going to take place or should be taking place in a more or less distant future; e.g., *Vendredi, j'irai à Paris* (On Friday, I'll go to Paris).

L'imparfait—*imperfect*: The past tense used to describe ongoing or habitual actions or states without a specified time frame, and often referred to as the descriptive past tense; e.g., *Il aimait le printemps* (He used to like/liked spring).

L'imperatif—*imperative*: The command form; e.g., *Donnez-moi le livre* (Give me the book).

L'indicatif—*indicative*: The mood used to express factual or objective statements and questions; e.g., *J'habite New York* (I live in New York).

Le passé anterieur—*anterior past*: The past tense describing an action that precedes immediately another action that happened in the past; e.g., *Lorsqu'il eut appris la verité, il réagit avec vigueur* (When he found out the truth, he reacted vigorously).

Le passé composé—*preterit, present perfect*: The past tense used to describe actions that began and were completed in the past, usually at a single moment or during a specific period, useful for narration of events; e.g., *Il est sorti de la maison* (He left the house). Both English preterit (I left) and present perfect (I have gone) can translate this tense, depending on the context.

Le passé simple—*preterit*: The past tense indicating an action that took place at the precise moment in time, often used in narration; e.g., *La dîner était commencée depuis une heure quand Hulot arriva* (The dinner had been on for an hour when Hulot arrived).

Le plus-que-parfait—*pluperfect/past perfect*: The past tense used to describe an event that occurred prior to another past event without an implication of immediate relationship between two events. Also used to make a simple statement about a past action; e.g., *Tu l'avais vu au travail.* (You had seen him at work).

Le subjonctif—*subjunctive*: The mood used for nonfactual or subjective statements or questions, and mostly used in embedded clauses; e.g., *Je veux que tu ailles à la maison* (I want you to go home).

250 VERB CONJUGATION CHARTS

abattre
to knock down, to cut down; to shoot down

je	nous
tu	vous
il/elle/on	ils/elles

INDICATIF

PRÉSENT
abats	abattons
abats	abattez
abat	abattent

PASSÉ COMPOSÉ
ai abattu	avons abattu
as abattu	avez abattu
a abattu	ont abattu

IMPARFAIT
abattais	abattions
abattais	abattiez
abattait	abattaient

PLUS-QUE-PARFAIT
avais abattu	avions abattu
avais abattu	aviez abattu
avait abattu	avaient abattu

PASSÉ SIMPLE
abattis	abattîmes
abattis	abattîtes
abattit	abattirent

PASSÉ ANTÉRIEUR
eus abattu	eûmes abattu
eus abattu	eûtes abattu
eut abattu	eurent abattu

FUTUR SIMPLE
abattrai	abattrons
abattras	abattrez
abattra	abattront

FUTUR ANTÉRIEUR
aurai abattu	aurons abattu
auras abattu	aurez abattu
aura abattu	auront abattu

SUBJONCTIF

PRÉSENT
abatte	abattions
abattes	abattiez
abatte	abattent

PASSÉ
aie abattu	ayons abattu
aies abattu	ayez abattu
ait abattu	aient abattu

IMPARFAIT
abattisse	abattissions
abattisses	abattissiez
abattît	abattissent

PLUS-QUE-PARFAIT
eusse abattu	eussions abattu
eusses abattu	eussiez abattu
eût abattu	eussent abattu

CONDITIONNEL

PRÉSENT
abattrais	abattrions
abattrais	abattriez
abattrait	abattraient

PASSÉ
aurais abattu	aurions abattu
aurais abattu	auriez abattu
aurait abattu	auraient abattu

IMPÉRATIF
abats
abattons
abattez

PARTICIPES

PRÉSENT	PASSÉ
abattant	abattu(e)

EXAMPLES OF VERB USAGE

Les propriétaires auront abattu les arbres de leur jardin.	*The owners will have cut down the trees in their garden.*
Le criminel a abattu le policier en pleine rue.	*The criminal shot down the policeman in the middle of the street.*
J'abattis tout mon jeu sur la table.	*I laid all my cards on the table.*

RELATED WORDS

abattu/ -e	*depressed*	abattre du travail	*to work a great deal*
l'abattement (m.)	*discount*	rabattre	*to close, to fold*
le rabat	*flap*		

aborder

to reach, to approach, to tackle

je	nous
tu	vous
il/elle/on	ils/elles

INDICATIF

PRÉSENT

aborde	abordons
abordes	abordez
aborde	abordent

PASSÉ COMPOSÉ

ai abordé	avons abordé
as abordé	avez abordé
a abordé	ont abordé

IMPARFAIT

abordais	abordions
abordais	abordiez
abordait	abordaient

PLUS-QUE-PARFAIT

avais abordé	avions abordé
avais abordé	aviez abordé
avait abordé	avaient abordé

PASSÉ SIMPLE

abordai	abordâmes
abordas	abordâtes
aborda	abordèrent

PASSÉ ANTÉRIEUR

eus abordé	eûmes abordé
eus abordé	eûtes abordé
eut abordé	eurent abordé

FUTUR SIMPLE

aborderai	aborderons
aborderas	aborderez
abordera	aborderont

FUTUR ANTÉRIEUR

aurai abordé	aurons abordé
auras abordé	aurez abordé
aura abordé	auront abordé

SUBJONCTIF

PRÉSENT

aborde	abordions
abordes	abordiez
aborde	abordent

PASSÉ

aie abordé	ayons abordé
aies abordé	ayez abordé
ait abordé	aient abordé

IMPARFAIT

abordasse	abordassions
abordasses	abordassiez
abordât	abordassent

PLUS-QUE-PARFAIT

eusse abordé	eussions abordé
eusses abordé	eussiez abordé
eût abordé	eussent abordé

CONDITIONNEL

PRÉSENT

aborderais	aborderions
aborderais	aborderiez
aborderait	aborderaient

PASSÉ

aurais abordé	aurions abordé
aurais abordé	auriez abordé
aurait abordé	auraient abordé

IMPÉRATIF

aborde
abordons
abordez

PARTICIPES

PRÉSENT	**PASSÉ**
abordant	abordé(e)

EXAMPLES OF VERB USAGE

Les coureurs abordent le dernier virage.	*The runners are reaching the last turn.*
Nous aborderons les problèmes sérieux cet après-midi.	*We'll tackle the important problems this afternoon.*
Elle m'avait abordé avec un sourire.	*She had approached me with a smile.*

RELATED WORDS

au premier abord	*at first glance*	déborder	*to overflow*
le débordement	*overflowing, outburst*		

aboutir
to end up, to lead to, to result in

je	nous
tu	vous
il/elle/on	ils/elles

INDICATIF

PRÉSENT

aboutis	aboutissons
aboutis	aboutissez
aboutit	aboutissent

PASSÉ COMPOSÉ

ai abouti	avons abouti
as abouti	avez abouti
a abouti	ont abouti

IMPARFAIT

aboutissais	aboutissions
aboutissais	aboutissiez
aboutissait	aboutissaient

PLUS-QUE-PARFAIT

avais abouti	avions abouti
avais abouti	aviez abouti
avait abouti	avaient abouti

PASSÉ SIMPLE

aboutis	aboutîmes
aboutis	aboutîtes
aboutit	aboutirent

PASSÉ ANTÉRIEUR

eus abouti	eûmes abouti
eus abouti	eûtes abouti
eut abouti	eurent abouti

FUTUR SIMPLE

aboutirai	aboutirons
aboutiras	aboutirez
aboutira	aboutiront

FUTUR ANTÉRIEUR

aurai abouti	aurons abouti
auras abouti	aurez abouti
aura abouti	auront abouti

SUBJONCTIF

PRÉSENT

aboutisse	aboutissions
aboutisses	aboutissiez
aboutisse	aboutissent

PASSÉ

aie abouti	ayons abouti
aies abouti	ayez abouti
ait abouti	aient abouti

IMPARFAIT

aboutisse	aboutissions
aboutisses	aboutissiez
aboutît	aboutissent

PLUS-QUE-PARFAIT

eusse abouti	eussions abouti
eusses abouti	eussiez abouti
eût abouti	eussent abouti

CONDITIONNEL

PRÉSENT

aboutirais	aboutirions
aboutirais	aboutiriez
aboutirait	aboutiraient

PASSÉ

aurais abouti	aurions abouti
aurais abouti	auriez abouti
aurait abouti	auraient abouti

IMPÉRATIF

aboutis
aboutissons
aboutissez

PARTICIPES

PRÉSENT	**PASSÉ**
aboutissant	abouti(e)

EXAMPLES OF VERB USAGE

Les négociations de paix n'ont pas abouti.	*The peace negotiations have failed.*
Avec une telle mentalité, il aboutira en prison.	*With such an attitude, he'll end up in prison.*
Je suis heureuse que ton travail ait abouti à un si beau résultat.	*I am happy that your work led to such good results.*

RELATED WORDS

l'aboutissement (m.)   *result*

aboyer
to bark, to yell

je	nous
tu	vous
il/elle/on	ils/elles

INDICATIF

PRÉSENT

aboie	aboyons
aboies	aboyez
aboie	aboient

IMPARFAIT

aboyais	aboyions
aboyais	aboyiez
aboyait	aboyaient

PASSÉ SIMPLE

aboyai	aboyâmes
aboyas	aboyâtes
aboya	aboyèrent

FUTUR SIMPLE

aboierai	aboierons
aboieras	aboierez
aboiera	aboieront

PASSÉ COMPOSÉ

ai aboyé	avons aboyé
as aboyé	avez aboyé
a aboyé	ont aboyé

PLUS-QUE-PARFAIT

avais aboyé	avions aboyé
avais aboyé	aviez aboyé
avait aboyé	avaient aboyé

PASSÉ ANTÉRIEUR

eus aboyé	eûmes aboyé
eus aboyé	eûtes aboyé
eut aboyé	eurent aboyé

FUTUR ANTÉRIEUR

aurai aboyé	aurons aboyé
auras aboyé	aurez aboyé
aura aboyé	auront aboyé

SUBJONCTIF

PRÉSENT

aboie	aboyions
aboies	aboyiez
aboie	aboient

IMPARFAIT

aboyasse	aboyassions
aboyasses	aboyassiez
aboyât	aboyassent

PASSÉ

aie aboyé	ayons aboyé
aies aboyé	ayez aboyé
ait aboyé	aient aboyé

PLUS-QUE-PARFAIT

eusse aboyé	eussions aboyé
eusses aboyé	eussiez aboyé
eût aboyé	eussent aboyé

CONDITIONNEL

PRÉSENT

aboierais	aboierions
aboierais	aboieriez
aboierait	aboieraient

PASSÉ

aurais aboyé	aurions aboyé
aurais aboyé	auriez aboyé
aurait aboyé	auraient aboyé

IMPÉRATIF

aboie
aboyons
aboyez

PARTICIPES

PRÉSENT
aboyant

PASSÉ
aboyé(e)

EXAMPLES OF VERB USAGE

Son chien aboyait tout le temps en nous voyant.

His dog always barked when he saw us.

Tu aboieras encore après lui.

You'll yell at him again.

Les chiens aboient, la caravane passe. (*proverb*)

Let the world say what it will.

RELATED WORDS

l'aboiement (m.)	*barking*	aux abois	*at bay*

accroître
to increase, to heighten

INDICATIF

je	nous
tu	vous
il/elle/on	ils/elles

PRÉSENT

accrois	accroissons
accrois	accroissez
accroît	accroissent

IMPARFAIT

accroissais	accroissions
accroissais	accroissiez
accroissait	accroissaient

PASSÉ SIMPLE

accrus	accrûmes
accrus	accrûtes
accrut	accrurent

FUTUR SIMPLE

accroîtrai	accroîtrons
accroîtras	accroîtrez
accroîtra	accroîtront

PASSÉ COMPOSÉ

ai accru	avons accru
as accru	avez accru
a accru	ont accru

PLUS-QUE-PARFAIT

avais accru	avions accru
avais accru	aviez accru
avait accru	avaient accru

PASSÉ ANTÉRIEUR

eus accru	eûmes accru
eus accru	eûtes accru
eut accru	eurent accru

FUTUR ANTÉRIEUR

aurai accru	aurons accru
auras accru	aurez accru
aura accru	auront accru

SUBJONCTIF

PRÉSENT

accroisse	accroissions
accroisses	accroissiez
accroisse	accroissent

IMPARFAIT

accrusse	accrussions
accrusses	accrussiez
accrût	accrussent

PASSÉ

aie accru	ayons accru
aies accru	ayez accru
ait accru	aient accru

PLUS-QUE-PARFAIT

eusse accru	eussions accru
eusses accru	eussiez accru
eût accru	eussent accru

CONDITIONNEL

PRÉSENT

accroîtrais	accroîtrions
accroîtrais	accroîtriez
accroîtrait	accroîtraient

PASSÉ

aurais accru	aurions accru
aurais accru	auriez accru
aurait accru	auraient accru

IMPÉRATIF

accrois
accroissons
accroissez

PARTICIPES

PRÉSENT	PASSÉ
accroissant	accru(e)

EXAMPLES OF VERB USAGE

Le navigateur a accru son avance sur les autres concurrents.

The sailor has increased his lead over the other competitors.

Elle accroît son patrimoine grâce à des placements judicieux.

She adds to her property thanks to her judicious investments.

La production de l'usine s'est accrue ces dernières années.

The factory's output has increased in recent years.

RELATED WORDS

l'accroissement (m.)	*growth, increase*	décroître	*to decrease*
croître*	*to grow*		

* The verb *croître* takes an *accent circonflexe* in all of the following forms: present tense (*je croîs, tu croîs, il croît*), passé simple (all persons), future (all persons), imperfect subjunctive (all persons), imperative (*croîs*), conditional (all persons), past participle (*crû*, but *crue*). Note that this accent distinguishes the forms of *croître* from the otherwise identical forms of *croire*.

acheter
to buy, to bribe

je	nous
tu	vous
il/elle/on	ils/elles

INDICATIF

PRÉSENT

achète	achetons
achètes	achetez
achète	achètent

PASSÉ COMPOSÉ

ai acheté	avons acheté
as acheté	avez acheté
a acheté	ont acheté

IMPARFAIT

achetais	achetions
achetais	achetiez
achetait	achetaient

PLUS-QUE-PARFAIT

avais acheté	avions acheté
avais acheté	aviez acheté
avait acheté	avaient acheté

PASSÉ SIMPLE

achetai	achetâmes
achetas	achetâtes
acheta	achetèrent

PASSÉ ANTÉRIEUR

eus acheté	eûmes acheté
eus acheté	eûtes acheté
eut acheté	eurent acheté

FUTUR SIMPLE

achèterai	achèterons
achèteras	achèterez
achètera	achèteront

FUTUR ANTÉRIEUR

aurai acheté	aurons acheté
auras acheté	aurez acheté
aura acheté	auront acheté

SUBJONCTIF

PRÉSENT

achète	achetions
achètes	achetiez
achète	achètent

PASSÉ

aie acheté	ayons acheté
aies acheté	ayez acheté
ait acheté	aient acheté

IMPARFAIT

achetasse	achetassions
achetasses	achetassiez
achetât	achetassent

PLUS-QUE-PARFAIT

eusse acheté	eussions acheté
eusses acheté	eussiez acheté
eût acheté	eussent acheté

CONDITIONNEL

PRÉSENT

achèterais	achèterions
achèterais	achèteriez
achèterait	achèteraient

PASSÉ

aurais acheté	aurions acheté
aurais acheté	auriez acheté
aurait acheté	auraient acheté

IMPÉRATIF

achète
achetons
achetez

PARTICIPES

PRÉSENT
achetant

PASSÉ
acheté(e)

EXAMPLES OF VERB USAGE

Nous avions acheté cette voiture d'occasion.	*We had bought this car secondhand.*
Ils achetaient tous leurs vêtements au même endroit.	*They bought all their clothes at the same place.*
Elle achètera certainement le juge.	*She will certainly bribe the judge.*

RELATED WORDS

l'achat (m.)	*purchase*	l'acheteur/-euse (m./f.)	*buyer*
se racheter	*to make amends*		

acquérir
to acquire; to gain; to buy

INDICATIF

PRÉSENT

acquiers	acquérons
acquiers	acquérez
acquiert	acquièrent

PASSÉ COMPOSÉ

ai acquis	avons acquis
as acquis	avez acquis
a acquis	ont acquis

IMPARFAIT

acquérais	acquérions
acquérais	acquériez
acquérait	acquéraient

PLUS-QUE-PARFAIT

avais acquis	avions acquis
avais acquis	aviez acquis
avait acquis	avaient acquis

PASSÉ SIMPLE

acquis	acquîmes
acquis	acquîtes
acquit	acquirent

PASSÉ ANTÉRIEUR

eus acquis	eûmes acquis
eus acquis	eûtes acquis
eut acquis	eurent acquis

FUTUR SIMPLE

acquerrai	acquerrons
acquerras	acquerrez
acquerra	acquerront

FUTUR ANTÉRIEUR

aurai acquis	aurons acquis
auras acquis	aurez acquis
aura acquis	auront acquis

SUBJONCTIF

PRÉSENT

acquière	acquérions
acquières	acquériez
acquière	acquièrent

PASSÉ

aie acquis	ayons acquis
aies acquis	ayez acquis
ait acquis	aient acquis

IMPARFAIT

acquisse	acquissions
acquisses	acquissiez
acquît	acquissent

PLUS-QUE-PARFAIT

eusse acquis	eussions acquis
eusses acquis	eussiez acquis
eût acquis	eussent acquis

CONDITIONNEL

PRÉSENT

acquerrais	acquerrions
acquerrais	acquerriez
acquerrait	acquerraient

PASSÉ

aurais acquis	aurions acquis
aurais acquis	auriez acquis
aurait acquis	auraient acquis

IMPÉRATIF

acquiers
acquérons
acquérez

PARTICIPES

PRÉSENT	**PASSÉ**
acquérant	acquis(e)

EXAMPLES OF VERB USAGE

Il faut que tu acquières davantage d'expérience.	*You must acquire more experience.*
J'acquis la certitude qu'il m'avait menti.	*I became certain that he had lied to me.*
Nous avons acquis une nouvelle armoire.	*We bought a new closet.*

RELATED WORDS

l'acquisition (f.)	*acquisition, purchase*	l'acquéreur (m.)	*buyer, purchaser*
l'acquis (m.)	*experience*	conquérir	*to conquer*

agir

to act, to behave; to be about

je	nous
tu	vous
il/elle/on	ils/elles

INDICATIF

PRÉSENT

agis	agissons
agis	agissez
agit	agissent

PASSÉ COMPOSÉ

ai agi	avons agi
as agi	avez agi
a agi	ont agi

IMPARFAIT

agissais	agissions
agissais	agissiez
agissait	agissaient

PLUS-QUE-PARFAIT

avais agi	avions agi
avais agi	aviez agi
avait agi	avaient agi

PASSÉ SIMPLE

agis	agîmes
agis	agîtes
agit	agirent

PASSÉ ANTÉRIEUR

eus agi	eûmes agi
eus agi	eûtes agi
eut agi	eurent agi

FUTUR SIMPLE

agirai	agirons
agiras	agirez
agira	agiront

FUTUR ANTÉRIEUR

aurai agi	aurons agi
auras agi	aurez agi
aura agi	auront agi

SUBJONCTIF

PRÉSENT

agisse	agissions
agisses	agissiez
agisse	agissent

PASSÉ

aie agi	ayons agi
aies agi	ayez agi
ait agi	aient agi

IMPARFAIT

agisse	agissions
agisses	agissiez
agît	agissent

PLUS-QUE-PARFAIT

eusse agi	eussions agi
eusses agi	eussiez agi
eût agi	eussent agi

CONDITIONNEL

PRÉSENT

agirais	agirions
agirais	agiriez
agirait	agiraient

PASSÉ

aurais agi	aurions agi
aurais agi	auriez agi
aurait agi	auraient agi

IMPÉRATIF

agis
agissons
agissez

PARTICIPES

PRÉSENT	**PASSÉ**
agissant	agi

EXAMPLES OF VERB USAGE

Vous agissez toujours sans réfléchir.	*You always act without thinking.*
Nous n'aurions pas mal agi en faisant cela.	*We wouldn't have behaved badly by doing that.*
Il ne s'agissait pas de plaisanter.	*This was no time for jokes.*

RELATED WORDS

il s'agit de	*it is about*	l'agent (m.)	*agent*
les agissements (m. pl.)	*intrigues, schemes*	l'agence (f.)	*agency*
l'agenda (m.)	*diary*		

Verb Charts

aimer
to like, to love

je	nous
tu	vous
il/elle/on	ils/elles

INDICATIF

PRÉSENT

aime	aimons
aimes	aimez
aime	aiment

PASSÉ COMPOSÉ

ai aimé	avons aimé
as aimé	avez aimé
a aimé	ont aimé

IMPARFAIT

aimais	aimions
aimais	aimiez
aimait	aimaient

PLUS-QUE-PARFAIT

avais aimé	avions aimé
avais aimé	aviez aimé
avait aimé	avaient aimé

PASSÉ SIMPLE

aimai	aimâmes
aimas	aimâtes
aima	aimèrent

PASSÉ ANTÉRIEUR

eus aimé	eûmes aimé
eus aimé	eûtes aimé
eut aimé	eurent aimé

FUTUR SIMPLE

aimerai	aimerons
aimeras	aimerez
aimera	aimeront

FUTUR ANTÉRIEUR

aurai aimé	aurons aimé
auras aimé	aurez aimé
aura aimé	auront aimé

SUBJONCTIF

PRÉSENT

aime	aimions
aimes	aimiez
aime	aiment

PASSÉ

aie aimé	ayons aimé
aies aimé	ayez aimé
ait aimé	aient aimé

IMPARFAIT

aimasse	aimassions
aimasses	aimassiez
aimât	aimassent

PLUS-QUE-PARFAIT

eusse aimé	eussions aimé
eusses aimé	eussiez aimé
eût aimé	eussent aimé

CONDITIONNEL

PRÉSENT

aimerais	aimerions
aimerais	aimeriez
aimerait	aimeraient

PASSÉ

aurais aimé	aurions aimé
aurais aimé	auriez aimé
aurait aimé	auraient aimé

IMPÉRATIF

aime
aimons
aimez

PARTICIPES

PRÉSENT	**PASSÉ**
aimant	aimé(e)

EXAMPLES OF VERB USAGE

Ils aiment beaucoup les animaux.	*They like animals a lot.*
J'aurais bien aimé que tu me téléphones.	*I would have liked you to call me.*
Aimons-nous les uns les autres.	*Let us love one another.*

RELATED WORDS

l'amour (m.)	*love*	aimable	*pleasant, kind*
l'amant (m.)	*(male) lover*	amoureux/-euse	*in love*

aller

to go (être)

je	nous
tu	vous
il/elle/on	ils/elles

INDICATIF

PRÉSENT

vais	allons
vas	allez
va	vont

IMPARFAIT

allais	allions
allais	alliez
allait	allaient

PASSÉ SIMPLE

allai	allâmes
allas	allâtes
alla	allèrent

FUTUR SIMPLE

irai	irons
iras	irez
ira	iront

PASSÉ COMPOSÉ

suis allé(e)	sommes allé(e)s
es allé(e)	êtes allé(e)(s)
est allé(e)	sont allé(e)s

PLUS-QUE-PARFAIT

étais allé(e)	étions allé(e)s
étais allé(e)	étiez allé(e)(s)
était allé(e)	étaient allé(e)s

PASSÉ ANTÉRIEUR

fus allé(e)	fûmes allé(e)s
fus allé(e)	fûtes allé(e)(s)
fut allé(e)	furent allé(e)s

FUTUR ANTÉRIEUR

serai allé(e)	serons allé(e)s
seras allé(e)	serez allé(e)(s)
sera allé(e)	seront allé(e)s

SUBJONCTIF

PRÉSENT

aille	allions
ailles	alliez
aille	aillent

IMPARFAIT

allasse	allassions
allasses	allassiez
allât	allassent

PASSÉ

sois allé(e)	soyons allé(e)s
sois allé(e)	soyez allé(e)(s)
soit allé(e)	soient allé(e)s

PLUS-QUE-PARFAIT

fusse allé(e)	fussions allé(e)s
fusses allé(e)	fussiez allé(e)(s)
fût allé(e)	fussent allé(e)s

CONDITIONNEL

PRÉSENT

irais	irions
irais	iriez
irait	iraient

PASSÉ

serais allé(e)	serions allé(e)s
serais allé(e)	seriez allé(e)(s)
serait allé(e)	seraient allé(e)s

IMPÉRATIF

va
allons
allez

PARTICIPES

PRÉSENT
allant

PASSÉ
allé(e)

EXAMPLES OF VERB USAGE

Ils sont allés en ville à pied.
They walked to town.

Tu iras à la piscine avec eux.
You will go to the swimming pool with them.

Elle s'en va en vacances demain.
She is going away on vacation tomorrow.

RELATED WORDS

s'en aller	*to go away*	l'allure (f.)	*speed, pace*
l'aller (m.)	*one-way ticket*	l'allée (f.)	*alley*
l'aller-retour (m.)	*round-trip ticket*		

Verb Charts

s'apercevoir
to notice, to realize

INDICATIF

je	nous
tu	vous
il/elle/on	ils/elles

PRÉSENT

m'aperçois	nous apercevions
t'aperçois	vous aperceviez
s'aperçoit	s'aperçoivent

PASSÉ COMPOSÉ

me suis aperçu(e)	nous sommes aperçu(e)s
t'es aperçu(e)	vous êtes aperçu(e)(s)
s'est aperçu(e)	se sont aperçu(e)s

IMPARFAIT

m'apercevais	nous apercevions
t'apercevais	vous aperceviez
s'apercevait	s'apercevaient

PLUS-QUE-PARFAIT

m'étais aperçu(e)	nous étions aperçu(e)s
t'étais aperçu(e)	vous étiez aperçu(e)(s)
s'était aperçu(e)	s'étaient aperçu(e)s

PASSÉ SIMPLE

m'aperçus	nous aperçûmes
t'aperçus	vous aperçûtes
s'aperçut	s'aperçurent

PASSÉ ANTÉRIEUR

me fus aperçu(e)	nous fûmes aperçu(e)s
te fus aperçu(e)	vous fûtes aperçu(e)(s)
se fut aperçu(e)	se furent aperçu(e)s

FUTUR SIMPLE

m'apercevrai	nous apercevrons
t'apercevras	vous apercevrez
s'apercevra	s'apercevront

FUTUR ANTÉRIEUR

me serai aperçu(e)	nous serons aperçu(e)s
te seras aperçu(e)	vous serez aperçu(e)(s)
se sera aperçu(e)	se seront aperçu(e)s

SUBJONCTIF

PRÉSENT

m'aperçoive	nous apercevions
t'aperçoives	vous aperceviez
s'aperçoive	s'aperçoivent

PASSÉ

me sois aperçu(e)	nous soyons aperçu(e)s
te sois aperçu(e)	vous soyez aperçu(e)(s)
se soit aperçu(e)	se soient aperçu(e)s

IMPARFAIT

m'aperçusse	nous aperçussions
t'aperçusses	vous aperçussiez
s'aperçût	s'aperçussent

PLUS-QUE-PARFAIT

me fusse aperçu(e)	nous fussions aperçu(e)s
te fusses aperçu(e)	vous fussiez aperçu(e)(s)
se fût aperçu(e)	se fussent aperçu(e)s

CONDITIONNEL

PRÉSENT

m'apercevrais	nous apercevrions
t'apercevrais	vous apercevriez
s'apercevrait	s'apercevraient

PASSÉ

me serais aperçu(e)	nous serions aperçu(e)s
te serais aperçu(e)	vous seriez aperçu(e)(s)
se serait aperçu(e)	se seraient aperçu(e)s

IMPÉRATIF

aperçois-toi
apercevons-nous
apercevez-vous

PARTICIPES

PRÉSENT
m'apercevant, etc.

PASSÉ
aperçu(e)

EXAMPLES OF VERB USAGE

J'espère qu'ils s'apercevront de leur erreur.	*I hope they will notice their mistake.*
Je me suis aperçu qu'elle mentait.	*I realized she was lying.*
On apercevait les montagnes au loin.	*We caught sight of the mountains in the distance.*

RELATED WORDS

l'aperçu (m.)	*general survey; insight; print preview*	apercevoir	*to catch sight of*

appeler
to call

INDICATIF

PRÉSENT
appelle	appelons
appelles	appelez
appelle	appellent

IMPARFAIT
appelais	appelions
appelais	appeliez
appelait	appelaient

PASSÉ SIMPLE
appelai	appelâmes
appelas	appelâtes
appela	appelèrent

FUTUR SIMPLE
appellerai	appellerons
appelleras	appellerez
appellera	appelleront

PASSÉ COMPOSÉ
ai appelé	avons appelé
as appelé	avez appelé
a appelé	ont appelé

PLUS-QUE-PARFAIT
avais appelé	avions appelé
avais appelé	aviez appelé
avait appelé	avaient appelé

PASSÉ ANTÉRIEUR
eus appelé	eûmes appelé
eus appelé	eûtes appelé
eut appelé	eurent appelé

FUTUR ANTÉRIEUR
aurai appelé	aurons appelé
auras appelé	aurez appelé
aura appelé	auront appelé

je	nous
tu	vous
il/elle/on	ils/elles

SUBJONCTIF

PRÉSENT
appelle	appelions
appelles	appeliez
appelle	appellent

IMPARFAIT
appelasse	appelassions
appelasses	appelassiez
appelât	appelassent

PASSÉ
aie appelé	ayons appelé
aies appelé	ayez appelé
ait appelé	aient appelé

PLUS-QUE-PARFAIT
eusse appelé	eussions appelé
eusses appelé	eussiez appelé
eût appelé	eussent appelé

CONDITIONNEL

PRÉSENT
appellerais	appellerions
appellerais	appelleriez
appellerait	appelleraient

PASSÉ
aurais appelé	aurions appelé
aurais appelé	auriez appelé
aurait appelé	auraient appelé

IMPÉRATIF

appelle
appelons
appelez

PARTICIPES

PRÉSENT	PASSÉ
appelant	appelé(e)

EXAMPLES OF VERB USAGE

Il faut que nous appelions la police.	*We must call the police.*
Vous l'appellerez demain matin.	*You'll call her tomorrow.*
Elle s'appelle Alice.	*Her name is Alice./ She is called Alice.*

RELATED WORDS

l'appel (m.)	*call*	faire appel à	*to appeal to, to call on*
l'appellation (f.)	*designation, name*	lancer un appel	*to call out*
s'appeler	*to be called, to phone one another*		

apprécier
to appreciate; to estimate

je	nous
tu	vous
il/elle/on	ils/elles

INDICATIF

PRÉSENT

		PASSÉ COMPOSÉ	
apprécie	apprécions	ai apprécié	avons apprécié
apprécies	appréciez	as apprécié	avez apprécié
apprécie	apprécient	a apprécié	ont apprécié

IMPARFAIT

		PLUS-QUE-PARFAIT	
appréciais	appréciions	avais apprécié	avions apprécié
appréciais	appréciiez	avais apprécié	aviez apprécié
appréciait	appréciaient	avait apprécié	avaient apprécié

PASSÉ SIMPLE

		PASSÉ ANTÉRIEUR	
appréciai	appréciâmes	eus apprécié	eûmes apprécié
apprécias	appréciâtes	eus apprécié	eûtes apprécié
apprécia	apprécièrent	eut apprécié	eurent apprécié

FUTUR SIMPLE

		FUTUR ANTÉRIEUR	
apprécierai	apprécierons	aurai apprécié	aurons apprécié
apprécieras	apprécierez	auras apprécié	aurez apprécié
appréciera	apprécieront	aura apprécié	auront apprécié

SUBJONCTIF

PRÉSENT

		PASSÉ	
apprécie	appréciions	aie apprécié	ayons apprécié
apprécies	appréciiez	aies apprécié	ayez apprécié
apprécie	apprécient	ait apprécié	aient apprécié

IMPARFAIT

		PLUS-QUE-PARFAIT	
appréciasse	appréciassions	eusse apprécié	eussions apprécié
appréciasses	appréciassiez	eusses apprécié	eussiez apprécié
appréciât	appréciassent	eût apprécié	eussent apprécié

CONDITIONNEL

PRÉSENT

		PASSÉ	
apprécierais	apprécierions	aurais apprécié	aurions apprécié
apprécierais	apprécieriez	aurais apprécié	auriez apprécié
apprécierait	apprécieraient	aurait apprécié	auraient apprécié

IMPÉRATIF

apprécie
apprécions
appréciez

PARTICIPES

PRÉSENT	**PASSÉ**
appréciant	apprécié(e)

EXAMPLES OF VERB USAGE

Ses amis ne m'auraient pas apprécié.	*His friends would not have appreciated me.*
Ils apprécièrent beaucoup ma cuisine.	*They thought highly of my cooking.*
La nuit, j'apprécie mal les distances.	*At night, I have trouble estimating distances.*
Elles ne s'appréciaient pas.	*They didn't like each other.*

RELATED WORDS

s'apprécier	*to like each other*	l'appréciation (f.)	*appreciation; assessment*
appréciable	*appreciable*		

apprendre
to learn; to teach

je	nous
tu	vous
il/elle/on	ils/elles

INDICATIF

PRÉSENT

apprends	apprenons
apprends	apprenez
apprend	apprennent

IMPARFAIT

apprenais	apprenions
apprenais	appreniez
apprenait	apprenaient

PASSÉ SIMPLE

appris	apprîmes
appris	apprîtes
apprit	apprirent

FUTUR SIMPLE

apprendrai	apprendrons
apprendras	apprendrez
apprendra	apprendront

PASSÉ COMPOSÉ

ai appris	avons appris
as appris	avez appris
a appris	ont appris

PLUS-QUE-PARFAIT

avais appris	avions appris
avais appris	aviez appris
avait appris	avaient appris

PASSÉ ANTÉRIEUR

eus appris	eûmes appris
eus appris	eûtes appris
eut appris	eurent appris

FUTUR ANTÉRIEUR

aurai appris	aurons appris
auras appris	aurez appris
aura appris	auront appris

SUBJONCTIF

PRÉSENT

apprenne	apprenions
apprennes	appreniez
apprenne	apprennent

IMPARFAIT

apprisse	apprissions
apprisses	apprissiez
apprît	apprissent

PASSÉ

aie appris	ayons appris
aies appris	ayez appris
ait appris	aient appris

PLUS-QUE-PARFAIT

eusse appris	eussions appris
eusses appris	eussiez appris
eût appris	eussent appris

CONDITIONNEL

PRÉSENT

apprendrais	apprendrions
apprendrais	apprendriez
apprendrait	apprendraient

PASSÉ

aurais appris	aurions appris
aurais appris	auriez appris
aurait appris	auraient appris

IMPÉRATIF

apprends
apprenons
apprenez

PARTICIPES

PRÉSENT	**PASSÉ**
apprenant	appris(e)

EXAMPLES OF VERB USAGE

Nous apprendrons le poème par cœur.

J'ai appris la nouvelle ce matin.

Apprends-moi à nager.

We'll learn the poem by heart.

I heard the news this morning.

Teach me how to swim.

RELATED WORDS

l'apprenti/-e (m./ f.)   *apprentice, novice*

l'apprentissage (m.)   *apprenticeship*

appuyer
to press; to rest on; to support

je	nous
tu	vous
il/elle/on	ils/elles

INDICATIF

PRÉSENT

appuie	appuyons
appuies	appuyez
appuie	appuient

IMPARFAIT

appuyais	appuyions
appuyais	appuyiez
appuyait	appuyaient

PASSÉ SIMPLE

appuyai	appuyâmes
appuyas	appuyâtes
appuya	appuyèrent

FUTUR SIMPLE

appuierai	appuierons
appuieras	appuierez
appuiera	appuieront

PASSÉ COMPOSÉ

ai appuyé	avons appuyé
as appuyé	avez appuyé
a appuyé	ont appuyé

PLUS-QUE-PARFAIT

avais appuyé	avions appuyé
avais appuyé	aviez appuyé
avait appuyé	avaient appuyé

PASSÉ ANTÉRIEUR

eus appuyé	eûmes appuyé
eus appuyé	eûtes appuyé
eut appuyé	eurent appuyé

FUTUR ANTÉRIEUR

aurai appuyé	aurons appuyé
auras appuyé	aurez appuyé
aura appuyé	auront appuyé

SUBJONCTIF

PRÉSENT

appuie	appuyions
appuies	appuyiez
appuie	appuient

IMPARFAIT

appuyasse	appuyassions
appuyasses	appuyassiez
appuyât	appuyassent

PASSÉ

aie appuyé	ayons appuyé
aies appuyé	ayez appuyé
ait appuyé	aient appuyé

PLUS-QUE-PARFAIT

eusse appuyé	eussions appuyé
eusses appuyé	eussiez appuyé
eût appuyé	eussent appuyé

CONDITIONNEL

PRÉSENT

appuierais	appuierions
appuierais	appuieriez
appuierait	appuieraient

PASSÉ

aurais appuyé	aurions appuyé
aurais appuyé	auriez appuyé
aurait appuyé	auraient appuyé

IMPÉRATIF

appuie
appuyons
appuyez

PARTICIPES

PRÉSENT
appuyant

PASSÉ
appuyé(e)

EXAMPLES OF VERB USAGE

Appuyez sur le bouton pour commencer.	*Press the button to start.*
J'appuierai sa candidature à ce poste.	*I'll support his application to this position.*
Nous nous sommes appuyés sur des découvertes récentes pour démontrer notre théorie.	*We relied on recent discoveries to demonstrate our theory.*

RELATED WORDS

s'appuyer sur	*to lean on; to rely on*	l'appui-tête (m.)	*headrest*
l'appui (m.)	*support*		

arriver

to arrive; to happen; to manage to (être)

INDICATIF

PRÉSENT

arrive	arrivons
arrives	arrivez
arrive	arrivent

PASSÉ COMPOSÉ

suis arrivé(e)	sommes arrivé(e)s
es arrivé(e)	êtes arrivé(e)(s)
est arrivé(e)	sont arrivé(e)s

je	nous
tu	vous
il/elle/on	ils/elles

IMPARFAIT

arrivais	arrivions
arrivais	arriviez
arrivait	arrivaient

PLUS-QUE-PARFAIT

étais arrivé(e)	étions arrivé(e)s
étais arrivé(e)	étiez arrivé(e)(s)
était arrivé(e)	étaient arrivé(e)s

PASSÉ SIMPLE

arrivai	arrivâmes
arrivas	arrivâtes
arriva	arrivèrent

PASSÉ ANTÉRIEUR

fus arrivé(e)	fûmes arrivé(e)s
fus arrivé(e)	fûtes arrivé(e)(s)
fut arrivé(e)	furent arrivé(e)s

FUTUR SIMPLE

arriverai	arriverons
arriveras	arriverez
arrivera	arriveront

FUTUR ANTÉRIEUR

serai arrivé(e)	serons arrivé(e)s
seras arrivé(e)	serez arrivé(e)(s)
sera arrivé(e)	seront arrivé(e)s

SUBJONCTIF

PRÉSENT

arrive	arrivions
arrives	arriviez
arrive	arrivent

PASSÉ

sois arrivé(e)	soyons arrivé(e)s
sois arrivé(e)	soyez arrivé(e)(s)
soit arrivé(e)	soient arrivé(e)s

IMPARFAIT

arrivasse	arrivassions
arrivasses	arrivassiez
arrivasse	arrivassent

PLUS-QUE-PARFAIT

fusse arrivé(e)	fussions arrivé(e)s
fusses arrivé(e)	fussiez arrivé(e)(s)
fût arrivé(e)	fussent arrivé(e)s

CONDITIONNEL

PRÉSENT

arriverais	arriverions
arriverais	arriveriez
arriverait	arriveraient

PASSÉ

serais arrivé(e)	serions arrivé(e)s
serais arrivé(e)	seriez arrivé(e)(s)
serait arrivé(e)	seraient arrivé(e)s

IMPÉRATIF

arrive
arrivons
arrivez

PARTICIPES

PRÉSENT

arrivant

PASSÉ

arrivé(e)

EXAMPLES OF VERB USAGE

Elles arriveront en retard, comme d'habitude.	*They will arrive late, as usual.*
Je ne sais pas ce qui lui est arrivé.	*I don't know what happened to him.*
Je n'arrive pas à le comprendre.	*I can't understand him.*

RELATED WORDS

l'arrivée (f.)	*arrival*	l'arrivage (m.)	*delivery, load*
l'arrivant (m.)	*newcomer*		

Verb Charts

assaillir
to assail, to attack

je	nous
tu	vous
il/elle/on	ils/elles

INDICATIF

PRÉSENT

assaille	assaillons
assailles	assaillez
assaille	assaillent

IMPARFAIT

assaillais	assaillions
assaillais	assailliez
assaillait	assaillaient

PASSÉ SIMPLE

assaillis	assaillîmes
assaillis	assaillîtes
assaillit	assaillirent

FUTUR SIMPLE

assaillirai	assaillirons
assailliras	assaillirez
assaillira	assailliront

PASSÉ COMPOSÉ

ai assailli	avons assailli
as assailli	avez assailli
a assailli	ont assailli

PLUS-QUE-PARFAIT

avais assailli	avions assailli
avais assailli	aviez assailli
avait assailli	avaient assailli

PASSÉ ANTÉRIEUR

eus assailli	eûmes assailli
eus assailli	eûtes assailli
eut assailli	eurent assailli

FUTUR ANTÉRIEUR

aurai assailli	aurons assailli
auras assailli	aurez assailli
aura assailli	auront assailli

SUBJONCTIF

PRÉSENT

assaille	assaillions
assailles	assailliez
assaille	assaillent

IMPARFAIT

assaillisse	assaillissions
assaillisses	assaillissiez
assaillît	assaillissent

PASSÉ

aie assailli	ayons assailli
aies assailli	ayez assailli
ait assailli	aient assailli

PLUS-QUE-PARFAIT

eusse assailli	eussions assailli
eusses assailli	eussiez assailli
eût assailli	eussent assailli

CONDITIONNEL

PRÉSENT

assaillirais	assaillirions
assaillirais	assailliriez
assaillirait	assailliraient

PASSÉ

aurais assailli	aurions assailli
aurais assailli	auriez assailli
aurait assailli	auraient assailli

IMPÉRATIF

assaille
assaillons
assaillez

PARTICIPES

PRÉSENT	**PASSÉ**
assaillant	assailli(e)

EXAMPLES OF VERB USAGE

Les journalistes assaillirent le président.	*The journalists assailed the president.*
Il fut assailli de questions.	*He was bombarded with questions.*
Il faudra qu'ils assaillent la forteresse.	*They will have to attack the fortress.*

RELATED WORDS

l'assaillant (m.)   *attacker*

s'asseoir*

to sit down

je	nous
tu	vous
il/elle/on	ils/elles

INDICATIF

PRÉSENT

m'assieds	nous asseyons
t'assieds	vous asseyez
s'assied	s'asseyent

IMPARFAIT

m'asseyais	nous asseyions
t'asseyais	vous asseyiez
s'asseyait	s'asseyaient

PASSÉ SIMPLE

m'assis	nous assîmes
t'assis	vous assîtes
s'assit	s'assirent

FUTUR SIMPLE

m'assiérai	nous assiérons
t'assiéras	vous assiérez
s'assiéra	s'assiéront

PASSÉ COMPOSÉ

me suis assis(e)	nous sommes assis(es)
t'es assis(e)	vous êtes assis(e)(s)
s'est assis(e)	se sont assis(es)

PLUS-QUE-PARFAIT

m'étais assis(e)	nous étions assis(es)
t'étais assis(e)	vous étiez assis(e)(s)
s'était assis(e)	s'étaient assis(es)

PASSÉ ANTÉRIEUR

me fus assis(e)	nous fûmes assis(es)
te fus assis(e)	vous fûtes assis(e)(s)
se fut assis(e)	se furent assis(es)

FUTUR ANTÉRIEUR

me serai assis(e)	nous serons assis(es)
te seras assis(e)	vous serez assis(e)(s)
se sera assis(e)	se seront assis(es)

SUBJONCTIF

PRÉSENT

m'asseye	nous asseyions
t'asseyes	vous asseyiez
s'asseye	s'asseyent

IMPARFAIT

m'assisse	nous assissions
t'assisses	vous assissiez
s'assît	s'assissent

PASSÉ

me soit assis(e)	nous soyons assis(es)
te sois assis(e)	vous soyez assis(e)(s)
se soit assis(e)	se soient assis(es)

PLUS-QUE-PARFAIT

me fusse assis(e)	nous fussions assis(es)
te fusses assis(e)	vous fussiez assis(e)(s)
se fût assis(e)	se fussent assis(es)

CONDITIONNEL

PRÉSENT

m'assiérais	nous assiérions
t'assiérais	vous assiériez
s'assiérait	s'assiéraient

PASSÉ

me serais assis(e)	nous serions assis(es)
te serais assis(e)	vous seriez assis(e)(s)
se serait assis(e)	se seraient assis(es)

IMPÉRATIF

assieds-toi
asseyons-nous
asseyez-vous

PARTICIPES

PRÉSENT
m'asseyant, etc.

PASSÉ
assis(e)

EXAMPLES OF VERB USAGE

Asseyons-nous par terre.	*Let's sit on the floor.*
Etiez-vous assises l'une à côté de l'autre?	*Were you sitting next to each other?*
Je veux que tu t'asseyes correctement.	*I want you to sit properly.*

RELATED WORDS

les assises (f. pl.)	*court of justice*	la place assise	*seat*
l'assise (f.)	*foundation*		

* The verb *asseoir* has two accepted conjugations. See next page for alternate conjugation.

Verb Charts

s'asseoir
to sit down

INDICATIF

PRÉSENT

m'assois	nous assoyons	
t'assois	vous assoyez	
s'assoit	s'assoient	

PASSÉ COMPOSÉ

me suis assis(e)	nous sommes assis(es)
t'es assis(e)	vous êtes assis(e)(s)
s'est assis(e)	se sont assis(es)

IMPARFAIT

m'assoyais	nous assoyions
t'assoyais	vous assoyiez
s'assoyait	s'assoyaient

PLUS-QUE-PARFAIT

m'étais assis(e)	nous étions assis(es)
t'étais assis(e)	vous étiez assis(e)(s)
s'était assis(e)	s'étaient assis(es)

PASSÉ SIMPLE

m'assis	nous assîmes
t'assis	vous assîtes
s'assit	s'assirent

PASSÉ ANTÉRIEUR

me fus assis(e)	nous fûmes assis(es)
te fus assis(e)	vous fûtes assis(e)(s)
se fut assis(e)	se furent assis(es)

FUTUR SIMPLE

m'assoirai	nous assoirons
t'assoiras	vous assoirez
s'assoira	s'assoiront

FUTUR ANTÉRIEUR

me serai assis(e)	nous serons assis(es)
te seras assis(e)	vous serez assis(e)(s)
se sera assis(e)	se seront assis(es)

SUBJONCTIF

PRÉSENT

m'assoie	nous assoyions
t'assoies	vous assoyiez
s'assoie	s'assoient

PASSÉ

me soit assis(e)	nous soyons assis(es)
te sois assis(e)	vous soyez assis(e)(s)
se soit assis(e)	se soient assis(es)

IMPARFAIT

m'assisse	nous assissions
t'assisses	vous assissiez
s'assît	s'assissent

PLUS-QUE-PARFAIT

me fusse assis(e)	nous fussions assis(es)
te fusses assis(e)	vous fussiez assis(e)(s)
se fût assis(e)	se fussent assis(es)

CONDITIONNEL

PRÉSENT

m'assoirais	nous assoirions
t'assoirais	vous assoiriez
s'assoirait	s'assoiraient

PASSÉ

me serais assis(e)	nous serions assis(es)
te serais assis(e)	vous seriez assis(e)(s)
se serait assis(e)	se seraient assis(es)

IMPÉRATIF

assois-toi
assoyons-nous
assoyez-vous

PARTICIPES

PRÉSENT	**PASSÉ**
m'assoyant, etc.	assis(e)

attendre
to wait, to expect

je	nous
tu	vous
il/elle/on	ils/elles

INDICATIF

PRÉSENT

attends	attendons
attends	attendez
attend	attendent

PASSÉ COMPOSÉ

ai attendu	avons attendu
as attendu	avez attendu
a attendu	ont attendu

IMPARFAIT

attendais	attendions
attendais	attendiez
attendait	attendaient

PLUS-QUE-PARFAIT

avais attendu	avions attendu
avais attendu	aviez attendu
avait attendu	avaient attendu

PASSÉ SIMPLE

attendis	attendîmes
attendis	attendîtes
attendit	attendirent

PASSÉ ANTÉRIEUR

eus attendu	eûmes attendu
eus attendu	eûtes attendu
eut attendu	eurent attendu

FUTUR SIMPLE

attendrai	attendrons
attendras	attendrez
attendra	attendront

FUTUR ANTÉRIEUR

aurai attendu	aurons attendu
auras attendu	aurez attendu
aura attendu	auront attendu

SUBJONCTIF

PRÉSENT

attende	attendions
attendes	attendiez
attende	attendent

PASSÉ

aie attendu	ayons attendu
aies attendu	ayez attendu
ait attendu	aient attendu

IMPARFAIT

attendisse	attendissions
attendisses	attendissiez
attendît	attendissent

PLUS-QUE-PARFAIT

eusse attendu	eussions attendu
eusses attendu	eussiez attendu
eût attendu	eussent attendu

CONDITIONNEL

PRÉSENT

attendrais	attendrions
attendrais	attendriez
attendrait	attendraient

PASSÉ

aurais attendu	aurions attendu
aurais attendu	auriez attendu
aurait attendu	auraient attendu

IMPÉRATIF

attends
attendons
attendez

PARTICIPES

PRÉSENT	PASSÉ
attendant	attendu(e)

EXAMPLES OF VERB USAGE

J'attends depuis deux heures!	*I have been waiting for two hours!*
Nous avons attendu sa réponse pendant plus d'un mois.	*We waited for his answer for more than a month.*
Elle attend son premier enfant.	*She is expecting her first child.*
On ne s'attendait pas à le voir revenir.	*We didn't expect him back.*

RELATED WORDS

l'attente (f.)	*waiting, expectation*	attentionné/ -e	*considerate*
l'attention (f.)	*attention*	attentif/ -ive	*attentive*
attentivement	*carefully*		

Verb Charts

atterrir
to land

INDICATIF

PRÉSENT

atterris	atterrissons	
atterris	atterrissez	
atterrit	atterrissent	

PASSÉ COMPOSÉ

ai atterri	avons atterri
as atterri	avez atterri
a atterri	ont atterri

IMPARFAIT

atterrissais	atterrissions
atterrissais	atterrissiez
atterrissait	atterrissaient

PLUS-QUE-PARFAIT

avais atterri	avions atterri
avais atterri	aviez atterri
avait atterri	avaient atterri

PASSÉ SIMPLE

atterris	atterrîmes
atterris	atterrîtes
atterrit	atterrirent

PASSÉ ANTÉRIEUR

eus atterri	eûmes atterri
eus atterri	eûtes atterri
eut atterri	eurent atterri

FUTUR SIMPLE

atterrirai	atterrirons
atterriras	atterrirez
atterrira	atterriront

FUTUR ANTÉRIEUR

aurai atterri	aurons atterri
auras atterri	aurez atterri
aura atterri	auront atterri

SUBJONCTIF

PRÉSENT

atterrisse	atterrissions
atterrisses	atterrissiez
atterrisse	atterrissent

PASSÉ

aie atterri	ayons atterri
aies atterri	ayez atterri
ait atterri	aient atterri

IMPARFAIT

atterrisse	atterrissions
atterrisses	atterrissiez
atterrît	atterrissent

PLUS-QUE-PARFAIT

eusse atterri	eussions atterri
eusses atterri	eussiez atterri
eût atterri	eussent atterri

CONDITIONNEL

PRÉSENT

atterrirais	atterririons
atterrirais	atterririez
atterrirait	atterriraient

PASSÉ

aurais atterri	aurions atterri
aurais atterri	auriez atterri
aurait atterri	auraient atterri

IMPÉRATIF

atterris
atterrissons
atterrissez

PARTICIPES

PRÉSENT	**PASSÉ**
atterrissant	atterri(e)

EXAMPLES OF VERB USAGE

L'avion atterrira à Paris à midi.	*The plane will land in Paris at noon.*
Le joueur a atterri sur le ventre.	*The player landed flat on his face.*
Atterris!	*Come back down to earth!*

RELATED WORDS

l'atterrissage (m.)   *landing*

attraper

to catch, to get

je	nous
tu	vous
il/elle/on	ils/elles

INDICATIF

PRÉSENT

attrape	attrapons
attrapes	attrapez
attrape	attrapent

PASSÉ COMPOSÉ

ai attrapé	avons attrapé
as attrapé	avez attrapé
a attrapé	ont attrapé

IMPARFAIT

attrapais	attrapions
attrapais	attrapiez
attrapait	attrapaient

PLUS-QUE-PARFAIT

avais attrapé	avions attrapé
avais attrapé	aviez attrapé
avait attrapé	avaient attrapé

PASSÉ SIMPLE

attrapai	attrapâmes
attrapas	attrapâtes
attrapa	attrapèrent

PASSÉ ANTÉRIEUR

eus attrapé	eûmes attrapé
eus attrapé	eûtes attrapé
eut attrapé	eurent attrapé

FUTUR SIMPLE

attraperai	attraperons
attraperas	attraperez
attrapera	attraperont

FUTUR ANTÉRIEUR

aurai attrapé	aurons attrapé
auras attrapé	aurez attrapé
aura attrapé	auront attrapé

SUBJONCTIF

PRÉSENT

attrape	attrapions
attrapes	attrapiez
attrape	attrapent

PASSÉ

aie attrapé	ayons attrapé
aies attrapé	ayez attrapé
ait attrapé	aient attrapé

IMPARFAIT

attrapasse	attrapassions
attrapasses	attrapassiez
attrapât	attrapassent

PLUS-QUE-PARFAIT

eusse attrapé	eussions attrapé
eusses attrapé	eussiez attrapé
eût attrapé	eussent attrapé

CONDITIONNEL

PRÉSENT

attraperais	attraperions
attraperais	attraperiez
attraperait	attraperaient

PASSÉ

aurais attrapé	aurions attrapé
aurais attrapé	auriez attrapé
aurait attrapé	auraient attrapé

IMPÉRATIF

attrape
attrapons
attrapez

PARTICIPES

PRÉSENT	**PASSÉ**
attrapant	attrapé(e)

EXAMPLES OF VERB USAGE

Il avait attrapé un rhume.	*He had caught a cold.*
Il ne faut pas que nos adversaires attrapent le ballon.	*Our opponents mustn't catch the ball.*
Attrape un manteau et sortons.	*Get a coat and let's go out.*

RELATED WORDS

rattraper	*to catch up with*
le cours de rattrapage	*remedial class*
l'attrape-nigaud (m.)	*con game*
l'attrape touristes (m.)	*tourist trap*

avoir
to have

je	nous
tu	vous
il/elle/on	ils/elles

INDICATIF

PRÉSENT

ai	avons
as	avez
a	ont

IMPARFAIT

avais	avions
avais	aviez
avait	avaient

PASSÉ SIMPLE

eus	eûmes
eus	eûtes
eut	eurent

FUTUR SIMPLE

aurai	aurons
auras	aurez
aura	auront

PASSÉ COMPOSÉ

ai eu	avons eu
as eu	avez eu
a eu	ont eu

PLUS-QUE-PARFAIT

avais eu	avions eu
avais eu	aviez eu
avait eu	avaient eu

PASSÉ ANTÉRIEUR

eus eu	eûmes eu
eus eu	eûtes eu
eut eu	eurent eu

FUTUR ANTÉRIEUR

aurai eu	aurons eu
auras eu	aurez eu
aura eu	auront eu

SUBJONCTIF

PRÉSENT

aie	ayons
aies	ayez
ait	aient

IMPARFAIT

eusse	eussions
eusses	eussiez
eût	eussent

PASSÉ

aie eu	ayons eu
aies eu	ayez eu
ait eu	aient eu

PLUS-QUE-PARFAIT

eusse eu	eussions eu
eusses eu	eussiez eu
eût eu	eussent eu

CONDITIONNEL

PRÉSENT

aurais	aurions
aurais	auriez
aurait	auraient

PASSÉ

aurais eu	aurions eu
aurais eu	auriez eu
aurait eu	auraient eu

IMPÉRATIF

aie
ayons
ayez

PARTICIPES

PRÉSENT	**PASSÉ**
ayant	eu(e)

EXAMPLES OF VERB USAGE

Nous aurons beaucoup de choses à faire demain.	*We will have a lot to do tomorrow.*
Elle t'a bien eu!	*She really got you!*
J'ai trois enfants.	*I have three children.*

RELATED WORDS

avoir froid	*to be cold*	avoir faim	*to be hungry*
avoir peur	*to be afraid*	avoir chaud	*to be hot*
avoir sommeil	*to be sleepy*	avoir soif	*to be thirsty*
avoir raison	*to be right*	avoir trente-cinq ans	*to be thirty-five years old*
avoir tort	*to be wrong*		

balayer*

to sweep

INDICATIF

PRÉSENT

balaie	balayons
balaies	balayez
balaie	balaient

PASSÉ COMPOSÉ

ai balayé	avons balayé
as balayé	avez balayé
a balayé	ont balayé

IMPARFAIT

balayais	balayions
balayais	balayiez
balayait	balayaient

PLUS-QUE-PARFAIT

avais balayé	avions balayé
avais balayé	aviez balayé
avait balayé	avaient balayé

PASSÉ SIMPLE

balayai	balayâmes
balayas	balayâtes
balaya	balayèrent

PASSÉ ANTÉRIEUR

eus balayé	eûmes balayé
eus balayé	eûtes balayé
eut balayé	eurent balayé

FUTUR SIMPLE

balaierai	balaierons
balaieras	balaierez
balaiera	balaieront

FUTUR ANTÉRIEUR

aurai balayé	aurons balayé
auras balayé	aurez balayé
aura balayé	auront balayé

SUBJONCTIF

PRÉSENT

balaie	balayions
balaies	balayiez
balaie	balaient

PASSÉ

aie balayé	ayons balayé
aies balayé	ayez balayé
ait balayé	aient balayé

IMPARFAIT

balayasse	balayassions
balayasses	balayassiez
balayât	balayassent

PLUS-QUE-PARFAIT

eusse balayé	eussions balayé
eusses balayé	eussiez balayé
eût balayé	eussent balayé

CONDITIONNEL

PRÉSENT

balaierais	balaierions
balaierais	balaieriez
balaierait	balaieraient

PASSÉ

aurais balayé	aurions balayé
aurais balayé	auriez balayé
aurait balayé	auraient balayé

IMPÉRATIF

balaie
balayons
balayez

PARTICIPES

PRÉSENT	PASSÉ
balayant	balayé(e)

EXAMPLES OF VERB USAGE

Elle balaie la cour tous les soirs.	*She sweeps the yard every night.*
Une vague de chaleur balaiera le pays la semaine prochaine.	*A heat wave will sweep the country next week.*
Nous les avons balayés!	*We thrashed them!*

RELATED WORDS

le balai	*broom*	le/ la balayeur/ -euse	*street sweeper*
le balayage	*sweeping*	la balayette	*small hand brush*

* The verb *balayer* has two accepted conjugations. See next page for alternate conjugation.

balayer
to sweep

INDICATIF

je	nous
tu	vous
il/elle/on	ils/elles

PRÉSENT

balaye	balayons
balayes	balayez
balaye	balayent

PASSÉ COMPOSÉ

ai balayé	avons balayé
as balayé	avez balayé
a balayé	ont balayé

IMPARFAIT

balayais	balayions
balayais	balayiez
balayait	balayaient

PLUS-QUE-PARFAIT

avais balayé	avions balayé
avais balayé	aviez balayé
avait balayé	avaient balayé

PASSÉ SIMPLE

balayai	balayâmes
balayas	balayâtes
balaya	balayèrent

PASSÉ ANTÉRIEUR

eus balayé	eûmes balayé
eus balayé	eûtes balayé
eut balayé	eurent balayé

FUTUR SIMPLE

balayerai	balayerons
balayeras	balayerez
balayera	balayeront

FUTUR ANTÉRIEUR

aurai balayé	aurons balayé
auras balayé	aurez balayé
aura balayé	auront balayé

SUBJONCTIF

PRÉSENT

balaye	balayions
balayes	balayiez
balaye	balayent

PASSÉ

aie balayé	ayons balayé
aies balayé	ayez balayé
ait balayé	aient balayé

IMPARFAIT

balayasse	balayassions
balayasses	balayassiez
balayât	balayassent

PLUS-QUE-PARFAIT

eusse balayé	eussions balayé
eusses balayé	eussiez balayé
eût balayé	eussent balayé

CONDITIONNEL

PRÉSENT

balayerais	balayerions
balayerais	balayeriez
balayerait	balayeraient

PASSÉ

aurais balayé	aurions balayé
aurais balayé	auriez balayé
aurait balayé	auraient balayé

IMPÉRATIF

balaye
balayons
balayez

PARTICIPES

PRÉSENT	**PASSÉ**
balayant	balayé(e)

se battre
to fight

INDICATIF

PRÉSENT

me bats	nous battons
te bats	vous battez
se bat	se battent

IMPARFAIT

me battais	nous battions
te battais	vous battiez
se battait	se battaient

PASSÉ SIMPLE

me battis	nous battîmes
te battis	vous battîtes
se battit	se battirent

FUTUR SIMPLE

me battrai	nous battrons
te battras	vous battrez
se battra	se battront

PASSÉ COMPOSÉ

me suis battu(e)	nous sommes battu(e)s
t'es battu(e)	vous êtes battu(e)(s)
s'est battu(e)	se sont battu(e)s

PLUS-QUE-PARFAIT

m'étais battu(e)	nous étions battu(e)s
t'étais battu(e)	vous étiez battu(e)(s)
s'était battu(e)	s'étaient battu(e)s

PASSÉ ANTÉRIEUR

me fus battu(e)	nous fûmes battu(e)s
te fus battu(e)	vous fûtes battu(e)(s)
se fut battu(e)	se furent battu(e)s

FUTUR ANTÉRIEUR

me serai battu(e)	nous serons battu(e)s
te seras battu(e)	vous serez battu(e)(s)
se sera battu(e)	se seront battu(e)s

je	nous
tu	vous
il/elle/on	ils/elles

SUBJONCTIF

PRÉSENT

me batte	nous battions
te battes	vous battiez
se batte	se battent

IMPARFAIT

me battisse	nous battissions
te battisses	vous battissiez
se battît	se battissent

PASSÉ

me sois battu(e)	nous soyons battu(e)s
te sois battu(e)	vous soyez battu(e)(s)
se soit battu(e)	se soient battu(e)s

PLUS-QUE-PARFAIT

me fusse battu(e)	nous fussions battu(e)s
te fusses battu(e)	vous fussiez battu(e)(s)
se fût battu(e)	se fussent battu(e)s

CONDITIONNEL

PRÉSENT

me battrais	nous battrions
te battrais	vous battriez
se battrait	se battraient

PASSÉ

me serais battu(e)	nous serions battu(e)s
te serais battu(e)	vous seriez battu(e)(s)
se serait battu(e)	se seraient battu(e)s

IMPÉRATIF

bats-toi
battons-nous
battez-vous

PARTICIPES

PRÉSENT
me battant, etc.

PASSÉ
battu(e)

EXAMPLES OF VERB USAGE

Elle s'est battue pour sa liberté.	*She fought for her freedom.*
Ne nous battons pas contre eux!	*Let's not fight against them.*
Il battait sa femme.	*He used to beat his wife.*

RELATED WORDS

battre	*to beat*	le combat	*fighting, battle*
le/ la battant/ -e	*fighter*	combatif/ -ive	*assertive*
le batteur	*drummer*	le débat	*debate*
combattre	*to fight against*	le battement de cœur	*heartbeat*
débattre de	*to discuss*	la batterie	*drums; battery*
se débattre	*to struggle*		

Verb Charts

blanchir
to turn white, to whiten; to launder

INDICATIF

PRÉSENT

blanchis	blanchissons	
blanchis	blanchissez	
blanchit	blanchissent	

PASSÉ COMPOSÉ

ai blanchi	avons blanchi
as blanchi	avez blanchi
a blanchi	ont blanchi

IMPARFAIT

blanchissais	blanchissions
blanchissais	blanchissiez
blanchissait	blanchissaient

PLUS-QUE-PARFAIT

avais blanchi	avions blanchi
avais blanchi	aviez blanchi
avait blanchi	avaient blanchi

PASSÉ SIMPLE

blanchis	blanchîmes
blanchis	blanchîtes
blanchit	blanchirent

PASSÉ ANTÉRIEUR

eus blanchi	eûmes blanchi
eus blanchi	eûtes blanchi
eut blanchi	eurent blanchi

FUTUR SIMPLE

blanchirai	blanchirons
blanchiras	blanchirez
blanchira	blanchiront

FUTUR ANTÉRIEUR

aurai blanchi	aurons blanchi
auras blanchi	aurez blanchi
aura blanchi	auront blanchi

SUBJONCTIF

PRÉSENT

blanchisse	blanchissions
blanchisses	blanchissiez
blanchisse	blanchissent

PASSÉ

aie blanchi	ayons blanchi
aies blanchi	ayez blanchi
ait blanchi	aient blanchi

IMPARFAIT

blanchisse	blanchissions
blanchisses	blanchissiez
blanchît	blanchissent

PLUS-QUE-PARFAIT

eusse blanchi	eussions blanchi
eusses blanchi	eussiez blanchi
eût blanchi	eussent blanchi

CONDITIONNEL

PRÉSENT

blanchirais	blanchirions
blanchirais	blanchiriez
blanchirait	blanchiraient

PASSÉ

aurais blanchi	aurions blanchi
aurais blanchi	auriez blanchi
aurait blanchi	auraient blanchi

IMPÉRATIF

blanchis
blanchissons
blanchissez

PARTICIPES

PRÉSENT | **PASSÉ**
blanchissant | blanchi(e)

EXAMPLES OF VERB USAGE

Tes cheveux ont blanchi.	*Your hair has turned gray.*
Il blanchissait de l'argent volé.	*He laundered stolen money.*
La neige blanchit les collines.	*The snow is turning the hills white.*
L'accusé a été blanchi.	*The accused has been acquitted.*

RELATED WORDS

blanc	*white*	l'argent blanchi (m.)	*laundered money*
le blanchiment d'argent	*money laundering*	note de blanchissage	*laundry bill*

boire
to drink

je	nous
tu	vous
il/elle/on	ils/elles

INDICATIF

PRÉSENT

bois	buvons
bois	buvez
boit	boivent

PASSÉ COMPOSÉ

ai bu	avons bu
as bu	avez bu
a bu	ont bu

IMPARFAIT

buvais	buvions
buvais	buviez
buvait	buvaient

PLUS-QUE-PARFAIT

avais bu	avions bu
avais bu	aviez bu
avait bu	avaient bu

PASSÉ SIMPLE

bus	bûmes
bus	bûtes
but	burent

PASSÉ ANTÉRIEUR

eus bu	eûmes bu
eus bu	eûtes bu
eut bu	eurent bu

FUTUR SIMPLE

boirai	boirons
boiras	boirez
boira	boiront

FUTUR ANTÉRIEUR

aurai bu	aurons bu
auras bu	aurez bu
aura bu	auront bu

SUBJONCTIF

PRÉSENT

boive	buvions
boives	buviez
boive	boivent

PASSÉ

aie bu	ayons bu
aies bu	ayez bu
ait bu	aient bu

IMPARFAIT

busse	bussions
busses	bussiez
bût	bussent

PLUS-QUE-PARFAIT

eusse bu	eussions bu
eusses bu	eussiez bu
eût bu	eussent bu

CONDITIONNEL

PRÉSENT

boirais	boirions
boirais	boirions
boirait	boiraient

PASSÉ

aurais bu	aurions bu
aurais bu	auriez bu
aurait bu	auraient bu

IMPÉRATIF

bois
buvons
buvez

PARTICIPES

PRÉSENT
buvant

PASSÉ
bu(e)

EXAMPLES OF VERB USAGE

Buvons un verre à sa santé!	*Let's drink to his health!*
Ils ne boivent que de l'eau.	*They only drink water.*
Encore une et vous aurez bu toutes les bouteilles.	*One more and you'll have drunk all the bottles.*

RELATED WORDS

la boisson	*drink*	le grand buveur	*heavy drinker*
la buvette	*refreshment stall*		

Verb Charts

bouillir
to boil

je	nous
tu	vous
il/elle/on	ils/elles

INDICATIF

PRÉSENT

bous	bouillons
bous	bouillez
bout	bouillent

PASSÉ COMPOSÉ

ai bouilli	avons bouilli
as bouilli	avez bouilli
a bouilli	ont bouilli

IMPARFAIT

bouillais	bouillions
bouillais	bouilliez
bouillait	bouillaient

PLUS-QUE-PARFAIT

avais bouilli	avions bouilli
avais bouilli	aviez bouilli
avait bouilli	avaient bouilli

PASSÉ SIMPLE

bouillis	bouillîmes
bouillis	bouillîtes
bouillit	bouillirent

PASSÉ ANTÉRIEUR

eus bouilli	eûmes bouilli
eus bouilli	eûtes bouilli
eut bouilli	eurent bouilli

FUTUR SIMPLE

bouillirai	bouillirons
bouilliras	bouillirez
bouillira	bouilliront

FUTUR ANTÉRIEUR

aurai bouilli	aurons bouilli
auras bouilli	aurez bouilli
aura bouilli	auront bouilli

SUBJONCTIF

PRÉSENT

bouille	bouillions
bouilles	bouilliez
bouille	bouillaient

PASSÉ

aie bouilli	ayons bouilli
aies bouilli	ayez bouilli
ait bouilli	aient bouilli

IMPARFAIT

bouillisse	bouillissions
bouillisses	bouillissiez
bouillît	bouillissent

PLUS-QUE-PARFAIT

eusse bouilli	eussions bouilli
eusses bouilli	eussiez bouilli
eût bouilli	eussent bouilli

CONDITIONNEL

PRÉSENT

bouillirais	bouillirions
bouillirais	bouilliriez
bouillirait	bouilliraient

PASSÉ

aurais bouilli	aurions bouilli
aurais bouilli	auriez bouilli
aurait bouilli	auraient bouilli

IMPÉRATIF

bous
bouillons
bouillez

PARTICIPES

PRÉSENT	**PASSÉ**
bouillant	bouilli(e)

EXAMPLES OF VERB USAGE

L'eau n'a pas bouilli.	*The water has not boiled.*
Je bous d'impatience de le rencontrer.	*I'm seething with impatience to meet him.*
En voyant cela, je bouillais.	*Seeing that made my blood boil.*

RELATED WORDS

la bouilloire	*kettle*	la bouillie	*baby's cereal*
le bouillon	*broth*		

briller
to shine

je	nous
tu	vous
il/elle/on	ils/elles

INDICATIF

PRÉSENT

brille	brillons
brilles	brillez
brille	brillent

PASSÉ COMPOSÉ

ai brillé	avons brillé
as brillé	avez brillé
a brillé	ont brillé

IMPARFAIT

brillais	brillions
brillais	brilliez
brillait	brillaient

PLUS-QUE-PARFAIT

avais brillé	avions brillé
avais brillé	aviez brillé
avait brillé	avaient brillé

PASSÉ SIMPLE

brillai	brillâmes
brillas	brillâtes
brilla	brillèrent

PASSÉ ANTÉRIEUR

eus brillé	eûmes brillé
eus brillé	eûtes brillé
eut brillé	eurent brillé

FUTUR SIMPLE

brillerai	brillerons
brilleras	brillerez
brillera	brilleront

FUTUR ANTÉRIEUR

aurai brillé	aurons brillé
auras brillé	aurez brillé
aura brillé	auront brillé

SUBJONCTIF

PRÉSENT

brille	brillions
brilles	brilliez
brille	brillent

PASSÉ

aie brillé	ayons brillé
aies brillé	ayez brillé
ait brillé	aient brillé

IMPARFAIT

brillasse	brillassions
brillasses	brillassiez
brillât	brillassent

PLUS-QUE-PARFAIT

eusse brillé	eussions brillé
eusses brillé	eussiez brillé
eût brillé	eussent brillé

CONDITIONNEL

PRÉSENT

brillerais	brillerions
brillerais	brilleriez
brillerait	brilleraient

PASSÉ

aurais brillé	aurions brillé
aurais brillé	auriez brillé
aurait brillé	auraient brillé

IMPÉRATIF

brille
brillons
brillez

PARTICIPES

PRÉSENT	**PASSÉ**
brillant	brillé(e)

EXAMPLES OF VERB USAGE

Aujourd'hui, le soleil brille.	*Today, the sun is shining.*
Ses yeux brillaient de joie.	*Her eyes shone with joy.*
Il n'a pas brillé contre le numéro un mondial.	*He didn't shine against the number one player in the world.*

RELATED WORDS

brillant/ -e	*brilliant*	brillamment	*with gusto*
le brillant	*shine; diamond*	faire briller	*to polish*

Verb Charts

céder
to give in to; to give up; to sell

INDICATIF

je	nous
tu	vous
il/elle/on	ils/elles

PRÉSENT

cède	cédons
cèdes	cédez
cède	cèdent

PASSÉ COMPOSÉ

ai cédé	avons cédé
as cédé	avez cédé
a cédé	ont cédé

IMPARFAIT

cédais	cédions
cédais	cédiez
cédait	cédaient

PLUS-QUE-PARFAIT

avais cédé	avions cédé
avais cédé	aviez cédé
avait cédé	avaient cédé

PASSÉ SIMPLE

cédai	cédâmes
cédas	cédâtes
céda	cédèrent

PASSÉ ANTÉRIEUR

eus cédé	eûmes cédé
eus cédé	eûtes cédé
eut cédé	eurent cédé

FUTUR SIMPLE

céderai	céderons
céderas	céderez
cédera	céderont

FUTUR ANTÉRIEUR

aurai cédé	aurons cédé
auras cédé	aurez cédé
aura cédé	auront cédé

SUBJONCTIF

PRÉSENT

cède	cédions
cèdes	cédiez
cède	cèdent

PASSÉ

aie cédé	ayons cédé
aies cédé	ayez cédé
ait cédé	aient cédé

IMPARFAIT

cédasse	cédassions
cédasses	cédassiez
cédât	cédassent

PLUS-QUE-PARFAIT

eusse cédé	eussions cédé
eusses cédé	eussiez cédé
eût cédé	eussent cédé

CONDITIONNEL

PRÉSENT

céderais	céderions
céderais	céderiez
céderait	céderaient

PASSÉ

aurais cédé	aurions cédé
aurais cédé	auriez cédé
aurait cédé	auraient cédé

IMPÉRATIF

cède
cédons
cédez

PARTICIPES

PRÉSENT	**PASSÉ**
cédant	cédé(e)

EXAMPLES OF VERB USAGE

Je ne céderai jamais à ses caprices.	*I will never give in to his/her whims.*
Il lui a cédé sa place.	*He let him/her have his place.*
Il faut que tu leur cèdes tes parts.	*You must sell your shares to them.*

RELATED WORDS

concéder	*to concede*	la cession	*transfer*
décéder	*to pass away*	le décès	*death*

célébrer
to celebrate

je	nous
tu	vous
il/elle/on	ils/elles

INDICATIF

PRÉSENT

célèbre	célébrons
célèbres	célébrez
célèbre	célèbrent

PASSÉ COMPOSÉ

ai célébré	avons célébré
as célébré	avez célébré
a célébré	ont célébré

IMPARFAIT

célébrais	célébrions
célébrais	célébriez
célébrait	célébraient

PLUS-QUE-PARFAIT

avais célébré	avions célébré
avais célébré	aviez célébré
avait célébré	avaient célébré

PASSÉ SIMPLE

célébrai	célébrâmes
célébras	célébrâtes
célébra	célébrèrent

PASSÉ ANTÉRIEUR

eus célébré	eûmes célébré
eus célébré	eûtes célébré
eut célébré	eurent célébré

FUTUR SIMPLE

célébrerai	célébrerons
célébreras	célébrerez
célébrera	célébreront

FUTUR ANTÉRIEUR

aurai célébré	aurons célébré
auras célébré	aurez célébré
aura célébré	auront célébré

SUBJONCTIF

PRÉSENT

célèbre	célébrions
célèbres	célébriez
célèbre	célèbrent

PASSÉ

aie célébré	ayons célébré
aies célébré	ayez célébré
ait célébré	aient célébré

IMPARFAIT

célébrasse	célébrassions
célébrasses	célébrassiez
célébrât	célébrassent

PLUS-QUE-PARFAIT

eusse célébré	eussions célébré
eusses célébré	eussiez célébré
eût célébré	eussent célébré

CONDITIONNEL

PRÉSENT

célébrerais	célébrerions
célébrerais	célébreriez
célébrerait	célébreraient

PASSÉ

aurais célébré	aurions célébré
aurais célébré	auriez célébré
aurait célébré	auraient célébré

IMPÉRATIF

célèbre
célébrons
célébrez

PARTICIPES

PRÉSENT	**PASSÉ**
célébrant	célébré

EXAMPLES OF VERB USAGE

Célébreriez-vous votre anniversaire dans d'autres circonstances?

Would you celebrate your birthday in other circumstances?

La messe a été célébrée dans la cathédrale Notre-Dame.

Mass was celebrated in Notre-Dame cathedral.

Nous célébrons la prise de la Bastille le 14 juillet.

We celebrate the storming of the Bastille on July 14.

RELATED WORDS

la célébration	*celebration*	la célébrité	*celebrity*
célèbre	*famous*		

Verb Charts

cesser
to stop

je	nous
tu	vous
il/elle/on	ils/elles

INDICATIF

PRÉSENT

cesse	cessons
cesses	cessez
cesse	cessent

PASSÉ COMPOSÉ

ai cessé	avons cessé
as cessé	avez cessé
a cessé	ont cessé

IMPARFAIT

cessais	cessions
cessais	cessiez
cessait	cessaient

PLUS-QUE-PARFAIT

avais cessé	avions cessé
avais cessé	aviez cessé
avait cessé	avaient cessé

PASSÉ SIMPLE

cessai	cessâmes
cessas	cessâtes
cessa	cessèrent

PASSÉ ANTÉRIEUR

eus cessé	eûmes cessé
eus cessé	eûtes cessé
eut cessé	eurent cessé

FUTUR SIMPLE

cesserai	cesserons
cesseras	cesserez
cessera	cesseront

FUTUR ANTÉRIEUR

aurai cessé	aurons cessé
auras cessé	aurez cessé
aura cessé	auront cessé

SUBJONCTIF

PRÉSENT

cesse	cessions
cesses	cessiez
cesse	cessent

PASSÉ

aie cessé	ayons cessé
aies cessé	ayez cessé
ait cessé	aient cessé

IMPARFAIT

cessasse	cessassions
cessasses	cessassiez
cessât	cessassent

PLUS-QUE-PARFAIT

eusse cessé	eussions cessé
eusses cessé	eussiez cessé
eût cessé	eussent cessé

CONDITIONNEL

PRÉSENT

cesserais	cesserions
cesserais	cesseriez
cesserait	cesseraient

PASSÉ

aurais cessé	aurions cessé
aurais cessé	auriez cessé
aurait cessé	auraient cessé

IMPÉRATIF

cesse
cessons
cessez

PARTICIPES

PRÉSENT	**PASSÉ**
cessant	cessé(e)

EXAMPLES OF VERB USAGE

La pluie a enfin cessé.	*The rain has finally stopped.*
Cesse de dire n'importe quoi!	*Stop talking nonsense!*
Il faut que nous cessions le travail.	*We must stop working.*

RELATED WORDS

la cessation	*cessation, suspension*	le cessez-le-feu	*cease-fire*

chercher
to try to; to look for

INDICATIF

PRÉSENT

cherche	cherchons
cherches	cherchez
cherche	cherchent

IMPARFAIT

cherchais	cherchions
cherchais	cherchiez
cherchait	cherchaient

PASSÉ SIMPLE

cherchai	cherchâmes
cherchas	cherchâtes
chercha	cherchèrent

FUTUR SIMPLE

chercherai	chercherons
chercheras	chercherez
cherchera	chercheront

PASSÉ COMPOSÉ

ai cherché	avons cherché
as cherché	avez cherché
a cherché	ont cherché

PLUS-QUE-PARFAIT

avais cherché	avions cherché
avais cherché	aviez cherché
avait cherché	avaient cherché

PASSÉ ANTÉRIEUR

eus cherché	eûmes cherché
eus cherché	eûtes cherché
eut cherché	eurent cherché

FUTUR ANTÉRIEUR

aurai cherché	aurons cherché
auras cherché	aurez cherché
aura cherché	auront cherché

je	nous
tu	vous
il/elle/on	ils/elles

SUBJONCTIF

PRÉSENT

cherche	cherchions
cherches	cherchiez
cherche	cherchent

IMPARFAIT

cherchasse	cherchassions
cherchasses	cherchassiez
cherchât	cherchassent

PASSÉ

aie cherché	ayons cherché
aies cherché	ayez cherché
ait cherché	aient cherché

PLUS-QUE-PARFAIT

eusse cherché	eussions cherché
eusses cherché	eussiez cherché
eût cherché	eussent cherché

CONDITIONNEL

PRÉSENT

chercherais	chercherions
chercherais	chercheriez
chercherait	chercheraient

PASSÉ

aurais cherché	aurions cherché
aurais cherché	auriez cherché
aurait cherché	auraient cherché

IMPÉRATIF

cherche
cherchons
cherchez

PARTICIPES

PRÉSENT	**PASSÉ**
cherchant	cherché(e)

Verb Charts

EXAMPLES OF VERB USAGE

Ne cherchez pas à me revoir.	*Don't try to see me again.*
Nous chercherons du travail demain.	*We will look for a job tomorrow.*
Il a cherché les ennuis.	*He asked for trouble.*

RELATED WORDS

la recherche	*research*	rechercher	*to seek; to search*
le/ la chercheur/ -euse	*researcher*		

choisir
to choose

INDICATIF

	je	nous
	tu	vous
	il/elle/on	ils/elles

PRÉSENT

choisis	choisissons
choisis	choisissez
choisit	choisissent

PASSÉ COMPOSÉ

ai choisi	avons choisi
as choisi	avez choisi
a choisi	ont choisi

IMPARFAIT

choisissais	choisissions
choisissais	choisissiez
choisissait	choisissaient

PLUS-QUE-PARFAIT

avais choisi	avions choisi
avais choisi	aviez choisi
avait choisi	avaient choisi

PASSÉ SIMPLE

choisis	choisîmes
choisis	choisîtes
choisit	choisirent

PASSÉ ANTÉRIEUR

eus choisi	eûmes choisi
eus choisi	eûtes choisi
eut choisi	eurent choisi

FUTUR SIMPLE

choisirai	choisirons
choisiras	choisirez
choisira	choisiront

FUTUR ANTÉRIEUR

aurai choisi	aurons choisi
auras choisi	aurez choisi
aura choisi	auront choisi

SUBJONCTIF

PRÉSENT

choisisse	choisissions
choisisses	choisissiez
choisisse	choisissent

PASSÉ

aie choisi	ayons choisi
aies choisi	ayez choisi
ait choisi	aient choisi

IMPARFAIT

choisisse	choisissions
choisisses	choisissiez
choisît	choisissent

PLUS-QUE-PARFAIT

eusse choisi	eussions choisi
eusses choisi	eussiez choisi
eût choisi	eussent choisi

CONDITIONNEL

PRÉSENT

choisirais	choisirions
choisirais	choisiriez
choisirait	choisiraient

PASSÉ

aurais choisi	aurions choisi
aurais choisi	auriez choisi
aurait choisi	auraient choisi

IMPÉRATIF

choisis
choisissons
choisissez

PARTICIPES

PRÉSENT	**PASSÉ**
choisissant	choisi(e)

EXAMPLES OF VERB USAGE

Je choisirai le cadeau pour son anniversaire.	*I will choose the gift for his/her birthday.*
Choisissez une carte.	*Choose a card.*
Tu as mal choisi ton moment.	*You picked the wrong time.*

RELATED WORDS

le choix	*choice*	faire un choix	*to make a choice*
choisi/ -e	*carefully chosen*	morceaux choisis	*selections*
au choix	*a choice of*		

clore

to close, to end

INDICATIF

		je	nous
		tu	vous
		il/elle/on	ils/elles

PRÉSENT

clos
clos
clôt   closent

PASSÉ COMPOSÉ

ai clos   avons clos
as clos   avez clos
a clos   ont clos

IMPARFAIT

[Does not exist.]

PLUS-QUE-PARFAIT

avais clos   avions clos
avais clos   aviez clos
avait clos   avaient clos

PASSÉ SIMPLE

[Does not exist.]

PASSÉ ANTÉRIEUR

eus clos   eûmes clos
eus clos   eûtes clos
eut clos   eurent clos

FUTUR SIMPLE

clorai   clorons
cloras   clorez
clora   cloront

FUTUR ANTÉRIEUR

aurai clos   aurons clos
auras clos   aurez clos
aura clos   auront clos

SUBJONCTIF

PRÉSENT

close   closions
closes   closiez
close   closent

PASSÉ

aie clos   ayons clos
aies clos   ayez clos
ait clos   aient clos

IMPARFAIT

[Does not exist.]

PLUS-QUE-PARFAIT

eusse clos   eussions clos
eusses clos   eussiez clos
eût clos   eussent clos

CONDITIONNEL

PRÉSENT

clorais   clorions
clorais   cloriez
clorait   cloraient

PASSÉ

aurais clos   aurions clos
aurais clos   auriez clos
aurait clos   auraient clos

IMPÉRATIF

clos

PARTICIPES

PRÉSENT   **PASSÉ**
closant   clos(e)

Verb Charts

EXAMPLES OF VERB USAGE

Nous avons clos la séance par un discours.   *We closed the meeting with a speech.*
Une description clôt le chapitre.   *The chapter ends with a description.*
L'incident est clos.   *The matter is closed.*

RELATED WORDS

la clôture   *fence; conclusion*   clôturer   *to fence, to end*
la cloison   *partition*   éclore   *to hatch*

commencer
to begin, to start

INDICATIF

je	nous
tu	vous
il/elle/on	ils/elles

PRÉSENT

commence	commençons
commences	commencez
commence	commencent

IMPARFAIT

commençais	commencions
commençais	commenciez
commençait	commençaient

PASSÉ SIMPLE

commençai	commençâmes
commenças	commençâtes
commença	commencèrent

FUTUR SIMPLE

commencerai	commencerons
commenceras	commencerez
commencera	commenceront

PASSÉ COMPOSÉ

ai commencé	avons commencé
as commencé	avez commencé
a commencé	ont commencé

PLUS-QUE-PARFAIT

avais commencé	avions commencé
avais commencé	aviez commencé
avait commencé	avaient commencé

PASSÉ ANTÉRIEUR

eus commencé	eûmes commencé
eus commencé	eûtes commencé
eut commencé	eurent commencé

FUTUR ANTÉRIEUR

aurai commencé	aurons commencé
auras commencé	aurez commencé
aura commencé	auront commencé

SUBJONCTIF

PRÉSENT

commence	commencions
commences	commenciez
commence	commencent

IMPARFAIT

commençasse	commençassions
commençasses	commençassiez
commençât	commençassent

PASSÉ

aie commencé	ayons commencé
aies commencé	ayez commencé
ait commencé	aient commencé

PLUS-QUE-PARFAIT

eusse commencé	eussions commencé
eusses commencé	eussiez commencé
eût commencé	eussent commencé

CONDITIONNEL

PRÉSENT

commencerais	commencerions
commencerais	commenceriez
commencerait	commenceraient

PASSÉ

aurais commencé	aurions commencé
aurais commencé	auriez commencé
aurait commencé	auraient commencé

IMPÉRATIF

commence
commençons
commencez

PARTICIPES

PRÉSENT	**PASSÉ**
commençant	commencé(e)

EXAMPLES OF VERB USAGE

Elle commençait vraiment à m'agacer.	*She was starting to really get on my nerves.*
Nous avons commencé le repas par du saumon fumé.	*We started the meal with smoked salmon.*
Commençons par le commencement.	*Let's start at the beginning.*

RELATED WORDS

le commencement	*beginning*	recommencer	*to start again*

comprendre
to understand; to comprise

je	nous
tu	vous
il/elle/on	ils/elles

INDICATIF

PRÉSENT

comprends	comprenons
comprends	comprenez
comprend	comprennent

PASSÉ COMPOSÉ

ai compris	avons compris
as compris	avez compris
a compris	ont compris

IMPARFAIT

comprenais	comprenions
comprenais	compreniez
comprenait	comprenaient

PLUS-QUE-PARFAIT

avais compris	avions compris
avais compris	aviez compris
avait compris	avaient compris

PASSÉ SIMPLE

compris	comprîmes
compris	comprîtes
comprit	comprirent

PASSÉ ANTÉRIEUR

eus compris	eûmes compris
eus compris	eûtes compris
eut compris	eurent compris

FUTUR SIMPLE

comprendrai	comprendrons
comprendras	comprendrez
comprendra	comprendront

FUTUR ANTÉRIEUR

aurai compris	aurons compris
auras compris	aurez compris
aura compris	auront compris

SUBJONCTIF

PRÉSENT

comprenne	comprenions
comprennes	compreniez
comprenne	comprennent

PASSÉ

aie compris	ayons compris
aies compris	ayez compris
ait compris	aient compris

IMPARFAIT

comprisse	comprissions
comprisses	comprissiez
comprît	comprissent

PLUS-QUE-PARFAIT

eusse compris	eussions compris
eusses compris	eussiez compris
eût compris	eussent compris

CONDITIONNEL

PRÉSENT

comprendrais	comprendrions
comprendrais	comprendriez
comprendrait	comprendraient

PASSÉ

aurais compris	aurions compris
aurais compris	auriez compris
aurait compris	auraient compris

IMPÉRATIF

comprends
comprenons
comprenez

PARTICIPES

PRÉSENT	**PASSÉ**
comprenant	compris(e)

EXAMPLES OF VERB USAGE

Je ne comprendrai jamais ses méthodes.	*I'll never understand his methods.*
As-tu compris la question?	*Did you understand the question?*
Le livre comprenait 25 chapitres.	*The book was made up of 25 chapters.*

RELATED WORDS

la compréhension	*comprehension*	service compris	*service included*
compréhensif/ -ive	*understanding*		

Verb Charts

compter
to count

INDICATIF

PRÉSENT

compte	comptons
comptes	comptez
compte	comptent

PASSÉ COMPOSÉ

ai compté	avons compté
as compté	avez compté
a compté	ont compté

IMPARFAIT

comptais	comptions
comptais	comptiez
comptait	comptaient

PLUS-QUE-PARFAIT

avais compté	avions compté
avais compté	aviez compté
avait compté	avaient compté

PASSÉ SIMPLE

comptai	comptâmes
comptas	comptâtes
compta	comptèrent

PASSÉ ANTÉRIEUR

eus compté	eûmes compté
eus compté	eûtes compté
eut compté	eurent compté

FUTUR SIMPLE

compterai	compterons
compteras	compterez
comptera	compteront

FUTUR ANTÉRIEUR

aurai compté	aurons compté
auras compté	aurez compté
aura compté	auront compté

SUBJONCTIF

PRÉSENT

compte	comptions
comptes	comptiez
compte	comptent

PASSÉ

aie compté	ayons compté
aies compté	ayez compté
ait compté	aient compté

IMPARFAIT

comptasse	comptassions
comptasses	comptassiez
comptât	comptassent

PLUS-QUE-PARFAIT

eusse compté	eussions compté
eusses compté	eussiez compté
eût compté	eussent compté

CONDITIONNEL

PRÉSENT

compterais	compterions
compterais	compteriez
compterait	compteraient

PASSÉ

aurais compté	aurions compté
aurais compté	auriez compté
aurait compté	auraient compté

IMPÉRATIF

compte
comptons
comptez

PARTICIPES

PRÉSENT	PASSÉ
comptant	compté(e)

EXAMPLES OF VERB USAGE

Je compte sur toi pour lui parler.	*I'm counting on you to talk to him.*
Je crois que vous avez mal compté.	*I think you counted wrong.*
Ils comptaient les jours jusqu'à leur prochaine rencontre.	*They were counting the days to their next meeting.*

RELATED WORDS

payer comptant	*to pay cash*	le décompte	*detailed account; deduction*
le compte bancaire	*bank account*		
le/ la comptable	*accountant*	le compte rendu	*report*
la comptabilité	*accounting*	le comptoir	*counter*

conclure
to conclude

je	nous
tu	vous
il/elle/on	ils/elles

INDICATIF

PRÉSENT

conclus	concluons
conclus	concluez
conclut	concluent

PASSÉ COMPOSÉ

ai conclu	avons conclu
as conclu	avez conclu
a conclu	ont conclu

IMPARFAIT

concluais	concluions
concluais	concluiez
concluait	concluaient

PLUS-QUE-PARFAIT

avais conclu	avions conclu
avais conclu	aviez conclu
avait conclu	avaient conclu

PASSÉ SIMPLE

conclus	conclûmes
conclus	conclûtes
conclut	conclurent

PASSÉ ANTÉRIEUR

eus conclu	eûmes conclu
eus conclu	eûtes conclu
eut conclu	eurent conclu

FUTUR SIMPLE

conclurai	conclurons
concluras	conclurez
conclura	concluront

FUTUR ANTÉRIEUR

aurai conclu	aurons conclu
auras conclu	aurez conclu
aura conclu	auront conclu

SUBJONCTIF

PRÉSENT

conclue	concluions
conclues	concluiez
conclue	concluent

PASSÉ

aie conclu	ayons conclu
aies conclu	ayez conclu
ait conclu	aient conclu

IMPARFAIT

conclusse	conclussions
conclusses	conclussiez
conclût	conclussent

PLUS-QUE-PARFAIT

eusse conclu	eussions conclu
eusses conclu	eussiez conclu
eût conclu	eussent conclu

CONDITIONNEL

PRÉSENT

conclurais	conclurions
conclurais	concluriez
conclurait	concluraient

PASSÉ

aurais conclu	aurions conclu
aurais conclu	auriez conclu
aurait conclu	auraient conclu

IMPÉRATIF

conclus
concluons
concluez

PARTICIPES

PRÉSENT	**PASSÉ**
concluant	conclu(e)

EXAMPLES OF VERB USAGE

J'en conclus que tu avais tort.	*I therefore conclude that you were wrong.*
Ils ont conclu à son innocence.	*They concluded he was innocent.*
Il faut que nous concluions un accord avec eux.	*We must conclude a deal with them.*

RELATED WORDS

la conclusion	*conclusion*	concluant/ -e	*conclusive*

Verb Charts

conduire
to lead to, to drive

je	nous
tu	vous
il/elle/on	ils/elles

INDICATIF

PRÉSENT

conduis	conduisons
conduis	conduisez
conduit	conduisent

PASSÉ COMPOSÉ

ai conduit	avons conduit
as conduit	avez conduit
a conduit	ont conduit

IMPARFAIT

conduisais	conduisions
conduisais	conduisiez
conduisait	conduisaient

PLUS-QUE-PARFAIT

avais conduit	avions conduit
avais conduit	aviez conduit
avait conduit	avaient conduit

PASSÉ SIMPLE

conduisis	conduisîmes
conduisis	conduisîtes
conduisit	conduisirent

PASSÉ ANTÉRIEUR

eus conduit	eûmes conduit
eus conduit	eûtes conduit
eut conduit	eurent conduit

FUTUR SIMPLE

conduirai	conduirons
conduiras	conduirez
conduira	conduiront

FUTUR ANTÉRIEUR

aurai conduit	aurons conduit
auras conduit	aurez conduit
aura conduit	auront conduit

SUBJONCTIF

PRÉSENT

conduise	conduisions
conduises	conduisiez
conduise	conduisent

PASSÉ

aie conduit	ayons conduit
aies conduit	ayez conduit
ait conduit	aient conduit

IMPARFAIT

conduisisse	conduisissions
conduisisses	conduisissiez
conduisît	conduisissent

PLUS-QUE-PARFAIT

eusse conduit	eussions conduit
eusses conduit	eussiez conduit
eût conduit	eussent conduit

CONDITIONNEL

PRÉSENT

conduirais	conduirions
conduirais	conduiriez
conduirait	conduiraient

PASSÉ

aurais conduit	aurions conduit
aurais conduit	auriez conduit
aurait conduit	auraient conduit

IMPÉRATIF

conduis
conduisons
conduisez

PARTICIPES

PRÉSENT	**PASSÉ**
conduisant	conduit(e)

EXAMPLES OF VERB USAGE

Ce chemin conduit au palais.	*This path leads to the palace.*
Elle conduisait son fils à l'école tous les matins.	*She drove her son to school every morning.*
Elle s'est conduite comme une imbécile.	*She behaved foolishly.*

RELATED WORDS

la conduite	*behavior; driving*	reconduire quelqu'un	*to drive sb home*
le/ la conducteur/ -trice	*driver*	se conduire	*to behave*

connaître
to know, to be familiar with

je	nous
tu	vous
il/elle/on	ils/elles

INDICATIF

PRÉSENT

connais	connaissons
connais	connaissez
connaît	connaissent

PASSÉ COMPOSÉ

ai connu	avons connu
as connu	avez connu
a connu	ont connu

IMPARFAIT

connaissais	connaissions
connaissais	connaissiez
connaissait	connaissaient

PLUS-QUE-PARFAIT

avais connu	avions connu
avais connu	aviez connu
avait connu	avaient connu

PASSÉ SIMPLE

connus	connûmes
connus	connûtes
connut	connurent

PASSÉ ANTÉRIEUR

eus connu	eûmes connu
eus connu	eûtes connu
eut connu	eurent connu

FUTUR SIMPLE

connaîtrai	connaîtrons
connaîtras	connaîtrez
connaîtra	connaîtront

FUTUR ANTÉRIEUR

aurai connu	aurons connu
auras connu	aurez connu
aura connu	auront connu

SUBJONCTIF

PRÉSENT

connaisse	connaissions
connaisses	connaissiez
connaisse	connaissent

PASSÉ

aie connu	ayons connu
aies connu	ayez connu
ait connu	aient connu

IMPARFAIT

connusse	connussions
connusses	connussiez
connût	connussent

PLUS-QUE-PARFAIT

eusse connu	eussions connu
eusses connu	eussiez connu
eût connu	eussent connu

CONDITIONNEL

PRÉSENT

connaîtrais	connaîtrions
connaîtrais	connaîtriez
connaîtrait	connaîtraient

PASSÉ

aurais connu	aurions connu
aurais connu	auriez connu
aurait connu	auraient connu

IMPÉRATIF

connais
connaissons
connaissez

PARTICIPES

PRÉSENT	**PASSÉ**
connaissant	connu(e)

Verb Charts

EXAMPLES OF VERB USAGE

Nous le connaissions bien.	*We knew him well.*
Connaîtriez-vous un bon hôtel près d'ici?	*Would you know a good hotel near here?*
Ils se sont connus à l'université.	*They met each other in college.*

RELATED WORDS

la connaissance	*knowledge; acquaintance*	connu/ -e	*well known, famous*
le/ la connaisseur/ -euse	*connoisseur*	reconnaître	*to recognize*
reconnaissant/ -e	*grateful*	se connaître	*to meet each other; to know each other*

se connecter
to connect, to log on

je	nous
tu	vous
il/elle/on	ils/elles

INDICATIF

PRÉSENT

me connecte	nous connectons
te connectes	vous connectez
se connecte	se connectent

PASSÉ COMPOSÉ

me suis connecté(e)	nous sommes connecté(e)s
t'es connecté(e)	vous êtes connecté(e)(s)
s'est connecté(e)	se sont connecté(e)s

IMPARFAIT

me connectais	nous connections
te connectais	vous connectiez
se connectait	se connectaient

PLUS-QUE-PARFAIT

m'étais connecté(e)	nous étions connecté(e)s
t'étais connecté(e)	vous étiez connecté(e)(s)
s'était connecté(e)	s'étaient connecté(e)s

PASSÉ SIMPLE

me connectai	nous connectâmes
te connectas	vous connectâtes
se connecta	se connectèrent

PASSÉ ANTÉRIEUR

me fus connecté(e)	nous fûmes connecté(e)s
te fus connecté(e)	vous fûtes connecté(e)(s)
se fut connecté(e)	se furent connecté(e)s

FUTUR SIMPLE

me connecterai	nous connecterons
te connecteras	vous connecterez
se connectera	se connecteront

FUTUR ANTÉRIEUR

me serai connecté(e)	nous serons connecté(e)s
te seras connecté(e)	vous serez connecté(e)(s)
se sera connecté(e)	se seront connecté(e)s

SUBJONCTIF

PRÉSENT

me connecte	nous connections
te connectes	vous connectiez
se connecte	se connectent

PASSÉ

me sois connecté(e)	nous soyons connecté(e)s
te sois connecté(e)	vous soyez connecté(e)(s)
se soit connecté(e)	se soient connecté(e)s

IMPARFAIT

me connectasse	nous connectassions
te connectasses	vous connectassiez
se connectât	se connectassent

PLUS-QUE-PARFAIT

me fusse connecté(e)	nous fussions connecté(e)s
te fusses connecté(e)	vous fussiez connecté(e)(s)
se fût connecté(e)	se fussent connecté(e)s

CONDITIONNEL

PRÉSENT

me connecterais	nous connecterions
te connecterais	vous connecteriez
se connecterait	se connecteraient

PASSÉ

me serais connecté(e)	nous serions connecté(e)s
te serais connecté(e)	vous seriez connecté(e)(s)
se serait connecté(e)	se seraient connecté(e)s

IMPÉRATIF

connecte-toi
connectons-nous
connectez-vous

PARTICIPES

PRÉSENT
me connectant, etc.

PASSÉ
connecté(e)

EXAMPLES OF VERB USAGE

Je me connecte à l'internet tous les jours.	*I log onto the Internet everyday.*
J'ai connecté l'imprimante à l'ordinateur.	*I connected the printer to the computer.*
Connectez-vous sur ce site.	*Go to this Web site.*

RELATED WORDS

la connexion   *connection*

consacrer
to dedicate, to devote

je	nous
tu	vous
il/elle/on	ils/elles

INDICATIF

PRÉSENT

consacre	consacrons
consacres	consacrez
consacre	consacrent

PASSÉ COMPOSÉ

ai consacré	avons consacré
as consacré	avez consacré
a consacré	ont consacré

IMPARFAIT

consacrais	consacrions
consacrais	consacriez
consacrait	consacraient

PLUS-QUE-PARFAIT

avais consacré	avions consacré
avais consacré	aviez consacré
avait consacré	avaient consacré

PASSÉ SIMPLE

consacrai	consacrâmes
consacras	consacrâtes
consacra	consacrèrent

PASSÉ ANTÉRIEUR

eus consacré	eûmes consacré
eus consacré	eûtes consacré
eut consacré	eurent consacré

FUTUR SIMPLE

consacrerai	consacrerons
consacreras	consacrerez
consacrera	consacreront

FUTUR ANTÉRIEUR

aurai consacré	aurons consacré
auras consacré	aurez consacré
aura consacré	auront consacré

SUBJONCTIF

PRÉSENT

consacre	consacrions
consacres	consacriez
consacre	consacrent

PASSÉ

aie consacré	ayons consacré
aies consacré	ayez consacré
ait consacré	aient consacré

IMPARFAIT

consacrasse	consacrassions
consacrasses	consacrassiez
consacrât	consacrassent

PLUS-QUE-PARFAIT

eusse consacré	eussions consacré
eusses consacré	eussiez consacré
eût consacré	eussent consacré

CONDITIONNEL

PRÉSENT

consacrerais	consacrerions
consacrerais	consacreriez
consacrerait	consacreraient

PASSÉ

aurais consacré	aurions consacré
aurais consacré	auriez consacré
aurait consacré	auraient consacré

IMPÉRATIF

consacre
consacrons
consacrez

PARTICIPES

PRÉSENT	**PASSÉ**
consacrant	consacré(e)

EXAMPLES OF VERB USAGE

Il a consacré sa vie à aider les autres.	*He devoted his life to helping others.*
Il faudrait que vous me consacriez un instant.	*You must spare me a moment.*
Maintenant, je me consacre à l'écriture.	*Now, I devote myself to writing.*

RELATED WORDS

la consécration	*consecration*	sacré/ -e	*sacred*
se consacrer à	*to devote/ dedicate oneself to*		

Verb Charts

construire
to build

INDICATIF

PRÉSENT		**PASSÉ COMPOSÉ**	
construis	construisons	ai construit	avons construit
construis	construisez	as construit	avez construit
construit	construisent	a construit	ont construit

IMPARFAIT		**PLUS-QUE-PARFAIT**	
construisais	construisions	avais construit	avions construit
construisais	construisiez	avais construit	aviez construit
construisait	construisaient	avait construit	avaient construit

PASSÉ SIMPLE		**PASSÉ ANTÉRIEUR**	
construisis	construisîmes	eus construit	eûmes construit
construisis	construisîtes	eus construit	eûtes construit
construisit	construisirent	eut construit	eurent construit

FUTUR SIMPLE		**FUTUR ANTÉRIEUR**	
construirai	construirons	aurai construit	aurons construit
construiras	construirez	auras construit	aurez construit
construira	construiront	aura construit	auront construit

SUBJONCTIF

PRÉSENT		**PASSÉ**	
construise	construisions	aie construit	ayons construit
construises	construisiez	aies construit	ayez construit
construise	construisent	ait construit	aient construit

IMPARFAIT		**PLUS-QUE-PARFAIT**	
construisisse	construisissions	eusse construit	eussions construit
construisisses	construisissiez	eusses construit	eussiez construit
construisît	construisissent	eût construit	eussent construit

CONDITIONNEL

PRÉSENT		**PASSÉ**	
construirais	construirions	aurais construit	aurions construit
construirais	construiriez	aurais construit	auriez construit
construirait	construiraient	aurait construit	auraient construit

IMPÉRATIF

construis
construisons
construisez

PARTICIPES

PRÉSENT	**PASSÉ**
construisant	construit(e)

EXAMPLES OF VERB USAGE

Ensuite, ils construiront une véranda.	*Then, they will build a veranda.*
Nous construisons notre avenir aujourd'hui.	*We are building our future today.*
Ils ont construit leur couple sur la confiance.	*They have built their relationship on trust.*

RELATED WORDS

la construction	*construction, building*	constructif/ -ive	*constructive*
le/ la constructeur/ -trice	*maker, builder*		

contredire

to contradict

je	nous
tu	vous
il/elle/on	ils/elles

INDICATIF

PRÉSENT

contredis	contredisons
contredis	contredisez
contredit	contredisent

IMPARFAIT

contredisais	contredisions
contredisais	contredisiez
contredisait	contredisaient

PASSÉ SIMPLE

contredis	contredîmes
contredis	contredîtes
contredit	contredirent

FUTUR SIMPLE

contredirai	contredirons
contrediras	contredirez
contredira	contrediront

PASSÉ COMPOSÉ

ai contredit	avons contredit
as contredit	avez contredit
a contredit	ont contredit

PLUS-QUE-PARFAIT

avais contredit	avions contredit
avais contredit	aviez contredit
avait contredit	avaient contredit

PASSÉ ANTÉRIEUR

eus contredit	eûmes contredit
eus contredit	eûtes contredit
eut contredit	eurent contredit

FUTUR ANTÉRIEUR

aurai contredit	aurons contredit
auras contredit	aurez contredit
aura contredit	auront contredit

SUBJONCTIF

PRÉSENT

contredise	contredisions
contredises	contredisiez
contredise	contredisent

IMPARFAIT

contredisse	contredissions
contredisses	contredissiez
contredît	contredissent

PASSÉ

aie contredit	ayons contredit
aies contredit	ayez contredit
ait contredit	aient contredit

PLUS-QUE-PARFAIT

eusse contredit	eussions contredit
eusses contredit	eussiez contredit
eût contredit	eussent contredit

CONDITIONNEL

PRÉSENT

contredirais	contredirions
contredirais	contrediriez
contredirait	contrediraient

PASSÉ

aurais contredit	aurions contredit
aurais contredit	auriez contredit
aurait contredit	auraient contredit

IMPÉRATIF

contredis
contredisons
contredisez

PARTICIPES

PRÉSENT	**PASSÉ**
contredisant	contredit(e)

EXAMPLES OF VERB USAGE

Vous me contredisez sans arrêt.	*You keep contradicting me.*
S'il parle, nous le contredirons.	*If he speaks, we'll contradict him.*
Il s'est contredit pendant son second témoignage.	*He contradicted himself during his second testimony.*

RELATED WORDS

la contradiction	*contradiction*	contradictoire	*conflicting*
se contredire	*to contradict oneself,* *to contradict one another*		

Verb Charts

contribuer
to contribute

INDICATIF

PRÉSENT
contribue	contribuons
contribues	contribuez
contribue	contribuent

PASSÉ COMPOSÉ
ai contribué	avons contribué
as contribué	avez contribué
a contribué	ont contribué

IMPARFAIT
contribuais	contribuions
contribuais	contribuiez
contribuait	contribuaient

PLUS-QUE-PARFAIT
avais contribué	avions contribué
avais contribué	aviez contribué
avait contribué	avaient contribué

PASSÉ SIMPLE
contribuai	contribuâmes
contribuas	contribuâtes
contribua	contribuèrent

PASSÉ ANTÉRIEUR
eus contribué	eûmes contribué
eus contribué	eûtes contribué
eut contribué	eurent contribué

FUTUR SIMPLE
contribuerai	contribuerons
contribueras	contribuerez
contribuera	contribueront

FUTUR ANTÉRIEUR
aurai contribué	aurons contribué
auras contribué	aurez contribué
aura contribué	auront contribué

SUBJONCTIF

PRÉSENT
contribue	contribuions
contribues	contribuiez
contribue	contribuent

PASSÉ
aie contribué	ayons contribué
aies contribué	ayez contribué
ait contribué	aient contribué

IMPARFAIT
contribuasse	contribuassions
contribuasses	contribuassiez
contribuât	contribuassent

PLUS-QUE-PARFAIT
eusse contribué	eussions contribué
eusses contribué	eussiez contribué
eût contribué	eussent contribué

CONDITIONNEL

PRÉSENT
contribuerais	contribuerions
contribuerais	contribueriez
contribuerait	contribueraient

PASSÉ
aurais contribué	aurions contribué
aurais contribué	auriez contribué
aurait contribué	auraient contribué

IMPÉRATIF

contribue
contribuons
contribuez

PARTICIPES

PRÉSENT	PASSÉ
contribuant	contribué(e)

EXAMPLES OF VERB USAGE

Cela contribuera à améliorer l'image de l'école.

This will help improve the school's image.

Nous contribuons au cadeau du patron tous les ans.

We contribute to the boss's present every year.

Ses parents ont beaucoup contribué à son succès.

His parents contributed a lot to his success.

RELATED WORDS

la contribution	*contribution*	le/ la contribuable	*taxpayer*

convaincre
to convince

je	nous
tu	vous
il/elle/on	ils/elles

INDICATIF

PRÉSENT

convaincs	convainquons
convaincs	convainquez
convainc	convainquent

IMPARFAIT

convainquais	convainquions
convainquais	convainquiez
convainquait	convainquaient

PASSÉ SIMPLE

convainquis	convainquîmes
convainquis	convainquîtes
convainquit	convainquirent

FUTUR SIMPLE

convaincrai	convaincrons
convaincras	convaincrez
convaincra	convaincront

PASSÉ COMPOSÉ

ai convaincu	avons convaincu
as convaincu	avez convaincu
a convaincu	ont convaincu

PLUS-QUE-PARFAIT

avais convaincu	avions convaincu
avais convaincu	aviez convaincu
avait convaincu	avaient convaincu

PASSÉ ANTÉRIEUR

eus convaincu	eûmes convaincu
eus convaincu	eûtes convaincu
eut convaincu	eurent convaincu

FUTUR ANTÉRIEUR

aurai convaincu	aurons convaincu
auras convaincu	aurez convaincu
aura convaincu	auront convaincu

SUBJONCTIF

PRÉSENT

convainque	convainquions
convainques	convainquiez
convainque	convainquent

IMPARFAIT

convainquisse	convainquissions
convainquisses	convainquissiez
convainquît	convainquissent

PASSÉ

aie convaincu	ayons convaincu
aies convaincu	ayez convaincu
ait convaincu	aient convaincu

PLUS-QUE-PARFAIT

eusse convaincu	eussions convaincu
eusses convaincu	eussiez convaincu
eût convaincu	eussent convaincu

CONDITIONNEL

PRÉSENT

convaincrais	convaincrions
convaincrais	convaincriez
convaincrait	convaincraient

PASSÉ

aurais convaincu	aurions convaincu
aurais convaincu	auriez convaincu
aurait convaincu	auraient convaincu

IMPÉRATIF

convaincs
convainquons
convainquez

PARTICIPES

PRÉSENT	**PASSÉ**
convainquant	convaincu(e)

EXAMPLES OF VERB USAGE

Il m'avait convaincu de leur innocence. — *He had convinced me of their innocence.*

Il faut que vous le convainquiez de venir avec nous. — *You must convince him to come with us.*

Je ne suis pas convaincue par son explication. — *I'm not convinced by her explanation.*

RELATED WORDS

convaincant/ -e   *convincing*

Verb Charts

convenir
to be suitable to; to agree*

je	nous
tu	vous
il/elle/on	ils/elles

INDICATIF

PRÉSENT

conviens	convenons
conviens	convenez
convient	conviennent

PASSÉ COMPOSÉ

ai convenu	avons convenu
as convenu	avez convenu
a convenu	ont convenu

IMPARFAIT

convenais	convenions
convenais	conveniez
convenait	convenaient

PLUS-QUE-PARFAIT

avais convenu	avions convenu
avais convenu	aviez convenu
avait convenu	avaient convenu

PASSÉ SIMPLE

convins	convînmes
convins	convîntes
convint	convinrent

PASSÉ ANTÉRIEUR

eus convenu	eûmes convenu
eus convenu	eûtes convenu
eut convenu	eurent convenu

FUTUR SIMPLE

conviendrai	conviendrons
conviendras	conviendrez
conviendra	conviendront

FUTUR ANTÉRIEUR

aurai convenu	aurons convenu
auras convenu	aurez convenu
aura convenu	auront convenu

SUBJONCTIF

PRÉSENT

convienne	convenions
conviennes	conveniez
convienne	conviennent

PASSÉ

aie convenu	ayons convenu
aies convenu	ayez convenu
ait convenu	aient convenu

IMPARFAIT

convinsse	convinssions
convinsses	convinssiez
convînt	convinssent

PLUS-QUE-PARFAIT

eusse convenu	eussions convenu
eusses convenu	eussiez convenu
eût convenu	eussent convenu

CONDITIONNEL

PRÉSENT

conviendrais	conviendrions
conviendrais	conviendriez
conviendrait	conviendraient

PASSÉ

aurais convenu	aurions convenu
aurais convenu	auriez convenu
aurait convenu	auraient convenu

IMPÉRATIF

conviens
convenons
convenez

PARTICIPES

PRÉSENT	**PASSÉ**
convenant	convenu(e)

EXAMPLES OF VERB USAGE

Ce chapeau ne convient pas du tout à la circonstance.	*This hat is not suitable for the occasion.*
Ils ont enfin convenu d'une date pour leur mariage.	*They have at last agreed upon a date for their wedding.*
Nous sommes convenus de nous rencontrer demain.	*We have agreed to meet tomorrow.*

RELATED WORDS

| la convention | *convention, agreement* | conventionnel/ -elle | *conventional* |
| convenable | *suitable* | convenablement | *suitably* |

* When *convenir* means "to agree," it can be conjugated both with *être* and *avoir*. However, when conjugated with *être*, it is more formal.

corriger

to correct, to mark

INDICATIF

PRÉSENT

corrige	corrigeons
corriges	corrigez
corrige	corrigent

PASSÉ COMPOSÉ

ai corrigé	avons corrigé
as corrigé	avez corrigé
a corrigé	ont corrigé

je	nous
tu	vous
il/elle/on	ils/elles

IMPARFAIT

corrigeais	corrigions
corrigeais	corrigiez
corrigeait	corrigeaient

PLUS-QUE-PARFAIT

avais corrigé	avions corrigé
avais corrigé	aviez corrigé
avait corrigé	avaient corrigé

PASSÉ SIMPLE

corrigeai	corrigeâmes
corrigeas	corrigeâtes
corrigea	corrigèrent

PASSÉ ANTÉRIEUR

eus corrigé	eûmes corrigé
eus corrigé	eûtes corrigé
eut corrigé	eurent corrigé

FUTUR SIMPLE

corrigerai	corrigerons
corrigeras	corrigerez
corrigera	corrigeront

FUTUR ANTÉRIEUR

aurai corrigé	aurons corrigé
auras corrigé	aurez corrigé
aura corrigé	auront corrigé

SUBJONCTIF

PRÉSENT

corrige	corrigions
corriges	corrigiez
corrige	corrigent

PASSÉ

aie corrigé	ayons corrigé
aies corrigé	ayez corrigé
ait corrigé	aient corrigé

IMPARFAIT

corrigeasse	corrigeassions
corrigeasses	corrigeassiez
corrigeât	corrigeassent

PLUS-QUE-PARFAIT

eusse corrigé	eussions corrigé
eusses corrigé	eussiez corrigé
eût corrigé	eussent corrigé

CONDITIONNEL

PRÉSENT

corrigerais	corrigerions
corrigerais	corrigeriez
corrigerait	corrigeraient

PASSÉ

aurais corrigé	aurions corrigé
aurais corrigé	auriez corrigé
aurait corrigé	auraient corrigé

IMPÉRATIF

corrige
corrigeons
corrigez

PARTICIPES

PRÉSENT	**PASSÉ**
corrigeant	corrigé(e)

EXAMPLES OF VERB USAGE

Je n'ai pas encore corrigé toutes mes copies.	*I haven't marked all my papers yet.*
Corrige-moi si je fais des fautes.	*Correct me if I make mistakes.*

RELATED WORDS

la correction	*correction, grading, proofreading*	le tribunal correctionnel	*criminal court*
le/ la correcteur/ -trice	*proofreader*	incorrigible	*incorrigible*
		le corrigé	*answer key*

Verb Charts

coudre
to sew

INDICATIF

PRÉSENT

couds	cousons
couds	cousez
coud	cousent

IMPARFAIT

cousais	cousions
cousais	cousiez
cousait	cousaient

PASSÉ SIMPLE

cousis	cousîmes
cousis	cousîtes
cousit	cousirent

FUTUR SIMPLE

coudrai	coudrons
coudras	coudrez
coudra	coudront

PASSÉ COMPOSÉ

ai cousu	avons cousu
as cousu	avez cousu
a cousu	ont cousu

PLUS-QUE-PARFAIT

avais cousu	avions cousu
avais cousu	aviez cousu
avait cousu	avaient cousu

PASSÉ ANTÉRIEUR

eus cousu	eûmes cousu
eus cousu	eûtes cousu
eut cousu	eurent cousu

FUTUR ANTÉRIEUR

aurai cousu	aurons cousu
auras cousu	aurez cousu
aura cousu	auront cousu

SUBJONCTIF

PRÉSENT

couse	cousions
couses	cousiez
couse	cousent

IMPARFAIT

cousisse	cousissions
cousisses	cousissiez
cousît	cousissent

PASSÉ

aie cousu	ayons cousu
aies cousu	ayez cousu
ait cousu	aient cousu

PLUS-QUE-PARFAIT

eusse cousu	eussions cousu
eusses cousu	eussiez cousu
eût cousu	eussent cousu

CONDITIONNEL

PRÉSENT

coudrais	coudrions
coudrais	coudriez
coudrait	coudraient

PASSÉ

aurais cousu	aurions cousu
aurais cousu	auriez cousu
aurait cousu	auraient cousu

IMPÉRATIF

couds
cousons
cousez

PARTICIPES

PRÉSENT	**PASSÉ**
cousant	cousu(e)

EXAMPLES OF VERB USAGE

Ma mère cousait souvent à la machine.	*My mother often sewed with a sewing machine.*
Elle coud des boutons sur sa robe.	*She is sewing buttons on her dress.*
Il faut que je couse sa veste à la main.	*I must sew his jacket by hand.*

RELATED WORDS

découdre	*to take the stitches off*	recoudre	*to sew back; to stitch up*
la couture	*sewing; high fashion*	la couturière	*dressmaker*
le grand couturier	*big designer*		

courir

to run

je	nous
tu	vous
il/elle/on	ils/elles

INDICATIF

PRÉSENT

cours	courons
cours	courez
court	courent

PASSÉ COMPOSÉ

ai couru	avons couru
as couru	avez couru
a couru	ont couru

IMPARFAIT

courais	courions
courais	couriez
courait	couraient

PLUS-QUE-PARFAIT

avais couru	avions couru
avais couru	aviez couru
avait couru	avaient couru

PASSÉ SIMPLE

courus	courûmes
courus	courûtes
courut	coururent

PASSÉ ANTÉRIEUR

eus couru	eûmes couru
eus couru	eûtes couru
eut couru	eurent couru

FUTUR SIMPLE

courrai	courrons
courras	courrez
courra	courront

FUTUR ANTÉRIEUR

aurai couru	aurons couru
auras couru	aurez couru
aura couru	auront couru

SUBJONCTIF

PRÉSENT

coure	courions
coures	couriez
coure	courent

PASSÉ

aie couru	ayons couru
aies couru	ayez couru
ait couru	aient couru

IMPARFAIT

courusse	courussions
courusses	courussiez
courût	courussent

PLUS-QUE-PARFAIT

eusse couru	eussions couru
eusses couru	eussiez couru
eût couru	eussent couru

CONDITIONNEL

PRÉSENT

courrais	courrions
courrais	courriez
courrait	courraient

PASSÉ

aurais couru	aurions couru
aurais couru	auriez couru
aurait couru	auraient couru

IMPÉRATIF

cours
courons
courez

PARTICIPES

PRÉSENT	**PASSÉ**
courant	couru(e)

EXAMPLES OF VERB USAGE

Elle aura trop couru.	*She will have run too much.*
Courons au supermarché avant qu'il ne ferme.	*Let's run to the supermarket before it closes.*
Nous avons couru des risques en restant ici.	*We took risks by staying here.*
Il court le 100 mètres en 12 secondes.	*He runs the 100 meters in 12 seconds.*

RELATED WORDS

la course	*race*	faire les courses	*to shop, run errands*
être au courant	*to be informed*	faire courir un bruit	*to spread a rumor*
le/ la coureur/ -euse	*runner*	parcourir	*to cover; travel all over*
le courrier	*mail*	le parcours	*distance; route*

Verb Charts

couvrir
to cover, to wrap up

je	nous
tu	vous
il/elle/on	ils/elles

INDICATIF

PRÉSENT

couvre	couvrons
couvres	couvrez
couvre	couvrent

PASSÉ COMPOSÉ

ai couvert	avons couvert
as couvert	avez couvert
a couvert	ont couvert

IMPARFAIT

couvrais	couvrions
couvrais	couvriez
couvrait	couvraient

PLUS-QUE-PARFAIT

avais couvert	avions couvert
avais couvert	aviez couvert
avait couvert	avaient couvert

PASSÉ SIMPLE

couvris	couvrîmes
couvris	couvrîtes
couvrit	couvrirent

PASSÉ ANTÉRIEUR

eus couvert	eûmes couvert
eus couvert	eûtes couvert
eut couvert	eurent couvert

FUTUR SIMPLE

couvrirai	couvrirons
couvriras	couvrirez
couvrira	couvriront

FUTUR ANTÉRIEUR

aurai couvert	aurons couvert
auras couvert	aurez couvert
aura couvert	auront couvert

SUBJONCTIF

PRÉSENT

couvre	couvrions
couvres	couvriez
couvre	couvrent

PASSÉ

aie couvert	ayons couvert
aies couvert	ayez couvert
ait couvert	aient couvert

IMPARFAIT

couvrisse	couvrissions
couvrisses	couvrissiez
couvrît	couvrissent

PLUS-QUE-PARFAIT

eusse couvert	eussions couvert
eusses couvert	eussiez couvert
eût couvert	eussent couvert

CONDITIONNEL

PRÉSENT

couvrirais	couvririons
couvrirais	couvririez
couvrirait	couvriraient

PASSÉ

aurais couvert	aurions couvert
aurais couvert	auriez couvert
aurait couvert	auraient couvert

IMPÉRATIF

couvre
couvrons
couvrez

PARTICIPES

PRÉSENT	**PASSÉ**
couvrant	couvert(e)

EXAMPLES OF VERB USAGE

Elle a couvert ses murs de posters.	*She has covered her walls with posters.*
Cet argent couvrira nos frais de déplacement.	*This money will cover our traveling expenses.*
Couvre-toi bien, il fait froid dehors.	*Wrap up well; it's cold outside.*

RELATED WORDS

la couverture	*blanket, cover*	découvrir	*to discover*
le couvre-lit	*bedspread*	la découverte	*discovery*

craindre
to fear, to be afraid of

je	nous
tu	vous
il/elle/on	ils/elles

INDICATIF

PRÉSENT

crains	craignons
crains	craignez
craint	craignent

IMPARFAIT

craignais	craignions
craignais	craigniez
craignait	craignaient

PASSÉ SIMPLE

craignis	craignîmes
craignis	craignîtes
craignit	craignirent

FUTUR SIMPLE

craindrai	craindrons
craindras	craindrez
craindra	craindront

PASSÉ COMPOSÉ

ai craint	avons craint
as craint	avez craint
a craint	ont craint

PLUS-QUE-PARFAIT

avais craint	avions craint
avais craint	aviez craint
avait craint	avaient craint

PASSÉ ANTÉRIEUR

eus craint	eûmes craint
eus craint	eûtes craint
eut craint	eurent craint

FUTUR ANTÉRIEUR

aurai craint	aurons craint
auras craint	aurez craint
aura craint	auront craint

SUBJONCTIF

PRÉSENT

craigne	craignions
craignes	craigniez
craigne	craignent

IMPARFAIT

craignisse	craignissions
craignisses	craignissiez
craignît	craignissent

PASSÉ

aie craint	ayons craint
aies craint	ayez craint
ait craint	aient craint

PLUS-QUE-PARFAIT

eusse craint	eussions craint
eusses craint	eussiez craint
eût craint	eussent craint

CONDITIONNEL

PRÉSENT

craindrais	craindrions
craindrais	craindriez
craindrait	craindraient

PASSÉ

aurais craint	aurions craint
aurais craint	auriez craint
aurait craint	auraient craint

IMPÉRATIF

crains
craignons
craignez

PARTICIPES

PRÉSENT
craignant

PASSÉ
craint(e)

EXAMPLES OF VERB USAGE

Je ne crains pas la mort.	*I don't fear death.*
Il craignait d'être en retard.	*He was afraid of being late.*
Ne craignez rien, je suis là.	*Don't be afraid; I'm here.*

RELATED WORDS

la crainte	*fear*	craintif/ -ive	*timid*

créer
to create

je	nous
tu	vous
il/elle/on	ils/elles

INDICATIF

PRÉSENT

crée	créons
crées	créez
crée	créent

PASSÉ COMPOSÉ

ai créé	avons créé
as créé	avez créé
a créé	ont créé

IMPARFAIT

créais	créions
créais	créiez
créait	créaient

PLUS-QUE-PARFAIT

avais créé	avions créé
avais créé	aviez créé
avait créé	avaient créé

PASSÉ SIMPLE

créai	créâmes
créas	créâtes
créa	créèrent

PASSÉ ANTÉRIEUR

eus créé	eûmes créé
eus créé	eûtes créé
eut créé	eurent créé

FUTUR SIMPLE

créerai	créerons
créeras	créerez
créera	créeront

FUTUR ANTÉRIEUR

aurai créé	aurons créé
auras créé	aurez créé
aura créé	auront créé

SUBJONCTIF

PRÉSENT

crée	créions
crées	créiez
crée	créent

PASSÉ

aie créé	ayons créé
aies créé	ayez créé
ait créé	aient créé

IMPARFAIT

créasse	créassions
créasses	créassiez
créât	créassent

PLUS-QUE-PARFAIT

eusse créé	eussions créé
eusses créé	eussiez créé
eût créé	eussent créé

CONDITIONNEL

PRÉSENT

créerais	créerions
créerais	créeriez
créerait	créeraient

PASSÉ

aurais créé	aurions créé
aurais créé	auriez créé
aurait créé	auraient créé

IMPÉRATIF

crée
créons
créez

PARTICIPES

PRÉSENT	**PASSÉ**
créant	créé(e)

EXAMPLES OF VERB USAGE

Son arrivée créera des problèmes.	*His arrival will create problems.*
A 25 ans, il avait déjà créé son entreprise.	*At the age of 25, he had already created his firm.*
Ne lui créons pas d'ennuis.	*Let's not create problems for him.*

RELATED WORDS

la création	*creation*	créatif/ -ive	*creative*

crever

to burst

INDICATIF

je	nous
tu	vous
il/elle/on	ils/elles

PRÉSENT

crève	crevons
crèves	crevez
crève	crèvent

PASSÉ COMPOSÉ

ai crevé	avons crevé
as crevé	avez crevé
a crevé	ont crevé

IMPARFAIT

crevais	crevions
crevais	creviez
crevait	crevaient

PLUS-QUE-PARFAIT

avais crevé	avions crevé
avais crevé	aviez crevé
avait crevé	avaient crevé

PASSÉ SIMPLE

crevai	crevâmes
crevas	crevâtes
creva	crevèrent

PASSÉ ANTÉRIEUR

eus crevé	eûmes crevé
eus crevé	eûtes crevé
eut crevé	eurent crevé

FUTUR SIMPLE

crèverai	crèverons
crèveras	crèverez
crèvera	crèveront

FUTUR ANTÉRIEUR

aurai crevé	aurons crevé
auras crevé	aurez crevé
aura crevé	auront crevé

SUBJONCTIF

PRÉSENT

crève	crevions
crèves	creviez
crève	crèvent

PASSÉ

aie crevé	ayons crevé
aies crevé	ayez crevé
ait crevé	aient crevé

IMPARFAIT

crevasse	crevassions
crevasses	crevassiez
crevât	crevassent

PLUS-QUE-PARFAIT

eusse crevé	eussions crevé
eusses crevé	eussiez crevé
eût crevé	eussent crevé

CONDITIONNEL

PRÉSENT

crèverais	crèverions
crèverais	crèveriez
crèverait	crèveraient

PASSÉ

aurais crevé	aurions crevé
aurais crevé	auriez crevé
aurait crevé	auraient crevé

IMPÉRATIF

crève
crevons
crevez

PARTICIPES

PRÉSENT	PASSÉ
crevant	crevé(e)

EXAMPLES OF VERB USAGE

Elles crevaient de jalousie.	*They were bursting with jealousy.*
Ne crevez pas ce ballon!	*Don't burst this ball!*
J'ai crevé.	*I got a flat tire.*

RELATED WORDS

la crevaison	*puncture, flat*	la crevasse	*crack, crevasse*
le/ la crève-la-faim	*down-and-out*	crevant/ -e	*killing, exhausting*
crevé/ -e	*exhausted*		

croire

to believe in, to think, to believe

je	nous
tu	vous
il/elle/on	ils/elles

INDICATIF

PRÉSENT

crois	croyons
crois	croyez
croit	croient

PASSÉ COMPOSÉ

ai cru	avons cru
as cru	avez cru
a cru	ont cru

IMPARFAIT

croyais	croyions
croyais	croyiez
croyait	croyaient

PLUS-QUE-PARFAIT

avais cru	avions cru
avais cru	aviez cru
avait cru	avaient cru

PASSÉ SIMPLE

crus	crûmes
crus	crûtes
crut	crurent

PASSÉ ANTÉRIEUR

eus cru	eûmes cru
eus cru	eûtes cru
eut cru	eurent cru

FUTUR SIMPLE

croirai	croirons
croiras	croirez
croira	croiront

FUTUR ANTÉRIEUR

aurai cru	aurons cru
auras cru	aurez cru
aura cru	auront cru

SUBJONCTIF

PRÉSENT

croie	croyions
croies	croyiez
croie	croient

PASSÉ

aie cru	ayons cru
aies cru	ayez cru
ait cru	aient cru

IMPARFAIT

crusse	crussions
crusses	crussiez
crût	crussent

PLUS-QUE-PARFAIT

eusse cru	eussions cru
eusses cru	eussiez cru
eût cru	eussent cru

CONDITIONNEL

PRÉSENT

croirais	croirions
croirais	croiriez
croirait	croiraient

PASSÉ

aurais cru	aurions cru
aurais cru	auriez cru
aurait cru	auraient cru

IMPÉRATIF

crois
croyons
croyez

PARTICIPES

PRÉSENT	PASSÉ
croyant	cru(e)

EXAMPLES OF VERB USAGE

Il croit en la justice de son pays.	*He believes in the justice of his country.*
Nous aurions cru qu'elle serait venue.	*We would have thought she would have come.*
Personne ne me croira.	*Nobody will believe me.*

RELATED WORDS

la croyance	*belief*	le/ la croyant/ -e	*believer*
incroyable	*unbelievable*		

cueillir
to pick

je	nous
tu	vous
il/elle/on	ils/elles

INDICATIF

PRÉSENT
cueille	cueillons
cueilles	cueillez
cueille	cueillent

IMPARFAIT
cueillais	cueillions
cueillais	cueilliez
cueillait	cueillaient

PASSÉ SIMPLE
cueillis	cueillîmes
cueillis	cueillîtes
cueillit	cueillirent

FUTUR SIMPLE
cueillerai	cueillerons
cueilleras	cueillerez
cueillera	cueilleront

PASSÉ COMPOSÉ
ai cueilli	avons cueilli
as cueilli	avez cueilli
a cueilli	ont cueilli

PLUS-QUE-PARFAIT
avais cueilli	avions cueilli
avais cueilli	aviez cueilli
avait cueilli	avaient cueilli

PASSÉ ANTÉRIEUR
eus cueilli	eûmes cueilli
eus cueilli	eûtes cueilli
eut cueilli	eurent cueilli

FUTUR ANTÉRIEUR
aurai cueilli	aurons cueilli
auras cueilli	aurez cueilli
aura cueilli	auront cueilli

SUBJONCTIF

PRÉSENT
cueille	cueillions
cueilles	cueilliez
cueille	cueillent

IMPARFAIT
cueillisse	cueillissions
cueillisses	cueillissiez
cueillît	cueillissent

PASSÉ
aie cueilli	ayons cueilli
aies cueilli	ayez cueilli
ait cueilli	aient cueilli

PLUS-QUE-PARFAIT
eusse cueilli	eussions cueilli
eusses cueilli	eussiez cueilli
eût cueilli	eussent cueilli

CONDITIONNEL

PRÉSENT
cueillerais	cueillerions
cueillerais	cueilleriez
cueillerait	cueilleraient

PASSÉ
aurais cueilli	aurions cueilli
aurais cueilli	auriez cueilli
aurait cueilli	auraient cueilli

IMPÉRATIF
cueille
cueillons
cueillez

PARTICIPES

PRÉSENT	PASSÉ
cueillant	cueilli(e)

EXAMPLES OF VERB USAGE

Ils lui cueillirent des fleurs.	*They picked flowers for her.*
Il faut que nous cueillions quelques pommes.	*We have to pick a few apples.*
J'ai cueilli un bouquet de roses pour ma mère.	*I picked a bunch of roses for my mother.*

RELATED WORDS

la cueillette	*picking, gathering*	accueillir	*to greet, to welcome*
recueillir	*to collect*		

Verb Charts

cuire
to cook

je	nous
tu	vous
il/elle/on	ils/elles

INDICATIF

PRÉSENT

cuis	cuisons
cuis	cuisez
cuit	cuisent

PASSÉ COMPOSÉ

ai cuit	avons cuit
as cuit	avez cuit
a cuit	ont cuit

IMPARFAIT

cuisais	cuisions
cuisais	cuisiez
cuisait	cuisaient

PLUS-QUE-PARFAIT

avais cuit	avions cuit
avais cuit	aviez cuit
avait cuit	avaient cuit

PASSÉ SIMPLE

cuisis	cuisîmes
cuisis	cuisîtes
cuisit	cuisirent

PASSÉ ANTÉRIEUR

eus cuit	eûmes cuit
eus cuit	eûtes cuit
eut cuit	eurent cuit

FUTUR SIMPLE

cuirai	cuirons
cuiras	cuirez
cuira	cuiront

FUTUR ANTÉRIEUR

aurai cuit	aurons cuit
auras cuit	aurez cuit
aura cuit	auront cuit

SUBJONCTIF

PRÉSENT

cuise	cuisions
cuises	cuisiez
cuise	cuisent

PASSÉ

aie cuit	ayons cuit
aies cuit	ayez cuit
ait cuit	aient cuit

IMPARFAIT

cuisisse	cuisissions
cuisisses	cuisissiez
cuisît	cuisissent

PLUS-QUE-PARFAIT

eusse cuit	eussions cuit
eusses cuit	eussiez cuit
eût cuit	eussent cuit

CONDITIONNEL

PRÉSENT

cuirais	cuirions
cuirais	cuiriez
cuirait	cuiraient

PASSÉ

aurais cuit	aurions cuit
aurais cuit	auriez cuit
aurait cuit	auraient cuit

IMPÉRATIF

cuis
cuisons
cuisez

PARTICIPES

PRÉSENT	**PASSÉ**
cuisant	cuit(e)

EXAMPLES OF VERB USAGE

Les pommes de terre cuisent à feu doux.	*The potatoes are cooking gently.*
J'ai cuit les légumes au beurre.	*I cooked the vegetables in butter.*
Elle cuisait au soleil.	*She was roasting in the sun.*

RELATED WORDS

la cuisson	*cooking*	la cuisine	*kitchen*
le/ la cuisinier/ -ière	*cook*	la cuisinière	*the stove*
cuisiner	*to cook*	faire la cuisine	*to cook*

débarrasser

to clear, to rid

INDICATIF

PRÉSENT

débarrasse	débarrassons
débarrasses	débarrassez
débarrasse	débarrassent

PASSÉ COMPOSÉ

ai débarrassé	avons débarrassé
as débarrassé	avez débarrassé
a débarrassé	ont débarrassé

je	nous
tu	vous
il/elle/on	ils/elles

IMPARFAIT

débarrassais	débarrassions
débarrassais	débarrassiez
débarrassait	débarrassaient

PLUS-QUE-PARFAIT

avais débarrassé	avions débarrassé
avais débarrassé	aviez débarrassé
avait débarrassé	avaient débarrassé

PASSÉ SIMPLE

débarrassai	débarrassâmes
débarrassas	débarrassâtes
débarrassa	débarrassèrent

PASSÉ ANTÉRIEUR

eus débarrassé	eûmes débarrassé
eus débarrassé	eûtes débarrassé
eut débarrassé	eurent débarrassé

FUTUR SIMPLE

débarrasserai	débarrasserons
débarrasseras	débarrasserez
débarrassera	débarrasseront

FUTUR ANTÉRIEUR

aurai débarrassé	aurons débarrassé
auras débarrassé	aurez débarrassé
aura débarrassé	auront débarrassé

SUBJONCTIF

PRÉSENT

débarrasse	débarrassions
débarrasses	débarrassiez
débarrasse	débarrassent

PASSÉ

aie débarrassé	ayons débarrassé
aies débarrassé	ayez débarrassé
ait débarrassé	aient débarrassé

IMPARFAIT

débarrassasse	débarrassassions
débarrassasses	débarrassassiez
débarrassât	débarrassassent

PLUS-QUE-PARFAIT

eusse débarrassé	eussions débarrassé
eusses débarrassé	eussiez débarrassé
eût débarrassé	eussent débarrassé

CONDITIONNEL

PRÉSENT

débarrasserais	débarrasserions
débarrasserais	débarrasseriez
débarrasserait	débarrasseraient

PASSÉ

aurais débarrassé	aurions débarrassé
aurais débarrassé	auriez débarrassé
aurait débarrassé	auraient débarrassé

IMPÉRATIF

débarrasse
débarrassons
débarrassez

PARTICIPES

PRÉSENT

débarrassant

PASSÉ

débarrassé(e)

EXAMPLES OF VERB USAGE

Débarrasse la table, s'il te plaît.

Clear the table, please.

Nous débarrasserons ton bureau avant ton arrivée.

We'll clear your office before you get there.

Il s'est débarrassé de nous rapidement.

He quickly got rid of us.

RELATED WORDS

Bon débarras!	*Good riddance!*	le débarras	*storage room, junk room*
se débarrasser de	*to get rid of*		

Verb Charts

décider
to decide

je	nous
tu	vous
il/elle/on	ils/elles

INDICATIF

PRÉSENT

décide	décidons
décides	décidez
décide	décident

PASSÉ COMPOSÉ

ai décidé	avons décidé
as décidé	avez décidé
a décidé	ont décidé

IMPARFAIT

décidais	décidions
décidais	décidiez
décidait	décidaient

PLUS-QUE-PARFAIT

avais décidé	avions décidé
avais décidé	aviez décidé
avait décidé	avaient décidé

PASSÉ SIMPLE

décidai	décidâmes
décidas	décidâtes
décida	décidèrent

PASSÉ ANTÉRIEUR

eus décidé	eûmes décidé
eus décidé	eûtes décidé
eut décidé	eurent décidé

FUTUR SIMPLE

déciderai	déciderons
décideras	déciderez
décidera	décideront

FUTUR ANTÉRIEUR

aurai décidé	aurons décidé
auras décidé	aurez décidé
aura décidé	auront décidé

SUBJONCTIF

PRÉSENT

décide	décidions
décides	décidiez
décide	décident

PASSÉ

aie décidé	ayons décidé
aies décidé	ayez décidé
ait décidé	aient décidé

IMPARFAIT

décidasse	décidassions
décidasses	décidassiez
décidât	décidassent

PLUS-QUE-PARFAIT

eusse décidé	eussions décidé
eusses décidé	eussiez décidé
eût décidé	eussent décidé

CONDITIONNEL

PRÉSENT

déciderais	déciderions
déciderais	décideriez
déciderait	décideraient

PASSÉ

aurais décidé	aurions décidé
aurais décidé	auriez décidé
aurait décidé	auraient décidé

IMPÉRATIF

décide
décidons
décidez

PARTICIPES

PRÉSENT	**PASSÉ**
décidant	décidé(e)

EXAMPLES OF VERB USAGE

C'est moi qui décide.	*I'm the one who decides.*
Ils ont décidé de vendre leur maison.	*They have decided to sell their house.*
Vous vous êtes décidés au dernier moment.	*You made up your mind at the last minute.*

RELATED WORDS

la décision	*decision*	décisif/ -ive	*decisive*
indécis/ -e	*undecided*	le décideur	*decision-maker*

décrocher

to take down; to pick up

je	nous
tu	vous
il/elle/on	ils/elles

INDICATIF

PRÉSENT

décroche	décrochons
décroches	décrochez
décroche	décrochent

IMPARFAIT

décrochais	décrochions
décrochais	décrochiez
décrochait	décrochaient

PASSÉ SIMPLE

décrochai	décrochâmes
décrochas	décrochâtes
décrocha	décrochèrent

FUTUR SIMPLE

décrocherai	décrocherons
décrocheras	décrocherez
décrochera	décrocheront

PASSÉ COMPOSÉ

ai décroché	avons décroché
as décroché	avez décroché
a décroché	ont décroché

PLUS-QUE-PARFAIT

avais décroché	avions décroché
avais décroché	aviez décroché
avait décroché	avaient décroché

PASSÉ ANTÉRIEUR

eus décroché	eûmes décroché
eus décroché	eûtes décroché
eut décroché	eurent décroché

FUTUR ANTÉRIEUR

aurai décroché	aurons décroché
auras décroché	aurez décroché
aura décroché	auront décroché

SUBJONCTIF

PRÉSENT

décroche	décrochions
décroches	décrochiez
décroche	décrochent

IMPARFAIT

décrochasse	décrochassions
décrochasses	décrochassiez
décrochât	décrochassent

PASSÉ

aie décroché	ayons décroché
aies décroché	ayez décroché
ait décroché	aient décroché

PLUS-QUE-PARFAIT

eusse décroché	eussions décroché
eusses décroché	eussiez décroché
eût décroché	eussent décroché

CONDITIONNEL

PRÉSENT

décrocherais	décrocherions
décrocherais	décrocheriez
décrocherait	décrocheraient

PASSÉ

aurais décroché	aurions décroché
aurais décroché	auriez décroché
aurait décroché	auraient décroché

IMPÉRATIF

décroche
décrochons
décrochez

PARTICIPES

PRÉSENT	**PASSÉ**
décrochant	décroché(e)

EXAMPLES OF VERB USAGE

Décroche, c'est probablement pour toi.	*Pick up the phone; it's probably for you.*
Je décrocherai le tableau demain.	*I'll take down the painting tomorrow.*
Les rideaux s'étaient décrochés.	*The curtains had come unhooked.*

RELATED WORDS

le crochet	*hook, fastener*	raccrocher le téléphone	*hang up the phone*
se décrocher	*to come unhooked*		

se défendre
to defend oneself; to get by

je	nous
tu	vous
il/elle/on	ils/elles

INDICATIF

PRÉSENT

me défends	nous défendons
te défends	vous défendez
se défend	se défendent

PASSÉ COMPOSÉ

me suis défendu(e)	nous sommes défendu(e)s
t'es défendu(e)	vous êtes défendu(e)(s)
s'est défendu(e)	se sont défendu(e)s

IMPARFAIT

me défendais	nous défendions
te défendais	vous défendiez
se défendait	se défendaient

PLUS-QUE-PARFAIT

m'étais défendu(e)	nous étions défendu(e)s
t'étais défendu(e)	vous étiez défendu(e)(s)
s'était défendu(e)	s'étaient défendu(e)s

PASSÉ SIMPLE

me défendis	nous défendîmes
te défendis	vous défendîtes
se défendit	se défendirent

PASSÉ ANTÉRIEUR

me fus défendu(e)	nous fûmes défendu(e)
te fus défendu(e)	vous fûtes défendu(e)(s)
se fut défendu(e)	se furent défendu(e)s

FUTUR SIMPLE

me défendrai	nous défendrons
te défendras	vous défendrez
se défendra	se défendront

FUTUR ANTÉRIEUR

me serai défendu(e)	nous serons défendu(e)s
te seras défendu(e)	vous serez défendu(e)(s)
se sera défendu(e)	se seront défendu(e)s

SUBJONCTIF

PRÉSENT

me défende	nous défendions
te défendes	vous défendiez
se défende	se défendent

PASSÉ

me sois défendu(e)	nous soyons défendu(e)s
te sois défendu(e)	vous soyez défendu(e)(s)
se soit défendu(e)	se soient défendu(e)s

IMPARFAIT

me défendisse	nous défendissions
te défendisses	vous défendissiez
se défendît	se défendissent

PLUS-QUE-PARFAIT

me fusse défendu(e)	nous fussions défendu(e)s
te fusses défendu(e)	vous fussiez défendu(e)(s)
se fût défendu(e)	se fussent défendu(e)s

CONDITIONNEL

PRÉSENT

me défendrais	nous défendrions
te défendrais	vous défendriez
se défendrait	se défendraient

PASSÉ

me serais défendu(e)	nous serions défendu(e)s
te serais défendu(e)	vous seriez défendu(e)(s)
se serait défendu(e)	se seraient défendu(e)s

IMPÉRATIF

défends-toi
défendons-nous
défendez-vous

PARTICIPES

PRÉSENT	**PASSÉ**
me défendant, etc.	défendu(e)

EXAMPLES OF VERB USAGE

Les soldats se sont défendus contre leurs ennemis toute la nuit.	*The soldiers defended themselves against their enemies all night.*
Il se défend bien au tennis.	*He is not bad at tennis.*
Je te défendrai d'y aller.	*I'll forbid you to go.*

RELATED WORDS

défendre	*to defend; to forbid*	la défensive	*defensive*
la défense	*defense; interdiction; elephant tusk*	le défenseur	*defender*
		Défense d'entrer.	*No trespassing.*

se demander
to wonder

je	nous
tu	vous
il/elle/on	ils/elles

INDICATIF

PRÉSENT

me demande	nous demandons
te demandes	vous demandez
se demande	se demandent

PASSÉ COMPOSÉ

me suis demandé(e)	nous sommes demandé(e)s
t'es demandé(e)	vous êtes demandé(e)(s)
s'est demandé(e)	se sont demandé(e)s

IMPARFAIT

me demandais	nous demandions
te demandais	vous demandiez
se demandait	se demandaient

PLUS-QUE-PARFAIT

m'étais demandé(e)	nous étions demandé(e)s
t'étais demandé(e)	vous étiez demandé(e)(s)
s'était demandé(e)	s'étaient demandé(e)

PASSÉ SIMPLE

me demandai	nous demandâmes
te demandas	vous demandâtes
se demanda	se demandèrent

PASSÉ ANTÉRIEUR

me fus demandé(e)	nous fûmes demandé(e)s
te fus demandé(e)	vous fûtes demandé(e)(s)
se fut demandé(e)	se furent demandé(e)s

FUTUR SIMPLE

me demanderai	nous demanderons
te demanderas	vous demanderez
se demandera	se demanderont

FUTUR ANTÉRIEUR

me serai demandé(e)	nous serons demandé(e)s
te seras demandé(e)	vous serez demandé(e)(s)
se sera demandé(e)	se seront demandé(e)s

SUBJONCTIF

PRÉSENT

me demande	nous demandions
te demandes	vous demandiez
se demande	se demandent

PASSÉ

me sois demandé(e)	nous soyons demandé(e)s
te sois demandé(e)	vous soyez demandé(e)(s)
se soit demandé(e)	se soient demandé(e)s

IMPARFAIT

me demandasse	nous demandassions
te demandasses	vous demandassiez
se demandât	se demandassent

PLUS-QUE-PARFAIT

me fusse demandé(e)	nous fussions demandé(e)s
te fusses demandé(e)	vous fussiez demandé(e)(s)
se fût demandé(e)	se fussent demandé(e)s

CONDITIONNEL

PRÉSENT

me demanderais	nous demanderions
te demanderais	vous demanderiez
se demanderait	se demanderaient

PASSÉ

me serais demandé(e)	nous serions demandé(e)s
te serais demandé(e)	vous seriez demandé(e)(s)
se serait demandé(e)	se seraient demandé(e)s

IMPÉRATIF

demande-toi
demandons-nous
demandez-vous

PARTICIPES

PRÉSENT
me demandant, etc.

PASSÉ
demandé(e)

EXAMPLES OF VERB USAGE

Nous nous demandions si tu étais partie.	*We were wondering if you had left.*
Je me suis demandé comment il avait réussi.	*I wondered how he had succeeded.*
Il leur demandera de faire un effort.	*He will ask them to make an effort.*

RELATED WORDS

| demander | *to ask* | la demande d'emploi | *job application* |
| la demande | *request* | | |

Verb Charts

se dépêcher
to hurry

je	nous
tu	vous
il/elle/on	ils/elles

INDICATIF

PRÉSENT
me dépêche / nous dépêchons
te dépêches / vous dépêchez
se dépêche / se dépêchent

PASSÉ COMPOSÉ
me suis dépêché(e) / nous sommes dépêché(e)s
t'es dépêché(e) / vous êtes dépêché(e)(s)
s'est dépêché(e) / se sont dépêché(e)s

IMPARFAIT
me dépêchais / nous dépêchions
te dépêchais / vous dépêchiez
se dépêchait / se dépêchaient

PLUS-QUE-PARFAIT
m'étais dépêché(e) / nous étions dépêché(e)s
t'étais dépêché(e) / vous étiez dépêché(e)(s)
s'était dépêché(e) / s'étaient dépêché(e)s

PASSÉ SIMPLE
me dépêchai / nous dépêchâmes
te dépêchas / vous dépêchâtes
se dépêcha / se dépêchèrent

PASSÉ ANTÉRIEUR
me fus dépêché(e) / nous fûmes dépêché(e)s
te fus dépêché(e) / vous fûtes dépêché(e)(s)
se fut dépêché(e) / se furent dépêché(e)s

FUTUR SIMPLE
me dépêcherai / nous dépêcherons
te dépêcheras / vous dépêcherez
se dépêchera / se dépêcheront

FUTUR ANTÉRIEUR
me serai dépêché(e) / nous serons dépêché(e)s
te seras dépêché(e) / vous serez dépêché(e)(s)
se sera dépêché(e) / se seront dépêché(e)s

SUBJONCTIF

PRÉSENT
me dépêche / nous dépêchions
te dépêches / vous dépêchiez
se dépêche / se dépêchent

PASSÉ
me sois dépêché(e) / nous soyons dépêché(e)s
te sois dépêché(e) / vous soyez dépêché(e)(s)
se soit dépêché(e) / se soient dépêché(e)s

IMPARFAIT
me dépêchasse / nous dépêchassions
te dépêchasses / vous dépêchassiez
se dépêchât / se dépêchassent

PLUS-QUE-PARFAIT
me fusse dépêché(e) / nous fussions dépêché(e)s
te fusses dépêché(e) / vous fussiez dépêché(e)(s)
se fût dépêché(e) / se fussent dépêché(e)s

CONDITIONNEL

PRÉSENT
me dépêcherais / nous dépêcherions
te dépêcherais / vous dépêcheriez
se dépêcherait / se dépêcheraient

PASSÉ
me serais dépêché(e) / nous serions dépêché(e)s
te serais dépêché(e) / vous seriez dépêché(e)(s)
se serait dépêché(e) / se seraient dépêché(e)s

IMPÉRATIF

dépêche-toi
dépêchons-nous
dépêchez-vous

PARTICIPES

PRÉSENT
me dépêchant, etc.

PASSÉ
dépêché(e)

EXAMPLES OF VERB USAGE

Dépêche-toi de finir tes devoirs. — *Hurry up and finish your homework.*

Il s'est dépêché de rentrer chez lui. — *He hurried home.*

Il faut que nous nous dépêchions. — *We must hurry.*

RELATED WORDS

la dépêche — *dispatch*

dépêcher — *to send, to dispatch*

dépenser

to spend money; to use

INDICATIF

je	nous
tu	vous
il/elle/on	ils/elles

PRÉSENT

dépense	dépensons
dépenses	dépensez
dépense	dépensent

PASSÉ COMPOSÉ

ai dépensé	avons dépensé
as dépensé	avez dépensé
a dépensé	ont dépensé

IMPARFAIT

dépensais	dépensions
dépensais	dépensiez
dépensait	dépensaient

PLUS-QUE-PARFAIT

avais dépensé	avions dépensé
avais dépensé	aviez dépensé
avait dépensé	avaient dépensé

PASSÉ SIMPLE

dépensai	dépensâmes
dépensas	dépensâtes
dépensa	dépensèrent

PASSÉ ANTÉRIEUR

eus dépensé	eûmes dépensé
eus dépensé	eûtes dépensé
eut dépensé	eurent dépensé

FUTUR SIMPLE

dépenserai	dépenserons
dépenseras	dépenserez
dépensera	dépenseront

FUTUR ANTÉRIEUR

aurai dépensé	aurons dépensé
auras dépensé	aurez dépensé
aura dépensé	auront dépensé

SUBJONCTIF

PRÉSENT

dépense	dépensions
dépenses	dépensiez
dépense	dépensent

PASSÉ

aie dépensé	ayons dépensé
aies dépensé	ayez dépensé
ait dépensé	aient dépensé

IMPARFAIT

dépensasse	dépensassions
dépensasses	dépensassiez
dépensât	dépensassent

PLUS-QUE-PARFAIT

eusse dépensé	eussions dépensé
eusses dépensé	eussiez dépensé
eût dépensé	eussent dépensé

CONDITIONNEL

PRÉSENT

dépenserais	dépenserions
dépenserais	dépenseriez
dépenserait	dépenseraient

PASSÉ

aurais dépensé	aurions dépensé
aurais dépensé	auriez dépensé
aurait dépensé	auraient dépensé

IMPÉRATIF

dépense
dépensons
dépensez

PARTICIPES

PRÉSENT	**PASSÉ**
dépensant	dépensé(e)

EXAMPLES OF VERB USAGE

Il dépense toute son énergie à essayer de le faire travailler.
He uses up all his energy trying to make him work.

Elle a encore dépensé 500 euros aujourd'hui.
She spent 500 euros again today.

Il mangeait trop et il ne se dépensait pas assez.
He ate too much and he didn't exert himself enough.

RELATED WORDS

la dépense	*expense, spending*	dépensier/ -ière	*extravagant*
aux dépens de	*at somebody's expense*	se dépenser	*to exert oneself*

Verb Charts

descendre
to descend (être); to go down (être); to take down

je	nous
tu	vous
il/elle/on	ils/elles

INDICATIF

PRÉSENT

descends	descendons
descends	descendez
descend	descendent

IMPARFAIT

descendais	descendions
descendais	descendiez
descendait	descendaient

PASSÉ SIMPLE

descendis	descendîmes
descendis	descendîtes
descendit	descendirent

FUTUR SIMPLE

descendrai	descendrons
descendras	descendrez
descendra	descendront

PASSÉ COMPOSÉ

suis descendu(e)	sommes descendu(e)s
es descendu(e)	êtes descendu(e)(s)
est descendu(e)	sont descendu(e)s

PLUS-QUE-PARFAIT

étais descendu(e)	étions descendu(e)s
étais descendu(e)	étiez descendu(e)(s)
était descendu(e)	étaient descendu(e)s

PASSÉ ANTÉRIEUR

fus descendu(e)	fûmes descendu(e)s
fus descendu(e)	fûtes descendu(e)(s)
fut descendu(e)	furent descendu(e)s

FUTUR ANTÉRIEUR

serai descendu(e)	serons descendu(e)s
seras descendu(e)	serez descendu(e)(s)
sera descendu(e)	seront descendu(e)s

SUBJONCTIF

PRÉSENT

descende	descendions
descendes	descendiez
descende	descendent

IMPARFAIT

descendisse	descendissions
descendisses	descendissiez
descendît	descendissent

PASSÉ

sois descendu(e)	soyons descendu(e)s
sois descendu(e)	soyez descendu(e)(s)
soit descendu(e)	soient descendu(e)s

PLUS-QUE-PARFAIT

fusse descendu(e)	fussions descendu(e)s
fusses descendu(e)	fussiez descendu(e)(s)
fût descendu(e)	fussent descendu(e)s

CONDITIONNEL

PRÉSENT

descendrais	descendrions
descendrais	descendriez
descendrait	descendraient

PASSÉ

serais descendu(e)	serions descendu(e)s
serais descendu(e)	seriez descendu(e)(s)
serait descendu(e)	seraient descendu(e)s

IMPÉRATIF

descends
descendons
descendez

PARTICIPES

PRÉSENT
descendant

PASSÉ
descendu(e)

EXAMPLES OF VERB USAGE

Il descend d'un prince russe.	*He is descended from a Russian prince.*
Nous sommes descendus en courant.	*We ran downstairs.*
La route descendait sur deux kilomètres.	*The road went downhill for two kilometers.*
Avez-vous descendu les chaises de la table?	*Did you take the chairs down from the table?*

RELATED WORDS

la descente	*descent*	descendant/ -e	*downward, falling*
le/ la descendant/ -e	*descendant*	la descendance	*descendants; lineage*

désirer

to desire, to want, to wish

je	nous
tu	vous
il/elle/on	ils/elles

INDICATIF

PRÉSENT
désire	désirons
désires	désirez
désire	désirent

IMPARFAIT
désirais	désirions
désirais	désiriez
désirait	désiraient

PASSÉ SIMPLE
désirai	désirâmes
désiras	désirâtes
désira	désirèrent

FUTUR SIMPLE
désirerai	désirerons
désireras	désirerez
désirera	désireront

PASSÉ COMPOSÉ
ai désiré	avons désiré
as désiré	avez désiré
a désiré	ont désiré

PLUS-QUE-PARFAIT
avais désiré	avions désiré
avais désiré	aviez désiré
avait désiré	avaient désiré

PASSÉ ANTÉRIEUR
eus désiré	eûmes désiré
eus désiré	eûtes désiré
eut désiré	eurent désiré

FUTUR ANTÉRIEUR
aurai désiré	aurons désiré
auras désiré	aurez désiré
aura désiré	auront désiré

SUBJONCTIF

PRÉSENT
désire	désirions
désires	désiriez
désire	désirent

IMPARFAIT
désirasse	désirassions
désirasses	désirassiez
désirât	désirassent

PASSÉ
aie désiré	ayons désiré
aies désiré	ayez désiré
ait désiré	aient désiré

PLUS-QUE-PARFAIT
eusse désiré	eussions désiré
eusses désiré	eussiez désiré
eût désiré	eussent désiré

CONDITIONNEL

PRÉSENT
désirerais	désirerions
désirerais	désireriez
désirerait	désireraient

PASSÉ
aurais désiré	aurions désiré
aurais désiré	auriez désiré
aurait désiré	auraient désiré

IMPÉRATIF

désire
désirons
désirez

PARTICIPES

PRÉSENT
désirant

PASSÉ
désiré(e)

EXAMPLES OF VERB USAGE

Que désirez-vous boire, Madame?	*What would you like to drink, ma'am?*
Je désirerais faire un voyage aux Antilles.	*I'd like to travel to the West Indies.*
Son travail laisse vraiment à désirer.	*His work leaves a lot to be desired.*

RELATED WORDS

le désir	*desire*	désireux/ -euse	*desirous*
désirable	*desirable*	indésirable	*undesirable*

détester
to hate, to detest

INDICATIF

	nous
je	nous
tu	vous
il/elle/on	ils/elles

PRÉSENT
déteste	détestons
détestes	détestez
déteste	détestent

PASSÉ COMPOSÉ
ai détesté	avons détesté
as détesté	avez détesté
a détesté	ont détesté

IMPARFAIT
détestais	détestions
détestais	détestiez
détestait	détestaient

PLUS-QUE-PARFAIT
avais détesté	avions détesté
avais détesté	aviez détesté
avait détesté	avaient détesté

PASSÉ SIMPLE
détestai	détestâmes
détestas	détestâtes
détesta	détestèrent

PASSÉ ANTÉRIEUR
eus détesté	eûmes détesté
eus détesté	eûtes détesté
eut détesté	eurent détesté

FUTUR SIMPLE
détesterai	détesterons
détesteras	détesterez
détestera	détesteront

FUTUR ANTÉRIEUR
aurai détesté	aurons détesté
auras détesté	aurez détesté
aura détesté	auront détesté

SUBJONCTIF

PRÉSENT
déteste	détestions
détestes	détestiez
déteste	détestent

PASSÉ
aie détesté	ayons détesté
aies détesté	ayez détesté
ait détesté	aient détesté

IMPARFAIT
détestasse	détestassions
détestasses	détestassiez
détestât	détestassent

PLUS-QUE-PARFAIT
eusse détesté	eussions détesté
eusses détesté	eussiez détesté
eût détesté	eussent détesté

CONDITIONNEL

PRÉSENT
détesterais	détesterions
détesterais	détesteriez
détesterait	détesteraient

PASSÉ
aurais détesté	aurions détesté
aurais détesté	auriez détesté
aurait détesté	auraient détesté

IMPÉRATIF
déteste
détestons
détestez

PARTICIPES

PRÉSENT
détestant

PASSÉ
détesté(e)

EXAMPLES OF VERB USAGE

Je déteste faire les courses.	*I hate to go shopping.*
Il a détesté son frère toute sa vie.	*He hated his brother all his life.*
Je suis sûr que nous détesterons cet endroit.	*I'm sure we'll hate this place.*

RELATED WORDS

détestable	*awful, detestable*
se détester	*to hate one another, to hate oneself*

devenir
to become (être)

INDICATIF

		je	nous
		tu	vous
		il/elle/on	ils/elles

PRÉSENT

deviens	devenons
deviens	devenez
devient	deviennent

PASSÉ COMPOSÉ

suis devenu(e)	sommes devenu(e)s
es devenu(e)	êtes devenu(e)(s)
est devenu(e)	sont devenu(e)s

IMPARFAIT

devenais	devenions
devenais	deveniez
devenait	devenaient

PLUS-QUE-PARFAIT

étais devenu(e)	étions devenu(e)s
étais devenu(e)	étiez devenu(e)(s)
était devenu(e)	étaient devenu(e)s

PASSÉ SIMPLE

devins	devînmes
devins	devîntes
devint	devinrent

PASSÉ ANTÉRIEUR

fus devenu(e)	fûmes devenu(e)s
fus devenu(e)	fûtes devenu(e)(s)
fut devenu(e)	furent devenu(e)s

FUTUR SIMPLE

deviendrai	deviendrons
deviendras	deviendrez
deviendra	deviendront

FUTUR ANTÉRIEUR

serai devenu(e)	serons devenu(e)s
seras devenu(e)	serez devenu(e)(s)
sera devenu(e)	seront devenu(e)s

SUBJONCTIF

PRÉSENT

devienne	devenions
deviennes	deveniez
devienne	deviennent

PASSÉ

sois devenu(e)	soyons devenu(e)s
sois devenu(e)	soyez devenu(e)(s)
soit devenu(e)	soient devenu(e)s

IMPARFAIT

devinsse	devinssions
devinsses	devinssiez
devînt	devinssent

PLUS-QUE-PARFAIT

fusse devenu(e)	fussions devenu(e)s
fusses devenu(e)	fussiez devenu(e)(s)
fût devenu(e)	fussent devenu(e)s

CONDITIONNEL

PRÉSENT

deviendrais	deviendrions
deviendrais	deviendriez
deviendrait	deviendraient

PASSÉ

serais devenu(e)	serions devenu(e)s
serais devenu(e)	seriez devenu(e)(s)
serait devenu(e)	seraient devenu(e)s

IMPÉRATIF

deviens
devenons
devenez

PARTICIPES

PRÉSENT	**PASSÉ**
devenant	devenu(e)

EXAMPLES OF VERB USAGE

Il devient de plus en plus insupportable.	*He is becoming more and more impossible.*
Que sont devenus vos amis de Paris?	*What has become of your friends from Paris?*
Que deviendrais-je sans toi?	*What would I do without you?*

RELATED WORDS

le devenir   *evolution*

Verb Charts

devoir
to have to, must; to owe

je	nous
tu	vous
il/elle/on	ils/elles

INDICATIF

PRÉSENT

dois	devons
dois	devez
doit	doivent

PASSÉ COMPOSÉ

ai dû	avons dû
as dû	avez dû
a dû	ont dû

IMPARFAIT

devais	devions
devais	deviez
devait	devaient

PLUS-QUE-PARFAIT

avais dû	avions dû
avais dû	aviez dû
avait dû	avaient dû

PASSÉ SIMPLE

dus	dûmes
dus	dûtes
dut	durent

PASSÉ ANTÉRIEUR

eus dû	eûmes dû
eus dû	eûtes dû
eut dû	eurent dû

FUTUR SIMPLE

devrai	devrons
devras	devrez
devra	devront

FUTUR ANTÉRIEUR

aurai dû	aurons dû
auras dû	aurez dû
aura dû	auront dû

SUBJONCTIF

PRÉSENT

doive	devions
doives	deviez
doive	doivent

PASSÉ

aie dû	ayons dû
aies dû	ayez dû
ait dû	aient dû

IMPARFAIT

dusse	dussions
dusses	dussiez
dût	dussent

PLUS-QUE-PARFAIT

eusse dû	eussions dû
eusses dû	eussiez dû
eût dû	eussent dû

CONDITIONNEL

PRÉSENT

devrais	devrions
devrais	devriez
devrait	devraient

PASSÉ

aurais dû	aurions dû
aurais dû	auriez dû
aurait dû	auraient dû

IMPÉRATIF

dois
devons
devez

PARTICIPES

PRÉSENT	**PASSÉ**
devant	dû, due

EXAMPLES OF VERB USAGE

Elle me doit 50 euros.	*She owes me 50 euros.*
Nous avons dû faire demi-tour.	*We had to turn back.*
Cela devait arrivait un jour!	*It was bound to happen one day!*
Tu ne devrais pas parler ainsi.	*You shouldn't talk this way.*

RELATED WORDS

le devoir	*duty, obligation*	dû/ due	*due, owed*
les devoirs (m. pl.)	*homework*		

dîner

to have dinner

je	nous
tu	vous
il/elle/on	ils/elles

INDICATIF

PRÉSENT

dîne	dînons
dînes	dînez
dîne	dînent

PASSÉ COMPOSÉ

ai dîné	avons dîné
as dîné	avez dîné
a dîné	ont dîné

IMPARFAIT

dînais	dînions
dînais	dîniez
dînait	dînaient

PLUS-QUE-PARFAIT

avais dîné	avions dîné
avais dîné	aviez dîné
avait dîné	avaient dîné

PASSÉ SIMPLE

dînai	dînâmes
dînas	dînâtes
dîna	dînèrent

PASSÉ ANTÉRIEUR

eus dîné	eûmes dîné
eus dîné	eûtes dîné
eut dîné	eurent dîné

FUTUR SIMPLE

dînerai	dînerons
dîneras	dînerez
dînera	dîneront

FUTUR ANTÉRIEUR

aurai dîné	aurons dîné
auras dîné	aurez dîné
aura dîné	auront dîné

SUBJONCTIF

PRÉSENT

dîne	dînions
dînes	dîniez
dîne	dînent

PASSÉ

aie dîné	ayons dîné
aies dîné	ayez dîné
ait dîné	aient dîné

IMPARFAIT

dînasse	dînassions
dînasses	dînassiez
dînât	dînassent

PLUS-QUE-PARFAIT

eusse dîné	eussions dîné
eusses dîné	eussiez dîné
eût dîné	eussent dîné

CONDITIONNEL

PRÉSENT

dînerais	dînerions
dînerais	dîneriez
dînerait	dîneraient

PASSÉ

aurais dîné	aurions dîné
aurais dîné	auriez dîné
aurait dîné	auraient dîné

IMPÉRATIF

dîne
dînons
dînez

PARTICIPES

PRÉSENT	**PASSÉ**
dînant	dîné(e)

EXAMPLES OF VERB USAGE

J'ai dîné d'une omelette.	*I only had an omelet for dinner.*
Il faut que nous dînions de bonne heure.	*We must have dinner early.*
Ils dînaient toujours aux chandelles.	*They always had dinner by candlelight.*

RELATED WORDS

le dîner	*dinner*	la dînette	*toy tea set*

Verb Charts

dire
to say, to tell

INDICATIF

PRÉSENT		PASSÉ COMPOSÉ	
dis	disons	ai dit	avons dit
dis	dites	as dit	avez dit
dit	disent	a dit	ont dit

IMPARFAIT		PLUS-QUE-PARFAIT	
disais	disions	avais dit	avions dit
disais	disiez	avais dit	aviez dit
disait	disaient	avait dit	avaient dit

PASSÉ SIMPLE		PASSÉ ANTÉRIEUR	
dis	dîmes	eus dit	eûmes dit
dis	dîtes	eus dit	eûtes dit
dit	dirent	eut dit	eurent dit

FUTUR SIMPLE		FUTUR ANTÉRIEUR	
dirai	dirons	aurai dit	aurons dit
diras	direz	auras dit	aurez dit
dira	diront	aura dit	auront dit

SUBJONCTIF

PRÉSENT		PASSÉ	
dise	disions	aie dit	ayons dit
dises	disiez	aies dit	ayez dit
dise	disent	ait dit	aient dit

IMPARFAIT		PLUS-QUE-PARFAIT	
disse	dissions	eusse dit	eussions dit
disses	dissiez	eusses dit	eussiez dit
dît	dissent	eût dit	eussent dit

CONDITIONNEL

PRÉSENT		PASSÉ	
dirais	dirions	aurais dit	aurions dit
dirais	diriez	aurais dit	auriez dit
dirait	diraient	aurait dit	auraient dit

IMPÉRATIF

dis
disons
dites

PARTICIPES

PRÉSENT	PASSÉ
disant	dit(e)

EXAMPLES OF VERB USAGE

Dites-moi la vérité.	*Tell me the truth.*
Nous lui avions déjà dit de partir.	*We had already told her to go.*
Que diriez-vous d'une balade en forêt?	*What about taking a stroll in the forest?*
Il se dit malade.	*He claims to be ill.*

RELATED WORDS

redire	*to say again*	prédire	*to predict*
au dire de	*according to*	se dire	*to claim to be; to say to oneself*

discuter
to talk, to argue; to debate

je	nous
tu	vous
il/elle/on	ils/elles

INDICATIF

PRÉSENT
discute	discutons
discutes	discutez
discute	discutent

IMPARFAIT
discutais	discutions
discutais	discutiez
discutait	discutaient

PASSÉ SIMPLE
discutai	discutâmes
discutas	discutâtes
discuta	discutèrent

FUTUR SIMPLE
discuterai	discuterons
discuteras	discuterez
discutera	discuteront

PASSÉ COMPOSÉ
ai discuté	avons discuté
as discuté	avez discuté
a discuté	ont discuté

PLUS-QUE-PARFAIT
avais discuté	avions discuté
avais discuté	aviez discuté
avait discuté	avaient discuté

PASSÉ ANTÉRIEUR
eus discuté	eûmes discuté
eus discuté	eûtes discuté
eut discuté	eurent discuté

FUTUR ANTÉRIEUR
aurai discuté	aurons discuté
auras discuté	aurez discuté
aura discuté	auront discuté

SUBJONCTIF

PRÉSENT
discute	discutions
discutes	discutiez
discute	discutent

IMPARFAIT
discutasse	discutassions
discutasses	discutassiez
discutât	discutassent

PASSÉ
aie discuté	ayons discuté
aies discuté	ayez discuté
ait discuté	aient discuté

PLUS-QUE-PARFAIT
eusse discuté	eussions discuté
eusses discuté	eussiez discuté
eût discuté	eussent discuté

CONDITIONNEL

PRÉSENT
discuterais	discuterions
discuterais	discuteriez
discuterait	discuteraient

PASSÉ
aurais discuté	aurions discuté
aurais discuté	auriez discuté
aurait discuté	auraient discuté

IMPÉRATIF

discute
discutons
discutez

PARTICIPES

PRÉSENT   **PASSÉ**
discutant   discuté(e)

EXAMPLES OF VERB USAGE

Ne discute pas, sors!   *Don't argue; get out!*

Nous discutions tranquillement quand il est arrivé.   *We were talking quietly when he arrived.*

Ils faut qu'ils discutent de l'avenir de leurs enfants.   *They must talk about their children's future.*

Les députés ont discuté un nouveau projet de loi aujourd'hui.   *The representatives debated a new bill today.*

RELATED WORDS

la discussion   *discussion, debate*   discutable   *debatable, questionable*

se disputer
to fight over, to argue

INDICATIF

PRÉSENT

me dispute	nous disputons
te disputes	vous disputez
se dispute	se disputent

PASSÉ COMPOSÉ

me suis disputé(e)	nous sommes disputé(e)s
t'es disputé(e)	vous êtes disputé(e)(s)
s'est disputé(e)	se sont disputé(e)s

je nous
tu vous
il/elle/on ils/elles

IMPARFAIT

me disputais	nous disputions
te disputais	vous disputiez
se disputait	se disputaient

PLUS-QUE-PARFAIT

m'étais disputé(e)	nous étions disputé(e)s
t'étais disputé(e)	vous étiez disputé(e)(s)
s'était disputé(e)	s'étaient disputé(e)s

PASSÉ SIMPLE

me disputai	nous disputâmes
te disputas	vous disputâtes
se disputa	se disputèrent

PASSÉ ANTÉRIEUR

me fus disputé(e)	nous fûmes disputé(e)s
te fus disputé(e)	vous fûtes disputé(e)(s)
se fut disputé(e)	se furent disputé(e)s

FUTUR SIMPLE

me disputerai	nous disputerons
te disputeras	vous disputerez
se disputera	se disputeront

FUTUR ANTÉRIEUR

me serai disputé(e)	nous serons disputé(e)s
te seras disputé(e)	vous serez disputé(e)(s)
se sera disputé(e)	se seront disputé(e)s

SUBJONCTIF

PRÉSENT

me dispute	nous disputions
te disputes	vous disputiez
se dispute	se disputent

PASSÉ

me sois disputé(e)	nous soyons disputé(e)s
te sois disputé(e)	vous soyez disputé(e)(s)
se soit disputé(e)	se soient disputé(e)s

IMPARFAIT

me disputasse	nous disputassions
te disputasses	vous disputassiez
se disputât	se disputassent

PLUS-QUE-PARFAIT

me fusse disputé(e)	nous fussions disputé(e)s
te fusses disputé(e)	vous fussiez disputé(e)(s)
se fût disputé(e)	se fussent disputé(e)s

CONDITIONNEL

PRÉSENT

me disputerais	nous disputerions
te disputerais	vous disputeriez
se disputerait	se disputeraient

PASSÉ

me serais disputé(e)	nous serions disputé(e)s
te serais disputé(e)	vous seriez disputé(e)(s)
se serait disputé(e)	se seraient disputé(e)s

IMPÉRATIF

dispute-toi
disputons-nous
disputez-vous

PARTICIPES

PRÉSENT

me disputant, etc.

PASSÉ

disputé(e)

EXAMPLES OF VERB USAGE

Mes enfants se disputent tout le temps.	*My children argue all the time.*
Les héritiers se disputèrent l'héritage de leur oncle.	*The heirs fought for their uncle's inheritance.*
Du calme. Ne nous disputons pas.	*Calm down. Let's not argue.*
Ils ont disputé leur dernier match hier.	*They played their last game yesterday.*

RELATED WORDS

disputé/ -e	*contested*	la dispute	*argument, quarrel*
disputer	*to play (a game)*		

distraire
to distract; to entertain

je	nous
tu	vous
il/elle/on	ils/elles

INDICATIF

PRÉSENT

distrais	distrayons
distrais	distrayez
distrait	distraient

IMPARFAIT

distrayais	distrayions
distrayais	distrayiez
distrayait	distrayaient

PASSÉ SIMPLE

[Does not exist.]

FUTUR SIMPLE

distrairai	distrairons
distrairas	distrairez
distraira	distrairont

PASSÉ COMPOSÉ

ai distrait	avons distrait
as distrait	avez distrait
a distrait	ont distrait

PLUS-QUE-PARFAIT

avais distrait	avions distrait
avais distrait	aviez distrait
avait distrait	avaient distrait

PASSÉ ANTÉRIEUR

eus distrait	eûmes distrait
eus distrait	eûtes distrait
eut distrait	eurent distrait

FUTUR ANTÉRIEUR

aurai distrait	aurons distrait
auras distrait	aurez distrait
aura distrait	auront distrait

SUBJONCTIF

PRÉSENT

distraie	distrayions
distraies	distrayiez
distraie	distraient

IMPARFAIT

[Does not exist.]

PASSÉ

aie distrait	ayons distrait
aies distrait	ayez distrait
ait distrait	aient distrait

PLUS-QUE-PARFAIT

eusse distrait	eussions distrait
eusses distrait	eussiez distrait
eût distrait	eussent distrait

CONDITIONNEL

PRÉSENT

distrairais	distrairions
distrairais	distrairiez
distrairait	distrairaient

PASSÉ

aurais distrait	aurions distrait
aurais distrait	auriez distrait
aurait distrait	auraient distrait

IMPÉRATIF

distrais
distrayons
distrayez

PARTICIPES

PRÉSENT
distrayant

PASSÉ
distrait(e)

EXAMPLES OF VERB USAGE

Ne distrais pas tes camarades, travaille.	*Don't distract your classmates; work.*
Je leur raconterai des histoires, ça les distraira.	*I'll tell them stories; it will entertain them.*
Il faut que vous vous distrayiez davantage.	*You have to enjoy yourself more.*

RELATED WORDS

la distraction	*pastime; absent-mindedness*	distrayant/ -e	*entertaining*
distrait/ -e	*absentminded*	se distraire	*to enjoy oneself*

Verb Charts

donner
to look on; to give

je	nous
tu	vous
il/elle/on	ils/elles

INDICATIF

PRÉSENT

donne	donnons
donnes	donnez
donne	donnent

IMPARFAIT

donnais	donnions
donnais	donniez
donnait	donnaient

PASSÉ SIMPLE

donnai	donnâmes
donnas	donnâtes
donna	donnèrent

FUTUR SIMPLE

donnerai	donnerons
donneras	donnerez
donnera	donneront

PASSÉ COMPOSÉ

ai donné	avons donné
as donné	avez donné
a donné	ont donné

PLUS-QUE-PARFAIT

avais donné	avions donné
avais donné	aviez donné
avait donné	avaient donné

PASSÉ ANTÉRIEUR

eus donné	eûmes donné
eus donné	eûtes donné
eut donné	eurent donné

FUTUR ANTÉRIEUR

aurai donné	aurons donné
auras donné	aurez donné
aura donné	auront donné

SUBJONCTIF

PRÉSENT

donne	donnions
donnes	donniez
donne	donnent

IMPARFAIT

donnasse	donnassions
donnasses	donnassiez
donnât	donnassent

PASSÉ

aie donné	ayons donné
aies donné	ayez donné
ait donné	aient donné

PLUS-QUE-PARFAIT

eusse donné	eussions donné
eusses donné	eussiez donné
eût donné	eussent donné

CONDITIONNEL

PRÉSENT

donnerais	donnerions
donnerais	donneriez
donnerait	donneraient

PASSÉ

aurais donné	aurions donné
aurais donné	auriez donné
aurait donné	auraient donné

IMPÉRATIF

donne
donnons
donnez

PARTICIPES

PRÉSENT	**PASSÉ**
donnant	donné(e)

EXAMPLES OF VERB USAGE

Notre chambre donnait sur la mer.	*Our room looked onto the sea.*
Je donne de l'argent à cette association depuis des années.	*I have been giving money to this association for years.*
Nous ne vous avions pas donné notre adresse.	*We hadn't given you our address.*

RELATED WORDS

le don	*donation*	le/ la donateur/ -trice	*donor*
le/ la donneur/ -euse de sang	*blood donor*	les données (f. pl.)	*facts, data*
		donné/ -e	*given, fixed*

dormir

to sleep

INDICATIF

je	nous
tu	vous
il/elle/on	ils/elles

PRÉSENT

dors	dormons
dors	dormez
dort	dorment

PASSÉ COMPOSÉ

ai dormi	avons dormi
as dormi	avez dormi
a dormi	ont dormi

IMPARFAIT

dormais	dormions
dormais	dormiez
dormait	dormaient

PLUS-QUE-PARFAIT

avais dormi	avions dormi
avais dormi	aviez dormi
avait dormi	avaient dormi

PASSÉ SIMPLE

dormis	dormîmes
dormis	dormîtes
dormit	dormirent

PASSÉ ANTÉRIEUR

eus dormi	eûmes dormi
eus dormi	eûtes dormi
eut dormi	eurent dormi

FUTUR SIMPLE

dormirai	dormirons
dormiras	dormirez
dormira	dormiront

FUTUR ANTÉRIEUR

aurai dormi	aurons dormi
auras dormi	aurez dormi
aura dormi	auront dormi

SUBJONCTIF

PRÉSENT

dorme	dormions
dormes	dormiez
dorme	dorment

PASSÉ

aie dormi	ayons dormi
aies dormi	ayez dormi
ait dormi	aient dormi

IMPARFAIT

dormisse	dormissions
dormisses	dormissiez
dormît	dormissent

PLUS-QUE-PARFAIT

eusse dormi	eussions dormi
eusses dormi	eussiez dormi
eût dormi	eussent dormi

CONDITIONNEL

PRÉSENT

dormirais	dormirions
dormirais	dormiriez
dormirait	dormiraient

PASSÉ

aurais dormi	aurions dormi
aurais dormi	auriez dormi
aurait dormi	auraient dormi

IMPÉRATIF

dors
dormons
dormez

PARTICIPES

PRÉSENT	**PASSÉ**
dormant	dormi(e)

EXAMPLES OF VERB USAGE

Nous n'avons pas dormi de la nuit.	*We didn't sleep all night.*
Je dormirai chez des amis ce week-end.	*I'll sleep over at some friends' house this weekend.*
Je veux que tu dormes maintenant.	*I want you to go to sleep now.*

RELATED WORDS

s'endormir	*to fall asleep*	se rendormir	*to go back to sleep*
endormi/ -e	*asleep, sleepy*	dormant/ -e	*still, calm*

écouter
to listen; to obey

je	nous
tu	vous
il/elle/on	ils/elles

INDICATIF

PRÉSENT

écoute	écoutons		
écoutes	écoutez		
écoute	écoutent		

PASSÉ COMPOSÉ

ai écouté	avons écouté
as écouté	avez écouté
a écouté	ont écouté

IMPARFAIT

écoutais	écoutions
écoutais	écoutiez
écoutait	écoutaient

PLUS-QUE-PARFAIT

avais écouté	avions écouté
avais écouté	aviez écouté
avait écouté	avaient écouté

PASSÉ SIMPLE

écoutai	écoutâmes
écoutas	écoutâtes
écouta	écoutèrent

PASSÉ ANTÉRIEUR

eus écouté	eûmes écouté
eus écouté	eûtes écouté
eut écouté	eurent écouté

FUTUR SIMPLE

écouterai	écouterons
écouteras	écouterez
écoutera	écouterons

FUTUR ANTÉRIEUR

aurai écouté	aurons écouté
auras écouté	aurez écouté
aura écouté	auront écouté

SUBJONCTIF

PRÉSENT

écoute	écoutions
écoutes	écoutiez
écoute	écoutent

PASSÉ

aie écouté	ayons écouté
aies écouté	ayez écouté
ait écouté	aient écouté

IMPARFAIT

écoutasse	écoutassions
écoutasses	écoutassiez
écoutât	écoutassent

PLUS-QUE-PARFAIT

eusse écouté	eussions écouté
eusses écouté	eussiez écouté
eût écouté	eussent écouté

CONDITIONNEL

PRÉSENT

écouterais	écouterions
écouterais	écouteriez
écouterait	écouteraient

PASSÉ

aurais écouté	aurions écouté
aurais écouté	auriez écouté
aurait écouté	auraient écouté

IMPÉRATIF

écoute
écoutons
écoutez

PARTICIPES

PRÉSENT	**PASSÉ**
écoutant	écouté(e)

EXAMPLES OF VERB USAGE

Ecoute-moi quand je te parle.	*Listen when I talk to you.*
Hier, nous avons écouté la radio toute la soirée.	*Yesterday, we listened to the radio all evening.*
Il n'écoutait jamais ses parents.	*He never obeyed his parents.*

RELATED WORDS

écouter aux portes	*to eavesdrop*	l'écouteur (m.)	*earphone/s*

écrire
to write; to spell

je	nous
tu	vous
il/elle/on	ils/elles

INDICATIF

PRÉSENT

écris	écrivons
écris	écrivez
écrit	écrivent

PASSÉ COMPOSÉ

ai écrit	avons écrit
as écrit	avez écrit
a écrit	ont écrit

IMPARFAIT

écrivais	écrivions
écrivais	écriviez
écrivait	écrivaient

PLUS-QUE-PARFAIT

avais écrit	avions écrit
avais écrit	aviez écrit
avait écrit	avaient écrit

PASSÉ SIMPLE

écrivis	écrivîmes
écrivis	écrivîtes
écrivit	écrivirent

PASSÉ ANTÉRIEUR

eus écrit	eûmes écrit
eus écrit	eûtes écrit
eut écrit	eurent écrit

FUTUR SIMPLE

écrirai	écrirons
écriras	écrirez
écrira	écriront

FUTUR ANTÉRIEUR

aurai écrit	aurons écrit
auras écrit	aurez écrit
aura écrit	auront écrit

SUBJONCTIF

PRÉSENT

écrive	écrivions
écrives	écriviez
écrive	écrivent

PASSÉ

aie écrit	ayons écrit
aies écrit	ayez écrit
ait écrit	aient écrit

IMPARFAIT

écrivisse	écrivissions
écrivisses	écrivissiez
écrivît	écrivissent

PLUS-QUE-PARFAIT

eusse écrit	nous eussions écrit
eusses écrit	vous eussiez écrit
eût écrit	eussent écrit

CONDITIONNEL

PRÉSENT

écrirais	écririons
écrirais	écririez
écrirait	écriraient

PASSÉ

aurais écrit	aurions écrit
aurais écrit	auriez écrit
aurait écrit	auraient écrit

IMPÉRATIF

écris
écrivons
écrivez

PARTICIPES

PRÉSENT	**PASSÉ**
écrivant	écrit(e)

EXAMPLES OF VERB USAGE

Vous écrivez très bien.	*You write very well.*
Comment écrit-on 'arbre'?	*How do you spell 'tree'?*
Il faudrait qu'il écrive un livre sur sa vie.	*He should write a book about his life.*
Ça faisait des années qu'on se s'écrivait plus.	*We hadn't written each other in years.*

RELATED WORDS

l'écriture (f.)	*writing; handwriting*	l'écrivain (m.)	*writer*
par écrit	*in writing*	l'écrit (m.)	*piece of writing*
s'écrire	*to write to each other; to be spelled*		

Verb Charts

effectuer
to make; to carry out

je	nous
tu	vous
il/elle/on	ils/elles

INDICATIF

PRÉSENT
effectue	effectuons
effectues	effectuez
effectue	effectuent

PASSÉ COMPOSÉ
ai effectué	avons effectué
as effectué	avez effectué
a effectué	ont effectué

IMPARFAIT
effectuais	effectuions
effectuais	effectuiez
effectuait	effectuaient

PLUS-QUE-PARFAIT
avais effectué	avions effectué
avais effectué	aviez effectué
avait effectué	avaient effectué

PASSÉ SIMPLE
effectuai	effectuâmes
effectuas	effectuâtes
effectua	effectuèrent

PASSÉ ANTÉRIEUR
eus effectué	eûmes effectué
eus effectué	eûtes effectué
eut effectué	eurent effectué

FUTUR SIMPLE
effectuerai	effectuerons
effectueras	effectuerez
effectuera	effectueront

FUTUR ANTÉRIEUR
aurai effectué	aurons effectué
auras effectué	aurez effectué
aura effectué	auront effectué

SUBJONCTIF

PRÉSENT
effectue	effectuions
effectues	effectuiez
effectue	effectuent

PASSÉ
aie effectué	ayons effectué
aies effectué	ayez effectué
ait effectué	aient effectué

IMPARFAIT
effectuasse	effectuassions
effectuasses	effectuassiez
effectuât	effectuassent

PLUS-QUE-PARFAIT
eusse effectué	eussions effectué
eusses effectué	eussiez effectué
eût effectué	eussent effectué

CONDITIONNEL

PRÉSENT
effectuerais	effectuerions
effectuerais	effectueriez
effectuerait	effectueraient

PASSÉ
aurais effectué	aurions effectué
aurais effectué	auriez effectué
aurait effectué	auraient effectué

IMPÉRATIF

effectue
effectuons
effectuez

PARTICIPES

PRÉSENT	PASSÉ
effectuant	effectué(e)

EXAMPLES OF VERB USAGE

Ils ont effectué une mission au Moyen Orient.	*They carried out a mission in the Middle East.*
Effectuez cette addition.	*Do this sum.*
Je pense que j'effectuerai le trajet en deux heures.	*I think I'll make the trip in two hours.*

RELATED WORDS

l'effectif (m.)	strength (military); number of pupils	en effet	*in fact*
effectivement	*indeed, effectively, actually*	effectif/ -ive	*effective, actual*

embrasser

to kiss; to embrace

INDICATIF

PRÉSENT

embrasse	embrassons
embrasses	embrassez
embrasse	embrassent

PASSÉ COMPOSÉ

ai embrassé	avons embrassé
as embrassé	avez embrassé
a embrassé	ont embrassé

je	nous
tu	vous
il/elle/on	ils/elles

IMPARFAIT

embrassais	embrassions
embrassais	embrassiez
embrassait	embrassaient

PLUS-QUE-PARFAIT

avais embrassé	avions embrassé
avais embrassé	aviez embrassé
avait embrassé	avaient embrassé

PASSÉ SIMPLE

embrassai	embrassâmes
embrassas	embrassâtes
embrassa	embrassèrent

PASSÉ ANTÉRIEUR

eus embrassé	eûmes embrassé
eus embrassé	eûtes embrassé
eut embrassé	eurent embrassé

FUTUR SIMPLE

embrasserai	embrasserons
embrasseras	embrasserez
embrassera	embrasseront

FUTUR ANTÉRIEUR

aurai embrassé	aurons embrassé
auras embrassé	aurez embrassé
aura embrassé	auront embrassé

SUBJONCTIF

PRÉSENT

embrasse	embrassions
embrasses	embrassiez
embrasse	embrassent

PASSÉ

aie embrassé	ayons embrassé
aies embrassé	ayez embrassé
ait embrassé	aient embrassé

IMPARFAIT

embrassasse	embrassassions
embrassasses	embrassassiez
embrassât	embrassassent

PLUS-QUE-PARFAIT

eusse embrassé	eussions embrassé
eusses embrassé	eussiez embrassé
eût embrassé	eussent embrassé

CONDITIONNEL

PRÉSENT

embrasserais	embrasserions
embrasserais	embrasseriez
embrasserait	embrasseraient

PASSÉ

aurais embrassé	aurions embrassé
aurais embrassé	auriez embrassé
aurait embrassé	auraient embrassé

IMPÉRATIF

embrasse
embrassons
embrassez

PARTICIPES

PRÉSENT

embrassant

PASSÉ

embrassé(e)

EXAMPLES OF VERB USAGE

Embrasse-moi avant de partir.

Kiss me before you go.

Il a embrassé la carrière de chanteur à l'âge de 30 ans.

He entered upon his singing career at the age of 30.

Ils s'embrassaient devant tout le monde.

They kissed each other in front of everybody.

RELATED WORDS

l'embrassade (f.)	*embrace*	s'embrasser	*to kiss each other*

emmener
to take, to take away

je	nous
tu	vous
il/elle/on	ils/elles

INDICATIF

PRÉSENT

emmène	emmenons
emmènes	emmenez
emmène	emmènent

PASSÉ COMPOSÉ

ai emmené	avons emmené
as emmené	avez emmené
a emmené	ont emmené

IMPARFAIT

emmenais	emmenions
emmenais	emmeniez
emmenait	emmenaient

PLUS-QUE-PARFAIT

avais emmené	avions emmené
avais emmené	aviez emmené
avait emmené	avaient emmené

PASSÉ SIMPLE

emmenai	emmenâmes
emmenas	emmenâtes
emmena	emmenèrent

PASSÉ ANTÉRIEUR

eus emmené	eûmes emmené
eus emmené	eûtes emmené
eut emmené	eurent emmené

FUTUR SIMPLE

emmènerai	emmènerons
emmèneras	emmènerez
emmènera	emmèneront

FUTUR ANTÉRIEUR

aurai emmené	aurons emmené
auras emmené	aurez emmené
aura emmené	auront emmené

SUBJONCTIF

PRÉSENT

emmène	emmenions
emmènes	emmeniez
emmène	emmènent

PASSÉ

aie emmené	ayons emmené
aies emmené	ayez emmené
ait emmené	aient emmené

IMPARFAIT

emmenasse	emmenassions
emmenasses	emmenassiez
emmenât	emmenassent

PLUS-QUE-PARFAIT

eusse emmené	eussions emmené
eusses emmené	eussiez emmené
eût emmené	eussent emmené

CONDITIONNEL

PRÉSENT

emmènerais	emmènerions
emmènerais	emmèneriez
emmènerait	emmèneraient

PASSÉ

aurais emmené	aurions emmené
aurais emmené	auriez emmené
aurait emmené	auraient emmené

IMPÉRATIF

emmène
emmenons
emmenez

PARTICIPES

PRÉSENT

emmenant

PASSÉ

emmené(e)

EXAMPLES OF VERB USAGE

J'emmènerai le chien chez le vétérinaire demain.

I'll take the dog to the vet tomorrow.

La police a emmené le suspect.

The police took the suspect away.

Emmenez-moi avec vous.

Take me with you.

RELATED WORDS

amener	*to bring*	mener	*to lead*
le/ la meneur/ -euse	*leader*		

émouvoir

to move, to touch

INDICATIF

PRÉSENT

émeus	émouvons
émeus	émouvez
émeut	émeuvent

PASSÉ COMPOSÉ

ai ému	avons ému
as ému	avez ému
a ému	ont ému

je	nous
tu	vous
il/elle/on	ils/elles

IMPARFAIT

émouvais	émouvions
émouvais	émouviez
émouvait	émouvaient

PLUS-QUE-PARFAIT

avais ému	avions ému
avais ému	aviez ému
avait ému	avaient ému

PASSÉ SIMPLE

émus	émûmes
émus	émûtes
émut	émurent

PASSÉ ANTÉRIEUR

eus ému	eûmes ému
eus ému	eûtes ému
eut ému	eurent ému

FUTUR SIMPLE

émouvrai	émouvrons
émouvras	émouvrez
émouvra	émouvront

FUTUR ANTÉRIEUR

aurai ému	aurons ému
auras ému	aurez ému
aura ému	auront ému

SUBJONCTIF

PRÉSENT

émeuve	émouvions
émeuves	émouviez
émeuve	émeuvent

PASSÉ

aie ému	ayons ému
aies ému	ayez ému
ait ému	aient ému

IMPARFAIT

émusse	émussions
émusses	émussiez
émût	émussent

PLUS-QUE-PARFAIT

eusse ému	eussions ému
eusses ému	eussiez ému
eût ému	eussent ému

CONDITIONNEL

PRÉSENT

émouvrais	émouvrions
émouvrais	émouvriez
émouvrait	émouvraient

PASSÉ

aurais ému	aurions ému
aurais ému	auriez ému
aurait ému	auraient ému

IMPÉRATIF

émeus
émouvons
émouvez

PARTICIPES

PRÉSENT	**PASSÉ**
émouvant	ému(e)

EXAMPLES OF VERB USAGE

Son discours a ému toute l'assemblée.	*His speech moved the entire audience.*
J'ai été très émue par son histoire.	*I was very touched by his story.*
Il s'émeut facilement.	*He is easily moved.*

RELATED WORDS

l'émotion (f.)	*emotion*	émotif/ -ive	*emotional*
émouvant/ -e	*moving, touching*	s'émouvoir	*to be moved*

Verb Charts

employer
to use; to employ

je	nous
tu	vous
il/elle/on	ils/elles

INDICATIF

PRÉSENT

emploie	employons
emploies	employez
emploie	emploient

IMPARFAIT

employais	employions
employais	employiez
employait	employaient

PASSÉ SIMPLE

employai	employâmes
employas	employâtes
employa	employèrent

FUTUR SIMPLE

emploierai	emploierons
emploieras	emploierez
emploiera	emploieront

PASSÉ COMPOSÉ

ai employé	avons employé
as employé	avez employé
a employé	ont employé

PLUS-QUE-PARFAIT

avais employé	avions employé
avais employé	aviez employé
avait employé	avaient employé

PASSÉ ANTÉRIEUR

eus employé	eûmes employé
eus employé	eûtes employé
eut employé	eurent employé

FUTUR ANTÉRIEUR

aurai employé	aurons employé
auras employé	aurez employé
aura employé	auront employé

SUBJONCTIF

PRÉSENT

emploie	employions
emploies	employiez
emploie	emploient

IMPARFAIT

employasse	employassions
employasses	employassiez
employât	employassent

PASSÉ

aie employé	ayons employé
aies employé	ayez employé
ait employé	aient employé

PLUS-QUE-PARFAIT

eusse employé	eussions employé
eusses employé	eussiez employé
eût employé	eussent employé

CONDITIONNEL

PRÉSENT

emploierais	emploierions
emploierais	emploieriez
emploierait	emploieraient

PASSÉ

aurais employé	aurions employé
aurais employé	auriez employé
aurait employé	auraient employé

IMPÉRATIF

emploie
employons
employez

PARTICIPES

PRÉSENT	**PASSÉ**
employant	employé(e)

EXAMPLES OF VERB USAGE

Ils l'emploient à trier le courrier.	*They employ him to sort the mail.*
Il va falloir que nous employions la patience avec lui.	*We will have to use patience with him.*
Pourquoi as-tu employé tout ton argent à réparer cette vieille maison?	*Why did you spend all your money on repairing this old house?*

RELATED WORDS

| l'emploi (m.) | *use; job* | l'employeur/ -euse (m./f.) | *employer* |
| l'employé/ -e | *employee* | | |

encourager

to encourage, to cheer

INDICATIF

je	nous
tu	vous
il/elle/on	ils/elles

PRÉSENT

encourage	encourageons
encourages	encouragez
encourage	encouragent

PASSÉ COMPOSÉ

ai encouragé	avons encouragé
as encouragé	avez encouragé
a encouragé	ont encouragé

IMPARFAIT

encourageais	encouragions
encourageais	encouragiez
encourageait	encourageaient

PLUS-QUE-PARFAIT

avais encouragé	avions encouragé
avais encouragé	aviez encouragé
avait encouragé	avaient encouragé

PASSÉ SIMPLE

encourageai	encourageâmes
encourageas	encourageâtes
encouragea	encouragèrent

PASSÉ ANTÉRIEUR

eus encouragé	eûmes encouragé
eus encouragé	eûtes encouragé
eut encouragé	eurent encouragé

FUTUR SIMPLE

encouragerai	encouragerons
encourageras	encouragerez
encouragera	encourageront

FUTUR ANTÉRIEUR

aurai encouragé	aurons encouragé
auras encouragé	aurez encouragé
aura encouragé	auront encouragé

SUBJONCTIF

PRÉSENT

encourage	encouragions
encourages	encouragiez
encourage	encouragent

PASSÉ

aie encouragé	ayons encouragé
aies encouragé	ayez encouragé
ait encouragé	aient encouragé

IMPARFAIT

encourageasse	encourageassions
encourageasses	encourageassiez
encourageât	mencourageassent

PLUS-QUE-PARFAIT

eusse encouragé	eussions encouragé
eusses encouragé	eussiez encouragé
eût encouragé	eussent encouragé

CONDITIONNEL

PRÉSENT

encouragerais	encouragerions
encouragerais	encourageriez
encouragerait	encourageraient

PASSÉ

aurais encouragé	aurions encouragé
aurais encouragé	auriez encouragé
aurait encouragé	auraient encouragé

IMPÉRATIF

encourage
encourageons
encouragez

PARTICIPES

PRÉSENT	**PASSÉ**
encourageant	encouragé(e)

EXAMPLES OF VERB USAGE

Je les encourage à poursuivre leurs études.

I'm encouraging them to continue their studies.

Encourageons l'équipe de France.

Let's cheer the French team.

Il avait été encouragé à commettre un meurtre par ses amis.

He had been encouraged to commit murder by his friends.

RELATED WORDS

l'encouragement (m.)	*encouragement*	le courage	*courage*
encourageant/ -e	*encouraging*	courageux/ -euse	*courageous*

je | nous
tu | vous
il/elle/on | ils/elles

s'enfuir
to run away, to flee

INDICATIF

PRÉSENT

m'enfuis	nous enfuyons
t'enfuis	vous enfuyez
s'enfuit	s'enfuient

PASSÉ COMPOSÉ

me suis enfui(e)	nous sommes enfui(e)s
t'es enfui(e)	vous êtes enfui(e)(s)
s'est enfui(e)	se sont enfui(e)s

IMPARFAIT

m'enfuyais	nous enfuyions
t'enfuyais	vous enfuyiez
s'enfuyait	s'enfuyaient

PLUS-QUE-PARFAIT

m'étais enfui(e)	nous étions enfui(e)s
t'étais enfui(e)	vous étiez enfui(e)(s)
s'était enfui(e)	s'étaient enfui(e)s

PASSÉ SIMPLE

m'enfuis	nous enfuîmes
t'enfuis	vous enfuîtes
s'enfuit	s'enfuirent

PASSÉ ANTÉRIEUR

me fus enfui(e)	nous fûmes enfui(e)s
te fus enfui(e)	vous fûtes enfui(e)(s)
se fut enfui(e)	se furent enfui(e)s

FUTUR SIMPLE

m'enfuirai	nous enfuirons
t'enfuiras	vous enfuirez
s'enfuira	s'enfuiront

FUTUR ANTÉRIEUR

me serai enfui(e)	nous serons enfui(e)s
te seras enfui(e)	vous serez enfui(e)(s)
se sera enfui(e)	se seront enfui(e)s

SUBJONCTIF

PRÉSENT

m'enfuie	nous enfuyions
t'enfuies	vous enfuyiez
s'enfuie	s'enfuient

PASSÉ

me sois enfui(e)	nous soyons enfui(e)s
te sois enfui(e)	vous soyez enfui(e)(s)
se soit enfui(e)	se soient enfui(e)s

IMPARFAIT

m'enfuisse	nous enfuissions
t'enfuisses	vous enfuissiez
s'enfuît	s'enfuissent

PLUS-QUE-PARFAIT

me fusse enfui(e)	nous fussions enfui(e)s
te fusses enfui(e)	vous fussiez enfui(e)(s)
se fût enfui(e)	se fussent enfui(e)s

CONDITIONNEL

PRÉSENT

m'enfuirais	nous enfuirions
t'enfuirais	vous enfuiriez
s'enfuirait	s'enfuiraient

PASSÉ

me serais enfui(e)	nous serions enfui(e)s
te serais enfui(e)	vous seriez enfui(e)(s)
se serait enfui(e)	se seraient enfui(e)s

IMPÉRATIF

enfuis-toi
enfuyons-nous
enfuyez-vous

PARTICIPES

PRÉSENT	**PASSÉ**
m'enfuyant, etc.	enfui(e)

EXAMPLES OF VERB USAGE

Il s'enfuira de chez lui dès qu'il le pourra.	*He'll run away from home as soon as he can.*
Ils se sont enfuis de leur pays.	*They fled their country.*
Le chat s'enfuyait à chaque fois qu'il me voyait.	*The cat ran away each time he saw me.*

RELATED WORDS

la fuite	*escape; leak*	fuir	*to leak; to run away from; to avoid*

enlever

to remove, to take off; to kidnap

INDICATIF

je	nous
tu	vous
il/elle/on	ils/elles

PRÉSENT

enlève	enlevons
enlèves	enlevez
enlève	enlèvent

PASSÉ COMPOSÉ

ai enlevé	avons enlevé
as enlevé	avez enlevé
a enlevé	ont enlevé

IMPARFAIT

enlevais	enlevions
enlevais	enleviez
enlevait	enlevaient

PLUS-QUE-PARFAIT

avais enlevé	avions enlevé
avais enlevé	aviez enlevé
avait enlevé	avaient enlevé

PASSÉ SIMPLE

enlevai	enlevâmes
enlevas	enlevâtes
enleva	enlevèrent

PASSÉ ANTÉRIEUR

eus enlevé	eûmes enlevé
eus enlevé	eûtes enlevé
eut enlevé	eurent enlevé

FUTUR SIMPLE

enlèverai	enlèverons
enlèveras	enlèverez
enlèvera	enlèveront

FUTUR ANTÉRIEUR

aurai enlevé	aurons enlevé
auras enlevé	aurez enlevé
aura enlevé	auront enlevé

SUBJONCTIF

PRÉSENT

enlève	enlevions
enlèves	enleviez
enlève	enlèvent

PASSÉ

aie enlevé	ayons enlevé
aies enlevé	ayez enlevé
ait enlevé	aient enlevé

IMPARFAIT

enlevasse	enlevassions
enlevasses	enlevassiez
enlevât	enlevassent

PLUS-QUE-PARFAIT

eusse enlevé	eussions enlevé
eusses enlevé	eussiez enlevé
eût enlevé	eussent enlevé

CONDITIONNEL

PRÉSENT

enlèverais	enlèverions
enlèverais	enlèveriez
enlèverait	enlèveraient

PASSÉ

aurais enlevé	aurions enlevé
aurais enlevé	auriez enlevé
aurait enlevé	auraient enlevé

IMPÉRATIF

enlève
enlevons
enlevez

PARTICIPES

PRÉSENT	**PASSÉ**
enlevant	enlevé(e)

EXAMPLES OF VERB USAGE

Enlevez votre manteau, il fait chaud ici.	*Take off your coat; it's hot in here.*
Il faut que nous enlevions les taches sur ce tapis.	*We have to remove the stains on this rug.*
Leur fils a été enlevé.	*Their son has been kidnapped.*

RELATED WORDS

s'enlever	*to come off*	enlevé	*spirited (rhythm, etc.)*
l'enlèvement (m.)	*kidnapping, abduction*		

Verb Charts

s'ennuyer
to be bored

je	nous
tu	vous
il/elle/on	ils/elles

INDICATIF

PRÉSENT

m'ennuie	nous ennuyons
t'ennuies	vous ennuyez
s'ennuie	s'ennuient

IMPARFAIT

m'ennuyais	nous ennuyions
t'ennuyais	vous ennuyiez
s'ennuyait	s'ennuyaient

PASSÉ SIMPLE

m'ennuyai	nous ennuyâmes
t'ennuyas	vous ennuyâtes
s'ennuya	s'ennuyèrent

FUTUR SIMPLE

m'ennuierai	nous ennuierons
t'ennuieras	vous ennuierez
s'ennuiera	s'ennuieront

PASSÉ COMPOSÉ

me suis ennuyé(e)	nous sommes ennuyé(e)s
t'es ennuyé(e)	vous êtes ennuyé(e)(s)
s'est ennuyé(e)	se sont ennuyé(e)s

PLUS-QUE-PARFAIT

m'étais ennuyé(e)	nous étions ennuyé(e)s
t'étais ennuyé(e)	vous étiez ennuyé(e)(s)
s'était ennuyé(e)	s'étaient ennuyé(e)s

PASSÉ ANTÉRIEUR

me fus ennuyé(e)	nous fûmes ennuyé(e)s
te fus ennuyé(e)	vous fûtes ennuyé(e)(s)
se fut ennuyé(e)	se furent ennuyé(e)s

FUTUR ANTÉRIEUR

me serai ennuyé(e)	nous serons ennuyé(e)s
te seras ennuyé(e)	vous serez ennuyé(e)(s)
se sera ennuyé(e)	se seront ennuyé(e)s

SUBJONCTIF

PRÉSENT

m'ennuie	nous ennuyions
t'ennuies	vous ennuyiez
s'ennuie	s'ennuient

IMPARFAIT

m'ennuyasse	nous ennuyassions
t'ennuyasses	vous ennuyassiez
s'ennuyât	s'ennuyassent

PASSÉ

me sois ennuyé(e)	nous soyons ennuyé(e)s
te sois ennuyé(e)	vous soyez ennuyé(e)(s)
se soit ennuyé(e)	se soient ennuyé(e)s

PLUS-QUE-PARFAIT

me fusse ennuyé(e)	nous fussions ennuyé(e)s
te fusses ennuyé(e)	vous fussiez ennuyé(e)(s)
se fût ennuyé(e)	se fussent ennuyé(e)

CONDITIONNEL

PRÉSENT

m'ennuierais	nous ennuierions
t'ennuierais	vous ennuieriez
s'ennuierait	s'ennuieraient

PASSÉ

me serais ennuyé(e)	nous serions ennuyé(e)s
te serais ennuyé(e)	vous seriez ennuyé(e)(s)
se serait ennuyé(e)	se seraient ennuyé(e)s

IMPÉRATIF

ennuie-toi
ennuyons-nous
ennuyez-vous

PARTICIPES

PRÉSENT
m'ennuyant, etc.

PASSÉ
ennuyé(e)

EXAMPLES OF VERB USAGE

On s'ennuyait à mourir dans cette ville.	*We were bored to death in this town.*
Il y avait tant de choses à voir qu'ils ne s'étaient pas ennuyés.	*There was so much to see that they didn't get bored.*
Ça m'ennuie de devoir te demander ce service.	*I'm sorry I have to ask you for this favor.*

RELATED WORDS

ennuyer	*to bore; to bother*
l'ennui (m.)	*boredom; problem*

ennuyeux/ -euse	*boring; annoying*

enregistrer
to record; to check in

INDICATIF

PRÉSENT

enregistre	enregistrons
enregistres	enregistrez
enregistre	enregistrent

PASSÉ COMPOSÉ

ai enregistré	avons enregistré
as enregistré	avez enregistré
a enregistré	ont enregistré

je	nous
tu	vous
il/elle/on	ils/elles

IMPARFAIT

enregistrais	enregistrions
enregistrais	enregistriez
enregistrait	enregistraient

PLUS-QUE-PARFAIT

avais enregistré	avions enregistré
avais enregistré	aviez enregistré
avait enregistré	avaient enregistré

PASSÉ SIMPLE

enregistrai	enregistrâmes
enregistras	enregistrâtes
enregistra	enregistrèrent

PASSÉ ANTÉRIEUR

eus enregistré	eûmes enregistré
eus enregistré	eûtes enregistré
eut enregistré	eurent enregistré

FUTUR SIMPLE

enregistrerai	enregistrerons
enregistreras	enregistrerez
enregistrera	enregistrerons

FUTUR ANTÉRIEUR

aurai enregistré	aurons enregistré
auras enregistré	aurez enregistré
aura enregistré	auront enregistré

SUBJONCTIF

PRÉSENT

enregistre	enregistrions
enregistres	enregistriez
enregistre	enregistrent

PASSÉ

aie enregistré	ayons enregistré
aies enregistré	ayez enregistré
ait enregistré	aient enregistré

IMPARFAIT

enregistrasse	enregistrassions
enregistrasses	enregistrassiez
enregistrât	enregistrassent

PLUS-QUE-PARFAIT

eusse enregistré	eussions enregistré
eusses enregistré	eussiez enregistré
eût enregistré	eussent enregistré

CONDITIONNEL

PRÉSENT

enregistrerais	enregistrerions
enregistrerais	enregistreriez
enregistrerait	enregistreraient

PASSÉ

aurais enregistré	aurions enregistré
aurais enregistré	auriez enregistré
aurait enregistré	auraient enregistré

IMPÉRATIF

enregistre
enregistrons
enregistrez

PARTICIPES

PRÉSENT
enregistrant

PASSÉ
enregistré(e)

EXAMPLES OF VERB USAGE

J'ai enregistré le match à la télé hier.

I recorded the match on TV yesterday.

Enregistrons nos bagages tout de suite.

Let's check our bags in right away.

J'enregistrerai votre plainte en arrivant au commissariat.

I'll record your complaint when we get to the police station.

RELATED WORDS

l'enregistrement (m.)	*recording*
le registre	*register*
l'enregistrement des bagages (m.)	*check-in*

s'enrichir
to get rich

INDICATIF

je	nous
tu	vous
il/elle/on	ils/elles

PRÉSENT

m'enrichis	nous enrichissons
t'enrichis	vous enrichissez
s'enrichit	s'enrichissent

PASSÉ COMPOSÉ

me suis enrichi(e)	nous sommes enrichi(e)s
t'es enrichi(e)	vous êtes enrichi(e)(s)
s'est enrichi(e)	se sont enrichi(e)s

IMPARFAIT

m'enrichissais	nous enrichissions
t'enrichissais	vous enrichissiez
s'enrichissait	s'enrichissaient

PLUS-QUE-PARFAIT

m'étais enrichi(e)	nous étions enrichi(e)s
t'étais enrichi(e)	vous étiez enrichi(e)(s)
s'était enrichi(e)	s'étaient enrichi(e)s

PASSÉ SIMPLE

m'enrichis	nous enrichîmes
t'enrichis	vous enrichîtes
s'enrichit	s'enrichirent

PASSÉ ANTÉRIEUR

me fus enrichi(e)	nous fûmes enrichi(e)s
te fus enrichi(e)	vous fûtes enrichi(e)(s)
se fut enrichi(e)	se furent enrichi(e)s

FUTUR SIMPLE

m'enrichirai	nous enrichirons
t'enrichiras	vous enrichirez
s'enrichira	s'enrichiront

FUTUR ANTÉRIEUR

me serai enrichi(e)	nous serons enrichi(e)s
te seras enrichi(e)	vous serez enrichi(e)(s)
se sera enrichi(e)	se seront enrichi(e)s

SUBJONCTIF

PRÉSENT

m'enrichisse	nous enrichissions
t'enrichisses	vous enrichissiez
s'enrichisse	s'enrichissent

PASSÉ

me sois enrichi(e)	nous soyons enrichi(e)s
te sois enrichi(e)	vous soyez enrichi(e)(s)
se soit enrichi(e)	se soient enrichi(e)s

IMPARFAIT

m'enrichisse	nous enrichissions
t'enrichisses	vous enrichissiez
s'enrichît	s'enrichissent

PLUS-QUE-PARFAIT

me fusse enrichi(e)	nous fussions enrichi(e)s
te fusses enrichi(e)	vous fussiez enrichi(e)(s)
se fût enrichi(e)	se fussent enrichi(e)s

CONDITIONNEL

PRÉSENT

m'enrichirais	nous enrichirions
t'enrichirais	vous enrichiriez
s'enrichirait	s'enrichiraient

PASSÉ

me serais enrichi(e)	nous serions enrichi(e)s
te serais enrichi(e)	vous seriez enrichi(e)(s)
se serait enrichi(e)	se seraient enrichi(e)s

IMPÉRATIF

enrichis-toi
enrichissons-nous
enrichissez-vous

PARTICIPES

PRÉSENT
m'enrichissant, etc.

PASSÉ
enrichi(e)

EXAMPLES OF VERB USAGE

Ils se sont enrichis pendant la guerre.	*They got rich during the war.*
Leur collection s'enrichissait d'année en année.	*Their collection was becoming richer year after year.*
Il faut que tu enrichisses ton vocabulaire.	*You must enrich your vocabulary.*

RELATED WORDS

la richesse	*wealth*	riche	*rich, wealthy*
richissime	*fabulously wealthy*	enrichir	*to make rich, to enrich*

entendre

to hear; to mean

je	nous
tu	vous
il/elle/on	ils/elles

INDICATIF

PRÉSENT

entends	entendons
entends	entendez
entend	entendent

PASSÉ COMPOSÉ

ai entendu	avons entendu
as entendu	avez entendu
a entendu	ont entendu

IMPARFAIT

entendais	entendions
entendais	entendiez
entendait	entendaient

PLUS-QUE-PARFAIT

avais entendu	avions entendu
avais entendu	aviez entendu
avait entendu	avaient entendu

PASSÉ SIMPLE

entendis	entendîmes
entendis	entendîtes
entendit	entendirent

PASSÉ ANTÉRIEUR

eus entendu	eûmes entendu
eus entendu	eûtes entendu
eut entendu	eurent entendu

FUTUR SIMPLE

entendrai	entendrons
entendras	entendrez
entendra	entendront

FUTUR ANTÉRIEUR

aurai entendu	aurons entendu
auras entendu	aurez entendu
aura entendu	auront entendu

SUBJONCTIF

PRÉSENT

entende	entendions
entendes	entendiez
entende	entendent

PASSÉ

aie entendu	ayons entendu
aies entendu	ayez entendu
ait entendu	aient entendu

IMPARFAIT

entendisse	entendissions
entendisses	entendissiez
entendît	entendissent

PLUS-QUE-PARFAIT

eusse entendu	eussions entendu
eusses entendu	eussiez entendu
eût entendu	eussent entendu

CONDITIONNEL

PRÉSENT

entendrais	entendrions
entendrais	entendriez
entendrait	entendraient

PASSÉ

aurais entendu	aurions entendu
aurais entendu	auriez entendu
aurait entendu	auraient entendu

IMPÉRATIF

entends
entendons
entendez

PARTICIPES

PRÉSENT	**PASSÉ**
entendant	entendu(e)

EXAMPLES OF VERB USAGE

Ils entendirent du bruit en haut.	*They heard some noise upstairs.*
J'entends bien y aller.	*I certainly mean to go there.*
Qu'entendez-vous par là?	*What do you mean by that?*
Il ne s'entendait pas du tout avec son frère.	*He didn't get along with his brother at all.*

RELATED WORDS

l'entente (f.)	*agreement; understanding*	l'entendement (m.)	*reason, understanding*
sous-entendre	*to imply*	le sous-entendu	*innuendo, insinuation*
s'entendre	*to get along*		

entrer
to enter, to go in (être)

je	nous
tu	vous
il/elle/on	ils/elles

INDICATIF

PRÉSENT

entre	entrons
entres	entrez
entre	entrent

PASSÉ COMPOSÉ

suis entré(e)	sommes entré(e)s
es entré(e)	êtes entré(e)(s)
est entré(e)	sont entré(e)s

IMPARFAIT

entrais	entrions
entrais	entriez
entrait	entraient

PLUS-QUE-PARFAIT

étais entré(e)	étions entré(e)s
étais entré(e)	étiez entré(e)(s)
était entré(e)	étaient entré(e)s

PASSÉ SIMPLE

entrai	entrâmes
entras	entrâtes
entra	entrèrent

PASSÉ ANTÉRIEUR

fus entré(e)	fûmes entré(e)s
fus entré(e)	fûtes entré(e)(s)
fut entré(e)	furent entré(e)s

FUTUR SIMPLE

entrerai	entrerons
entreras	entrerez
entrera	entreront

FUTUR ANTÉRIEUR

serai entré(e)	serons entré(e)s
seras entré(e)	serez entré(e)(s)
sera entré(e)	seront entré(e)s

SUBJONCTIF

PRÉSENT

entre	entrions
entres	entriez
entre	entrent

PASSÉ

sois entré(e)	soyons entré(e)s
sois entré(e)	soyez entré(e)(s)
soit entré(e)	soient entré(e)s

IMPARFAIT

entrasse	entrassions
entrasses	entrassiez
entrât	entrassent

PLUS-QUE-PARFAIT

fusse entré(e)	fussions entré(e)s
fusses entré(e)	fussiez entré(e)(s)
fût entré(e)	fussent entré(e)s

CONDITIONNEL

PRÉSENT

entrerais	entrerions
entrerais	entreriez
entrerait	entreraient

PASSÉ

serais entré(e)	serions entré(e)s
serais entré(e)	seriez entré(e)(s)
serait entré(e)	seraient entré(e)s

IMPÉRATIF

entre
entrons
entrez

PARTICIPES

PRÉSENT	PASSÉ
entrant	entré(e)

EXAMPLES OF VERB USAGE

Entrez!	*Come in!*
Ce n'est pas la peine que nous entrions dans la maison.	*We don't need to go into the house.*
L'an prochain, il entrera à l'université.	*Next year, he'll start college.*
Les Américains ne sont entrés en guerre qu'en décembre 41.	*The Americans only entered the war in December '41.*

RELATED WORDS

l'entrée (f.)	*entrance*	la rentrée	*back-to-school time*
rentrer	*to go home; to take sth in*		

2,000+ Essential French Verbs

envoyer
to send

INDICATIF

PRÉSENT

envoie	envoyons
envoies	envoyez
envoie	envoient

PASSÉ COMPOSÉ

ai envoyé	avons envoyé
as envoyé	avez envoyé
a envoyé	ont envoyé

je	nous
tu	vous
il/elle/on	ils/elles

IMPARFAIT

envoyais	envoyions
envoyais	envoyiez
envoyait	envoyaient

PLUS-QUE-PARFAIT

avais envoyé	avions envoyé
avais envoyé	aviez envoyé
avait envoyé	avaient envoyé

PASSÉ SIMPLE

envoyai	envoyâmes
envoyas	envoyâtes
envoya	envoyèrent

PASSÉ ANTÉRIEUR

eus envoyé	eûmes envoyé
eus envoyé	eûtes envoyé
eut envoyé	eurent envoyé

FUTUR SIMPLE

enverrai	enverrons
enverras	enverrez
enverra	enverront

FUTUR ANTÉRIEUR

aurai envoyé	aurons envoyé
auras envoyé	aurez envoyé
aura envoyé	auront envoyé

SUBJONCTIF

PRÉSENT

envoie	envoyions
envoies	envoyiez
envoie	envoient

PASSÉ

aie envoyé	ayons envoyé
aies envoyé	ayez envoyé
ait envoyé	aient envoyé

IMPARFAIT

envoyasse	envoyassions
envoyasses	envoyassiez
envoyât	envoyassent

PLUS-QUE-PARFAIT

eusse envoyé	eussions envoyé
eusses envoyé	eussiez envoyé
eût envoyé	eussent envoyé

CONDITIONNEL

PRÉSENT

enverrais	enverrions
enverrais	enverriez
enverrait	enverraient

PASSÉ

aurais envoyé	aurions envoyé
aurais envoyé	auriez envoyé
aurait envoyé	auraient envoyé

IMPÉRATIF

envoie
envoyons
envoyez

PARTICIPES

PRÉSENT	**PASSÉ**
envoyant	envoyé(e)

EXAMPLES OF VERB USAGE

Je ne lui ai pas encore envoyé ma nouvelle adresse électronique.	*I haven't sent him my new e-mail address yet.*
Envoie-moi de tes nouvelles.	*Send me some news.*
Ils l'enverraient chez sa grand-mère s'ils pouvaient.	*They would send him to his grandmother's if they could.*

RELATED WORDS

l'envoi (m.)	*sending, package*	l'envoyé/ -e	*messenger, envoy*
l'envoyeur/ -euse	*sender*	renvoyer	*to send back; to dismiss*

Verb Charts

je | nous
tu | vous
il/elle/on | ils/elles

espérer
to hope

INDICATIF

PRÉSENT

espère	espérons
espères	espérez
espère	espèrent

PASSÉ COMPOSÉ

ai espéré	avons espéré
as espéré	avez espéré
a espéré	ont espéré

IMPARFAIT

espérais	espérions
espérais	espériez
espérait	espéraient

PLUS-QUE-PARFAIT

avais espéré	avions espéré
avais espéré	aviez espéré
avait espéré	avaient espéré

PASSÉ SIMPLE

espérai	espérâmes
espéras	espérâtes
espéra	espérèrent

PASSÉ ANTÉRIEUR

eus espéré	eûmes espéré
eus espéré	eûtes espéré
eut espéré	eurent espéré

FUTUR SIMPLE

espérerai	espérerons
espéreras	espérerez
espérera	espéreront

FUTUR ANTÉRIEUR

aurai espéré	aurons espéré
auras espéré	aurez espéré
aura espéré	auront espéré

SUBJONCTIF

PRÉSENT

espère	espérions
espères	espériez
espère	espèrent

PASSÉ

aie espéré	ayons espéré
aies espéré	ayez espéré
ait espéré	aient espéré

IMPARFAIT

espérasse	espérassions
espérasses	espérassiez
espérât	espérassent

PLUS-QUE-PARFAIT

eusse espéré	eussions espéré
eusses espéré	eussiez espéré
eût espéré	eussent espéré

CONDITIONNEL

PRÉSENT

espérerais	espérerions
espérerais	espéreriez
espérerait	espéreraient

PASSÉ

aurais espéré	aurions espéré
aurais espéré	auriez espéré
aurait espéré	auraient espéré

IMPÉRATIF

espère
espérons
espérez

PARTICIPES

PRÉSENT | **PASSÉ**
espérant | espéré(e)

EXAMPLES OF VERB USAGE

J'espère qu'il ne pleuvra pas.	*I hope it won't rain.*
Nous espérions le voir rentrer avant la nuit.	*We hoped to see him home before dark.*
N'espérez pas un succès total.	*There is no point in hoping for total success.*

RELATED WORDS

l'espoir (m.)	*hope*	l'espérance (f.)	*hope, expectancy*
le désespoir (m.)	*despair*	désespérer	*to despair*
désespéré/ -e	*desperate, hopeless*		

essayer*
to try

je	nous
tu	vous
il/elle/on	ils/elles

INDICATIF

PRÉSENT

essaie	essayons
essaies	essayez
essaie	essaient

PASSÉ COMPOSÉ

ai essayé	avons essayé
as essayé	avez essayé
a essayé	ont essayé

IMPARFAIT

essayais	essayions
essayais	essayiez
essayait	essayaient

PLUS-QUE-PARFAIT

avais essayé	avions essayé
avais essayé	aviez essayé
avait essayé	avaient essayé

PASSÉ SIMPLE

essayai	essayâmes
essayas	essayâtes
essaya	essayèrent

PASSÉ ANTÉRIEUR

eus essayé	eûmes essayé
eus essayé	eûtes essayé
eut essayé	eurent essayé

FUTUR SIMPLE

essaierai	essaierons
essaieras	essaierez
essaiera	essaieront

FUTUR ANTÉRIEUR

aurai essayé	aurons essayé
auras essayé	aurez essayé
aura essayé	auront essayé

SUBJONCTIF

PRÉSENT

essaie	essayions
essaies	essayiez
essaie	essaient

PASSÉ

aie essayé	ayons essayé
aies essayé	ayez essayé
ait essayé	aient essayé

IMPARFAIT

essayasse	essayassions
essayasses	essayassiez
essayât	essayassent

PLUS-QUE-PARFAIT

eusse essayé	eussions essayé
eusses essayé	eussiez essayé
eût essayé	eussent essayé

CONDITIONNEL

PRÉSENT

essaierais	essaierions
essaierais	essaieriez
essaierait	essaieraient

PASSÉ

aurais essayé	aurions essayé
aurais essayé	auriez essayé
aurait essayé	auraient essayé

IMPÉRATIF

essaie
essayons
essayez

PARTICIPES

PRÉSENT	**PASSÉ**
essayant	essayé(e)

EXAMPLES OF VERB USAGE

J'ai essayé de lui parler mais sans succès.	*I tried to talk to him but without success.*
Essayez ce manteau.	*Try on this coat.*
Il faudra que j'essaie votre nouvelle voiture.	*I will have to try out your new car.*

RELATED WORDS

l'essai (m.)	*trying out, testing; essay*
à l'essai	*on a trial basis*
l'essayage (m.)	*fitting (clothing)*

* The verb *essayer* has two accepted conjugations. See next page for alternative conjugation.

Verb Charts

essayer
to try

je	nous
tu	vous
il/elle/on	ils/elles

INDICATIF

PRÉSENT

essaye	essayons
essayes	essayez
essaye	essayent

PASSÉ COMPOSÉ

ai essayé	avons essayé
as essayé	avez essayé
a essayé	ont essayé

IMPARFAIT

essayais	essayions
essayais	essayiez
essayait	essayaient

PLUS-QUE-PARFAIT

avais essayé	avions essayé
avais essayé	aviez essayé
avait essayé	avaient essayé

PASSÉ SIMPLE

essayai	essayâmes
essayas	essayâtes
essaya	essayèrent

PASSÉ ANTÉRIEUR

eus essayé	eûmes essayé
eus essayé	eûtes essayé
eut essayé	eurent essayé

FUTUR SIMPLE

essayerai	essayerons
essayeras	essayerez
essayera	essayeront

FUTUR ANTÉRIEUR

aurai essayé	aurons essayé
auras essayé	aurez essayé
aura essayé	auront essayé

SUBJONCTIF

PRÉSENT

essaye	essayions
essayes	essayiez
essaye	essaient

PASSÉ

aie essayé	ayons essayé
aies essayé	ayez essayé
ait essayé	aient essayé

IMPARFAIT

essayasse	essayassions
essayasses	essayassiez
essayât	essayassent

PLUS-QUE-PARFAIT

eusse essayé	eussions essayé
eusses essayé	eussiez essayé
eût essayé	eussent essayé

CONDITIONNEL

PRÉSENT

essayerais	essayerions
essayerais	essayeriez
essayerait	essayeraient

PASSÉ

aurais essayé	aurions essayé
aurais essayé	auriez essayé
aurait essayé	auraient essayé

IMPÉRATIF

essaye
essayons
essayez

PARTICIPES

PRÉSENT	**PASSÉ**
essayant	essayé(e)

éteindre

to put out; to turn off

je	nous
tu	vous
il/elle/on	ils/elles

INDICATIF

PRÉSENT

éteins	éteignons
éteins	éteignez
éteint	éteignent

IMPARFAIT

éteignais	éteignions
éteignais	éteigniez
éteignait	éteignaient

PASSÉ SIMPLE

éteignis	éteignîmes
éteignis	éteignîtes
éteignit	éteignirent

FUTUR SIMPLE

éteindrai	éteindrons
éteindras	éteindrez
éteindra	éteindront

PASSÉ COMPOSÉ

ai éteint	avons éteint
as éteint	avez éteint
a éteint	ont éteint

PLUS-QUE-PARFAIT

avais éteint	avions éteint
avais éteint	aviez éteint
avait éteint	avaient éteint

PASSÉ ANTÉRIEUR

eus éteint	eûmes éteint
eus éteint	eûtes éteint
eut éteint	eurent éteint

FUTUR ANTÉRIEUR

aurai éteint	aurons éteint
auras éteint	aurez éteint
aura éteint	auront éteint

SUBJONCTIF

PRÉSENT

éteigne	éteignions
éteignes	éteigniez
éteigne	éteignent

IMPARFAIT

éteignisse	éteignissions
éteignisses	éteignissiez
éteignît	éteignissent

PASSÉ

aie éteint	ayons éteint
aies éteint	ayez éteint
ait éteint	aient éteint

PLUS-QUE-PARFAIT

eusse éteint	eussions éteint
eusses éteint	eussiez éteint
eût éteint	eussent éteint

CONDITIONNEL

PRÉSENT

éteindrais	éteindrions
éteindrais	éteindriez
éteindrait	éteindraient

PASSÉ

aurais éteint	aurions éteint
aurais éteint	auriez éteint
aurait éteint	auraient éteint

IMPÉRATIF

éteins
éteignons
éteignez

PARTICIPES

PRÉSENT
éteignant

PASSÉ
éteint(e)

EXAMPLES OF VERB USAGE

Non, je n'éteindrai pas ma cigarette.   *No, I won't put out my cigarette.*

Éteignez la lumière.   *Turn off the light.*

Il s'est éteint à l'âge de 70 ans.   *He passed away at the age of 70.*

RELATED WORDS

s'éteindre	*to go out; to pass away*	teindre	*to dye*
déteindre	*to lose its color*		

Verb Charts

être
to be

je	nous
tu	vous
il/elle/on	ils/elles

INDICATIF

PRÉSENT
suis	sommes
es	êtes
est	sont

PASSÉ COMPOSÉ
ai été	avons été
as été	avez été
a été	ont été

IMPARFAIT
étais	étions
étais	étiez
était	étaient

PLUS-QUE-PARFAIT
avais été	avions été
avais été	aviez été
avait été	avaient été

PASSÉ SIMPLE
fus	fûmes
fus	fûtes
fut	furent

PASSÉ ANTÉRIEUR
eus été	eûmes été
eus été	eûtes été
eut été	eurent été

FUTUR SIMPLE
serai	serons
seras	serez
sera	seront

FUTUR ANTÉRIEUR
aurai été	aurons été
auras été	aurez été
aura été	auront été

SUBJONCTIF

PRÉSENT
sois	soyons
sois	soyez
soit	soient

PASSÉ
aie été	ayons été
aies été	ayez été
ait été	aient été

IMPARFAIT
fusse	fussions
fusses	fussiez
fût	fussent

PLUS-QUE-PARFAIT
eusse été	eussions été
eusses été	eussiez été
eût été	eussent été

CONDITIONNEL

PRÉSENT
serais	serions
serais	seriez
serait	seraient

PASSÉ
aurais été	aurions été
aurais été	auriez été
aurait été	auraient été

IMPÉRATIF

sois
soyons
soyez

PARTICIPES

PRÉSENT	PASSÉ
étant	été

EXAMPLES OF VERB USAGE

Il était professeur d'anglais.	*He was an English teacher.*
Dépêche-toi! Il faut que tu sois à l'heure.	*Hurry! You've got to be on time.*
Nous avons été très choqués par la nouvelle.	*We have been really shocked by the news.*
Soyez raisonnable, partez.	*Be reasonable; leave now.*

RELATED WORDS

l'être (m.)	*being*	l'être humain (m.)	*human being*

étudier

to study

je	nous
tu	vous
il/elle/on	ils/elles

INDICATIF

PRÉSENT

étudie	étudions
étudies	étudiez
étudie	étudient

PASSÉ COMPOSÉ

ai étudié	avons étudié
as étudié	avez étudié
a étudié	ont étudié

IMPARFAIT

étudiais	étudiions
étudiais	étudiiez
étudiait	étudiaient

PLUS-QUE-PARFAIT

avais étudié	avions étudié
avais étudié	aviez étudié
avait étudié	avaient étudié

PASSÉ SIMPLE

étudiai	étudiâmes
étudias	étudiâtes
étudia	étudièrent

PASSÉ ANTÉRIEUR

eus étudié	eûmes étudié
eus étudié	eûtes étudié
eut étudié	eurent étudié

FUTUR SIMPLE

étudierai	étudierons
étudieras	étudierez
étudiera	étudieront

FUTUR ANTÉRIEUR

aurai étudié	aurons étudié
auras étudié	aurez étudié
aura étudié	auront étudié

SUBJONCTIF

PRÉSENT

étudie	étudiions
étudies	étudiiez
étudie	étudient

PASSÉ

aie étudié	ayons étudié
aies étudié	ayez étudié
ait étudié	aient étudié

IMPARFAIT

étudiasse	étudiassions
étudiasses	étudiassiez
étudiât	étudiassent

PLUS-QUE-PARFAIT

eusse étudié	eussions étudié
eusses étudié	eussiez étudié
eût étudié	eussent étudié

CONDITIONNEL

PRÉSENT

étudierais	étudierions
étudierais	étudieriez
étudierait	étudieraient

PASSÉ

aurais étudié	aurions étudié
aurais étudié	auriez étudié
aurait étudié	auraient étudié

IMPÉRATIF

étudie
étudions
étudiez

PARTICIPES

PRÉSENT	**PASSÉ**
étudiant	etudié(e)

EXAMPLES OF VERB USAGE

J'aimerais qu'il étudie l'allemand.	*I'd like him to study German.*
Nous étudierons cette question de près.	*We'll study this issue closely.*
Ils ont étudié la possibilité d'un nouvel aéroport.	*They have studied the possibility of a new airport.*

RELATED WORDS

l'étudiant/ -e (m./ f.)	*student*	l'étude (f.)	*study*
étudié/ -e	*studied, well thought out*		

Verb Charts

s'excuser
to apologize

je	nous
tu	vous
il/elle/on	ils/elles

INDICATIF

PRÉSENT
m'excuse	nous excusons
t'excuses	vous excusez
s'excuse	s'excusent

IMPARFAIT
m'excusais	nous excusions
t'excusais	vous excusiez
s'excusait	s'excusaient

PASSÉ SIMPLE
m'excusai	nous excusâmes
t'excusas	vous excusâtes
s'excusa	s'excusèrent

FUTUR SIMPLE
m'excuserai	nous excuserons
t'excuseras	vous excuserez
s'excusera	s'excuseront

PASSÉ COMPOSÉ
me suis excusé(e)	nous sommes excusé(e)s
t'es excusé(e)	vous êtes excusé(e)(s)
s'est excusé(e)	se sont excusé(e)s

PLUS-QUE-PARFAIT
m'étais excusé(e)	nous étions excusé(e)s
t'étais excusé(e)	vous étiez excusé(e)(s)
s'était excusé(e)	s'étaient excusé(e)s

PASSÉ ANTÉRIEUR
me fus excusé(e)	nous fûmes excusé(e)s
te fus excusé(e)	vous fûtes excusé(e)(s)
se fut excusé(e)	se furent excusé(e)s

FUTUR ANTÉRIEUR
me serai excusé(e)	nous serons excusé(e)s
te seras excusé(e)	vous serez excusé(e)(s)
se sera excusé(e)	se seront excusé(e)s

SUBJONCTIF

PRÉSENT
m'excuse	nous excusions
t'excuses	vous excusiez
s'excuse	s'excusent

IMPARFAIT
m'excusasse	nous excusassions
t'excusasses	vous excusassiez
s'excusât	s'excusassent

PASSÉ
me sois excusé(e)	nous soyons excusé(e)s
te sois excusé(e)	vous soyez excusé(e)(s)
se soit excusé(e)	se soient excusé(e)s

PLUS-QUE-PARFAIT
me fusse excusé(e)	nous fussions excusé(e)s
te fusses excusé(e)	vous fussiez excusé(e)(s)
se fût excusé(e)	se fussent excusé(e)

CONDITIONNEL

PRÉSENT
m'excuserais	nous excuserions
t'excuserais	vous excuseriez
s'excuserait	s'excuseraient

PASSÉ
me serais excusé(e)	nous serions excusé(e)s
te serais excusé(e)	vous seriez excusé(e)(s)
se serait excusé(e)	se seraient excusé(e)s

IMPÉRATIF
excuse-toi
excusons-nous
excusez-vous

PARTICIPES
PRÉSENT
m'excusant, etc.
PASSÉ
excusé(e)

EXAMPLES OF VERB USAGE

Il ne s'est même pas excusé pour son retard. — *He didn't even apologize for being late.*

Nous ne nous excuserons pas d'avoir dit la vérité. — *We won't apologize for telling the truth.*

Excusez-moi de vous déranger. — *Sorry to bother you.*

RELATED WORDS

excuser	*to excuse, to forgive*	l'excuse (f.)	*excuse*
présenter/ faire des excuses à (f. pl.)	*to apologize to*	les excuses (f. pl.)	*apology*
excusable	*forgivable*	inexcusable	*unforgivable*

exiger
to demand

INDICATIF

je	nous
tu	vous
il/elle/on	ils/elles

PRÉSENT

exige	exigeons
exiges	exigez
exige	exigent

PASSÉ COMPOSÉ

ai exigé	avons exigé
as exigé	avez exigé
a exigé	ont exigé

IMPARFAIT

exigeais	exigions
exigeais	exigiez
exigeait	exigeaient

PLUS-QUE-PARFAIT

avais exigé	avions exigé
avais exigé	aviez exigé
avait exigé	avaient exigé

PASSÉ SIMPLE

exigeai	exigeâmes
exigeas	exigeâtes
exigea	exigèrent

PASSÉ ANTÉRIEUR

eus exigé	eûmes exigé
eus exigé	eûtes exigé
eut exigé	eurent exigé

FUTUR SIMPLE

exigerai	exigerons
exigeras	exigerez
exigera	exigeront

FUTUR ANTÉRIEUR

aurai exigé	aurons exigé
auras exigé	aurez exigé
aura exigé	auront exigé

SUBJONCTIF

PRÉSENT

exige	exigions
exiges	exigiez
exige	exigent

PASSÉ

aie exigé	ayons exigé
aies exigé	ayez exigé
ait exigé	aient exigé

IMPARFAIT

exigeasse	exigeassions
exigeasses	exigeassiez
exigeât	exigeassent

PLUS-QUE-PARFAIT

eusse exigé	eussions exigé
eusses exigé	eussiez exigé
eût exigé	eussent exigé

CONDITIONNEL

PRÉSENT

exigerais	exigerions
exigerais	exigeriez
exigerait	exigeraient

PASSÉ

aurais exigé	aurions exigé
aurais exigé	auriez exigé
aurait exigé	auraient exigé

IMPÉRATIF

exige
exigeons
exigez

PARTICIPES

PRÉSENT	**PASSÉ**
exigeant	exigé(e)

EXAMPLES OF VERB USAGE

J'exige une explication.	*I demand an explanation.*
Il avait exigé des excuses publiques.	*He had demanded a public apology.*
Ils exigeaient que leurs enfants soient rentrés à 6 heures.	*They demanded their children to be home by 6 p.m.*

RELATED WORDS

l'exigence (f.)	*particularity, strictness*	exigeant/ -e	*demanding*
exigible	*payable*		

expliquer
to explain

je	nous
tu	vous
il/elle/on	ils/elles

INDICATIF

PRÉSENT

explique	expliquons
expliques	expliquez
explique	expliquent

IMPARFAIT

expliquais	expliquions
expliquais	expliquiez
expliquait	expliquaient

PASSÉ SIMPLE

expliquai	expliquâmes
expliquas	expliquâtes
expliqua	expliquèrent

FUTUR SIMPLE

expliquerai	expliquerons
expliqueras	expliquerez
expliquera	expliqueront

PASSÉ COMPOSÉ

ai expliqué	avons expliqué
as expliqué	avez expliqué
a expliqué	ont expliqué

PLUS-QUE-PARFAIT

avais expliqué	avions expliqué
avais expliqué	aviez expliqué
avait expliqué	avaient expliqué

PASSÉ ANTÉRIEUR

eus expliqué	eûmes expliqué
eus expliqué	eûtes expliqué
eut expliqué	eurent expliqué

FUTUR ANTÉRIEUR

aurai expliqué	aurons expliqué
auras expliqué	aurez expliqué
aura expliqué	auront expliqué

SUBJONCTIF

PRÉSENT

explique	expliquions
expliques	expliquiez
explique	expliquent

IMPARFAIT

expliquasse	expliquassions
expliquasses	expliquassiez
expliquât	expliquassent

PASSÉ

aie expliqué	ayons expliqué
aies expliqué	ayez expliqué
ait expliqué	aient expliqué

PLUS-QUE-PARFAIT

eusse expliqué	eussions expliqué
eusses expliqué	eussiez expliqué
eût expliqué	eussent expliqué

CONDITIONNEL

PRÉSENT

expliquerais	expliquerions
expliquerais	expliqueriez
expliquerait	expliqueraient

PASSÉ

aurais expliqué	aurions expliqué
aurais expliqué	auriez expliqué
aurait expliqué	auraient expliqué

IMPÉRATIF

explique
expliquons
expliquez

PARTICIPES

PRÉSENT expliquant

PASSÉ expliqué(e)

EXAMPLES OF VERB USAGE

J'aurais voulu qu'il nous expliquât le problème.

I would have liked him to explain the problem.

Nous lui avons expliqué la situation ce matin.

We explained the situation to him this morning.

Explique-toi directement avec elle.

Discuss it (directly) with her.

RELATED WORDS

l'explication (f.) *explanation*

explicable *explicable, explainable*

fabriquer
to make, to fabricate

INDICATIF

je	nous
tu	vous
il/elle/on	ils/elles

PRÉSENT

fabrique   fabriquons
fabriques   fabriquez
fabrique   fabriquent

PASSÉ COMPOSÉ

ai fabriqué   avons fabriqué
as fabriqué   avez fabriqué
a fabriqué   ont fabriqué

IMPARFAIT

fabriquais   fabriquions
fabriquais   fabriquiez
fabriquait   fabriquaient

PLUS-QUE-PARFAIT

avais fabriqué   avions fabriqué
avais fabriqué   aviez fabriqué
avait fabriqué   avaient fabriqué

PASSÉ SIMPLE

fabriquai   fabriquâmes
fabriquas   fabriquâtes
fabriqua   fabriquèrent

PASSÉ ANTÉRIEUR

eus fabriqué   eûmes fabriqué
eus fabriqué   eûtes fabriqué
eut fabriqué   eurent fabriqué

FUTUR SIMPLE

fabriquerai   fabriquerons
fabriqueras   fabriquerez
fabriquera   fabriqueront

FUTUR ANTÉRIEUR

aurai fabriqué   aurons fabriqué
auras fabriqué   aurez fabriqué
aura fabriqué   auront fabriqué

SUBJONCTIF

PRÉSENT

fabrique   fabriquions
fabriques   fabriquiez
fabrique   fabriquent

PASSÉ

aie fabriqué   ayons fabriqué
aies fabriqué   ayez fabriqué
ait fabriqué   aient fabriqué

IMPARFAIT

fabriquasse   fabriquassions
fabriquasses   fabriquassiez
fabriquât   fabriquassent

PLUS-QUE-PARFAIT

eusse fabriqué   eussions fabriqué
eusses fabriqué   eussiez fabriqué
eût fabriqué   eussent fabriqué

CONDITIONNEL

PRÉSENT

fabriquerais   fabriquerions
fabriquerais   fabriqueriez
fabriquerait   fabriqueraient

PASSÉ

aurais fabriqué   aurions fabriqué
aurais fabriqué   auriez fabriqué
aurait fabriqué   auraient fabriqué

IMPÉRATIF

fabrique
fabriquons
fabriquez

PARTICIPES

PRÉSENT   **PASSÉ**
fabriquant   fabriqué(e)

EXAMPLES OF VERB USAGE

Cette usine fabrique des chaussures.

This factory makes shoes.

Ils ont fabriqué des preuves pour le faire
condamner.

They fabricated evidence to have him convicted.

Tous nos produits sont fabriqués de façon
artisanale.

All our products are handcrafted.

RELATED WORDS

la fabrication   *manufacturing*
la fabrique   *plant*

le fabricant   *manufacturer*

Verb Charts

faillir*
to nearly miss

INDICATIF

PRÉSENT

[Does not exist.]

PASSÉ COMPOSÉ

ai failli	avons failli
as failli	avez failli
a failli	ont failli

IMPARFAIT

[Does not exist.]

PLUS-QUE-PARFAIT

avais failli	avions failli
avais failli	aviez failli
avait failli	avaient failli

PASSÉ SIMPLE

faillis	faillîmes
faillis	faillîtes
faillit	faillirent

PASSÉ ANTÉRIEUR

eus failli	eûmes failli
eus failli	eûtes failli
eut failli	eurent failli

FUTUR SIMPLE

faillirai	faillirons
failliras	faillirez
faillira	failliront

FUTUR ANTÉRIEUR

aurai failli	aurons failli
auras failli	aurez failli
aura failli	auront failli

SUBJONCTIF

PRÉSENT

[Does not exist.]

PASSÉ

aie failli	ayons failli
aies failli	ayez failli
ait failli	aient failli

IMPARFAIT

[Does not exist.]

PLUS-QUE-PARFAIT

eusse failli	eussions failli
eusses failli	eussiez failli
eût failli	eussent failli

CONDITIONNEL

PRÉSENT

faillirais	faillirions
faillirais	failliriez
faillirait	failliraient

PASSÉ

aurais failli	aurions failli
aurais failli	auriez failli
aurait failli	auraient failli

IMPÉRATIF

[Does not exist.]

PARTICIPES

| **PRÉSENT** | **PASSÉ** |
| faillant | failli |

EXAMPLES OF VERB USAGE

Il a failli tomber.	*He nearly fell.*
Nous avons failli arriver en retard.	*We were nearly late.*
Je ne faillirai jamais à mon devoir.**	*I will never fail in my duty.*

RELATED WORDS

la faillite	*bankruptcy*	faire faillite	*to go bankrupt*
infaillible	*infallible*	la faille	*fault; flaw*
la faute	*mistake*	faux/ fausse	*wrong*

* The verb *faillir* is now mostly used in the meaning "to nearly miss" and usually only in compound tenses.
** The verb *faillir* is not often used with that meaning, but when it is, it is conjugated like *finir*.

faire

to make, to do

INDICATIF

PRÉSENT

fais	faisons
fais	faites
fait	font

IMPARFAIT

faisais	faisons
faisais	faisiez
faisait	faisaient

PASSÉ SIMPLE

fis	fîmes
fis	fîtes
fit	firent

FUTUR SIMPLE

ferai	ferons
feras	ferez
fera	feront

PASSÉ COMPOSÉ

ai fait	avons fait
as fait	avez fait
a fait	ont fait

PLUS-QUE-PARFAIT

avais fait	avions fait
avais fait	aviez fait
avait fait	avaient fait

PASSÉ ANTÉRIEUR

eus fait	eûmes fait
eus fait	eûtes fait
eut fait	eurent fait

FUTUR ANTÉRIEUR

aurai fait	aurons fait
auras fait	aurez fait
aura fait	auront fait

je	nous
tu	vous
il/elle/on	ils/elles

SUBJONCTIF

PRÉSENT

fasse	fassions
fasses	fassiez
fasse	fassent

IMPARFAIT

fisse	fissions
fisses	fissiez
fit	fissent

PASSÉ

aie fait	ayons fait
aies fait	ayez fait
ait fait	aient fait

PLUS-QUE-PARFAIT

eusse fait	eussions fait
eusses fait	eussiez fait
eût fait	eussent fait

CONDITIONNEL

PRÉSENT

ferais	ferions
ferais	feriez
ferait	feraient

PASSÉ

aurais fait	aurions fait
aurais fait	auriez fait
aurait fait	auraient fait

IMPÉRATIF

fais
faisons
faites

PARTICIPES

PRÉSENT	**PASSÉ**
faisant	fait(e)

EXAMPLES OF VERB USAGE

Nous faisons toujours nos devoirs devant la télé.	*We always do our homework in front of the TV.*
Ils ont fait un gâteau au chocolat.	*They made a chocolate cake.*
Il faisait chaud ce matin.	*It was hot this morning.*
Il ne se fera jamais à cette idée.	*He will never get used to this idea.*

RELATED WORDS

se faire à	*to get used to*	le fait	*event, occurrence, fact*
le faire-part	*announcement*	en fait	*in fact*
faisable	*feasible*		

falloir*
it is necessary to/that...

INDICATIF

PRÉSENT
il faut

PASSÉ COMPOSÉ
il a fallu

IMPARFAIT
il fallait

PLUS-QUE-PARFAIT
il avait fallu

PASSÉ SIMPLE
il fallut

PASSÉ ANTÉRIEUR
il eut fallu

FUTUR SIMPLE
il faudra

FUTUR ANTÉRIEUR
il aura fallu

SUBJONCTIF

PRÉSENT
il faille

PASSÉ
qu'il ait fallu

IMPARFAIT
il fallût

PLUS-QUE-PARFAIT
qu'il eût fallu

CONDITIONNEL

PRÉSENT
il faudrait

PASSÉ
il aurait fallu

IMPÉRATIF

[Does not exist.]

PARTICIPES

PRÉSENT
—

PASSÉ
fallu

EXAMPLES OF VERB USAGE

Il faut que tu lui fasses des excuses.   *You must apologize to him.*

Il faudra leur téléphoner.   *Someone will have to call him.*

Il nous a fallu deux heures pour venir.   *It took us two hours to get here.*

Il faudrait que tu viennes.   *You should come.*

Il aurait fallu que tu nous aies prévenus.   *You should have told us.*

Ce sont des gens très comme il faut.   *They are very proper people.*

RELATED WORDS

comme il faut   *proper, properly*

* The verb *falloir* is a so-called impersonal verb, used only in the 3rd person singular.

féliciter
to congratulate

je	nous
tu	vous
il/elle/on	ils/elles

INDICATIF

PRÉSENT

félicite	félicitons
félicites	félicitez
félicite	félicitent

PASSÉ COMPOSÉ

ai félicité	avons félicité
as félicité	avez félicité
a félicité	ont félicité

IMPARFAIT

félicitais	félicitions
félicitais	félicitiez
félicitait	félicitaient

PLUS-QUE-PARFAIT

avais félicité	avions félicité
avais félicité	aviez félicité
avait félicité	avaient félicité

PASSÉ SIMPLE

félicitai	félicitâmes
félicitas	félicitâtes
félicita	félicitèrent

PASSÉ ANTÉRIEUR

eus félicité	eûmes félicité
eus félicité	eûtes félicité
eut félicité	eurent félicité

FUTUR SIMPLE

féliciterai	féliciterons
féliciteras	féliciterez
félicitera	féliciteront

FUTUR ANTÉRIEUR

aurai félicité	aurons félicité
auras félicité	aurez félicité
aura félicité	auront félicité

SUBJONCTIF

PRÉSENT

félicite	félicitions
félicites	félicitiez
félicite	félicitent

PASSÉ

aie félicité	ayons félicité
aies félicité	ayez félicité
ait félicité	aient félicité

IMPARFAIT

félicitasse	félicitassions
félicitasses	félicitassiez
félicitât	félicitassent

PLUS-QUE-PARFAIT

eusse félicité	eussions félicité
eusses félicité	eussiez félicité
eût félicité	eussent félicité

CONDITIONNEL

PRÉSENT

féliciterais	féliciterions
féliciterais	féliciteriez
féliciterait	féliciteraient

PASSÉ

aurais félicité	aurions félicité
aurais félicité	auriez félicité
aurait félicité	auraient félicité

IMPÉRATIF

félicite
félicitons
félicitez

PARTICIPES

PRÉSENT	**PASSÉ**
félicitant	félicité(e)

EXAMPLES OF VERB USAGE

Je l'ai félicitée pour sa promotion.	*I congratulated her on her promotion.*
Si tu l'avais vu, l'aurais-tu félicité?	*If you had seen him, would you have congratulated him?*
Il se félicitait d'avoir refusé d'y aller.	*He was congratulating himself for having refused to go.*

RELATED WORDS

Félicitations!	*Congratulations!*

fermer
to close, to shut

je	nous
tu	vous
il/elle/on	ils/elles

INDICATIF

PRÉSENT
ferme	fermons
fermes	fermez
ferme	ferment

PASSÉ COMPOSÉ
ai fermé	avons fermé
as fermé	avez fermé
a fermé	ont fermé

IMPARFAIT
fermais	fermions
fermais	fermiez
fermait	fermaient

PLUS-QUE-PARFAIT
avais fermé	avions fermé
avais fermé	aviez fermé
avait fermé	avaient fermé

PASSÉ SIMPLE
fermai	fermâmes
fermas	fermâtes
ferma	fermèrent

PASSÉ ANTÉRIEUR
eus fermé	eûmes fermé
eus fermé	eûtes fermé
eut fermé	eurent fermé

FUTUR SIMPLE
fermerai	fermerons
fermeras	fermerez
fermera	fermeront

FUTUR ANTÉRIEUR
aurai fermé	aurons fermé
auras fermé	aurez fermé
aura fermé	auront fermé

SUBJONCTIF

PRÉSENT
ferme	fermions
fermes	fermiez
ferme	ferment

PASSÉ
aie fermé	ayons fermé
aies fermé	ayez fermé
ait fermé	aient fermé

IMPARFAIT
fermasse	fermassions
fermasses	fermassiez
fermât	fermassent

PLUS-QUE-PARFAIT
eusse fermé	eussions fermé
eusses fermé	eussiez fermé
eût fermé	eussent fermé

CONDITIONNEL

PRÉSENT
fermerais	fermerions
fermerais	fermeriez
fermerait	fermeraient

PASSÉ
aurais fermé	aurions fermé
aurais fermé	auriez fermé
aurait fermé	auraient fermé

IMPÉRATIF

ferme
fermons
fermez

PARTICIPES

PRÉSENT	PASSÉ
fermant	fermé(e)

EXAMPLES OF VERB USAGE

Nous ne fermons pas à l'heure du déjeuner.	*We don't close for lunch.*
L'usine a fermé l'année dernière.	*The factory closed down last year.*
Fermez la porte derrière vous.	*Close the door behind you.*

RELATED WORDS

la fermeture	*closing*	la fermeture éclair	*zipper*
fermer à clef	*to lock*	fermé	*closed*

finir

to finish, to end

VERB CHART
107

je	nous
tu	vous
il/elle/on	ils/elles

INDICATIF

PRÉSENT

finis	finissons
finis	finissez
finit	finissent

PASSÉ COMPOSÉ

ai fini	avons fini
as fini	avez fini
a fini	ont fini

IMPARFAIT

finissais	finissions
finissais	finissiez
finissait	finissaient

PLUS-QUE-PARFAIT

avais fini	avions fini
avais fini	aviez fini
avait fini	avaient fini

PASSÉ SIMPLE

finis	finîmes
finis	finîtes
finit	finirent

PASSÉ ANTÉRIEUR

eus fini	eûmes fini
eus fini	eûtes fini
eut fini	eurent fini

FUTUR SIMPLE

finirai	finirons
finiras	finirez
finira	finiront

FUTUR ANTÉRIEUR

aurai fini	aurons fini
auras fini	aurez fini
aura fini	auront fini

SUBJONCTIF

PRÉSENT

finisse	finissions
finisses	finissiez
finisse	finissent

PASSÉ

aie fini	ayons fini
aies fini	ayez fini
ait fini	aient fini

IMPARFAIT

finisse	finissions
finisses	finissiez
finît	finissent

PLUS-QUE-PARFAIT

eusse fini	eussions fini
eusses fini	eussiez fini
eût fini	eussent fini

CONDITIONNEL

PRÉSENT

finirais	finirions
finirais	finiriez
finirait	finiraient

PASSÉ

aurais fini	aurions fini
aurais fini	auriez fini
aurait fini	auraient fini

IMPÉRATIF

finis
finissons
finissez

PARTICIPES

PRÉSENT
finissant

PASSÉ
fini(e)

EXAMPLES OF VERB USAGE

Il faut que je finisse de laver la voiture.	*I must finish washing the car.*
Je n'ai pas encore fini l'article.	*I haven't finished the article yet.*
Cette manifestation finira mal.	*This demonstration will come to a bad end.*

RELATED WORDS

la fin	*end*	fini/ -e	*finished, finite*
la finition	*finishing*	infini/ -e	*infinite*
en avoir fini	*to be done with*		

fleurir
to blossom, to flower, to decorate with flowers

INDICATIF

PRÉSENT

fleuris	fleurissons
fleuris	fleurissez
fleurit	fleurissent

PASSÉ COMPOSÉ

ai fleuri	avons fleuri
as fleuri	avez fleuri
a fleuri	ont fleuri

IMPARFAIT

fleurissais	fleurissions
fleurissais	fleurissiez
fleurissait	fleurissaient

PLUS-QUE-PARFAIT

avais fleuri	avions fleuri
avais fleuri	aviez fleuri
avait fleuri	avaient fleuri

PASSÉ SIMPLE

fleuris	fleurîmes
fleuris	fleurîtes
fleurit	fleurirent

PASSÉ ANTÉRIEUR

eus fleuri	eûmes fleuri
eus fleuri	eûtes fleuri
eut fleuri	eurent fleuri

FUTUR SIMPLE

fleurirai	fleurirons
fleuriras	fleurirez
fleurira	fleuriront

FUTUR ANTÉRIEUR

aurai fleuri	aurons fleuri
auras fleuri	aurez fleuri
aura fleuri	auront fleuri

SUBJONCTIF

PRÉSENT

fleurisse	fleurissions
fleurisses	fleurissiez
fleurisse	fleurissent

PASSÉ

aie fleuri	ayons fleuri
aies fleuri	ayez fleuri
ait fleuri	aient fleuri

IMPARFAIT

fleurisse	fleurissions
fleurisses	fleurissiez
fleurît	fleurissent

PLUS-QUE-PARFAIT

eusse fleuri	eussions fleuri
eusses fleuri	eussiez fleuri
eût fleuri	eussent fleuri

CONDITIONNEL

PRÉSENT

fleurirais	fleuririons
fleurirais	fleuririez
fleurirait	fleuriraient

PASSÉ

aurais fleuri	aurions fleuri
aurais fleuri	auriez fleuri
aurait fleuri	auraient fleuri

IMPÉRATIF

fleuris
fleurissons
fleurissez

PARTICIPES

PRÉSENT	**PASSÉ**
fleurissant	fleuri(e)

EXAMPLES OF VERB USAGE

Les tulipes ont fleuri tard cette année.	*Tulips flowered late this year.*
Elle fleurissait la tombe de ses parents tous les mois.	*She used to put flowers on her parents' grave every month.*
Je fleurirai la maison avant leur arrivée.	*I'll decorate the house with flowers before they arrive.*

RELATED WORDS

la fleur	*flower*	le/ la fleuriste	*florist*
la flore	*flora*	le parc floral	*floral garden*
florissant/ -e	*flourishing*		

fondre

to melt

INDICATIF

PRÉSENT

fonds	fondons
fonds	fondez
fond	fondent

PASSÉ COMPOSÉ

ai fondu	avons fondu
as fondu	avez fondu
a fondu	ont fondu

IMPARFAIT

fondais	fondions
fondais	fondiez
fondait	fondaient

PLUS-QUE-PARFAIT

avais fondu	avions fondu
avais fondu	aviez fondu
avait fondu	avaient fondu

PASSÉ SIMPLE

fondis	fondîmes
fondis	fondîtes
fondit	fondirent

PASSÉ ANTÉRIEUR

eus fondu	eûmes fondu
eus fondu	eûtes fondu
eut fondu	eurent fondu

FUTUR SIMPLE

fondrai	fondrons
fondras	fondrez
fondra	fondront

FUTUR ANTÉRIEUR

aurai fondu	aurons fondu
auras fondu	aurez fondu
aura fondu	auront fondu

SUBJONCTIF

PRÉSENT

fonde	fondions
fondes	fondiez
fonde	fondent

PASSÉ

aie fondu	ayons fondu
aies fondu	ayez fondu
ait fondu	aient fondu

IMPARFAIT

fondisse	fondissions
fondisses	fondissiez
fondît	fondissent

PLUS-QUE-PARFAIT

eusse fondu	eussions fondu
eusses fondu	eussiez fondu
eût fondu	eussent fondu

CONDITIONNEL

PRÉSENT

fondrais	fondrions
fondrais	fondriez
fondrait	fondraient

PASSÉ

aurais fondu	aurions fondu
aurais fondu	auriez fondu
aurait fondu	auraient fondu

IMPÉRATIF

fonds
fondons
fondez

PARTICIPES

PRÉSENT	**PASSÉ**
fondant	fondu(e)

EXAMPLES OF VERB USAGE

Ce bonbon fond dans la bouche.	*This candy melts in the month.*
Toute la neige a fondu au soleil.	*All the snow melted in the sun.*
Elle fondait en larmes à chaque fois qu'elle le voyait.	*She used to burst into tears each time she saw him.*
Ils avaient fondu l'or qu'ils avaient trouvé.	*They had melted the gold they had found.*

RELATED WORDS

la fonte des neige   *thawing of the snow*

frapper
to knock, to hit, to beat

je	nous
tu	vous
il/elle/on	ils/elles

INDICATIF

PRÉSENT

		PASSÉ COMPOSÉ	
frappe	frappons	ai frappé	avons frappé
frappes	frappez	as frappé	avez frappé
frappe	frappent	a frappé	ont frappé

IMPARFAIT

		PLUS-QUE-PARFAIT	
frappais	frappions	avais frappé	avions frappé
frappais	frappiez	avais frappé	aviez frappé
frappait	frappaient	avait frappé	avaient frappé

PASSÉ SIMPLE

		PASSÉ ANTÉRIEUR	
frappai	frappâmes	eus frappé	eûmes frappé
frappas	frappâtes	eus frappé	eûtes frappé
frappa	frappèrent	eut frappé	eurent frappé

FUTUR SIMPLE

		FUTUR ANTÉRIEUR	
frapperai	frapperons	aurai frappé	aurons frappé
frapperas	frapperez	auras frappé	aurez frappé
frappera	frapperont	aura frappé	auront frappé

SUBJONCTIF

PRÉSENT

		PASSÉ	
frappe	frappions	aie frappé	ayons frappé
frappes	frappiez	aies frappé	ayez frappé
frappe	frappent	ait frappé	aient frappé

IMPARFAIT

		PLUS-QUE-PARFAIT	
frappasse	frappassions	eusse frappé	eussions frappé
frappasses	frappassiez	eusses frappé	eussiez frappé
frappât	frappassent	eût frappé	eussent frappé

CONDITIONNEL

PRÉSENT

		PASSÉ	
frapperais	frapperions	aurais frappé	aurions frappé
frapperais	frapperiez	aurais frappé	auriez frappé
frapperait	frapperaient	aurait frappé	auraient frappé

IMPÉRATIF

frappe
frappons
frappez

PARTICIPES

PRÉSENT	**PASSÉ**
frappant	frappé(e)

EXAMPLES OF VERB USAGE

Quelqu'un frappe à la porte.	*Someone's knocking at the door.*
Frappez dans vos mains!	*Clap your hands!*
Il a frappé Jean par hasard.	*He hit John by accident.*

RELATED WORDS

le café frappé	*iced coffee*	frappant/ -e	*striking*

fumer

to smoke

INDICATIF

PRÉSENT

fume	fumons
fumes	fumez
fume	fument

PASSÉ COMPOSÉ

ai fumé	avons fumé
as fumé	avez fumé
a fumé	ont fumé

IMPARFAIT

fumais	fumions
fumais	fumiez
fumait	fumaient

PLUS-QUE-PARFAIT

avais fumé	avions fumé
avais fumé	aviez fumé
avait fumé	avaient fumé

PASSÉ SIMPLE

fumai	fumâmes
fumas	fumâtes
fuma	fumèrent

PASSÉ ANTÉRIEUR

eus fumé	eûmes fumé
eus fumé	eûtes fumé
eut fumé	eurent fumé

FUTUR SIMPLE

fumerai	fumerons
fumeras	fumerez
fumera	fumeront

FUTUR ANTÉRIEUR

aurai fumé	aurons fumé
auras fumé	aurez fumé
aura fumé	auront fumé

SUBJONCTIF

PRÉSENT

fume	fumions
fumes	fumiez
fume	fument

PASSÉ

aie fumé	ayons fumé
aies fumé	ayez fumé
ait fumé	aient fumé

IMPARFAIT

fumasse	fumassions
fumasses	fumassiez
fumât	fumassent

PLUS-QUE-PARFAIT

eusse fumé	eussions fumé
eusses fumé	eussiez fumé
eût fumé	eussent fumé

CONDITIONNEL

PRÉSENT

fumerais	fumerions
fumerais	fumeriez
fumerait	fumeraient

PASSÉ

aurais fumé	aurions fumé
aurais fumé	auriez fumé
aurait fumé	auraient fumé

IMPÉRATIF

fume
fumons
fumez

PARTICIPES

PRÉSENT
fumant

PASSÉ
fumé(e)

EXAMPLES OF VERB USAGE

Arrête-toi, le moteur fume.	*Stop the car; the engine is smoking.*
Mon grand-père fumait la pipe.	*My grandfather used to smoke a pipe.*
Ils ont fumé un paquet en deux heures.	*They smoked a pack in two hours.*

RELATED WORDS

la fumée	*smoke*	le/ la fumeur/ -euse	*smoker*
le/ la non-fumeur/ -euse	*nonsmoker*		

Verb Charts

gagner
to win, to earn, to gain

INDICATIF

je	nous
tu	vous
il/elle/on	ils/elles

PRÉSENT
gagne	gagnons
gagnes	gagnez
gagne	gagnent

PASSÉ COMPOSÉ
ai gagné	avons gagné
as gagné	avez gagné
a gagné	ont gagné

IMPARFAIT
gagnais	gagnions
gagnais	gagniez
gagnait	gagnaient

PLUS-QUE-PARFAIT
avais gagné	avions gagné
avais gagné	aviez gagné
avait gagné	avaient gagné

PASSÉ SIMPLE
gagnai	gagnâmes
gagnas	gagnâtes
gagna	gagnèrent

PASSÉ ANTÉRIEUR
eus gagné	eûmes gagné
eus gagné	eûtes gagné
eut gagné	eurent gagné

FUTUR SIMPLE
gagnerai	gagnerons
gagneras	gagnerez
gagnera	gagneront

FUTUR ANTÉRIEUR
aurai gagné	aurons gagné
auras gagné	aurez gagné
aura gagné	auront gagné

SUBJONCTIF

PRÉSENT
gagne	gagnions
gagnes	gagniez
gagne	gagnent

PASSÉ
aie gagné	ayons gagné
aies gagné	ayez gagné
ait gagné	aient gagné

IMPARFAIT
gagnasse	gagnassions
gagnasses	gagnassiez
gagnât	gagnassent

PLUS-QUE-PARFAIT
eusse gagné	eussions gagné
eusses gagné	eussiez gagné
eût gagné	eussent gagné

CONDITIONNEL

PRÉSENT
gagnerais	gagnerions
gagnerais	gagneriez
gagnerait	gagneraient

PASSÉ
aurais gagné	aurions gagné
aurais gagné	auriez gagné
aurait gagné	auraient gagné

IMPÉRATIF
gagne
gagnons
gagnez

PARTICIPES

PRÉSENT	PASSÉ
gagnant	gagné(e)

EXAMPLES OF VERB USAGE

Ils ont gagné 3-1.	*They won 3 to 1.*
Je gagne ma vie en vendant mes tableaux.	*I earn my living by selling my paintings.*
Vous ne gagnerez pas son estime en agissant ainsi.	*You won't gain his respect acting this way.*
Il faut que nous gagnions du temps.	*We must gain time.*

RELATED WORDS

le/ la gagnant/ -e	*winner*	le gagne-pain	*job, source of income*

garer
to park

INDICATIF

PRÉSENT

gare	garons
gares	garez
gare	garent

IMPARFAIT

garais	garions
garais	gariez
garait	garaient

PASSÉ SIMPLE

garai	garâmes
garas	garâtes
gara	garèrent

FUTUR SIMPLE

garerai	garerons
gareras	garerez
garera	gareront

PASSÉ COMPOSÉ

ai garé	avons garé
as garé	avez garé
a garé	ont garé

PLUS-QUE-PARFAIT

avais garé	avions garé
avais garé	aviez garé
avait garé	avaient garé

PASSÉ ANTÉRIEUR

eus garé	eûmes garé
eus garé	eûtes garé
eut garé	eurent garé

FUTUR ANTÉRIEUR

aurai garé	aurons garé
auras garé	aurez garé
aura garé	auront garé

SUBJONCTIF

PRÉSENT

gare	garions
gares	gariez
gare	garent

IMPARFAIT

garasse	garassions
garasses	garassiez
garât	garassent

PASSÉ

aie garé	ayons garé
aies garé	ayez garé
ait garé	aient garé

PLUS-QUE-PARFAIT

eusse garé	eussions garé
eusses garé	eussiez garé
eût garé	eussent garé

CONDITIONNEL

PRÉSENT

garerais	garerions
garerais	gareriez
garerait	gareraient

PASSÉ

aurais garé	aurions garé
aurais garé	auriez garé
aurait garé	auraient garé

IMPÉRATIF

gare
garons
garez

PARTICIPES

PRÉSENT
garant

PASSÉ
garé(e)

EXAMPLES OF VERB USAGE

Je garerai la voiture dans la cour.	*I'll park the car in the yard.*
Ils garèrent leur camion sur le parking.	*They parked their truck in the parking lot.*
Il s'est garé en double file.	*He double-parked.*

RELATED WORDS

la gare	*station*	le garage	*garage*
le garagiste	*garage mechanic*	Gare à toi!	*Watch it!*

geler
to freeze

je	nous
tu	vous
il/elle/on	ils/elles

INDICATIF

PRÉSENT
gèle	gelons
gèles	gelez
gèle	gèlent

IMPARFAIT
gelais	gelions
gelais	geliez
gelait	gelaient

PASSÉ SIMPLE
gelai	gelâmes
gelas	gelâtes
gela	gelèrent

FUTUR SIMPLE
gèlerai	gèlerons
gèleras	gèlerez
gèlera	gèleront

PASSÉ COMPOSÉ
ai gelé	avons gelé
as gelé	avez gelé
a gelé	ont gelé

PLUS-QUE-PARFAIT
avais gelé	avions gelé
avais gelé	aviez gelé
avait gelé	avaient gelé

PASSÉ ANTÉRIEUR
eus gelé	eûmes gelé
eus gelé	eûtes gelé
eut gelé	eurent gelé

FUTUR ANTÉRIEUR
aurai gelé	aurons gelé
auras gelé	aurez gelé
aura gelé	auront gelé

SUBJONCTIF

PRÉSENT
gèle	gelions
gèles	geliez
gèle	gèlent

IMPARFAIT
gelasse	gelassions
gelasses	gelassiez
gelât	gelassent

PASSÉ
aie gelé	ayons gelé
aies gelé	ayez gelé
ait gelé	aient gelé

PLUS-QUE-PARFAIT
eusse gelé	eussions gelé
eusses gelé	eussiez gelé
eût gelé	eussent gelé

CONDITIONNEL

PRÉSENT
gèlerais	gèlerions
gèlerais	gèleriez
gèlerait	gèleraient

PASSÉ
aurais gelé	aurions gelé
aurais gelé	auriez gelé
aurait gelé	auraient gelé

IMPÉRATIF

gèle
gelons
gelez

PARTICIPES

PRÉSENT
gelant

PASSÉ
gelé(e)

EXAMPLES OF VERB USAGE

Demain, il gèlera dans toute la région.

Nous aurions gelé sans nos manteaux.

Il gèle dans cette chambre.

Le gouvernement a gelé les prix pour un an.

Tomorrow, it will be freezing in the whole region.

We would have frozen without our coats.

It's freezing in this bedroom.

The government has frozen prices for a year.

RELATED WORDS

congeler	*to freeze*
le congélateur	*freezer*
le gel	*frost*

décongeler	*to defrost*
la gelée	*frost; jelly*

grandir
to grow (up), to increase

je	nous
tu	vous
il/elle/on	ils/elles

INDICATIF

PRÉSENT

grandis · grandissons
grandis · grandissez
grandit · grandissent

IMPARFAIT

grandissais · grandissions
grandissais · grandissiez
grandissait · grandissaient

PASSÉ SIMPLE

grandis · grandîmes
grandis · grandîtes
grandit · grandirent

FUTUR SIMPLE

grandirai · grandirons
grandiras · grandirez
grandira · grandiront

PASSÉ COMPOSÉ

ai grandi · avons grandi
as grandi · avez grandi
a grandi · ont grandi

PLUS-QUE-PARFAIT

avais grandi · avions grandi
avais grandi · aviez grandi
avait grandi · avaient grandi

PASSÉ ANTÉRIEUR

eus grandi · eûmes grandi
eus grandi · eûtes grandi
eut grandi · eurent grandi

FUTUR ANTÉRIEUR

aurai grandi · aurons grandi
auras grandi · aurez grandi
aura grandi · auront grandi

SUBJONCTIF

PRÉSENT

grandisse · grandissions
grandisses · grandissiez
grandisse · grandissent

IMPARFAIT

grandisse · grandissions
grandisses · grandissiez
grandît · grandissent

PASSÉ

aie grandi · ayons grandi
aies grandi · ayez grandi
ait grandi · aient grandi

PLUS-QUE-PARFAIT

eusse grandi · eussions grandi
eusses grandi · eussiez grandi
eût grandi · eussent grandi

CONDITIONNEL

PRÉSENT

grandirais · grandirions
grandirais · grandiriez
grandirait · grandiraient

PASSÉ

aurais grandi · aurions grandi
aurais grandi · auriez grandi
aurait grandi · auraient grandi

IMPÉRATIF

grandis
grandissons
grandissez

PARTICIPES

PRÉSENT · **PASSÉ**
grandissant · grandi(e)

EXAMPLES OF VERB USAGE

Ils avaient grandi à la campagne. · *They had grown up in the country.*

Leur inquiétude grandissait. · *Their anxiety was increasing.*

Tu as beaucoup grandi. · *You've really grown.*

RELATED WORDS

agrandir · *to extend, to enlarge* · la grandeur · *size; greatness*
le grand-père · *grandfather* · la grand-mère · *grandmother*
grand/ -e · *tall, big*

grossir
to put on weight; to magnify, to make somebody look fatter

je	nous
tu	vous
il/elle/on	ils/elles

INDICATIF

PRÉSENT
grossis	grossissons
grossis	grossissez
grossit	grossissent

PASSÉ COMPOSÉ
ai grossi	avons grossi
as grossi	avez grossi
a grossi	ont grossi

IMPARFAIT
grossissais	grossissions
grossissais	grossissiez
grossissait	grossissaient

PLUS-QUE-PARFAIT
avais grossi	avions grossi
avais grossi	aviez grossi
avait grossi	avaient grossi

PASSÉ SIMPLE
grossis	grossîmes
grossis	grossîtes
grossit	grossirent

PASSÉ ANTÉRIEUR
eus grossi	eûmes grossi
eus grossi	eûtes grossi
eut grossi	eurent grossi

FUTUR SIMPLE
grossirai	grossirons
grossiras	grossirez
grossira	grossiront

FUTUR ANTÉRIEUR
aurai grossi	aurons grossi
auras grossi	aurez grossi
aura grossi	auront grossi

SUBJONCTIF

PRÉSENT
grossisse	grossissions
grossisses	grossissiez
grossisse	grossissent

PASSÉ
aie grossi	ayons grossi
aies grossi	ayez grossi
ait grossi	aient grossi

IMPARFAIT
grossisse	grossissions
grossisses	grossissiez
grossît	grossissent

PLUS-QUE-PARFAIT
eusse grossi	eussions grossi
eusses grossi	eussiez grossi
eût grossi	eussent grossi

CONDITIONNEL

PRÉSENT
grossirais	grossirions
grossirais	grossiriez
grossirait	grossiraient

PASSÉ
aurais grossi	aurions grossi
aurais grossi	auriez grossi
aurait grossi	auraient grossi

IMPÉRATIF
grossis
grossissons
grossissez

PARTICIPES

PRÉSENT	PASSÉ
grossissant	grossi(e)

EXAMPLES OF VERB USAGE

J'ai grossi de trois kilos.	*I put on three kilos.*
Mes jumelles ne grossissaient pas assez.	*My binoculars didn't magnify enough.*
Cette jupe te grossit.	*This skirt makes you look fatter.*
Ils grossiront certainement l'affaire.	*They will certainly blow up the issue.*

RELATED WORDS

la grosseur	*size; lump*	la grossièreté	*rudeness*
le grossissement	*enlargement*	grossier/ -ière	*rude*
la grossesse	*pregnancy*	gros/ grosse	*fat*
faire grossir	*to be fattening*		

s'habiller
to get dressed, to dress oneself

INDICATIF

PRÉSENT

m'habille	nous habillons		
t'habilles	vous habillez		
s'habille	shabillent		

IMPARFAIT

m'habillais · nous habillions
t'habillais · vous habilliez
s'habillait · s'habillaient

PASSÉ SIMPLE

m'habillai · nous habillâmes
t'habillas · vous habillâtes
s'habilla · s'habillèrent

FUTUR SIMPLE

m'habillerai · nous habillerons
t'habilleras · vous habillerez
s'habillera · s'habilleront

PASSÉ COMPOSÉ

me suis habillé(e) · nous sommes habillé(e)s
t'es habillé(e) · vous êtes habillé(e)(s)
s'est habillé(e) · se sont habillé(e)s

PLUS-QUE-PARFAIT

m'étais habillé(e) · nous étions habillé(e)s
t'étais habillé(e) · vous étiez habillé(e)(s)
s'était habillé(e) · s'étaient habillé(e)s

PASSÉ ANTÉRIEUR

me fus habillé(e) · nous fûmes habillé(e)s
te fus habillé(e) · vous fûtes habillé(e)(s)
se fut habillé(e) · se furent habillé(e)s

FUTUR ANTÉRIEUR

me serai habillé(e) · nous serons habillé(e)s
te seras habillé(e) · vous serez habillé(e)(s)
se sera habillé(e) · se seront habillé(e)s

	je	nous
	tu	vous
	il/elle/on	ils/elles

SUBJONCTIF

PRÉSENT

m'habille · nous habillions
t'habilles · vous habilliez
s'habille · s'habillent

IMPARFAIT

m'habillasse · nous habillassions
t'habillasses · vous habillassiez
s'habillât · s'habillassent

PASSÉ

me sois habillé(e) · nous soyons habillé(e)s
te sois habillé(e) · vous soyez habillé(e)(s)
se soit habillé(e) · se soient habillé(e)s

PLUS-QUE-PARFAIT

me fusse habillé(e) · nous fussions habillé(e)s
te fusses habillé(e) · vous fussiez habillé(e)(s)
se fût habillé(e) · se fussent habillé(e)s

CONDITIONNEL

PRÉSENT

m'habillerais · nous habillerions
t'habillerais · vous habilleriez
s'habillerait · s'habilleraient

PASSÉ

me serais habillé(e) · nous serions habillé(e)s
te serais habillé(e) · vous seriez habillé(e)(s)
se serait habillé(e) · se seraient habillé(e)s

IMPÉRATIF

habille-toi
habillons-nous
habillez-vous

PARTICIPES

PRÉSENT · **PASSÉ**
m'habillant, etc. · habillé(e)

EXAMPLES OF VERB USAGE

Habille-toi vite ou tu vas être en retard. · *Get quickly dressed or you'll be late.*

Il s'habillait mal étant jeune. · *He used to dress badly when he was young.*

Elles s'habilleront en sorcières pour Halloween. · *They will dress up as witches for Halloween.*

Ce grand couturier habille beaucoup de stars. · *This big designer dresses many stars.*

RELATED WORDS

l'habillement (m.) · *way of dressing*
habiller quelqu'un · *to dress somebody*

la soirée habillée · *formal party*
bien habillé(e) · *well dressed*

Verb Charts

habiter
to live

INDICATIF

PRÉSENT

habite	habitons
habites	habitez
habite	habitent

IMPARFAIT

habitais	habitions
habitais	habitiez
habitait	habitaient

PASSÉ SIMPLE

habitai	habitâmes
habitas	habitâtes
habita	habitèrent

FUTUR SIMPLE

habiterai	habiterons
habiteras	habiterez
habitera	habiteront

PASSÉ COMPOSÉ

ai habité	avons habité
as habité	avez habité
a habité	ont habité

PLUS-QUE-PARFAIT

avais habité	avions habité
avais habité	aviez habité
avait habité	avaient habité

PASSÉ ANTÉRIEUR

eus habité	eûmes habité
eus habité	eûtes habité
eut habité	eurent habité

FUTUR ANTÉRIEUR

aurai habité	aurons habité
auras habité	aurez habité
aura habité	auront habité

SUBJONCTIF

PRÉSENT

habite	habitions
habites	habitiez
habite	habitent

IMPARFAIT

habitasse	habitassions
habitasses	habitassiez
habitât	habitassent

PASSÉ

aie habité	ayons habité
aies habité	ayez habité
ait habité	aient habité

PLUS-QUE-PARFAIT

eusse habité	eussions habité
eusses habité	eussiez habité
eût habité	eussent habité

CONDITIONNEL

PRÉSENT

habiterais	habiterions
habiterais	habiteriez
habiterait	habiteraient

PASSÉ

aurais habité	aurions habité
aurais habité	auriez habité
aurait habité	auraient habité

IMPÉRATIF

habite
habitons
habitez

PARTICIPES

PRÉSENT | **PASSÉ**
habitant | habité(e)

EXAMPLES OF VERB USAGE

Il a longtemps habité au 15, rue Leblanc.

J'habite Paris depuis ma naissance.

Nous habitions une grande maison à la campagne.

He lived at 15 Leblanc Street for a long time.

I have lived in Paris since I was born.

We used to live in a big house in the country.

RELATED WORDS

l'habitant/ -e	*occupant, inhabitant*	l'habitation (f.)	*dwelling*
l'habitat (m.)	*habitat*	habitable	*inhabitable*

haïr

to detest, to hate

INDICATIF

PRÉSENT

hais	haïssons
hais	haïssez
hait	haïssent

PASSÉ COMPOSÉ

ai haï	avons haï
as haï	avez haï
a haï	ont haï

je	nous
tu	vous
il/elle/on	ils/elles

IMPARFAIT

haïssais	haïssions
haïssais	haïssiez
haïssait	haïssaient

PLUS-QUE-PARFAIT

avais haï	avions haï
avais haï	aviez haï
avait haï	avaient haï

PASSÉ SIMPLE

haïs	haïmes
haïs	haïtes
haït	haïrent

PASSÉ ANTÉRIEUR

eus haï	eûmes haï
eus haï	eûtes haï
eut haï	eurent haï

FUTUR SIMPLE

haïrai	haïrons
haïras	haïrez
haïra	haïront

FUTUR ANTÉRIEUR

aurai haï	aurons haï
auras haï	aurez haï
aura haï	auront haï

SUBJONCTIF

PRÉSENT

haïsse	haïssions
haïsses	haïssiez
haïsse	haïssent

PASSÉ

aie haï	ayons haï
aies haï	ayez haï
ait haï	aient haï

IMPARFAIT

haïsse	haïssions
haïsses	haïssiez
haït	haïssent

PLUS-QUE-PARFAIT

eusse haï	eussions haï
eusses haï	eussiez haï
eût haï	eussent haï

CONDITIONNEL

PRÉSENT

haïrais	haïrions
haïrais	haïriez
haïrait	haïraient

PASSÉ

aurais haï	aurions haï
aurais haï	auriez haï
aurait haï	auraient haï

IMPÉRATIF

hais
haïssons
haïssez

PARTICIPES

PRÉSENT
haïssant

PASSÉ
haï(e)

EXAMPLES OF VERB USAGE

Il faut vraiment que vous le haïssiez pour faire cela.

You must really hate him to do that.

Je hais ses manières.

I hate his manners.

Ils se haïssaient cordialement.

They passionately detested each other.

RELATED WORDS

se haïr	*to hate one another*	la haine	*hatred*
haïssable	*detestable, hateful*		

Verb Charts

imprimer
to print, to imprint

je	nous
tu	vous
il/elle/on	ils/elles

INDICATIF

PRÉSENT

imprime	imprimons
imprimes	imprimez
imprime	impriment

IMPARFAIT

imprimais	imprimions
imprimais	imprimiez
imprimait	imprimaient

PASSÉ SIMPLE

imprimai	imprimâmes
imprimas	imprimâtes
imprima	imprimèrent

FUTUR SIMPLE

imprimerai	imprimerons
imprimeras	imprimerez
imprimera	imprimeront

PASSÉ COMPOSÉ

ai imprimé	avons imprimé
as imprimé	avez imprimé
a imprimé	ont imprimé

PLUS-QUE-PARFAIT

avais imprimé	avions imprimé
avais imprimé	aviez imprimé
avait imprimé	avaient imprimé

PASSÉ ANTÉRIEUR

eus imprimé	eûmes imprimé
eus imprimé	eûtes imprimé
eut imprimé	eurent imprimé

FUTUR ANTÉRIEUR

aurai imprimé	aurons imprimé
auras imprimé	aurez imprimé
aura imprimé	auront imprimé

SUBJONCTIF

PRÉSENT

imprime	imprimions
imprimes	imprimiez
imprime	impriment

IMPARFAIT

imprimasse	imprimassions
imprimasses	imprimassiez
imprimât	imprimassent

PASSÉ

aie imprimé	ayons imprimé
aies imprimé	ayez imprimé
ait imprimé	aient imprimé

PLUS-QUE-PARFAIT

eusse imprimé	eussions imprimé
eusses imprimé	eussiez imprimé
eût imprimé	eussent imprimé

CONDITIONNEL

PRÉSENT

imprimerais	imprimerions
imprimerais	imprimeriez
imprimerait	imprimeraient

PASSÉ

aurais imprimé	aurions imprimé
aurais imprimé	auriez imprimé
aurait imprimé	auraient imprimé

IMPÉRATIF

imprime
imprimons
imprimez

PARTICIPES

PRÉSENT   **PASSÉ**
imprimant   imprimé(e)

EXAMPLES OF VERB USAGE

Je n'ai pas encore imprimé mon CV.

Imprimez bien cela dans vos mémoires.

Nous l'aurions imprimé, si tu nous l'avais demandé.

I haven't printed my résumé yet.

Imprint this well in your memory.

We would have printed it if you had asked us.

RELATED WORDS

l'imprimante (f.)	*printer (machine)*	l'impression (f.)	*printing*
l'imprimeur (m.)	*printer (man)*	l'imprimerie (f.)	*printing works, print shop*
l'imprimé (m.)	*(printed) form*		

s'inquiéter
to worry

INDICATIF

PRÉSENT

m'inquiète	nous inquiétons
t'inquiètes	vous inquiétez
s'inquiète	s'inquiètent

PASSÉ COMPOSÉ

me suis inquiété(e)	nous sommes inquiété(e)s
t'es inquiété(e)	vous êtes inquiété(e)(s)
s'est inquiété(e)	se sont inquiété(e)s

je	nous
tu	vous
il/elle/on	ils/elles

IMPARFAIT

m'inquiétais	nous inquiétions
t'inquiétais	vous inquiétiez
s'inquiétait	s'inquiétaient

PLUS-QUE-PARFAIT

m'étais inquiété(e)	nous étions inquiété(e)s
t'étais inquiété(e)	vous étiez inquiété(e)(s)
s'était inquiété(e)	s'étaient inquiété(e)s

PASSÉ SIMPLE

m'inquiétai	nous inquiétâmes
t'inquiétas	vous inquiétâtes
s'inquiéta	s'inquiétèrent

PASSÉ ANTÉRIEUR

me fus inquiété(e)	nous fûmes inquiété(e)s
te fus inquiété(e)	vous fûtes inquiété(e)(s)
se fut inquiété(e)	se furent inquiété(e)s

FUTUR SIMPLE

m'inquiéterai	nous inquiéterons
t'inquiéteras	vous inquiéterez
s'inquiétera	s'inquiéteront

FUTUR ANTÉRIEUR

me serai inquiété(e)	nous serons inquiété(e)s
te seras inquiété(e)	vous serez inquiété(e)(s)
se sera inquiété(e)	se seront inquiété(e)s

SUBJONCTIF

PRÉSENT

m'inquiète	nous inquiétions
t'inquiètes	vous inquiétiez
s'inquiète	s'inquiètent

PASSÉ

me sois inquiété(e)	nous soyons inquiété(e)s
te sois inquiété(e)	vous soyez inquiété(e)(s)
se soit inquiété(e)	se soient inquiété(e)

IMPARFAIT

m'inquiétasse	nous inquiétassions
t'inquiétasses	vous inquiétassiez
s'inquiétât	s'inquiétassent

PLUS-QUE-PARFAIT

me fusse inquiété(e)	nous fussions inquiété(e)s
te fusses inquiété(e)	vous fussiez inquiété(e)(s)
se fût inquiété(e)	se fussent inquiété(e)

CONDITIONNEL

PRÉSENT

m'inquiéterais	nous inquiéterions
t'inquiéterais	vous inquiéteriez
s'inquiéterait	s'inquiéteraient

PASSÉ

me serais inquiété(e)	nous serions inquiété(e)s
te serais inquiété(e)	vous seriez inquiété(e)(s)
se serait inquiété(e)	se seraient inquiété(e)

IMPÉRATIF

inquiète-toi
inquiétons-nous
inquiétez-vous

PARTICIPES

PRÉSENT
m'inquiétant, etc.

PASSÉ
inquiété(e)

EXAMPLES OF VERB USAGE

Je me suis inquiétée. Où étais-tu?	*I was worried. Where were you?*
Ne nous inquiétons pas pour lui.	*Let's not worry about him.*
La santé de mon fils m'inquiète.	*My son's health worries me.*

RELATED WORDS

l'inquiétude (f.)	*anxiety*	inquiet/ -iète	*worried*
inquiétant/ -e	*worrying; disturbing*		

Verb Charts

interdire
to forbid, to prevent

INDICATIF

PRÉSENT		PASSÉ COMPOSÉ	
interdis	interdisons	ai interdit	avons interdit
interdis	interdisez	as interdit	avez interdit
interdit	interdisent	a interdit	ont interdit

je | nous
tu | vous
il/elle/on | ils/elles

IMPARFAIT		PLUS-QUE-PARFAIT	
interdisais	interdisions	avais interdit	avions interdit
interdisais	interdisiez	avais interdit	aviez interdit
interdisait	interdisaient	avait interdit	avaient interdit

PASSÉ SIMPLE		PASSÉ ANTÉRIEUR	
interdis	interdîmes	eus interdit	eûmes interdit
interdis	interdîtes	eus interdit	eûtes interdit
interdit	interdirent	eut interdit	eurent interdit

FUTUR SIMPLE		FUTUR ANTÉRIEUR	
interdirai	interdirons	aurai interdit	aurons interdit
interdiras	interdirez	auras interdit	aurez interdit
interdira	interdiront	aura interdit	auront interdit

SUBJONCTIF

PRÉSENT		PASSÉ	
interdise	interdisions	aie interdit	ayons interdit
interdises	interdisiez	aies interdit	ayez interdit
interdise	interdisent	ait interdit	aient interdit

IMPARFAIT		PLUS-QUE-PARFAIT	
interdisse	interdissions	eusse interdit	eussions interdit
interdisses	interdissiez	eusses interdit	eussiez interdit
interdît	interdissent	eût interdit	eussent interdit

CONDITIONNEL

PRÉSENT		PASSÉ	
interdirais	interdirions	aurais interdit	aurions interdit
interdirais	interdiriez	aurais interdit	auriez interdit
interdirait	interdiraient	aurait interdit	auraient interdit

IMPÉRATIF

interdis
interdisons
interdisez

PARTICIPES

PRÉSENT	PASSÉ
interdisant	interdit(e)

EXAMPLES OF VERB USAGE

Elle nous a interdit d'y aller.	*She forbade us to go there.*
Son état de santé lui interdisait de voyager.	*His state of health prevented him from traveling.*
Est-ce que vous interdisez l'alcool en toutes circonstances?	*Do you forbid alcohol in all circumstances?*

RELATED WORDS

l'interdiction (f.)	*ban, prohibition*	interdit/ -e	*forbidden*
interdit de fumer	*no smoking*		

interrompre

to interrupt, to break off

INDICATIF

je	nous
tu	vous
il/elle/on	ils/elles

PRÉSENT

interromps	interrompons		
interromps	interrompez		
interrompt	interrompent		

PASSÉ COMPOSÉ

ai interrompu	avons interrompu
as interrompu	avez interrompu
a interrompu	ont interrompu

IMPARFAIT

interrompais	interrompions
interrompais	interrompiez
interrompait	interrompaient

PLUS-QUE-PARFAIT

avais interrompu	avions interrompu
avais interrompu	aviez interrompu
avait interrompu	avaient interrompu

PASSÉ SIMPLE

interrompis	interrompîmes
interrompis	interrompîtes
interrompit	interrompirent

PASSÉ ANTÉRIEUR

eus interrompu	eûmes interrompu
eus interrompu	eûtes interrompu
eut interrompu	eurent interrompu

FUTUR SIMPLE

interromprai	interromprons
interrompras	interromprez
interrompra	interrompront

FUTUR ANTÉRIEUR

aurai interrompu	aurons interrompu
auras interrompu	aurez interrompu
aura interrompu	auront interrompu

SUBJONCTIF

PRÉSENT

interrompe	interrompions
interrompes	interrompiez
interrompe	interrompent

PASSÉ

aie interrompu	ayons interrompu
aies interrompu	ayez interrompu
ait interrompu	aient interrompu

IMPARFAIT

interrompisse	interrompissions
interrompisses	interrompissiez
interrompît	interrompissent

PLUS-QUE-PARFAIT

eusse interrompu	eussions interrompu
eusses interrompu	eussiez interrompu
eût interrompu	eussent interrompu

CONDITIONNEL

PRÉSENT

interromprais	interromprions
interromprais	interrompriez
interromprait	interrompraient

PASSÉ

aurais interrompu	aurions interrompu
aurais interrompu	auriez interrompu
aurait interrompu	auraient interrompu

IMPÉRATIF

interromps
interrompons
interrompez

PARTICIPES

PRÉSENT	**PASSÉ**
interrompant	interrompu(e)

EXAMPLES OF VERB USAGE

Elle interrompra ses études après son baccalauréat.	*She'll break off her studies after she graduates from high school.*
Ne l'interrompons pas sans arrêt.	*Let's not interrupt him constantly.*
Le match a été interrompu par la pluie.	*The match was halted by the rain.*

RELATED WORDS

l'interruption (f.)	*interruption*	ininterrompu/ -e	*continuous*
rompre	*to break; to break up*	l'interrupteur (m.)	*light switch*

inventer
to invent, to make up

je	nous
tu	vous
il/elle/on	ils/elles

INDICATIF

PRÉSENT

invente	inventons
inventes	inventez
invente	inventent

PASSÉ COMPOSÉ

ai inventé	avons inventé
as inventé	avez inventé
a inventé	ont inventé

IMPARFAIT

inventais	inventions
inventais	inventiez
inventait	inventaient

PLUS-QUE-PARFAIT

avais inventé	avions inventé
avais inventé	aviez inventé
avait inventé	avaient inventé

PASSÉ SIMPLE

inventai	inventâmes
inventas	inventâtes
inventa	inventèrent

PASSÉ ANTÉRIEUR

eus inventé	eûmes inventé
eus inventé	eûtes inventé
eut inventé	eurent inventé

FUTUR SIMPLE

inventerai	inventerons
inventeras	inventerez
inventera	inventeront

FUTUR ANTÉRIEUR

aurai inventé	aurons inventé
auras inventé	aurez inventé
aura inventé	auront inventé

SUBJONCTIF

PRÉSENT

invente	inventions
inventes	inventiez
invente	inventent

PASSÉ

aie inventé	ayons inventé
aies inventé	ayez inventé
ait inventé	aient inventé

IMPARFAIT

inventasse	inventassions
inventasses	inventassiez
inventât	inventassent

PLUS-QUE-PARFAIT

eusse inventé	eussions inventé
eusses inventé	eussiez inventé
eût inventé	eussent inventé

CONDITIONNEL

PRÉSENT

inventerais	inventerions
inventerais	inventeriez
inventerait	inventeraient

PASSÉ

aurais inventé	aurions inventé
aurais inventé	auriez inventé
aurait inventé	auraient inventé

IMPÉRATIF

invente
inventons
inventez

PARTICIPES

PRÉSENT	**PASSÉ**
inventant	inventé(e)

EXAMPLES OF VERB USAGE

Ils inventèrent un nouveau jeu pour leurs enfants.	*They invented a new game for their children.*
Tu inventais vraiment n'importe quoi!	*You would really dream up anything!*
Il a inventé cette histoire pour nous faire peur.	*He made up this story to scare us.*

RELATED WORDS

l'invention (f.)	*invention*	l'inventeur/ -trice (m./f.)	*inventor*
inventif/ -ive	*inventive*		
l'inventivité (f.)	*inventiveness*		

inviter

to invite

INDICATIF

je	nous
tu	vous
il/elle/on	ils/elles

PRÉSENT

invite	invitons
invites	invitez
invite	invitent

PASSÉ COMPOSÉ

ai invité	avons invité
as invité	avez invité
a invité	ont invité

IMPARFAIT

invitais	invitions
invitais	invitiez
invitait	invitaient

PLUS-QUE-PARFAIT

avais invité	avions invité
avais invité	aviez invité
avait invité	avaient invité

PASSÉ SIMPLE

invitai	invitâmes
invitas	invitâtes
invita	invitèrent

PASSÉ ANTÉRIEUR

eus invité	eûmes invité
eus invité	eûtes invité
eut invité	eurent invité

FUTUR SIMPLE

inviterai	inviterons
inviteras	inviterez
invitera	inviteront

FUTUR ANTÉRIEUR

aurai invité	aurons invité
auras invité	aurez invité
aura invité	auront invité

SUBJONCTIF

PRÉSENT

invite	invitions
invites	invitiez
invite	invitent

PASSÉ

aie invité	ayons invité
aies invité	ayez invité
ait invité	aient invité

IMPARFAIT

invitasse	invitassions
invitasses	invitassiez
invitât	invitassent

PLUS-QUE-PARFAIT

eusse invité	eussions invité
eusses invité	eussiez invité
eût invité	eussent invité

CONDITIONNEL

PRÉSENT

inviterais	inviterions
inviterais	inviteriez
inviterait	inviteraient

PASSÉ

aurais invité	aurions invité
aurais invité	auriez invité
aurait invité	auraient invité

IMPÉRATIF

invite
invitons
invitez

PARTICIPES

PRÉSENT
invitant

PASSÉ
invité(e)

EXAMPLES OF VERB USAGE

Nous vous inviterons à dîner le mois prochain.	*We'll invite you to dinner next month.*
Elle ne nous invitait jamais pour son anniversaire.	*She never used to invite us for her birthday.*
Je vous invite à boire à sa santé.	*Let's drink to his health.*
Comme d'habitude, il s'était invité à la soirée.	*As usual, he had invited himself to the party.*

RELATED WORDS

l'invitation (f.)	*invitation*
l'invité/ -e (m./ f.)	*guest*

Verb Charts

jaunir
to turn yellow

je	nous
tu	vous
il/elle/on	ils/elles

INDICATIF

PRÉSENT

jaunis   jaunissons
jaunis   jaunissez
jaunit   jaunissent

IMPARFAIT

jaunissais   jaunissions
jaunissais   jaunissiez
jaunissait   jaunissaient

PASSÉ SIMPLE

jaunis   jaunîmes
jaunis   jaunîtes
jaunit   jaunirent

FUTUR SIMPLE

jaunirai   jaunirons
jauniras   jaunirez
jaunira   jauniront

PASSÉ COMPOSÉ

ai jauni   avons jauni
as jauni   avez jauni
a jauni   ont jauni

PLUS-QUE-PARFAIT

avais jauni   avions jauni
avais jauni   aviez jauni
avait jauni   avaient jauni

PASSÉ ANTÉRIEUR

eus jauni   eûmes jauni
eus jauni   eûtes jauni
eut jauni   eurent jauni

FUTUR ANTÉRIEUR

aurai jauni   aurons jauni
auras jauni   aurez jauni
aura jauni   auront jauni

SUBJONCTIF

PRÉSENT

jaunisse   jaunissions
jaunisses   jaunissiez
jaunisse   jaunissent

IMPARFAIT

jaunisse   jaunissions
jaunisses   jaunissiez
jaunît   jaunissent

PASSÉ

aie jauni   ayons jauni
aies jauni   ayez jauni
ait jauni   aient jauni

PLUS-QUE-PARFAIT

eusse jauni   eussions jauni
eusses jauni   eussiez jauni
eût jauni   eussent jauni

CONDITIONNEL

PRÉSENT

jaunirais   jaunirions
jaunirais   jauniriez
jaunirait   jauniraient

PASSÉ

aurais jauni   aurions jauni
aurais jauni   auriez jauni
aurait jauni   auraient jauni

IMPÉRATIF

jaunis
jaunissons
jaunissez

PARTICIPES

PRÉSENT   **PASSÉ**
jaunissant   jauni(e)

EXAMPLES OF VERB USAGE

Les arbres jaunissent en automne.   *Trees turn yellow in the fall.*
Le soleil a jauni tout le linge.   *The sun has turned all the linen yellow.*

RELATED WORDS

jaune   *yellow*   la jaunisse   *jaundice*

jeter
to throw something, to throw away

INDICATIF

PRÉSENT

jette	jetons
jettes	jetez
jette	jettent

PASSÉ COMPOSÉ

ai jeté	avons jeté
as jeté	avez jeté
a jeté	ont jeté

je	nous
tu	vous
il/elle/on	ils/elles

IMPARFAIT

jetais	jetions
jetais	jetiez
jetait	jetaient

PLUS-QUE-PARFAIT

avais jeté	avions jeté
avais jeté	aviez jeté
avait jeté	avaient jeté

PASSÉ SIMPLE

jetai	jetâmes
jetas	jetâtes
jeta	jetèrent

PASSÉ ANTÉRIEUR

eus jeté	eûmes jeté
eus jeté	eûtes jeté
eut jeté	eurent jeté

FUTUR SIMPLE

jetterai	jetterons
jetteras	jetterez
jettera	jetteront

FUTUR ANTÉRIEUR

aurai jeté	aurons jeté
auras jeté	aurez jeté
aura jeté	auront jeté

SUBJONCTIF

PRÉSENT

jette	jetions
jettes	jetiez
jette	jettent

PASSÉ

aie jeté	ayons jeté
aies jeté	ayez jeté
ait jeté	aient jeté

IMPARFAIT

jetasse	jetassions
jetasses	jetassiez
jetât	jetassent

PLUS-QUE-PARFAIT

eusse jeté	eussions jeté
eusses jeté	eussiez jeté
eût jeté	eussent jeté

CONDITIONNEL

PRÉSENT

jetterais	jetterions
jetterais	jetteriez
jetterait	jetteraient

PASSÉ

aurais jeté	aurions jeté
aurais jeté	auriez jeté
aurait jeté	auraient jeté

IMPÉRATIF

jette
jetons
jetez

PARTICIPES

PRÉSENT
jetant

PASSÉ
jeté(e)

EXAMPLES OF VERB USAGE

Jette-moi la balle.	*Throw me the ball.*
Elle jeta tous ses vieux vêtements.	*She threw away all her old clothes.*
Vous jetez vraiment l'argent par les fenêtres!	*You really waste money!*
Nous nous sommes jetés sur l'occasion.	*We jumped at the opportunity.*

RELATED WORDS

se jeter	*to jump at; to flow into*	le jeton	*token*
jetable	*disposable*		

Verb Charts

joindre
to join, to attach; to get in touch

je	nous
tu	vous
il/elle/on	ils/elles

INDICATIF

PRÉSENT		PASSÉ COMPOSÉ	
joins	joignons	ai joint	avons joint
joins	joignez	as joint	avez joint
joint	joignent	a joint	ont joint

IMPARFAIT		PLUS-QUE-PARFAIT	
joignais	joignions	avais joint	avions joint
joignais	joigniez	avais joint	aviez joint
joignait	joignaient	avait joint	avaient joint

PASSÉ SIMPLE		PASSÉ ANTÉRIEUR	
joignis	joignîmes	eus joint	eûmes joint
joignis	joignîtes	eus joint	eûtes joint
joignit	joignirent	eut joint	eurent joint

FUTUR SIMPLE		FUTUR ANTÉRIEUR	
joindrai	joindrons	aurai joint	aurons joint
joindras	joindrez	auras joint	aurez joint
joindra	joindront	aura joint	auront joint

SUBJONCTIF

PRÉSENT		PASSÉ	
joigne	joignions	aie joint	ayons joint
joignes	joigniez	aies joint	ayez joint
joigne	joignent	ait joint	aient joint

IMPARFAIT		PLUS-QUE-PARFAIT	
joignisse	joignissions	eusse joint	eussions joint
joignisses	joignissiez	eusses joint	eussiez joint
joignît	joignissent	eût joint	eussent joint

CONDITIONNEL

PRÉSENT		PASSÉ	
joindrais	joindrions	aurais joint	aurions joint
joindrais	joindriez	aurais joint	auriez joint
joindrait	joindraient	aurait joint	auraient joint

IMPÉRATIF

joins
joignons
joignez

PARTICIPES

PRÉSENT	PASSÉ
joignant	joint(e)

EXAMPLES OF VERB USAGE

Il faut absolument que je le joigne avant ce soir.	*I absolutely have to get in touch with him before tonight.*
Tu joindras le fichier à ton mél.	*You will attach the file to your e-mail.*
Joignons nos mains et prions.	*Let's join our hands and pray.*
Elle a joint un chèque à son courrier.	*She enclosed a check in her letter.*

RELATED WORDS

se rejoindre	*to meet up*	rejoindre	*to join, to meet*
le joint	*joint*	la pièce jointe	*enclosure*
le fichier joint	*attachment (e-mail)*		

jouer

to play, to gamble, to act

je	nous		
tu	vous		
il/elle/on	ils/elles		

INDICATIF

PRÉSENT

joue	jouons
joues	jouez
joue	jouent

PASSÉ COMPOSÉ

ai joué	avons joué
as joué	avez joué
a joué	ont joué

IMPARFAIT

jouais	jouions
jouais	jouiez
jouait	jouaient

PLUS-QUE-PARFAIT

avais joué	avions joué
avais joué	aviez joué
avait joué	avaient joué

PASSÉ SIMPLE

jouai	jouâmes
jouas	jouâtes
joua	jouèrent

PASSÉ ANTÉRIEUR

eus joué	eûmes joué
eus joué	eûtes joué
eut joué	eurent joué

FUTUR SIMPLE

jouerai	jouerons
joueras	jouerez
jouera	joueront

FUTUR ANTÉRIEUR

aurai joué	aurons joué
auras joué	aurez joué
aura joué	auront joué

SUBJONCTIF

PRÉSENT

joue	jouions
joues	jouiez
joue	jouent

PASSÉ

aie joué	ayons joué
aies joué	ayez joué
ait joué	aient joué

IMPARFAIT

jouasse	jouassions
jouasses	jouassiez
jouât	jouassent

PLUS-QUE-PARFAIT

eusse joué	eussions joué
eusses joué	eussiez joué
eût joué	eussent joué

CONDITIONNEL

PRÉSENT

jouerais	jouerions
jouerais	joueriez
jouerait	joueraient

PASSÉ

aurais joué	aurions joué
aurais joué	auriez joué
aurait joué	auraient joué

IMPÉRATIF

joue
jouons
jouez

PARTICIPES

PRÉSENT	**PASSÉ**
jouant	joué(e)

EXAMPLES OF VERB USAGE

Les enfants jouent dehors.	*The children are playing outside.*
Depardieu jouera dans le nouveau film de Luc Besson.	*Depardieu will act in Luc Besson's new film.*
Hier, elle a joué 1000 euros au casino.	*Yesterday, she gambled 1,000 euros at the casino.*

RELATED WORDS

le jeu	*game*	le/ la joueur/ -euse	*player*
le jouet	*toy*		

Verb Charts

jurer
to swear

INDICATIF

PRÉSENT		PASSÉ COMPOSÉ	
je	nous		
tu	vous		
il/elle/on	ils/elles		
jure	jurons	ai juré	avons juré
jures	jurez	as juré	avez juré
jure	jurent	a juré	ont juré

IMPARFAIT		PLUS-QUE-PARFAIT	
jurais	jurions	avais juré	avions juré
jurais	juriez	avais juré	aviez juré
jurait	juraient	avait juré	avaient juré

PASSÉ SIMPLE		PASSÉ ANTÉRIEUR	
jurai	jurâmes	eus juré	eûmes juré
juras	jurâtes	eus juré	eûtes juré
jura	jurèrent	eut juré	eurent juré

FUTUR SIMPLE		FUTUR ANTÉRIEUR	
jurerai	jurerons	aurai juré	aurons juré
jureras	jurerez	auras juré	aurez juré
jurera	jureront	aura juré	auront juré

SUBJONCTIF

PRÉSENT		PASSÉ	
jure	jurions	aie juré	ayons juré
jures	juriez	aies juré	ayez juré
jure	jurent	ait juré	aient juré

IMPARFAIT		PLUS-QUE-PARFAIT	
jurasse	jurassions	eusse juré	eussions juré
jurasses	jurassiez	eusses juré	eussiez juré
jurât	jurassent	eût juré	eussent juré

CONDITIONNEL

PRÉSENT		PASSÉ	
jurerais	jurerions	aurais juré	aurions juré
jurerais	jureriez	aurais juré	auriez juré
jurerait	jureraient	aurait juré	auraient juré

IMPÉRATIF

jure
jurons
jurez

PARTICIPES

PRÉSENT	PASSÉ
jurant	juré(e)

EXAMPLES OF VERB USAGE

Jure-moi que tu reviendras.	*Swear you'll come back.*
Il a juré sur la Bible de dire toute la vérité.	*He swore on the Bible to say the whole truth.*
Il se jura que c'était la dernière fois.	*He vowed it was the last time.*

RELATED WORDS

se jurer	*to vow*	le jury	*jury*
le/ la juré/ -e	*juror*	la juridiction	*jurisdiction*
juridique	*legal*	le juron	*swear word*

laisser

to leave, to let

je	nous
tu	vous
il/elle/on	ils/elles

INDICATIF

PRÉSENT

laisse	laissons
laisses	laissez
laisse	laissent

PASSÉ COMPOSÉ

ai laissé	avons laissé
as laissé	avez laissé
a laissé	ont laissé

IMPARFAIT

laissais	laissions
laissais	laissiez
laissait	laissaient

PLUS-QUE-PARFAIT

avais laissé	avions laissé
avais laissé	aviez laissé
avait laissé	avaient laissé

PASSÉ SIMPLE

laissai	laissâmes
laissas	laissâtes
laissa	laissèrent

PASSÉ ANTÉRIEUR

eus laissé	eûmes laissé
eus laissé	eûtes laissé
eut laissé	eurent laissé

FUTUR SIMPLE

laisserai	laisserons
laisseras	laisserez
laissera	laisseront

FUTUR ANTÉRIEUR

aurai laissé	aurons laissé
auras laissé	aurez laissé
aura laissé	auront laissé

SUBJONCTIF

PRÉSENT

laisse	laissions
laisses	laissiez
laisse	laissent

PASSÉ

aie laissé	ayons laissé
aies laissé	ayez laissé
ait laissé	aient laissé

IMPARFAIT

laissasse	laissassions
laissasses	laissassiez
laissât	laissassent

PLUS-QUE-PARFAIT

eusse laissé	eussions laissé
eusses laissé	eussiez laissé
eût laissé	eussent laissé

CONDITIONNEL

PRÉSENT

laisserais	laisserions
laisserais	laisseriez
laisserait	laisseraient

PASSÉ

aurais laissé	aurions laissé
aurais laissé	auriez laissé
aurait laissé	auraient laissé

IMPÉRATIF

laisse
laissons
laissez

PARTICIPES

PRÉSENT

laissant

PASSÉ

laissé(e)

EXAMPLES OF VERB USAGE

Il a laissé les clés sur la table.	*He left the keys on the table.*
Sa mère ne la laissera jamais aller à Paris.	*Her mother will never let her go to Paris.*
Ne te laisse pas intimider.	*Don't let yourself be intimidated.*

RELATED WORDS

la laisse	*dog leash*	le laissez-passer	*pass*
le laisser-aller	*carelessness*	se laisser	*to let oneself be*
délaisser	*to neglect*		

lancer
to throw; to launch

je	nous
tu	vous
il/elle/on	ils/elles

INDICATIF

PRÉSENT

lance	lançons
lances	lancez
lance	lancent

PASSÉ COMPOSÉ

ai lancé	avons lancé
as lancé	avez lancé
a lancé	ont lancé

IMPARFAIT

lançais	lancions
lançais	lanciez
lançait	lançaient

PLUS-QUE-PARFAIT

avais lancé	avions lancé
avais lancé	aviez lancé
avait lancé	avaient lancé

PASSÉ SIMPLE

lançai	lançâmes
lanças	lançâtes
lança	lancèrent

PASSÉ ANTÉRIEUR

eus lancé	eûmes lancé
eus lancé	eûtes lancé
eut lancé	eurent lancé

FUTUR SIMPLE

lancerai	lancerons
lanceras	lancerez
lancera	lanceront

FUTUR ANTÉRIEUR

aurai lancé	aurons lancé
auras lancé	aurez lancé
aura lancé	auront lancé

SUBJONCTIF

PRÉSENT

lance	lancions
lances	lanciez
lance	lancent

PASSÉ

aie lancé	ayons lancé
aies lancé	ayez lancé
ait lancé	aient lancé

IMPARFAIT

lançasse	lançassions
lançasses	lançassiez
lançât	lançassent

PLUS-QUE-PARFAIT

eusse lancé	eussions lancé
eusses lancé	eussiez lancé
eût lancé	eussent lancé

CONDITIONNEL

PRÉSENT

lancerais	lancerions
lancerais	lanceriez
lancerait	lanceraient

PASSÉ

aurais lancé	aurions lancé
aurais lancé	auriez lancé
aurait lancé	auraient lancé

IMPÉRATIF

lance
lançons
lancez

PARTICIPES

PRÉSENT   **PASSÉ**
lançant   lancé(e)

EXAMPLES OF VERB USAGE

Lance-lui le ballon!	*Throw him the ball!*
Les enfants lançaient des pierres.	*The children were throwing stones.*
La fusée a été lancée ce matin.	*The rocket was launched this morning.*

RELATED WORDS

se lancer	*to go for it; to leap*	s'élancer	*to rush forward*
la lance	*spear, lance*	le lanceur	*promoter*
le lancement publicitaire	*commercial launching*		

se laver

to wash oneself

INDICATIF

je	nous
tu	vous
il/elle/on	ils/elles

PRÉSENT

me lave	nous lavons
te laves	vous lavez
se lave	se lavent

PASSÉ COMPOSÉ

me suis lavé(e)	nous sommes lavé(e)s
t'es lavé(e)	vous êtes lavé(e)(s)
s'est lavé(e)	se sont lavé(e)s

IMPARFAIT

me lavais	nous lavions
te lavais	vous laviez
se lavait	se lavaient

PLUS-QUE-PARFAIT

m'étais lavé(e)	nous étions lavé(e)s
t'étais lavé(e)	vous étiez lavé(e)(s)
s'était lavé(e)	s'étaient lavé(e)s

PASSÉ SIMPLE

me lavai	nous lavâmes
te lavas	vous lavâtes
se lava	se lavèrent

PASSÉ ANTÉRIEUR

me fus lavé(e)	nous fûmes lavé(e)s
te fus lavé(e)	vous fûtes lavé(e)(s)
se fut lavé(e)	se furent lavé(e)s

FUTUR SIMPLE

me laverai	nous laverons
te laveras	vous laverez
se lavera	se laveront

FUTUR ANTÉRIEUR

me serai lavé(e)	nous serons lavé(e)s
te seras lavé(e)	vous serez lavé(e)(s)
se sera lavé(e)	se seront lavé(e)s

SUBJONCTIF

PRÉSENT

me lave	nous lavions
te laves	vous laviez
se lave	se lavent

PASSÉ

me sois lavé(e)	nous soyons lavé(e)s
te sois lavé(e)	vous soyez lavé(e)(s)
se soit lavé(e)	se soient lavé(e)s

IMPARFAIT

me lavasse	nous lavassions
te lavasses	vous lavassiez
se lavât	se lavassent

PLUS-QUE-PARFAIT

me fusse lavé(e)	nous fussions lavé(e)s
te fusses lavé(e)	vous fussiez lavé(e)(s)
se fût lavé(e)	se fussent lavé(e)s

CONDITIONNEL

PRÉSENT

me laverais	nous laverions
te laverais	vous laveriez
se laverait	se laveraient

PASSÉ

me serais lavé(e)	nous serions lavé(e)s
te serais lavé(e)	vous seriez lavé(e)(s)
se serait lavé(e)	se seraient lavé(e)s

IMPÉRATIF

lave-toi
lavons-nous
lavez-vous

PARTICIPES

PRÉSENT
me lavant, etc.

PASSÉ
lavé(e)

EXAMPLES OF VERB USAGE

Lavons-nous les mains avant de manger.	*Let's wash our hands before eating.*
Elle ne s'est pas lavé les cheveux ce matin.	*She didn't wash her hair this morning.*
Je lave toujours mes pulls à la main.	*I always handwash my sweaters.*

RELATED WORDS

le lavage	*washing*	le lave-glace	*windshield washer*
le lave-vaisselle	*dishwasher*	le lavabo	*sink (bathroom)*
la laverie (automatique)	*laundry (laundromat)*	le lave-linge	*washing machine*
		le lavage de cerveau	*brainwashing*

Verb Charts

se lever
to get up, to rise, to stand up

je	nous
tu	vous
il/elle/on	ils/elles

INDICATIF

PRÉSENT

me lève	nous levons
te lèves	vous levez
se lève	se lèvent

PASSÉ COMPOSÉ

me suis levé(e)	nous sommes levé(e)s
t'es levé(e)	vous êtes levé(e)(s)
s'est levé(e)	se sont levé(e)s

IMPARFAIT

me levais	nous levions
te levais	vous leviez
se levait	se levaient

PLUS-QUE-PARFAIT

m'étais levé(e)	nous étions levé(e)s
t'étais levé(e)	vous étiez levé(e)(s)
s'était levé(e)	s'étaient levé(e)s

PASSÉ SIMPLE

me levai	nous levâmes
te levas	vous levâtes
se leva	se levèrent

PASSÉ ANTÉRIEUR

me fus levé(e)	nous fûmes levé(e)s
te fus levé(e)	vous fûtes levé(e)(s)
se fut levé(e)	se furent levé(e)s

FUTUR SIMPLE

me lèverai	nous lèverons
te lèveras	vous lèverez
se lèvera	se lèveront

FUTUR ANTÉRIEUR

me serai levé(e)	nous serons levé(e)s
te seras levé(e)	vous serez levé(e)(s)
se sera levé(e)	se seront levé(e)s

SUBJONCTIF

PRÉSENT

me lève	nous levions
te lèves	vous leviez
se lève	se lèvent

PASSÉ

me sois levé(e)	nous soyons levé(e)s
te sois levé(e)	vous soyez levé(e)(s)
se soit levé(e)	se soient levé(e)s

IMPARFAIT

me levasse	nous levassions
te levasses	vous levassiez
se levât	se levassent

PLUS-QUE-PARFAIT

me fusse levé(e)	nous fussions levé(e)s
te fusses levé(e)	vous fussiez levé(e)(s)
se fût levé(e)	se fussent levé(e)s

CONDITIONNEL

PRÉSENT

me lèverais	nous lèverions
te lèverais	vous lèveriez
se lèverait	se lèveraient

PASSÉ

me serais levé(e)	nous serions levé(e)s
te serais levé(e)	vous seriez levé(e)(s)
se serait levé(e)	se seraient levé(e)s

IMPÉRATIF

lève-toi
levons-nous
levez-vous

PARTICIPES

PRÉSENT	**PASSÉ**
me levant, etc.	levé(e)

EXAMPLES OF VERB USAGE

Vous vous lèverez quand il entrera.	*You'll stand up when he comes in.*
Nous nous sommes levés à sept heures.	*We got up at seven.*
Le soleil se lève à l'est.	*The sun rises in the east.*
Lève la main avant de parler.	*Raise your hand before speaking.*

RELATED WORDS

lever	*to lift, to raise*	le lever de soleil	*sunrise*
relever	*to help up, to raise*	le levant	*the east*
prélever	*to take from, to remove; to levy*	la relève	*relief (guard)*
la levure	*yeast*	le lève-tard	*late riser*
le lève-tôt	*early riser*	le levain	*leaven*

lire
to read

je	nous
tu	vous
il/elle/on	ils/elles

INDICATIF

PRÉSENT

lis	lisons
lis	lisez
lit	lisent

PASSÉ COMPOSÉ

ai lu	avons lu
as lu	avez lu
a lu	ont lu

IMPARFAIT

lisais	lisions
lisais	lisiez
lisait	lisaient

PLUS-QUE-PARFAIT

avais lu	avions lu
avais lu	aviez lu
avait lu	avaient lu

PASSÉ SIMPLE

lus	lûmes
lus	lûtes
lut	lurent

PASSÉ ANTÉRIEUR

eus lu	eûmes lu
eus lu	eûtes lu
eut lu	eurent lu

FUTUR SIMPLE

lirai	lirons
liras	lirez
lira	liront

FUTUR ANTÉRIEUR

aurai lu	aurons lu
auras lu	aurez lu
aura lu	auront lu

SUBJONCTIF

PRÉSENT

lise	lisions
lises	lisiez
lise	lisent

PASSÉ

aie lu	ayons lu
aies lu	ayez lu
ait lu	aient lu

IMPARFAIT

lusse	lussions
lusses	lussiez
lût	lussent

PLUS-QUE-PARFAIT

eusse lu	eussions lu
eusses lu	eussiez lu
eût lu	eussent lu

CONDITIONNEL

PRÉSENT

lirais	lirions
lirais	liriez
lirait	liraient

PASSÉ

aurais lu	aurions lu
aurais lu	auriez lu
aurait lu	auraient lu

IMPÉRATIF

lis
lisons
lisez

PARTICIPES

PRÉSENT	**PASSÉ**
lisant	lu(e)

EXAMPLES OF VERB USAGE

Elle ne lit pas très bien.	*She can't read very well.*
J'ai lu ce livre en deux jours.	*I read this book in two days.*
Nous lirons le journal ce soir.	*We'll read the paper tonight.*
Ce roman se lit bien.	*This novel is easy to read.*

RELATED WORDS

la lecture	*reading*	lisible	*legible*
le/ la lecteur/ -trice	*reader*	illisible	*illegible*

Verb Charts

loger
to stay; to accommodate, to put up

INDICATIF

PRÉSENT

loge	logeons
loges	logez
loge	logent

PASSÉ COMPOSÉ

ai logé	avons logé
as logé	avez logé
a logé	ont logé

IMPARFAIT

logeais	logions
logeais	logiez
logeait	logeaient

PLUS-QUE-PARFAIT

avais logé	avions logé
avais logé	aviez logé
avait logé	avaient logé

PASSÉ SIMPLE

logeai	logeâmes
logeas	logeâtes
logea	logèrent

PASSÉ ANTÉRIEUR

eus logé	eûmes logé
eus logé	eûtes logé
eut logé	eurent logé

FUTUR SIMPLE

logerai	logerons
logeras	logerez
logera	logeront

FUTUR ANTÉRIEUR

aurai logé	aurons logé
auras logé	aurez logé
aura logé	auront logé

SUBJONCTIF

PRÉSENT

loge	logions
loges	logiez
loge	logent

PASSÉ

aie logé	ayons logé
aies logé	ayez logé
ait logé	aient logé

IMPARFAIT

logeasse	logeassions
logeasses	logeassiez
logeât	logeassent

PLUS-QUE-PARFAIT

eusse logé	eussions logé
eusses logé	eussiez logé
eût logé	eussent logé

CONDITIONNEL

PRÉSENT

logerais	logerions
logerais	logeriez
logerait	logeraient

PASSÉ

aurais logé	aurions logé
aurais logé	auriez logé
aurait logé	auraient logé

IMPÉRATIF

loge
logeons
logez

PARTICIPES

PRÉSENT	**PASSÉ**
logeant	logé(e)

EXAMPLES OF VERB USAGE

Elle logeait toujours à l'hôtel pendant ses vacances.

She always stayed in hotels when she was on vacation.

Ils logeront chez l'habitant.

They'll stay with the local people.

Ma sœur nous a logés après l'incendie.

My sister put us up after the fire.

RELATED WORDS

le logement	*housing*	la loge	*lodge, actor's*
être aux	*to have a ringside seat*		*dressing-room*
premières loges			

maigrir

to lose weight

je	nous
tu	vous
il/elle/on	ils/elles

INDICATIF

PRÉSENT

maigris	maigrissons
maigris	maigrissez
maigrit	maigrissent

PASSÉ COMPOSÉ

ai maigri	avons maigri
as maigri	avez maigri
a maigri	ont maigri

IMPARFAIT

maigrissais	maigrissions
maigrissais	maigrissiez
maigrissait	maigrissaient

PLUS-QUE-PARFAIT

avais maigri	avions maigri
avais maigri	aviez maigri
avait maigri	avaient maigri

PASSÉ SIMPLE

maigris	maigrîmes
maigris	maigrîtes
maigrit	maigrirent

PASSÉ ANTÉRIEUR

eus maigri	eûmes maigri
eus maigri	eûtes maigri
eut maigri	eurent maigri

FUTUR SIMPLE

maigrirai	maigrirons
maigriras	maigrirez
maigrira	maigriront

FUTUR ANTÉRIEUR

aurai maigri	aurons maigri
auras maigri	aurez maigri
aura maigri	auront maigri

SUBJONCTIF

PRÉSENT

maigrisse	maigrissions
maigrisses	maigrissiez
maigrisse	maigrissent

PASSÉ

aie maigri	ayons maigri
aies maigri	ayez maigri
ait maigri	aient maigri

IMPARFAIT

maigrisse	maigrissions
maigrisses	maigrissiez
maigrît	maigrissent

PLUS-QUE-PARFAIT

eusse maigri	eussions maigri
eusses maigri	eussiez maigri
eût maigri	eussent maigri

CONDITIONNEL

PRÉSENT

maigrirais	maigririons
maigrirais	maigririez
maigrirait	maigriraient

PASSÉ

aurais maigri	aurions maigri
aurais maigri	auriez maigri
aurait maigri	auraient maigri

IMPÉRATIF

maigris
maigrissons
maigrissez

PARTICIPES

PRÉSENT	PASSÉ
maigrissant	maigri(e)

EXAMPLES OF VERB USAGE

Elle a déjà maigri de cinq kilos.	*She has already lost five kilos.*
Quand on fait du sport, on maigrit.	*When you exercise, you lose weight.*
Il faut que tu maigrisses.	*You must lose weight.*

RELATED WORDS

maigre	*skinny, thin*	amaigri/ -e	*one who lost weight*
la maigreur	*thinness, meagerness*	régime amaigrissant	*weight-loss diet*

Verb Charts

manger
to eat

INDICATIF

PRÉSENT

mange	mangeons
manges	mangez
mange	mangent

IMPARFAIT

mangeais	mangions
mangeais	mangiez
mangeait	mangeaient

PASSÉ SIMPLE

mangeai	mangeâmes
mangeas	mangeâtes
mangea	mangèrent

FUTUR SIMPLE

mangerai	mangerons
mangeras	mangerez
mangera	mangeront

PASSÉ COMPOSÉ

ai mangé	avons mangé
as mangé	avez mangé
a mangé	ont mangé

PLUS-QUE-PARFAIT

avais mangé	avions mangé
avais mangé	aviez mangé
avait mangé	avaient mangé

PASSÉ ANTÉRIEUR

eus mangé	eûmes mangé
eus mangé	eûtes mangé
eut mangé	eurent mangé

FUTUR ANTÉRIEUR

aurai mangé	aurons mangé
auras mangé	aurez mangé
aura mangé	auront mangé

SUBJONCTIF

PRÉSENT

mange	mangions
manges	mangiez
mange	mangent

IMPARFAIT

mangeasse	mangeassions
mangeasses	mangeassiez
mangeât	mangeassent

PASSÉ

aie mangé	ayons mangé
aies mangé	ayez mangé
ait mangé	aient mangé

PLUS-QUE-PARFAIT

eusse mangé	eussions mangé
eusses mangé	eussiez mangé
eût mangé	eussent mangé

CONDITIONNEL

PRÉSENT

mangerais	mangerions
mangerais	mangeriez
mangerait	mangeraient

PASSÉ

aurais mangé	aurions mangé
aurais mangé	auriez mangé
aurait mangé	auraient mangé

IMPÉRATIF

mange
mangeons
mangez

PARTICIPES

PRÉSENT	**PASSÉ**
mangeant	mangé(e)

EXAMPLES OF VERB USAGE

Nous mangerons à huit heures ce soir.	*We'll eat at eight tonight.*
Ils ont mangé tout le gâteau.	*They ate the whole cake.*
Ce plat se mange froid.	*This dish is eaten cold.*

RELATED WORDS

le garde-manger	*pantry*	mangeable	*edible*
la mangeoire	*trough*	le gros mangeur	*big eater*

manquer
to lack, to miss

INDICATIF

PRÉSENT

manque	manquons
manques	manquez
manque	manquent

IMPARFAIT

manquais	manquions
manquais	manquiez
manquait	manquaient

PASSÉ SIMPLE

manquai	manquâmes
manquas	manquâtes
manqua	manquèrent

FUTUR SIMPLE

manquerai	manquerons
manqueras	manquerez
manquera	manqueront

PASSÉ COMPOSÉ

ai manqué	avons manqué
as manqué	avez manqué
a manqué	ont manqué

PLUS-QUE-PARFAIT

avais manqué	avions manqué
avais manqué	aviez manqué
avait manqué	avaient manqué

PASSÉ ANTÉRIEUR

eus manqué	eûmes manqué
eus manqué	eûtes manqué
eut manqué	eurent manqué

FUTUR ANTÉRIEUR

aurai manqué	aurons manqué
auras manqué	aurez manqué
aura manqué	auront manqué

je	nous
tu	vous
il/elle/on	ils/elles

SUBJONCTIF

PRÉSENT

manque	manquions
manques	manquiez
manque	manquent

IMPARFAIT

manquasse	manquassions
manquasses	manquassiez
manquât	manquassent

PASSÉ

aie manqué	ayons manqué
aies manqué	ayez manqué
ait manqué	aient manqué

PLUS-QUE-PARFAIT

eusse manqué	eussions manqué
eusses manqué	eussiez manqué
eût manqué	eussent manqué

CONDITIONNEL

PRÉSENT

manquerais	manquerions
manquerais	manqueriez
manquerait	manqueraient

PASSÉ

aurais manqué	aurions manqué
aurais manqué	auriez manqué
aurait manqué	auraient manqué

IMPÉRATIF

manque
manquons
manquez

PARTICIPES

PRÉSENT	**PASSÉ**
manquant	manqué(e)

Verb Charts

EXAMPLES OF VERB USAGE

Nous n'avons manqué de rien.	*We wanted for nothing.*
La France me manquait beaucoup.	*I missed France a lot.*
Si tu ne te dépêches pas, tu manqueras ton train.	*If you don't hurry, you'll miss your train.*
Il manque vingt personnes.	*There are twenty people missing.*

RELATED WORDS

le manque	*lack*	le manque à gagner	*loss of earnings*

maudire
to curse

je	nous
tu	vous
il/elle/on	ils/elles

INDICATIF

PRÉSENT

maudis	maudissons
maudis	maudissez
maudit	maudissent

PASSÉ COMPOSÉ

ai maudit	avons maudit
as maudit	avez maudit
a maudit	ont maudit

IMPARFAIT

maudissais	maudissions
maudissais	maudissiez
maudissait	maudissaient

PLUS-QUE-PARFAIT

avais maudit	avions maudit
avais maudit	aviez maudit
avait maudit	avaient maudit

PASSÉ SIMPLE

maudis	maudîmes
maudis	maudîtes
maudit	maudirent

PASSÉ ANTÉRIEUR

eus maudit	eûmes maudit
eus maudit	eûtes maudit
eut maudit	eurent maudit

FUTUR SIMPLE

maudirai	maudirons
maudiras	maudirez
maudira	maudiront

FUTUR ANTÉRIEUR

aurai maudit	aurons maudit
auras maudit	aurez maudit
aura maudit	auront maudit

SUBJONCTIF

PRÉSENT

maudisse	maudissions
maudisses	maudissiez
maudisse	maudissent

PASSÉ

aie maudit	ayons maudit
aies maudit	ayez maudit
ait maudit	aient maudit

IMPARFAIT

maudisse	maudissions
maudisses	maudissiez
maudît	maudissent

PLUS-QUE-PARFAIT

eusse maudit	eussions maudit
eusses maudit	eussiez maudit
eût maudit	eussent maudit

CONDITIONNEL

PRÉSENT

maudirais	maudirions
maudirais	maudiriez
maudirait	maudiraient

PASSÉ

aurais maudit	aurions maudit
aurais maudit	auriez maudit
aurait maudit	auraient maudit

IMPÉRATIF

maudis
maudissons
maudissez

PARTICIPES

PRÉSENT	**PASSÉ**
maudissant	maudit(e)

EXAMPLES OF VERB USAGE

Il maudissait le jour où il l'avait rencontrée.	*He cursed the day he had met her.*
Je te maudis!	*I curse you!*
Cette journée est vraiment maudite.	*This day is really cursed.*

RELATED WORDS

maudit/ -e	*cursed*

mentir
to lie

je	nous
tu	vous
il/elle/on	ils/elles

INDICATIF

PRÉSENT

mens	mentons
mens	mentez
ment	mentent

PASSÉ COMPOSÉ

ai menti	avons menti
as menti	avez menti
a menti	ont menti

IMPARFAIT

mentais	mentions
mentais	mentiez
mentait	mentaient

PLUS-QUE-PARFAIT

avais menti	avions menti
avais menti	aviez menti
avait menti	avaient menti

PASSÉ SIMPLE

mentis	mentîmes
mentis	mentîtes
mentit	mentirent

PASSÉ ANTÉRIEUR

eus menti	eûmes menti
eus menti	eûtes menti
eut menti	eurent menti

FUTUR SIMPLE

mentirai	mentirons
mentiras	mentirez
mentira	mentiront

FUTUR ANTÉRIEUR

aurai menti	aurons menti
auras menti	aurez menti
aura menti	auront menti

SUBJONCTIF

PRÉSENT

mente	mentions
mentes	mentiez
mente	mentent

PASSÉ

aie menti	ayons menti
aies menti	ayez menti
ait menti	aient menti

IMPARFAIT

mentisse	mentissions
mentisses	mentissiez
mentît	mentissent

PLUS-QUE-PARFAIT

eusse menti	eussions menti
eusses menti	eussiez menti
eût menti	eussent menti

CONDITIONNEL

PRÉSENT

mentirais	mentirions
mentirais	mentiriez
mentirait	mentiraient

PASSÉ

aurais menti	aurions menti
aurais menti	auriez menti
aurait menti	auraient menti

IMPÉRATIF

mens
mentons
mentez

PARTICIPES

PRÉSENT	**PASSÉ**
mentant	menti(e)

EXAMPLES OF VERB USAGE

Ne mens pas!	*Don't lie!*
Il mentait à ses parents étant petit.	*He used to lie to his parents when he was little.*
Nous ne nous sommes jamais menti.	*We have never lied to each other.*

RELATED WORDS

le mensonge	*lie*	le/ la menteur/ -euse	*liar*
mensonger/ -ère	*false, misleading*	démentir	*to deny*

Verb Charts

mettre
to put, to wear

je	nous
tu	vous
il/elle/on	ils/elles

INDICATIF

PRÉSENT
mets	mettons
mets	mettez
met	mettent

PASSÉ COMPOSÉ
ai mis	avons mis
as mis	avez mis
a mis	ont mis

IMPARFAIT
mettais	mettions
mettais	mettiez
mettait	mettaient

PLUS-QUE-PARFAIT
avais mis	avions mis
avais mis	aviez mis
avait mis	avaient mis

PASSÉ SIMPLE
mis	mîmes
mis	mîtes
mit	mirent

PASSÉ ANTÉRIEUR
eus mis	eûmes mis
eus mis	eûtes mis
eut mis	eurent mis

FUTUR SIMPLE
mettrai	mettrons
mettras	mettrez
mettra	mettront

FUTUR ANTÉRIEUR
aurai mis	aurons mis
auras mis	aurez mis
aura mis	auront mis

SUBJONCTIF

PRÉSENT
mette	mettions
mettes	mettiez
mette	mettent

PASSÉ
aie mis	ayons mis
aies mis	ayez mis
ait mis	aient mis

IMPARFAIT
misse	missions
misses	missiez
mît	missent

PLUS-QUE-PARFAIT
eusse mis	eussions mis
eusses mis	eussiez mis
eût mis	eussent mis

CONDITIONNEL

PRÉSENT
mettrais	mettrions
mettrais	mettriez
mettrait	mettraient

PASSÉ
aurais mis	aurions mis
aurais mis	auriez mis
aurait mis	auraient mis

IMPÉRATIF

mets
mettons
mettez

PARTICIPES

PRÉSENT	PASSÉ
mettant	mis(e)

EXAMPLES OF VERB USAGE

Il ne mettait jamais de sucre dans son café.	*He never put sugar in his coffee.*
Je n'ai pas mis cette robe depuis longtemps.	*I haven't worn this dress for a long time.*
Nous nous sommes mis à rire.	*We started to laugh.*
Ne vous mettez pas l'un à côté de l'autre.	*Don't sit next to each other.*

RELATED WORDS

admettre	*to admit, to accept*	commettre	*to commit (a crime)*
émettre	*to emit, to broadcast*	omettre	*to omit, to leave out*
permettre	*to permit, to allow*	promettre	*to promise*
soumettre	*to subject, to submit*	transmettre	*to transmit*
(se) compromettre	*to compromise (oneself)*	retransmettre	*to broadcast*
se mettre à	*to put oneself; to start*	la mise au point	*tuning, focusing*
la mise en scène	*staging*	le metteur en scène	*theater director*

monter

to rise, to go up (être); to take up

je	nous
tu	vous
il/elle/on	ils/elles

INDICATIF

PRÉSENT

monte	montons
montes	montez
monte	montent

IMPARFAIT

montais	montions
montais	montiez
montait	montaient

PASSÉ SIMPLE

montai	montâmes
montas	montâtes
monta	montèrent

FUTUR SIMPLE

monterai	monterons
monteras	monterez
montera	monteront

PASSÉ COMPOSÉ

suis monté(e)	sommes monté(e)s
es monté(e)	êtes monté(e)(s)
est monté(e)	sont monté(e)s

PLUS-QUE-PARFAIT

étais monté(e)	étions monté(e)s
étais monté(e)	étiez monté(e)(s)
était monté(e)	étaient monté(e)s

PASSÉ ANTÉRIEUR

fus monté(e)	fûmes monté(e)s
fus monté(e)	fûtes monté(e)(s)
fut monté(e)	furent monté(e)s

FUTUR ANTÉRIEUR

serai monté(e)	serons monté(e)s
seras monté(e)	serez monté(e)(s)
sera monté(e)	seront monté(e)s

SUBJONCTIF

PRÉSENT

monte	montions
montes	montiez
monte	montent

IMPARFAIT

montasse	montassions
montasses	montassiez
montât	montassent

PASSÉ

sois monté(e)	soyons monté(e)s
sois monté(e)	soyez monté(e)(s)
soit monté(e)	soient monté(e)s

PLUS-QUE-PARFAIT

fusse monté(e)	fussions monté(e)s
fusses monté(e)	fussiez monté(e)(s)
fût monté(e)	fussent monté(e)s

CONDITIONNEL

PRÉSENT

monterais	monterions
monterais	monteriez
monterait	monteraient

PASSÉ

serais monté(e)	serions monté(e)s
serais monté(e)	seriez monté(e)(s)
serait monté(e)	seraient monté(e)s

IMPÉRATIF

monte
montons
montez

PARTICIPES

PRÉSENT	**PASSÉ**
montant	monté(e)

EXAMPLES OF VERB USAGE

Je suis montée dans ma chambre après manger.	*I went up to my room after eating.*
La tension monte!	*Tension is rising.*
As-tu monté ton cartable dans ta chambre?	*Did you take your schoolbag up to your room?*
Ils montèrent l'escalier en courant.	*They ran up the stairs.*

RELATED WORDS

démonter	*to take something apart*	la monture	*mount (horse); frame (glasses)*
le monte-charge	*service elevator*		
montant/ -e	*rising*	la montée	*climb*

montrer
to show, to point out

je	nous
tu	vous
il/elle/on	ils/elles

INDICATIF

PRÉSENT

montre	montrons
montres	montrez
montre	montrent

PASSÉ COMPOSÉ

ai montré	avons montré
as montré	avez montré
a montré	ont montré

IMPARFAIT

montrais	montrions
montrais	montriez
montrait	montraient

PLUS-QUE-PARFAIT

avais montré	avions montré
avais montré	aviez montré
avait montré	avaient montré

PASSÉ SIMPLE

montrai	montrâmes
montras	montrâtes
montra	montrèrent

PASSÉ ANTÉRIEUR

eus montré	eûmes montré
eus montré	eûtes montré
eut montré	eurent montré

FUTUR SIMPLE

montrerai	montrerons
montreras	montrerez
montrera	montreront

FUTUR ANTÉRIEUR

aurai montré	aurons montré
auras montré	aurez montré
aura montré	auront montré

SUBJONCTIF

PRÉSENT

montre	montrions
montres	montriez
montre	montrent

PASSÉ

aie montré	ayons montré
aies montré	ayez montré
ait montré	aient montré

IMPARFAIT

montrasse	montrassions
montrasses	montrassiez
montrât	montrassent

PLUS-QUE-PARFAIT

eusse montré	eussions montré
eusses montré	eussiez montré
eût montré	eussent montré

CONDITIONNEL

PRÉSENT

montrerais	montrerions
montrerais	montreriez
montrerait	montreraient

PASSÉ

aurais montré	aurions montré
aurais montré	auriez montré
aurait montré	auraient montré

IMPÉRATIF

montre
montrons
montrez

PARTICIPES

PRÉSENT	**PASSÉ**
montrant	montré(e)

EXAMPLES OF VERB USAGE

Ils m'ont montré le panneau.	*They pointed out the sign to me.*
Montre-moi ton nouveau manteau.	*Show me your new coat.*
Il ne se montra pas à la soirée.	*He didn't show up at the party.*

RELATED WORDS

la montre	*watch*	la démonstration	*demonstration*
démontrer	*to demonstrate, to prove*	se montrer	*to appear, to show up*

mordre
to bite

je	nous
tu	vous
il/elle/on	ils/elles

INDICATIF

PRÉSENT

mords	mordons
mords	mordez
mord	mordent

PASSÉ COMPOSÉ

ai mordu	avons mordu
as mordu	avez mordu
a mordu	ont mordu

IMPARFAIT

mordais	mordions
mordais	mordiez
mordait	mordaient

PLUS-QUE-PARFAIT

avais mordu	avions mordu
avais mordu	aviez mordu
avait mordu	avaient mordu

PASSÉ SIMPLE

mordis	mordîmes
mordis	mordîtes
mordit	mordirent

PASSÉ ANTÉRIEUR

eus mordu	eûmes mordu
eus mordu	eûtes mordu
eut mordu	eurent mordu

FUTUR SIMPLE

mordrai	mordrons
mordras	mordrez
mordra	mordront

FUTUR ANTÉRIEUR

aurai mordu	aurons mordu
auras mordu	aurez mordu
aura mordu	auront mordu

SUBJONCTIF

PRÉSENT

morde	mordions
mordes	mordiez
morde	mordent

PASSÉ

aie mordu	ayons mordu
aies mordu	ayez mordu
ait mordu	aient mordu

IMPARFAIT

mordisse	mordissions
mordisses	mordissiez
mordît	mordissent

PLUS-QUE-PARFAIT

eusse mordu	eussions mordu
eusses mordu	eussiez mordu
eût mordu	eussent mordu

CONDITIONNEL

PRÉSENT

mordrais	mordrions
mordrais	mordriez
mordrait	mordraient

PASSÉ

aurais mordu	aurions mordu
aurais mordu	auriez mordu
aurait mordu	auraient mordu

IMPÉRATIF

mords
mordons
mordez

PARTICIPES

PRÉSENT	**PASSÉ**
mordant	mordu(e)

EXAMPLES OF VERB USAGE

J'ai mordu dans la pomme.	*I bit into the apple.*
Est-ce que ça mord aujourd'hui?	*Are the fish biting today?*
Un jour, ce chien mordra quelqu'un.	*One day, this dog will bite someone.*

RELATED WORDS

la morsure	*bite*	le mors	*bit*
le mordant	*scathing; biting*	le morceau	*piece*

Verb Charts

moudre
to grind

je	nous
tu	vous
il/elle/on	ils/elles

INDICATIF

PRÉSENT
mouds	moulons
mouds	moulez
moud	moulent

PASSÉ COMPOSÉ
ai moulu	avons moulu
as moulu	avez moulu
a moulu	ont moulu

IMPARFAIT
moulais	moulions
moulais	mouliez
moulait	moulaient

PLUS-QUE-PARFAIT
avais moulu	avions moulu
avais moulu	aviez moulu
avait moulu	avaient moulu

PASSÉ SIMPLE
moulus	moulûmes
moulus	moulûtes
moulut	moulurent

PASSÉ ANTÉRIEUR
eus moulu	eûmes moulu
eus moulu	eûtes moulu
eut moulu	eurent moulu

FUTUR SIMPLE
moudrai	moudrons
moudras	moudrez
moudra	moudront

FUTUR ANTÉRIEUR
aurai moulu	aurons moulu
auras moulu	aurez moulu
aura moulu	auront moulu

SUBJONCTIF

PRÉSENT
moule	moulions
moules	mouliez
moule	moulent

PASSÉ
aie moulu	ayons moulu
aies moulu	ayez moulu
ait moulu	aient moulu

IMPARFAIT
moulusse	moulussions
moulusses	moulussiez
moulût	moulussent

PLUS-QUE-PARFAIT
eusse moulu	eussions moulu
eusses moulu	eussiez moulu
eût moulu	eussent moulu

CONDITIONNEL

PRÉSENT
moudrais	moudrions
moudrais	moudriez
moudrait	moudraient

PASSÉ
aurais moulu	aurions moulu
aurais moulu	auriez moulu
aurait moulu	auraient moulu

IMPÉRATIF

mouds
moulons
moulez

PARTICIPES

PRÉSENT
moulant

PASSÉ
moulu(e)

EXAMPLES OF VERB USAGE

J'ai moulu le café.	*I ground the coffee.*
Nous moudrons du poivre.	*We'll grind some pepper.*
Ce café a été fraîchement moulu.	*This coffee has been freshly ground.*

RELATED WORDS

le café moulu	*ground coffee*

mourir
to die (être)

INDICATIF

PRÉSENT

meurs	mourons
meurs	mourez
meurt	meurent

PASSÉ COMPOSÉ

suis mort(e)	sommes mort(e)s
es mort(e)	êtes mort(e)(s)
est mort(e)	sont mort(e)s

je	nous
tu	vous
il/elle/on	ils/elles

IMPARFAIT

mourais	mourions
mourais	mouriez
mourait	mouraient

PLUS-QUE-PARFAIT

étais mort(e)	étions mort(e)s
étais mort(e)	étiez mort(e)(s)
était mort(e)	étaient mort(e)s

PASSÉ SIMPLE

mourus	mourûmes
mourus	mourûtes
mourut	moururent

PASSÉ ANTÉRIEUR

fus mort(e)	fûmes mort(e)s
fus mort(e)	fûtes mort(e)(s)
fut mort(e)	furent mort(e)s

FUTUR SIMPLE

mourrai	mourrons
mourras	mourrez
mourra	mourront

FUTUR ANTÉRIEUR

serai mort(e)	serons mort(e)s
seras mort(e)	serez mort(e)(s)
sera mort(e)	seront mort(e)s

SUBJONCTIF

PRÉSENT

meure	mourions
meures	mouriez
meure	meurent

PASSÉ

sois mort(e)	soyons mort(e)s
sois mort(e)	soyez mort(e)(s)
soit mort(e)	soient mort(e)s

IMPARFAIT

mourusse	mourussions
mourusses	mourussiez
mourût	mourussent

PLUS-QUE-PARFAIT

fusse mort(e)	fussions mort(e)s
fusses mort(e)	fussiez mort(e)(s)
fût mort(e)	fussent mort(e)s

CONDITIONNEL

PRÉSENT

mourrais	mourrions
mourrais	mourriez
mourrait	mourraient

PASSÉ

serais mort(e)	serions mort(e)s
serais mort(e)	seriez mort(e)(s)
serait mort(e)	seraient mort(e)s

IMPÉRATIF

meurs
mourons
mourez

PARTICIPES

PRÉSENT	**PASSÉ**
mourant	mort(e)

EXAMPLES OF VERB USAGE

Je meurs de faim.	*I'm starving.*
Elle est morte de vieillesse.	*She died of old age.*
C'est une simple piqûre, tu n'en mourras pas.	*It's only a little injection; it won't kill you!*

RELATED WORDS

la mort	*death*	mortel/ -elle	*mortal*
le/ la mort/ -e	*dead person*	la morte-saison	*off-season*
la mortalité	*death rate, mortality*		

nager
to swim

je	nous
tu	vous
il/elle/on	ils/elles

INDICATIF

PRÉSENT

nage	nageons
nages	nagez
nage	nagent

IMPARFAIT

nageais	nagions
nageais	nagiez
nageait	nageaient

PASSÉ SIMPLE

nageai	nageâmes
nageas	nageâtes
nagea	nagèrent

FUTUR SIMPLE

nagerai	nagerons
nageras	nagerez
nagera	nageront

PASSÉ COMPOSÉ

ai nagé	avons nagé
as nagé	avez nagé
a nagé	ont nagé

PLUS-QUE-PARFAIT

avais nagé	avions nagé
avais nagé	aviez nagé
avait nagé	avaient nagé

PASSÉ ANTÉRIEUR

eus nagé	eûmes nagé
eus nagé	eûtes nagé
eut nagé	eurent nagé

FUTUR ANTÉRIEUR

aurai nagé	aurons nagé
auras nagé	aurez nagé
aura nagé	auront nagé

SUBJONCTIF

PRÉSENT

nage	nagions
nages	nagiez
nage	nagent

IMPARFAIT

nageasse	nageassions
nageasses	nageassiez
nageât	nageassent

PASSÉ

aie nagé	ayons nagé
aies nagé	ayez nagé
ait nagé	aient nagé

PLUS-QUE-PARFAIT

eusse nagé	eussions nagé
eusses nagé	eussiez nagé
eût nagé	eussent nagé

CONDITIONNEL

PRÉSENT

nagerais	nagerions
nagerais	nageriez
nagerait	nageraient

PASSÉ

aurais nagé	aurions nagé
aurais nagé	auriez nagé
aurait nagé	auraient nagé

IMPÉRATIF

nage
nageons
nagez

PARTICIPES

PRÉSENT	**PASSÉ**
nageant	nagé(e)

EXAMPLES OF VERB USAGE

Elle nage très bien.	*She swims very well.*
Il a nagé le 100 mètres aux Jeux Olympiques.	*He swam the 100 meters at the Olympics.*
Je nagerai jusqu'à cette île.	*I'll swim to this island.*

RELATED WORDS

le/ la nageur/ -euse	*swimmer*	la natation	*swimming*
la nage	*swimming; stroke*	la nageoire	*fin; flipper*
être en nage	*to be bathed in sweat*		

naître

to be born (être); to arise (être)

je	nous
tu	vous
il/elle/on	ils/elles

INDICATIF

PRÉSENT

nais	naissons
nais	naissez
naît	naissent

PASSÉ COMPOSÉ

suis né(e)	sommes né(e)s
es né(e)	êtes né(e)(s)
est né(e)	sont né(e)s

IMPARFAIT

naissais	naissions
naissais	naissiez
naissait	naissaient

PLUS-QUE-PARFAIT

étais né(e)	étions né(e)s
étais né(e)	étiez né(e)(s)
était né(e)	étaient né(e)s

PASSÉ SIMPLE

naquis	naquîmes
naquis	naquîtes
naquit	naquirent

PASSÉ ANTÉRIEUR

fus né(e)	fûmes né(e)s
fus né(e)	fûtes né(e)(s)
fut né(e)	furent né(e)s

FUTUR SIMPLE

naîtrai	naîtrons
naîtras	naîtrez
naîtra	naîtront

FUTUR ANTÉRIEUR

serai né(e)	serons né(e)s
seras né(e)	serez né(e)(s)
sera né(e)	seront né(e)s

SUBJONCTIF

PRÉSENT

naisse	naissions
naisses	naissiez
naisse	naissent

PASSÉ

sois né(e)	soyons né(e)s
sois né(e)	soyez né(e)(s)
soit né(e)	soient né(e)s

IMPARFAIT

naquisse	naquissions
naquisses	naquissiez
naquît	naquissent

PLUS-QUE-PARFAIT

fusse né(e)	fussions né(e)s
fusses né(e)	fussiez né(e)(s)
fût né(e)	fussent né(e)s

CONDITIONNEL

PRÉSENT

naîtrais	naîtrions
naîtrais	naîtriez
naîtrait	naîtraient

PASSÉ

serais né(e)	serions né(e)s
serais né(e)	seriez né(e)(s)
serait né(e)	seraient né(e)s

IMPÉRATIF

nais
naissons
naissez

PARTICIPES

PRÉSENT
naissant

PASSÉ
né(e)

EXAMPLES OF VERB USAGE

Leur enfant naîtra en juin.

Their child will be born in June.

Étiez-vous né en 1980?

Were you born in 1980?

Le mouvement est né de cette rencontre.

The movement was born from this meeting.

RELATED WORDS

la naissance	*birth*	la natalité	*birth rate*
la renaissance	*rebirth; renaissance*	renaître	*to be born again*
naissant/ -e	*burgeoning*		

neiger
to snow

je	nous
tu	vous
il/elle/on	ils/elles

INDICATIF

PRÉSENT
il neige

IMPARFAIT
il neigeait

PASSÉ SIMPLE
il neigea

FUTUR SIMPLE
il neigera

PASSÉ COMPOSÉ
il a neigé

PLUS-QUE-PARFAIT
il avait neigé

PASSÉ ANTÉRIEUR
il eut neigé

FUTUR ANTÉRIEUR
il aura neigé

SUBJONCTIF

PRÉSENT
il neige

IMPARFAIT
il neigeât

PASSÉ
qu'il ait neigé

PLUS-QUE-PARFAIT
qu'il eût neigé

CONDITIONNEL

PRÉSENT
il neigerait

PASSÉ
il aurait neigé

IMPÉRATIF

[Does not exist.]

PARTICIPES

PRÉSENT
—

PASSÉ
neigé

EXAMPLES OF VERB USAGE

Il neige.

Il a beaucoup neigé la nuit dernière.

Il neigera demain.

It's snowing.

It snowed a lot last night.

It will snow tomorrow.

RELATED WORDS

la neige	*snow*	le chasse-neige	*snowplow*
déneiger	*to clear the snow from*	le bonhomme de neige	*snowman*
l'enneigement (m.)	*snow coverage*		
enneigé/ -e	*snow-covered*		

nettoyer

to clean

je	nous
tu	vous
il/elle/on	ils/elles

INDICATIF

PRÉSENT

nettoie	nettoyons
nettoies	nettoyez
nettoie	nettoient

IMPARFAIT

nettoyais	nettoyions
nettoyais	nettoyiez
nettoyait	nettoyaient

PASSÉ SIMPLE

nettoyai	nettoyâmes
nettoyas	nettoyâtes
nettoya	nettoyèrent

FUTUR SIMPLE

nettoierai	nettoierons
nettoieras	nettoierez
nettoiera	nettoieront

PASSÉ COMPOSÉ

ai nettoyé	avons nettoyé
as nettoyé	avez nettoyé
a nettoyé	ont nettoyé

PLUS-QUE-PARFAIT

avais nettoyé	avions nettoyé
avais nettoyé	aviez nettoyé
avait nettoyé	avaient nettoyé

PASSÉ ANTÉRIEUR

eus nettoyé	eûmes nettoyé
eus nettoyé	eûtes nettoyé
eut nettoyé	eurent nettoyé

FUTUR ANTÉRIEUR

aurai nettoyé	aurons nettoyé
auras nettoyé	aurez nettoyé
aura nettoyé	auront nettoyé

SUBJONCTIF

PRÉSENT

nettoie	nettoyions
nettoies	nettoyiez
nettoie	nettoient

IMPARFAIT

nettoyasse	nettoyassions
nettoyasses	nettoyassiez
nettoyât	nettoyassent

PASSÉ

aie nettoyé	ayons nettoyé
aies nettoyé	ayez nettoyé
ait nettoyé	aient nettoyé

PLUS-QUE-PARFAIT

eusse nettoyé	eussions nettoyé
eusses nettoyé	eussiez nettoyé
eût nettoyé	eussent nettoyé

CONDITIONNEL

PRÉSENT

nettoierais	nettoierions
nettoierais	nettoieriez
nettoierait	nettoieraient

PASSÉ

aurais nettoyé	aurions nettoyé
aurais nettoyé	auriez nettoyé
aurait nettoyé	auraient nettoyé

IMPÉRATIF

nettoie
nettoyons
nettoyez

PARTICIPES

PRÉSENT	**PASSÉ**
nettoyant	nettoyé(e)

EXAMPLES OF VERB USAGE

Il faut que nous nettoyions les fenêtres.	*We must clean the windows.*
Nettoie la table.	*Clean the table.*
Avez-vous nettoyé le sol avec de l'eau?	*Did you clean the floor with water?*

RELATED WORDS

le nettoyage	*cleaning*	le nettoyage à sec	*dry cleaning*
le nettoyage de printemps	*spring cleaning*	l'entreprise de nettoyage (f.)	*cleaning company*

se nourrir
to eat, to feed on

je	nous
tu	vous
il/elle/on	ils/elles

INDICATIF

PRÉSENT
me nourris / nous nourrissons
te nourris / vous nourrissez
se nourrit / se nourrissent

IMPARFAIT
me nourrissais / nous nourrissions
te nourrissais / vous nourrissiez
se nourrissait / se nourrissaient

PASSÉ SIMPLE
me nourris / nous nourrîmes
te nourris / vous nourrîtes
se nourrit / se nourrirent

FUTUR SIMPLE
me nourrirai / nous nourrirons
te nourriras / vous nourrirez
se nourrira / se nourriront

PASSÉ COMPOSÉ
me suis nourri(e) / nous sommes nourri(e)s
t'es nourri(e) / vous êtes nourri(e)(s)
s'est nourri(e) / se sont nourri(e)s

PLUS-QUE-PARFAIT
m'étais nourri(e) / nous étions nourri(e)s
t'étais nourri(e) / vous étiez nourri(e)(s)
s'était nourri(e) / s'étaient nourri(e)s

PASSÉ ANTÉRIEUR
me fus nourri(e) / nous fûmes nourri(e)s
te fus nourri(e) / vous fûtes nourri(e)(s)
se fut nourri(e) / se furent nourri(e)s

FUTUR ANTÉRIEUR
me serai nourri(e) / nous serons nourri(e)s
te seras nourri(e) / vous serez nourri(e)(s)
se sera nourri(e) / se seront nourri(e)s

SUBJONCTIF

PRÉSENT
me nourrisse / nous nourrissions
te nourrisses / vous nourrissiez
se nourrisse / se nourrissent

IMPARFAIT
me nourrisse / nous nourrissions
te nourrisses / vous nourrissiez
se nourrît / se nourrissent

PASSÉ
me sois nourri(e) / nous soyons nourri(e)s
te sois nourri(e) / vous soyez nourri(e)(s)
se soit nourri(e) / se soient nourri(e)s

PLUS-QUE-PARFAIT
me fusse nourri(e) / nous fussions nourri(e)s
te fusses nourri(e) / vous fussiez nourri(e)(s)
se fût nourri(e) / se fussent nourri(e)s

CONDITIONNEL

PRÉSENT
me nourrirais / nous nourririons
te nourrirais / vous nourririez
se nourrirait / se nourriraient

PASSÉ
me serais nourri(e) / nous serions nourri(e)s
te serais nourri(e) / vous seriez nourri(e)(s)
se serait nourri(e) / se seraient nourri(e)s

IMPÉRATIF

nourris-toi
nourrissons-nous
nourrissez-vous

PARTICIPES

PRÉSENT
me nourrissant, etc.

PASSÉ
nourri(e)

EXAMPLES OF VERB USAGE

Elle se nourrissait mal. — *She didn't eat well.*

Tu te nourris de frites. — *You live on fries.*

Il a été nourri au sein. — *He was breast-fed.*

RELATED WORDS

nourrir — *to feed; to be nourishing*
la nourrice — *nanny*
nourrissant/ -e — *nutritious, nourishing*

la nourriture — *food*
le nourrisson — *infant*

se noyer
to drown

INDICATIF

PRÉSENT

me noie	nous noyons
te noies	vous noyez
se noie	se noient

PASSÉ COMPOSÉ

me suis noyé(e)	nous sommes noyé(e)s
t'es noyé(e)	vous êtes noyé(e)(s)
s'est noyé(e)	se sont noyé(e)s

je	nous
tu	vous
il/elle/on	ils/elles

IMPARFAIT

me noyais	nous noyions
te noyais	vous noyiez
se noyait	se noyaient

PLUS-QUE-PARFAIT

m'étais noyé(e)	nous étions noyé(e)s
t'étais noyé(e)	vous étiez noyé(e)(s)
s'était noyé(e)	s'étaient noyé(e)s

PASSÉ SIMPLE

me noyai	nous noyâmes
te noyas	vous noyâtes
se noya	se noyèrent

PASSÉ ANTÉRIEUR

me fus noyé(e)	nous fûmes noyé(e)s
te fus noyé(e)	vous fûtes noyé(e)(s)
se fut noyé(e)	se furent noyé(e)s

FUTUR SIMPLE

me noierai	nous noierons
te noieras	vous noierez
se noiera	se noieront

FUTUR ANTÉRIEUR

me serai noyé(e)	nous serons noyé(e)s
te seras noyé(e)	vous serez noyé(e)(s)
se sera noyé(e)	se seront noyé(e)s

SUBJONCTIF

PRÉSENT

me noie	nous noyions
te noies	vous noyiez
se noie	se noient

PASSÉ

me sois noyé(e)	nous soyons noyé(e)s
te sois noyé(e)	vous soyez noyé(e)(s)
se soit noyé(e)	se soient noyé(e)s

IMPARFAIT

me noyasse	nous noyassions
te noyasses	vous noyassiez
se noyât	se noyassent

PLUS-QUE-PARFAIT

me fusse noyé(e)	nous fussions noyé(e)s
te fusses noyé(e)	vous fussiez noyé(e)(s)
se fût noyé(e)	se fussent noyé(e)s

CONDITIONNEL

PRÉSENT

me noierais	nous noierions
te noierais	vous noieriez
se noierait	se noieraient

PASSÉ

me serais noyé(e)	nous serions noyé(e)s
te serais noyé(e)	vous seriez noyé(e)(s)
se serait noyé(e)	se seraient noyé(e)s

IMPÉRATIF

noie-toi
noyons-nous
noyez-vous

PARTICIPES

PRÉSENT
me noyant, etc.

PASSÉ
noyé(e)

EXAMPLES OF VERB USAGE

Elle s'est noyée dans la rivière.	*She drowned in the river.*
Je me noierai dans la masse.	*I'll just be one in the crowd.*
Ils noient leur chagrin dans l'alcool.	*They are drowning their sorrow in alcohol.*

RELATED WORDS

le/ la noyé/ -e	*drowned person*	la noyade	*drowning*

Verb Charts

nuire
to harm, to damage

INDICATIF

je	nous
tu	vous
il/elle/on	ils/elles

PRÉSENT

nuis	nuisons
nuis	nuisez
nuit	nuisent

PASSÉ COMPOSÉ

ai nui	avons nui
as nui	avez nui
a nui	ont nui

IMPARFAIT

nuisais	nuisions
nuisais	nuisiez
nuisait	nuisaient

PLUS-QUE-PARFAIT

avais nui	avions nui
avais nui	aviez nui
avait nui	avaient nui

PASSÉ SIMPLE

nuisis	nuisîmes
nuisis	nuisîtes
nuisit	nuisirent

PASSÉ ANTÉRIEUR

eus nui	eûmes nui
eus nui	eûtes nui
eut nui	eurent nui

FUTUR SIMPLE

nuirai	nuirons
nuiras	nuirez
nuira	nuiront

FUTUR ANTÉRIEUR

aurai nui	aurons nui
auras nui	aurez nui
aura nui	auront nui

SUBJONCTIF

PRÉSENT

nuise	nuisions
nuises	nuisiez
nuise	nuisent

PASSÉ

aie nui	ayons nui
aies nui	ayez nui
ait nui	aient nui

IMPARFAIT

nuisisse	nuisissions
nuisisses	nuisissiez
nuisît	nuisissent

PLUS-QUE-PARFAIT

eusse nui	eussions nui
eusses nui	eussiez nui
eût nui	eussent nui

CONDITIONNEL

PRÉSENT

nuirais	nuirions
nuirais	nuiriez
nuirait	nuiraient

PASSÉ

aurais nui	aurions nui
aurais nui	auriez nui
aurait nui	auraient nui

IMPÉRATIF

nuis
nuisons
nuisez

PARTICIPES

PRÉSENT

nuisant

PASSÉ

nui

EXAMPLES OF VERB USAGE

Fumer nuit gravement à la santé.

Smoking is seriously damaging to your health.

Ses problèmes familiaux ont nui à ses résultats scolaires.

His family problems harmed his school results.

Son mauvais caractère lui nuira.

His bad temper will be a great disadvantage to him.

RELATED WORDS

| la nuisance | *nuisance* | nuisible | *harmful* |
| se nuire | *to harm each other* | | |

obéir
to obey

je	nous
tu	vous
il/elle/on	ils/elles

INDICATIF

PRÉSENT

obéis	obéissons
obéis	obéissez
obéit	obéissent

PASSÉ COMPOSÉ

ai obéi	avons obéi
as obéi	avez obéi
a obéi	ont obéi

IMPARFAIT

obéissais	obéissions
obéissais	obéissiez
obéissait	obéissaient

PLUS-QUE-PARFAIT

avais obéi	avions obéi
avais obéi	aviez obéi
avait obéi	avaient obéi

PASSÉ SIMPLE

obéis	obéîmes
obéis	obéîtes
obéit	obéirent

PASSÉ ANTÉRIEUR

eus obéi	eûmes obéi
eus obéi	eûtes obéi
eut obéi	eurent obéi

FUTUR SIMPLE

obéirai	obéirons
obéiras	obéirez
obéira	obéiront

FUTUR ANTÉRIEUR

aurai obéi	aurons obéi
auras obéi	aurez obéi
aura obéi	auront obéi

SUBJONCTIF

PRÉSENT

obéisse	obéissions
obéisses	obéissiez
obéisse	obéissent

PASSÉ

aie obéi	ayons obéi
aies obéi	ayez obéi
ait obéi	aient obéi

IMPARFAIT

obéisse	obéissions
obéisses	obéissiez
obéît	obéissent

PLUS-QUE-PARFAIT

eusse obéi	eussions obéi
eusses obéi	eussiez obéi
eût obéi	eussent obéi

CONDITIONNEL

PRÉSENT

obéirais	obéirions
obéirais	obéiriez
obéirait	obéiraient

PASSÉ

aurais obéi	aurions obéi
aurais obéi	auriez obéi
aurait obéi	auraient obéi

IMPÉRATIF

obéis
obéissons
obéissez

PARTICIPES

PRÉSENT
obéissant

PASSÉ
obéi(e)

EXAMPLES OF VERB USAGE

Ils n'obéissent pas aux professeurs. — *They don't obey the teachers.*

Obéis! — *Do as you are told!*

Je n'ai pas obéi à ma mère. — *I didn't obey my mother.*

RELATED WORDS

désobéir	*to disobey*	désobéissant/ -e	*disobedient*
l'obéissance (f.)	*obedience*	obéissant/ -e	*obedient*

occuper
to occupy

je	nous
tu	vous
il/elle/on	ils/elles

INDICATIF

PRÉSENT
occupe	occupons
occupes	occupez
occupe	occupent

PASSÉ COMPOSÉ
ai occupé	avons occupé
as occupé	avez occupé
a occupé	ont occupé

IMPARFAIT
occupais	occupions
occupais	occupiez
occupait	occupaient

PLUS-QUE-PARFAIT
avais occupé	avions occupé
avais occupé	aviez occupé
avait occupé	avaient occupé

PASSÉ SIMPLE
occupai	occupâmes
occupas	occupâtes
occupa	occupèrent

PASSÉ ANTÉRIEUR
eus occupé	eûmes occupé
eus occupé	eûtes occupé
eut occupé	eurent occupé

FUTUR SIMPLE
occuperai	occuperons
occuperas	occuperez
occupera	occuperont

FUTUR ANTÉRIEUR
aurai occupé	aurons occupé
auras occupé	aurez occupé
aura occupé	auront occupé

SUBJONCTIF

PRÉSENT
occupe	occupions
occupes	occupiez
occupe	occupent

PASSÉ
aie occupé	ayons occupé
aies occupé	ayez occupé
ait occupé	aient occupé

IMPARFAIT
occupasse	occupassions
occupasses	occupassiez
occupât	occupassent

PLUS-QUE-PARFAIT
eusse occupé	eussions occupé
eusses occupé	eussiez occupé
eût occupé	eussent occupé

CONDITIONNEL

PRÉSENT
occuperais	occuperions
occuperais	occuperiez
occuperait	occuperaient

PASSÉ
aurais occupé	aurions occupé
aurais occupé	auriez occupé
aurait occupé	auraient occupé

IMPÉRATIF

occupe
occupons
occupez

PARTICIPES

PRÉSENT	PASSÉ
occupant	occupé(e)

EXAMPLES OF VERB USAGE

La lecture occupe une grande partie de mon temps libre.	*Reading occupies a great deal of my free time.*
L'appartement qu'ils occupaient était trop petit.	*The apartment they lived in was too small.*
Je m'occuperai des boissons.	*I'll take care of the drinks.*
Qui s'est occupé de ce problème?	*Who dealt with this problem?*

RELATED WORDS

s'occuper de	*to take care of, to deal with*	l'occupant/ -e (m./ f.)	*occupant*
l'occupation (f.)	*occupation*	occupé/ -e	*busy, occupied*

offrir
to offer, to give

je	nous
tu	vous
il/elle/on	ils/elles

INDICATIF

PRÉSENT

offre	offrons
offres	offrez
offre	offrent

PASSÉ COMPOSÉ

ai offert	avons offert
as offert	avez offert
a offert	ont offert

IMPARFAIT

offrais	offrions
offrais	offriez
offrait	offraient

PLUS-QUE-PARFAIT

avais offert	avions offert
avais offert	aviez offert
avait offert	avaient offert

PASSÉ SIMPLE

offris	offrîmes
offris	offrîtes
offrit	offrirent

PASSÉ ANTÉRIEUR

eus offert	eûmes offert
eus offert	eûtes offert
eut offert	eurent offert

FUTUR SIMPLE

offrirai	offrirons
offriras	offrirez
offrira	offriront

FUTUR ANTÉRIEUR

aurai offert	aurons offert
auras offert	aurez offert
aura offert	auront offert

SUBJONCTIF

PRÉSENT

offre	offrions
offres	offriez
offre	offrent

PASSÉ

aie offert	ayons offert
aies offert	ayez offert
ait offert	aient offert

IMPARFAIT

offrisse	offrissions
offrisses	offrissiez
offrît	offrissent

PLUS-QUE-PARFAIT

eusse offert	eussions offert
eusses offert	eussiez offert
eût offert	eussent offert

CONDITIONNEL

PRÉSENT

offrirais	offririons
offrirais	offririez
offrirait	offriraient

PASSÉ

aurais offert	aurions offert
aurais offert	auriez offert
aurait offert	auraient offert

IMPÉRATIF

offre
offrons
offrez

PARTICIPES

PRÉSENT	PASSÉ
offrant	offert(e)

EXAMPLES OF VERB USAGE

Ma mère m'a offert une robe pour Noël.	*My mother gave me a dress for Christmas.*
Nous lui offrirons notre aide.	*We'll offer him our help.*
Je vous offre le restaurant ce soir.	*I'll treat you to dinner tonight.*
Elle s'est offert une nouvelle voiture.	*She treated herself to a new car.*

RELATED WORDS

s'offrir quelque chose	*to treat oneself to something*	au plus offrant	*to the highest bidder*
l'offrant (m.)	*bidder*	l'offre (f.)	*offer*
		l'offrande (f.)	*offering*

Verb Charts

organiser
to organize

je	nous
tu	vous
il/elle/on	ils/elles

INDICATIF

PRÉSENT
organise	organisons
organises	organisez
organise	organisent

PASSÉ COMPOSÉ
ai organisé	avons organisé
as organisé	avez organisé
a organisé	ont organisé

IMPARFAIT
organisais	organisions
organisais	organisiez
organisait	organisaient

PLUS-QUE-PARFAIT
avais organisé	avions organisé
avais organisé	aviez organisé
avait organisé	avaient organisé

PASSÉ SIMPLE
organisai	organisâmes
organisas	organisâtes
organisa	organisèrent

PASSÉ ANTÉRIEUR
eus organisé	eûmes organisé
eus organisé	eûtes organisé
eut organisé	eurent organisé

FUTUR SIMPLE
organiserai	organiserons
organiseras	organiserez
organisera	organiseront

FUTUR ANTÉRIEUR
aurai organisé	aurons organisé
auras organisé	aurez organisé
aura organisé	auront organisé

SUBJONCTIF

PRÉSENT
organise	organisions
organises	organisiez
organise	organisent

PASSÉ
aie organisé	ayons organisé
aies organisé	ayez organisé
ait organisé	aient organisé

IMPARFAIT
organisasse	organisassions
organisasses	organisassiez
organisât	organisassent

PLUS-QUE-PARFAIT
eusse organisé	eussions organisé
eusses organisé	eussiez organisé
eût organisé	eussent organisé

CONDITIONNEL

PRÉSENT
organiserais	organiserions
organiserais	organiseriez
organiserait	organiseraient

PASSÉ
aurais organisé	aurions organisé
aurais organisé	auriez organisé
aurait organisé	auraient organisé

IMPÉRATIF

organise
organisons
organisez

PARTICIPES

PRÉSENT	PASSÉ
organisant	organisé(e)

EXAMPLES OF VERB USAGE

Ils ont organisé une fête pour son retour.	*They organized a party for his return.*
J'organiserais nos vacances si je le pouvais.	*I would organize our vacation if I could.*
Si nous avions su, nous nous serions organisés.	*If we had known, we would have organized ourselves.*

RELATED WORDS

s'organiser	*to get organized*	l'organisateur/ -trice (m./ f.)	*organizer*
l'organisation (f.)	*organization*	organisé/ -e	*organized*

ouvrir
to open

INDICATIF

je	nous
tu	vous
il/elle/on	ils/elles

PRÉSENT

ouvre	ouvrons
ouvres	ouvrez
ouvre	ouvrent

PASSÉ COMPOSÉ

ai ouvert	avons ouvert
as ouvert	avez ouvert
a ouvert	ont ouvert

IMPARFAIT

ouvrais	ouvrions
ouvrais	ouvriez
ouvrait	ouvraient

PLUS-QUE-PARFAIT

avais ouvert	avions ouvert
avais ouvert	aviez ouvert
avait ouvert	avaient ouvert

PASSÉ SIMPLE

ouvris	ouvrîmes
ouvris	ouvrîtes
ouvrit	ouvrirent

PASSÉ ANTÉRIEUR

eus ouvert	eûmes ouvert
eus ouvert	eûtes ouvert
eut ouvert	eurent ouvert

FUTUR SIMPLE

ouvrirai	ouvrirons
ouvriras	ouvrirez
ouvrira	ouvriront

FUTUR ANTÉRIEUR

aurai ouvert	aurons ouvert
auras ouvert	aurez ouvert
aura ouvert	auront ouvert

SUBJONCTIF

PRÉSENT

ouvre	ouvrions
ouvres	ouvriez
ouvre	ouvrent

PASSÉ

aie ouvert	ayons ouvert
aies ouvert	ayez ouvert
ait ouvert	aient ouvert

IMPARFAIT

ouvrisse	ouvrissions
ouvrisses	ouvrissiez
ouvrît	ouvrissent

PLUS-QUE-PARFAIT

eusse ouvert	eussions ouvert
eusses ouvert	eussiez ouvert
eût ouvert	eussent ouvert

CONDITIONNEL

PRÉSENT

ouvrirais	ouvririons
ouvrirais	ouvririez
ouvrirait	ouvriraient

PASSÉ

aurais ouvert	aurions ouvert
aurais ouvert	auriez ouvert
aurait ouvert	auraient ouvert

IMPÉRATIF

ouvre
ouvrons
ouvrez

PARTICIPES

PRÉSENT	**PASSÉ**
ouvrant	ouvert(e)

EXAMPLES OF VERB USAGE

Ouvrez! Police!	*Open up! It's the police!*
J'ai ouvert une boîte de carottes.	*I opened a can of carrots.*
Il s'ouvrit la jambe en tombant sur un couteau.	*He cut open his leg by falling on a knife.*

RELATED WORDS

l'ouverture (f.)	*opening*	le jour ouvrable	*working day*
ouvertement	*openly*		

pâlir
to go pale

INDICATIF

PRÉSENT

pâlis	pâlissons
pâlis	pâlissez
pâlit	pâlissent

PASSÉ COMPOSÉ

ai pâli	avons pâli
as pâli	avez pâli
a pâli	ont pâli

IMPARFAIT

pâlissais	pâlissions
pâlissais	pâlissiez
pâlissait	pâlissaient

PLUS-QUE-PARFAIT

avais pâli	avions pâli
avais pâli	aviez pâli
avait pâli	avaient pâli

PASSÉ SIMPLE

pâlis	pâlîmes
pâlis	pâlîtes
pâlit	pâlirent

PASSÉ ANTÉRIEUR

eus pâli	eûmes pâli
eus pâli	eûtes pâli
eut pâli	eurent pâli

FUTUR SIMPLE

pâlirai	pâlirons
pâliras	pâlirez
pâlira	pâliront

FUTUR ANTÉRIEUR

aurai pâli	aurons pâli
auras pâli	aurez pâli
aura pâli	auront pâli

SUBJONCTIF

PRÉSENT

pâlisse	pâlissions
pâlisses	pâlissiez
pâlisse	pâlissent

PASSÉ

aie pâli	ayons pâli
aies pâli	ayez pâli
ait pâli	aient pâli

IMPARFAIT

pâlisse	pâlissions
pâlisses	pâlissiez
pâlît	pâlissent

PLUS-QUE-PARFAIT

eusse pâli	eussions pâli
eusses pâli	eussiez pâli
eût pâli	eussent pâli

CONDITIONNEL

PRÉSENT

pâlirais	pâlirions
pâlirais	pâliriez
pâlirait	pâliraient

PASSÉ

aurais pâli	aurions pâli
aurais pâli	auriez pâli
aurait pâli	auraient pâli

IMPÉRATIF

pâlis
pâlissons
pâlissez

PARTICIPES

PRÉSENT	**PASSÉ**
pâlissant	pâli(e)

EXAMPLES OF VERB USAGE

Il pâlissait de colère.	*He went pale with anger.*
Vous avez pâli en apprenant la nouvelle.	*You went pale when you heard the news.*
Ces photos pâliront au soleil.	*These photos will fade in the sun.*

RELATED WORDS

pâle	*pale, pallid*	la pâleur	*pallor, paleness*

paraître
to seem, to appear; to be published

INDICATIF

PRÉSENT

parais	paraissons
parais	paraissez
paraît	paraissent

PASSÉ COMPOSÉ

ai paru	avons paru
as paru	avez paru
a paru	ont paru

je	nous
tu	vous
il/elle/on	ils/elles

IMPARFAIT

paraissais	paraissions
paraissais	paraissiez
paraissait	paraissaient

PLUS-QUE-PARFAIT

avais paru	avions paru
avais paru	aviez paru
avait paru	avaient paru

PASSÉ SIMPLE

parus	parûmes
parus	parûtes
parut	parurent

PASSÉ ANTÉRIEUR

eus paru	eûmes paru
eus paru	eûtes paru
eut paru	eurent paru

FUTUR SIMPLE

paraîtrai	paraîtrons
paraîtras	paraîtrez
paraîtra	paraîtront

FUTUR ANTÉRIEUR

aurai paru	aurons paru
auras paru	aurez paru
aura paru	auront paru

SUBJONCTIF

PRÉSENT

paraisse	paraissions
paraisses	paraissiez
paraisse	paraissent

PASSÉ

aie paru	ayons paru
aies paru	ayez paru
ait paru	aient paru

IMPARFAIT

parusse	parussions
parusses	parussiez
parût	parussent

PLUS-QUE-PARFAIT

eusse paru	eussions paru
eusses paru	eussiez paru
eût paru	eussent paru

CONDITIONNEL

PRÉSENT

paraîtrais	paraîtrions
paraîtrais	paraîtriez
paraîtrait	paraîtraient

PASSÉ

aurais paru	aurions paru
aurais paru	auriez paru
aurait paru	auraient paru

IMPÉRATIF

parais
paraissons
paraissez

PARTICIPES

PRÉSENT	**PASSÉ**
paraissant	paru(e)

EXAMPLES OF VERB USAGE

Ils ont paru très embarrassés.	*They seemed very embarrassed.*
Son nouveau livre paraîtra en août.	*His new book will be published in August.*
Nous ne paraîtrons pas en public.	*We won't appear in public.*
Il paraît que tu veux me voir.	*It seems that you want to see me.*

RELATED WORDS

apparaître	*to appear*	disparaître	*to disappear*
comparaître	*to appear in court*	l'apparence (f.)	*appearance*
apparemment	*apparently*	la parution	*publication*

Verb Charts

parler
to talk, to speak

je	nous
tu	vous
il/elle/on	ils/elles

INDICATIF

PRÉSENT
parle	parlons
parles	parlez
parle	parlent

PASSÉ COMPOSÉ
ai parlé	avons parlé
as parlé	avez parlé
a parlé	ont parlé

IMPARFAIT
parlais	parlions
parlais	parliez
parlait	parlaient

PLUS-QUE-PARFAIT
avais parlé	avions parlé
avais parlé	aviez parlé
avait parlé	avaient parlé

PASSÉ SIMPLE
parlai	parlâmes
parlas	parlâtes
parla	parlèrent

PASSÉ ANTÉRIEUR
eus parlé	eûmes parlé
eus parlé	eûtes parlé
eut parlé	eurent parlé

FUTUR SIMPLE
parlerai	parlerons
parleras	parlerez
parlera	parleront

FUTUR ANTÉRIEUR
aurai parlé	aurons parlé
auras parlé	aurez parlé
aura parlé	auront parlé

SUBJONCTIF

PRÉSENT
parle	parlions
parles	parliez
parle	parlent

PASSÉ
aie parlé	ayons parlé
aies parlé	ayez parlé
ait parlé	aient parlé

IMPARFAIT
parlasse	parlassions
parlasses	parlassiez
parlât	parlassent

PLUS-QUE-PARFAIT
eusse parlé	eussions parlé
eusses parlé	eussiez parlé
eût parlé	eussent parlé

CONDITIONNEL

PRÉSENT
parlerais	parlerions
parlerais	parleriez
parlerait	parleraient

PASSÉ
aurais parlé	aurions parlé
aurais parlé	auriez parlé
aurait parlé	auraient parlé

IMPÉRATIF
parle
parlons
parlez

PARTICIPES

PRÉSENT	PASSÉ
parlant	parlé(e)

EXAMPLES OF VERB USAGE

Parlez plus fort, s'il vous plaît.	*Speak up, please.*
Je lui parlerai de cette affaire.	*I'll speak to him about this business.*
Ils parleront politique.	*They'll talk about politics.*
Elles ne se parlaient plus depuis longtemps.	*They hadn't been speaking to each other for a long time.*

RELATED WORDS

la parole	*(spoken) word*	les paroles (f. pl.)	*lyrics*
le beau parleur	*fine talker*	le parloir	*parlor, visiting room*
le/ la porte-parole	*spokesperson*		

partager

to share, to divide

						je	nous
						tu	vous
						il/elle/on	ils/elles

INDICATIF

PRÉSENT
partage	partageons
partages	partagez
partage	partagent

PASSÉ COMPOSÉ
ai partagé	avons partagé
as partagé	avez partagé
a partagé	ont partagé

IMPARFAIT
partageais	partagions
partageais	partagiez
partageait	partageaient

PLUS-QUE-PARFAIT
avais partagé	avions partagé
avais partagé	aviez partagé
avait partagé	avaient partagé

PASSÉ SIMPLE
partageai	partageâmes
partageas	partageâtes
partagea	partagèrent

PASSÉ ANTÉRIEUR
eus partagé	eûmes partagé
eus partagé	eûtes partagé
eut partagé	eurent partagé

FUTUR SIMPLE
partagerai	partagerons
partageras	partagerez
partagera	partageront

FUTUR ANTÉRIEUR
aurai partagé	aurons partagé
auras partagé	aurez partagé
aura partagé	auront partagé

SUBJONCTIF

PRÉSENT
partage	partagions
partages	partagiez
partage	partagent

PASSÉ
aie partagé	ayons partagé
aies partagé	ayez partagé
ait partagé	aient partagé

IMPARFAIT
partageasse	partageassions
partageasses	partageassiez
partageât	partageassent

PLUS-QUE-PARFAIT
eusse partagé	eussions partagé
eusses partagé	eussiez partagé
eût partagé	eussent partagé

CONDITIONNEL

PRÉSENT
partagerais	partagerions
partagerais	partageriez
partagerait	partageraient

PASSÉ
aurais partagé	aurions partagé
aurais partagé	auriez partagé
aurait partagé	auraient partagé

IMPÉRATIF
partage
partageons
partagez

PARTICIPES

PRÉSENT	PASSÉ
partageant	partagé(e)

EXAMPLES OF VERB USAGE

Elle partage son appartement avec une amie.	*She shares her apartment with a friend.*
J'ai partagé le gâteau en cinq.	*I divided up the cake into five pieces.*
Nous nous partagions entre la ville et la campagne.	*We divided our time between the city and the country.*

RELATED WORDS

le partage	*division, portion, share*	partagé/ -e	*divided (opinion)*

Verb Charts

partir
to leave, to go away (être)

INDICATIF

PRÉSENT		PASSÉ COMPOSÉ	
pars	partons	suis parti(e)	sommes parti(e)s
pars	partez	es parti(e)	êtes parti(e)(s)
part	partent	est parti(e)	sont parti(e)s

IMPARFAIT		PLUS-QUE-PARFAIT	
partais	partions	étais parti(e)	étions parti(e)s
partais	partiez	étais parti(e)	étiez parti(e)(s)
partait	partaient	était parti(e)	étaient parti(e)s

PASSÉ SIMPLE		PASSÉ ANTÉRIEUR	
partis	partîmes	fus parti(e)	fûmes parti(e)s
partis	partîtes	fus parti(e)	fûtes parti(e)(s)
partit	partirent	fut parti(e)	furent parti(e)s

FUTUR SIMPLE		FUTUR ANTÉRIEUR	
partirai	partirons	serai parti(e)	serons parti(e)s
partiras	partirez	seras parti(e)	serez parti(e)(s)
partira	partiront	sera parti(e)	seront parti(e)s

SUBJONCTIF

PRÉSENT		PASSÉ	
parte	partions	sois parti(e)	soyons parti(e)s
partes	partiez	sois parti(e)	soyez parti(e)(s)
parte	partent	soit parti(e)	soient parti(e)s

IMPARFAIT		PLUS-QUE-PARFAIT	
partisse	partissions	fusse parti(e)	fussions parti(e)s
partisses	partissiez	fusses parti(e)	fussiez parti(e)(s)
partît	partissent	fût parti(e)	fussent parti(e)s

CONDITIONNEL

PRÉSENT		PASSÉ	
partirais	partirions	serais parti(e)	serions parti(e)s
partirais	partiriez	serais parti(e)	seriez parti(e)(s)
partirait	partiraient	serait parti(e)	seraient parti(e)s

IMPÉRATIF

pars
partons
partez

PARTICIPES

PRÉSENT	PASSÉ
partant	parti(e)

EXAMPLES OF VERB USAGE

Nous étions partis à 7 heures.	*We had left at 7.*
Ils partiront en voyage après leurs examens.	*They'll go on a trip after their exams.*
Je pars pour l'Irlande ce soir.	*I'm leaving for Ireland tonight.*
Elle est bien partie pour gagner.	*She seems all set to win.*

RELATED WORDS

le départ	*departure*	repartir	*to leave again*
à partir de 9h	*from 9 o'clock on*		

passer
to pass (être); to spend (time); to cross

je	nous
tu	vous
il/elle/on	ils/elles

INDICATIF

PRÉSENT
passe	passons
passes	passez
passe	passent

IMPARFAIT
passais	passions
passais	passiez
passait	passaient

PASSÉ SIMPLE
passai	passâmes
passas	passâtes
passa	passèrent

FUTUR SIMPLE
passerai	passerons
passeras	passerez
passera	passeront

PASSÉ COMPOSÉ
ai passé	avons passé
as passé	avons passé
a passé	ont passé

PLUS-QUE-PARFAIT
avais passé	avions passés
avais passé	aviez passés
avait passé	avaient passés

PASSÉ ANTÉRIEUR
eus passé	eûmes passés
eus passé	eûtes passés
eut passé	eurent passés

FUTUR ANTÉRIEUR
aurai passé	aurons passés
auras passé	aurez passés
aura passé	auront passés

SUBJONCTIF

PRÉSENT
passe	passions
passes	passiez
passe	passent

IMPARFAIT
passasse	passassions
passasses	passassiez
passât	passassent

PASSÉ
aie passé	ayons passés
aies passé	ayez passés
ait passé	aient passés

PLUS-QUE-PARFAIT
eusse passé	eussions passés
eusses passé	eussiez passés
eût passé	eussent passés

CONDITIONNEL

PRÉSENT
passerais	passerions
passerais	passeriez
passerait	passeraient

PASSÉ
aurai passé	aurions passé
aurais passé	auriez passé
aurait passé	auraient passé

IMPÉRATIF
passe
passons
passez

PARTICIPES

PRÉSENT
passant

PASSÉ
passé(e)

EXAMPLES OF VERB USAGE

Je suis passé à ton bureau ce matin.	*I passed by your office this morning.*
Le bus passe à 7 heures.	*The bus comes by at 7.*
Nous avons passé la soirée à regarder la télévision.	*We spent the evening watching TV.*
Vous passerez la frontière demain.	*You'll cross the border tomorrow.*
Que s'est-il passé?	*What has happened?*

RELATED WORDS

se passer	*to happen*	repasser	*to come again; to iron*
dépasser	*to stick out; to pass, to exceed*	la passerelle	*footbridge, gangway*
		le/ la passant/ -e	*passerby*
passé; le passé	*last, past; the past*	le passage	*passage*
le/ la passager/ -ère	*passenger*		

Verb Charts

payer*
to pay

INDICATIF

je	nous		
tu	vous		
il/elle/on	ils/elles		

PRÉSENT

paie	payons
paies	payez
paie	paient

PASSÉ COMPOSÉ

ai payé	avons payé
as payé	avez payé
a payé	ont payé

IMPARFAIT

payais	payions
payais	payiez
payait	payaient

PLUS-QUE-PARFAIT

avais payé	avions payé
avais payé	aviez payé
avait payé	avaient payé

PASSÉ SIMPLE

payai	payâmes
payas	payâtes
paya	payèrent

PASSÉ ANTÉRIEUR

eus payé	eûmes payé
eus payé	eûtes payé
eut payé	eurent payé

FUTUR SIMPLE

paierai	paierons
paieras	paierez
paiera	paieront

FUTUR ANTÉRIEUR

aurai payé	aurons payé
auras payé	aurez payé
aura payé	auront payé

SUBJONCTIF

PRÉSENT

paie	payions
paies	payiez
paie	paient

PASSÉ

aie payé	ayons payé
aies payé	ayez payé
ait payé	aient payé

IMPARFAIT

payasse	payassions
payasses	payassiez
payât	payassent

PLUS-QUE-PARFAIT

eusse payé	eussions payé
eusses payé	eussiez payé
eût payé	eussent payé

CONDITIONNEL

PRÉSENT

paierais	paierions
paierais	paieriez
paierait	paieraient

PASSÉ

aurais payé	aurions payé
aurais payé	auriez payé
aurait payé	auraient payé

IMPÉRATIF

paie
payons
payez

PARTICIPES

PRÉSENT	**PASSÉ**
payant	payé(e)

EXAMPLES OF VERB USAGE

Je paierai pour vous.	*I'll pay for you.*
Son travail ne paie pas bien.	*His work is not well-paid.*
Il faut que vous payiez les études de vos enfants.	*You have to pay for your children's studies.*
Il s'est payé le restaurant.	*He treated himself to a restaurant meal.*

RELATED WORDS

se payer	*to treat oneself to*	le paiement en liquide	*cash payment*
la paie/ paye	*wages, pay*	le paiement comptant	*payment in cash*

* The verb *payer* has two accepted conjugations. See next page for alternative conjugation.

payer
to pay

INDICATIF

PRÉSENT

paye	payons
payes	payez
paye	payent

PASSÉ COMPOSÉ

ai payé	avons payé
as payé	avez payé
a payé	ont payé

IMPARFAIT

payais	payions
payais	payiez
payait	payaient

PLUS-QUE-PARFAIT

avais payé	avions payé
avais payé	aviez payé
avait payé	avaient payé

PASSÉ SIMPLE

payai	payâmes
payas	payâtes
paya	payèrent

PASSÉ ANTÉRIEUR

eus payé	eûmes payé
eus payé	eûtes payé
eut payé	eurent payé

FUTUR SIMPLE

payerai	payerons
payeras	payerez
payera	payeront

FUTUR ANTÉRIEUR

aurai payé	aurons payé
auras payé	aurez payé
aura payé	auront payé

SUBJONCTIF

PRÉSENT

paye	payions
payes	payiez
paye	payent

PASSÉ

aie payé	ayons payé
aies payé	ayez payé
ait payé	aient payé

IMPARFAIT

payasse	payassions
payasses	payassiez
payât	payassent

PLUS-QUE-PARFAIT

eusse payé	eussions payé
eusses payé	eussiez payé
eût payé	eussent payé

CONDITIONNEL

PRÉSENT

payerais	payerions
payerais	payeriez
payerait	payeraient

PASSÉ

aurais payé	aurions payé
aurais payé	auriez payé
aurait payé	auraient payé

IMPÉRATIF

paye
payons
payez

PARTICIPES

PRÉSENT	**PASSÉ**
payant	payé(e)

peindre
to paint

je	nous
tu	vous
il/elle/on	ils/elles

INDICATIF

PRÉSENT

peins	peignons
peins	peignez
peint	peignent

PASSÉ COMPOSÉ

ai peint	avons peint
as peint	avez peint
a peint	ont peint

IMPARFAIT

peignais	peignions
peignais	peigniez
peignait	peignaient

PLUS-QUE-PARFAIT

avais peint	avions peint
avais peint	aviez peint
avait peint	avaient peint

PASSÉ SIMPLE

peignis	peignîmes
peignis	peignîtes
peignit	peignirent

PASSÉ ANTÉRIEUR

eus peint	eûmes peint
eus peint	eûtes peint
eut peint	eurent peint

FUTUR SIMPLE

peindrai	peindrons
peindras	peindrez
peindra	peindront

FUTUR ANTÉRIEUR

aurai peint	aurons peint
auras peint	aurez peint
aura peint	auront peint

SUBJONCTIF

PRÉSENT

peigne	peignions
peignes	peigniez
peigne	peignent

PASSÉ

aie peint	ayons peint
aies peint	ayez peint
ait peint	aient peint

IMPARFAIT

peignisse	peignissions
peignisses	peignissiez
peignît	peignissent

PLUS-QUE-PARFAIT

eusse peint	eussions peint
eusses peint	eussiez peint
eût peint	eussent peint

CONDITIONNEL

PRÉSENT

peindrais	peindrions
peindrais	peindriez
peindrait	peindraient

PASSÉ

aurais peint	aurions peint
aurais peint	auriez peint
aurait peint	auraient peint

IMPÉRATIF

peins
peignons
peignez

PARTICIPES

PRÉSENT	**PASSÉ**
peignant	peint(e)

EXAMPLES OF VERB USAGE

Il peint des paysages pour son plaisir.	*He paints landscapes for his pleasure.*
Nous peindrons notre chambre en jaune.	*We'll paint our bedroom yellow.*
Ils ont peint leur voiture en bleu.	*They painted their car blue.*

RELATED WORDS

repeindre	*to repaint*	dépeindre	*to portray*
la peinture	*painting*	le peintre	*painter*
le papier peint	*wallpaper*		

se pencher

to lean over; to bend down

je	nous
tu	vous
il/elle/on	ils/elles

INDICATIF

PRÉSENT

me penche · nous penchons
te penches · vous penchez
se penche · se penchent

IMPARFAIT

me penchais · nous penchions
te penchais · vous penchiez
se penchait · se penchaient

PASSÉ SIMPLE

me penchai · nous penchâmes
te penchas · vous penchâtes
se pencha · se penchèrent

FUTUR SIMPLE

me pencherai · nous pencherons
te pencheras · vous pencherez
se penchera · se pencheront

PASSÉ COMPOSÉ

me suis penché(e) · nous sommes penché(e)s
t'es penché(e) · vous êtes penché(e)(s)
s'est penché(e) · se sont penché(e)s

PLUS-QUE-PARFAIT

m'étais penché(e) · nous étions penché(e)s
t'étais penché(e) · vous étiez penché(e)(s)
s'était penché(e) · s'étaient penché(e)s

PASSÉ ANTÉRIEUR

me fus penché(e) · nous fûmes penché(e)s
te fus penché(e) · vous fûtes penché(e)(s)
se fut penché(e) · se furent penché(e)s

FUTUR ANTÉRIEUR

me serai penché(e) · nous serons penché(e)s
te seras penché(e) · vous serez penché(e)(s)
se sera penché(e) · se seront penché(e)s

SUBJONCTIF

PRÉSENT

me penche · nous penchions
te penches · vous penchiez
se penche · se penchent

IMPARFAIT

me penchasse · nous penchassions
te penchasses · vous penchassiez
se penchât · se penchassent

PASSÉ

me sois penché(e) · nous soyons penché(e)s
te sois penché(e) · vous soyez penché(e)(s)
se soit penché(e) · se soient penché(e)s

PLUS-QUE-PARFAIT

me fusse penché(e) · nous fussions penché(e)s
te fusses penché(e) · vous fussiez penché(e)(s)
se fût penché(e) · se fussent penché(e)s

CONDITIONNEL

PRÉSENT

me pencherais · nous pencherions
te pencherais · vous pencheriez
se pencherait · se pencheraient

PASSÉ

me serais penché(e) · nous serions penché(e)s
te serais penché(e) · vous seriez penché(e)(s)
se serait penché(e) · se seraient penché(e)s

IMPÉRATIF

penche-toi
penchons-nous
penchez-vous

PARTICIPES

PRÉSENT
me penchant, etc.

PASSÉ
penché(e)

EXAMPLES OF VERB USAGE

Ne te penche pas par la fenêtre. · *Don't lean out of the window.*

Il s'est penché pour ramasser quelque chose. · *He bent down to pick up something.*

Nous penchions pour la première solution. · *We were leaning towards the first solution.*

RELATED WORDS

le penchant · *fondness; tendency*

pencher · *to lean, to tilt*

Verb Charts

penser
to think, to think about; to think something of

INDICATIF

PRÉSENT		**PASSÉ COMPOSÉ**	
pense	pensons	ai pensé	avons pensé
penses	pensez	as pensé	avez pensé
pense	pensent	a pensé	ont pensé

IMPARFAIT		**PLUS-QUE-PARFAIT**	
pensais	pensions	avais pensé	avions pensé
pensais	pensiez	avais pensé	aviez pensé
pensait	pensaient	avait pensé	avaient pensé

PASSÉ SIMPLE		**PASSÉ ANTÉRIEUR**	
pensai	pensâmes	eus pensé	eûmes pensé
pensas	pensâtes	eus pensé	eûtes pensé
pensa	pensèrent	eut pensé	eurent pensé

FUTUR SIMPLE		**FUTUR ANTÉRIEUR**	
penserai	penserons	aurai pensé	aurons pensé
penseras	penserez	auras pensé	aurez pensé
pensera	penseront	aura pensé	auront pensé

SUBJONCTIF

PRÉSENT		**PASSÉ**	
pense	pensions	aie pensé	ayons pensé
penses	pensiez	aies pensé	ayez pensé
pense	pensent	ait pensé	aient pensé

IMPARFAIT		**PLUS-QUE-PARFAIT**	
pensasse	pensassions	eusse pensé	eussions pensé
pensasses	pensassiez	eusses pensé	eussiez pensé
pensât	pensassent	eût pensé	eussent pensé

CONDITIONNEL

PRÉSENT		**PASSÉ**	
penserais	penserions	aurais pensé	aurions pensé
penserais	penseriez	aurais pensé	auriez pensé
penserait	penseraient	aurait pensé	auraient pensé

IMPÉRATIF

pense
pensons
pensez

PARTICIPES

PRÉSENT	**PASSÉ**
pensant	pensé(e)

EXAMPLES OF VERB USAGE

Je pensais souvent à toi quand j'étais à Paris.	*I often thought about you when I was in Paris.*
Pense à téléphoner à Christelle.	*Remember to call Christelle.*
Il pensera que nous sommes idiots.	*He'll think we're stupid.*
Nous pensons nous marier.	*We are thinking about getting married.*
Que pensez-vous du nouveau président?	*What do you think of the new president?*

RELATED WORDS

la pensée	*thought*	pensif/ -ive	*pensive; thoughtful*
penser faire	*to intend, to consider*		

perdre
to lose

je	nous
tu	vous
il/elle/on	ils/elles

INDICATIF

PRÉSENT

perds	perdons
perds	perdez
perd	perdent

IMPARFAIT

perdais	perdions
perdais	perdiez
perdait	perdaient

PASSÉ SIMPLE

perdis	perdîmes
perdis	perdîtes
perdit	perdirent

FUTUR SIMPLE

perdrai	perdrons
perdras	perdrez
perdra	perdront

PASSÉ COMPOSÉ

ai perdu	avons perdu
as perdu	avez perdu
a perdu	ont perdu

PLUS-QUE-PARFAIT

avais perdu	avions perdu
avais perdu	aviez perdu
avait perdu	avaient perdu

PASSÉ ANTÉRIEUR

eus perdu	eûmes perdu
eus perdu	eûtes perdu
eut perdu	eurent perdu

FUTUR ANTÉRIEUR

aurai perdu	aurons perdu
auras perdu	aurez perdu
aura perdu	auront perdu

SUBJONCTIF

PRÉSENT

perde	perdions
perdes	perdiez
perde	perdent

IMPARFAIT

perdisse	perdissions
perdisses	perdissiez
perdît	perdissent

PASSÉ

aie perdu	ayons perdu
aies perdu	ayez perdu
ait perdu	aient perdu

PLUS-QUE-PARFAIT

eusse perdu	eussions perdu
eusses perdu	eussiez perdu
eût perdu	eussent perdu

CONDITIONNEL

PRÉSENT

perdrais	perdrions
perdrais	perdriez
perdrait	perdraient

PASSÉ

aurais perdu	aurions perdu
aurais perdu	auriez perdu
aurait perdu	auraient perdu

IMPÉRATIF

perds
perdons
perdez

PARTICIPES

PRÉSENT
perdant

PASSÉ
perdu(e)

EXAMPLES OF VERB USAGE

Je perds encore!	*I'm losing again!*
Il a perdu son père à la guerre.	*He lost his father in the war.*
Tu perdras ton temps là-bas.	*You'll waste your time there.*
Nous nous sommes perdus dans le métro.	*We got lost in the metro.*

RELATED WORDS

se perdre	*to get lost*
le/ la perdant/ -e	*loser*
la perte	*loss*
en perdition	*on the wrong path, in distress*

peser
to weigh

INDICATIF

je	nous
tu	vous
il/elle/on	ils/elles

PRÉSENT

pèse	pesons
pèses	pesez
pèse	pèsent

PASSÉ COMPOSÉ

ai pesé	avons pesé
as pesé	avez pesé
a pesé	ont pesé

IMPARFAIT

pesais	pesions
pesais	pesiez
pesait	pesaient

PLUS-QUE-PARFAIT

avais pesé	avions pesé
avais pesé	aviez pesé
avait pesé	avaient pesé

PASSÉ SIMPLE

pesai	pesâmes
pesas	pesâtes
pesa	pesèrent

PASSÉ ANTÉRIEUR

eus pesé	eûmes pesé
eus pesé	eûtes pesé
eut pesé	eurent pesé

FUTUR SIMPLE

pèserai	pèserons
pèseras	pèserez
pèsera	pèseront

FUTUR ANTÉRIEUR

aurai pesé	aurons pesé
auras pesé	aurez pesé
aura pesé	auront pesé

SUBJONCTIF

PRÉSENT

pèse	pesions
pèses	pesiez
pèse	pèsent

PASSÉ

aie pesé	ayons pesé
aies pesé	ayez pesé
ait pesé	aient pesé

IMPARFAIT

pesasse	pesassions
pesasses	pesassiez
pesât	pesassent

PLUS-QUE-PARFAIT

eusse pesé	eussions pesé
eusses pesé	eussiez pesé
eût pesé	eussent pesé

CONDITIONNEL

PRÉSENT

pèserais	pèserions
pèserais	pèseriez
pèserait	pèseraient

PASSÉ

aurais pesé	aurions pesé
aurais pesé	auriez pesé
aurait pesé	auraient pesé

IMPÉRATIF

pèse
pesons
pesez

PARTICIPES

PRÉSENT	**PASSÉ**
pesant	pesé(e)

EXAMPLES OF VERB USAGE

Elle pesait 60 kilos l'année dernière.	*She weighed 60 kilos last year.*
Il faut que nous pesions le pour et le contre.	*We have to weigh the pros and cons.*
Cela pèsera dans la balance.	*That will carry some weight.*
Je me suis pesée ce matin.	*I weighed myself this morning.*

RELATED WORDS

pesant/ -e	*heavy*	la pesanteur	*weightiness, gravity*
le pèse-personne	*bathroom scale*	se peser	*to weigh oneself*

piéger
to trap, to trick; to booby-trap

		je	nous
		tu	vous
		il/elle/on	ils/elles

INDICATIF

PRÉSENT

piège	piégeons
pièges	piégez
piège	piègent

PASSÉ COMPOSÉ

ai piégé	avons piégé
as piégé	avez piégé
a piégé	ont piégé

IMPARFAIT

piégeais	piégions
piégeais	piégiez
piégeait	piégeaient

PLUS-QUE-PARFAIT

avais piégé	avions piégé
avais piégé	aviez piégé
avait piégé	avaient piégé

PASSÉ SIMPLE

piégeai	piégeâmes
piégeas	piégeâtes
piégea	piégèrent

PASSÉ ANTÉRIEUR

eus piégé	eûmes piégé
eus piégé	eûtes piégé
eut piégé	eurent piégé

FUTUR SIMPLE

piégerai	piégerons
piégeras	piégerez
piégera	piégeront

FUTUR ANTÉRIEUR

aurai piégé	aurons piégé
auras piégé	aurez piégé
aura piégé	auront piégé

SUBJONCTIF

PRÉSENT

piège	piégions
pièges	piégiez
piège	piègent

PASSÉ

aie piégé	ayons piégé
aies piégé	ayez piégé
ait piégé	aient piégé

IMPARFAIT

piégeasse	piégeassions
piégeasses	piégeassiez
piégeât	piégeassent

PLUS-QUE-PARFAIT

eusse piégé	eussions piégé
eusses piégé	eussiez piégé
eût piégé	eussent piégé

CONDITIONNEL

PRÉSENT

piégerais	piégerions
piégerais	piégeriez
piégerait	piégeraient

PASSÉ

aurais piégé	aurions piégé
aurais piégé	auriez piégé
aurait piégé	auraient piégé

IMPÉRATIF

piège
piégeons
piégez

PARTICIPES

PRÉSENT	PASSÉ
piégeant	piégé(e)

EXAMPLES OF VERB USAGE

Il faut que nous la piégions par nos questions.	*We have to trick her with our questions.*
Ils avaient piégé la voiture.	*They had booby-trapped the car.*
Nous sommes piégés.	*We are trapped.*

RELATED WORDS

le piège	*trap*	le piège à touristes	*tourist trap*
la voiture piégée	*car bomb*		

placer
to place, to seat

je	nous
tu	vous
il/elle/on	ils/elles

INDICATIF

PRÉSENT

place	plaçons
places	placez
place	placent

IMPARFAIT

plaçais	placions
plaçais	placiez
plaçait	plaçaient

PASSÉ SIMPLE

plaçai	plaçâmes
plaças	plaçâtes
plaça	placèrent

FUTUR SIMPLE

placerai	placerons
placeras	placerez
placera	placeront

PASSÉ COMPOSÉ

ai placé	avons placé
as placé	avez placé
a placé	ont placé

PLUS-QUE-PARFAIT

avais placé	avions placé
avais placé	aviez placé
avait placé	avaient placé

PASSÉ ANTÉRIEUR

eus placé	eûmes placé
eus placé	eûtes placé
eut placé	eurent placé

FUTUR ANTÉRIEUR

aurai placé	aurons placé
auras placé	aurez placé
aura placé	auront placé

SUBJONCTIF

PRÉSENT

place	placions
places	placiez
place	placent

IMPARFAIT

plaçasse	plaçassions
plaçasses	plaçassiez
plaçât	plaçassent

PASSÉ

aie placé	ayons placé
aies placé	ayez placé
ait placé	aient placé

PLUS-QUE-PARFAIT

eusse placé	eussions placé
eusses placé	eussiez placé
eût placé	eussent placé

CONDITIONNEL

PRÉSENT

placerais	placerions
placerais	placeriez
placerait	placeraient

PASSÉ

aurais placé	aurions placé
aurais placé	auriez placé
aurait placé	auraient placé

IMPÉRATIF

place
plaçons
placez

PARTICIPES

PRÉSENT	**PASSÉ**
plaçant	placé(e)

EXAMPLES OF VERB USAGE

Ils l'ont placé sous l'autorité d'un juge.	*They placed him under the authority of a judge.*
Il les placera en face de moi.	*He'll seat them opposite me.*
Place-toi là-bas.	*Stand over there.*

RELATED WORDS

le placement	*investment*	la place	*square, plaza, place, seat*
déplacer	*to move*	se placer	*to stand; to sit*
remplacer	*to replace*		

se plaindre

to complain, to moan

INDICATIF

PRÉSENT
me plains	nous plaignons
te plains	vous plaignez
se plaint	se plaignent

PASSÉ COMPOSÉ
me suis plaint(e)	nous sommes plaint(e)s
t'es plaint(e)	vous êtes plaint(e)(s)
s'est plaint(e)	se sont plaint(e)s

je	nous
tu	vous
il/elle/on	ils/elles

IMPARFAIT
me plaignais	nous plaignions
te plaignais	vous plaigniez
se plaignait	se plaignaient

PLUS-QUE-PARFAIT
m'étais plaint(e)	nous étions plaint(e)s
t'étais plaint(e)	vous étiez plaint(e)(s)
s'était plaint(e)	s'étaient plaint(e)s

PASSÉ SIMPLE
me plaignis	nous plaignîmes
te plaignis	vous plaignîtes
se plaignit	se plaignirent

PASSÉ ANTÉRIEUR
me fus plaint(e)	nous fûmes plaint(e)s
te fus plaint(e)	vous fûtes plaint(e)(s)
se fut plaint(e)	se furent plaint(e)s

FUTUR SIMPLE
me plaindrai	nous plaindrons
te plaindras	vous plaindrez
se plaindra	se plaindront

FUTUR ANTÉRIEUR
me serai plaint(e)	nous serons plaint(e)s
te seras plaint(e)	vous serez plaint(e)(s)
se sera plaint(e)	se seront plaint(e)s

SUBJONCTIF

PRÉSENT
me plaigne	nous plaignions
te plaignes	vous plaigniez
se plaigne	se plaignent

PASSÉ
me sois plaint(e)	nous soyons plaint(e)s
te sois plaint(e)	vous soyez plaint(e)(s)
se soit plaint(e)	se soient plaint(e)s

IMPARFAIT
me plaignisse	nous plaignissions
te plaignisses	vous plaignissiez
se plaignît	se plaignissent

PLUS-QUE-PARFAIT
me fusse plaint(e)	nous fussions plaint(e)s
te fusses plaint(e)	vous fussiez plaint(e)(s)
se fût plaint(e)	se fussent plaint(e)s

CONDITIONNEL

PRÉSENT
me plaindrais	nous plaindrions
te plaindrais	vous plaindriez
se plaindrait	se plaindraient

PASSÉ
me serais plaint(e)	nous serions plaint(e)s
te serais plaint(e)	vous seriez plaint(e)(s)
se serait plaint(e)	se seraient plaint(e)s

IMPÉRATIF

plains-toi
plaignons-nous
plaignez-vous

PARTICIPES

PRÉSENT	PASSÉ
me plaignant, etc.	plaint(e)

EXAMPLES OF VERB USAGE

Elle se plaint tout le temps.	*She complains all the time.*
Vous vous êtes plaint du bruit à la police.	*You complained about the noise to the police.*
Ne vous plaignez pas si vous perdez tout votre argent.	*Don't complain if you lose all your money.*
Si j'avais le temps, je la plaindrais!	*I'd feel sorry for her if I had time.*

RELATED WORDS

plaindre quelqu'un	*to feel sorry for somebody*
le/ la plaignant/ -e	*plaintiff*
la plainte	*complaint, moan*

Verb Charts

plaire
to be pleasing, to like

je	nous
tu	vous
il/elle/on	ils/elles

INDICATIF

PRÉSENT
plais	plaisons
plais	plaisez
plaît	plaisent

PASSÉ COMPOSÉ
ai plu	avons plu
as plu	avez plu
a plu	ont plu

IMPARFAIT
plaisais	plaisions
plaisais	plaisiez
plaisait	plaisaient

PLUS-QUE-PARFAIT
avais plu	avions plu
avais plu	aviez plu
avait plu	avaient plu

PASSÉ SIMPLE
plus	plûmes
plus	plûtes
plut	plurent

PASSÉ ANTÉRIEUR
eus plu	eûmes plu
eus plu	eûtes plu
eut plu	eurent plu

FUTUR SIMPLE
plairai	plairons
plairas	plairez
plaira	plairont

FUTUR ANTÉRIEUR
aurai plu	aurons plu
auras plu	aurez plu
aura plu	auront plu

SUBJONCTIF

PRÉSENT
plaise	plaisions
plaises	plaisiez
plaise	plaisent

PASSÉ
aie plu	ayons plu
aies plu	ayez plu
ait plu	aient plu

IMPARFAIT
plusse	plussions
plusses	plussiez
plût	plussent

PLUS-QUE-PARFAIT
eusse plu	eussions plu
eusses plu	eussiez plu
eût plu	eussent plu

CONDITIONNEL

PRÉSENT
plairais	plairions
plairais	plairiez
plairait	plairaient

PASSÉ
aurais plu	aurions plu
aurais plu	auriez plu
aurait plu	auraient plu

IMPÉRATIF
plais
plaisons
plaisez

PARTICIPES

PRÉSENT	PASSÉ
plaisant	plu

EXAMPLES OF VERB USAGE

Tu n'as pas du tout plu à ma mère.	*My mother didn't like you at all.*
Est-ce que ton nouveau travail te plaît?	*Do you like your new job?*
Elle ne se plaira pas à la campagne.	*She won't enjoy the country.*

RELATED WORDS

se plaire	*to enjoy, to like*	déplaire	*to be displeasing*
se complaire dans	*to take pleasure in*	le plaisir	*pleasure*
plaisant/ -e	*pleasing, agreeable, pleasant*	s'il vous plaît	*please*

plaisanter
to joke

INDICATIF

PRÉSENT

plaisante	plaisantons
plaisantes	plaisantez
plaisante	plaisantent

IMPARFAIT

plaisantais	plaisantions
plaisantais	plaisantiez
plaisantait	plaisantaient

PASSÉ SIMPLE

plaisantai	plaisantâmes
plaisantas	plaisantâtes
plaisanta	plaisantèrent

FUTUR SIMPLE

plaisanterai	plaisanterons
plaisanteras	plaisanterez
plaisantera	plaisanteront

PASSÉ COMPOSÉ

ai plaisanté	avons plaisanté
as plaisanté	avez plaisanté
a plaisanté	ont plaisanté

PLUS-QUE-PARFAIT

avais plaisanté	avions plaisanté
avais plaisanté	aviez plaisanté
avait plaisanté	avaient plaisanté

PASSÉ ANTÉRIEUR

eus plaisanté	eûmes plaisanté
eus plaisanté	eûtes plaisanté
eut plaisanté	eurent plaisanté

FUTUR ANTÉRIEUR

aurai plaisanté	aurons plaisanté
auras plaisanté	aurez plaisanté
aura plaisanté	auront plaisanté

SUBJONCTIF

PRÉSENT

plaisante	plaisantions
plaisantes	plaisantiez
plaisante	plaisantent

IMPARFAIT

plaisantasse	plaisantassions
plaisantasses	plaisantassiez
plaisantât	plaisantassent

PASSÉ

aie plaisanté	ayons plaisanté
aies plaisanté	ayez plaisanté
ait plaisanté	aient plaisanté

PLUS-QUE-PARFAIT

eusse plaisanté	eussions plaisanté
eusses plaisanté	eussiez plaisanté
eût plaisanté	eussent plaisanté

CONDITIONNEL

PRÉSENT

plaisanterais	plaisanterions
plaisanterais	plaisanteriez
plaisanterait	plaisanteraient

PASSÉ

aurais plaisanté	aurions plaisanté
aurais plaisanté	auriez plaisanté
aurait plaisanté	auraient plaisanté

IMPÉRATIF

plaisante
plaisantons
plaisantez

PARTICIPES

PRÉSENT
plaisantant

PASSÉ
plaisanté(e)

EXAMPLES OF VERB USAGE

Ne t'inquiète pas, il plaisante.	*Don't worry; he's joking.*
Mes parents ne plaisantaient pas avec les études.	*With my parents, there was no joking where studies were concerned.*
Nous avons plaisanté toute la soirée.	*We told jokes all evening.*

RELATED WORDS

| la plaisanterie | *joke* | le plaisantin | *joker* |

pleurer
to cry; to mourn

je	nous
tu	vous
il/elle/on	ils/elles

INDICATIF

PRÉSENT
pleure	pleurons
pleures	pleurez
pleure	pleurent

IMPARFAIT
pleurais	pleurions
pleurais	pleuriez
pleurait	pleuraient

PASSÉ SIMPLE
pleurai	pleurâmes
pleuras	pleurâtes
pleura	pleurèrent

FUTUR SIMPLE
pleurerai	pleurerons
pleureras	pleurerez
pleurera	pleureront

PASSÉ COMPOSÉ
ai pleuré	avons pleuré
as pleuré	avez pleuré
a pleuré	ont pleuré

PLUS-QUE-PARFAIT
avais pleuré	avions pleuré
avais pleuré	aviez pleuré
avait pleuré	avaient pleuré

PASSÉ ANTÉRIEUR
eus pleuré	eûmes pleuré
eus pleuré	eûtes pleuré
eut pleuré	eurent pleuré

FUTUR ANTÉRIEUR
aurai pleuré	aurons pleuré
auras pleuré	aurez pleuré
aura pleuré	auront pleuré

SUBJONCTIF

PRÉSENT
pleure	pleurions
pleures	pleuriez
pleure	pleurent

IMPARFAIT
pleurasse	pleurassions
pleurasses	pleurassiez
pleurât	pleurassent

PASSÉ
aie pleuré	ayons pleuré
aies pleuré	ayez pleuré
ait pleuré	aient pleuré

PLUS-QUE-PARFAIT
eusse pleuré	eussions pleuré
eusses pleuré	eussiez pleuré
eût pleuré	eussent pleuré

CONDITIONNEL

PRÉSENT
pleurerais	pleurerions
pleurerais	pleureriez
pleurerait	pleureraient

PASSÉ
aurais pleuré	aurions pleuré
aurais pleuré	auriez pleuré
aurait pleuré	auraient pleuré

IMPÉRATIF

pleure
pleurons
pleurez

PARTICIPES

PRÉSENT	PASSÉ
pleurant	pleuré(e)

EXAMPLES OF VERB USAGE

Ne pleure pas, ça va s'arranger.	*Don't cry; it's going to be all right.*
Elle a pleuré toute la matinée.	*She cried all morning.*
Nous pleurerons nos parents.	*We'll mourn our parents.*

RELATED WORDS

en pleurs	*in tears*	pleurnicher	*to snivel*
le/ la pleurnicheur/ -euse	*crybaby*		

pleuvoir
to rain

INDICATIF

PRÉSENT
il pleut   ils pleuvent

IMPARFAIT
il pleuvait

PASSÉ SIMPLE
il plut

FUTUR SIMPLE
il pleuvra

PASSÉ COMPOSÉ
il a plu

PLUS-QUE-PARFAIT
il avait plu

PASSÉ ANTÉRIEUR
il eut plu

FUTUR ANTÉRIEUR
il aura plu

je	nous
tu	vous
il/elle/on	ils/elles

SUBJONCTIF

PRÉSENT
qu'il pleuve

IMPARFAIT
qu'il plût

PASSÉ
qu'il ait plu

PLUS-QUE-PARFAIT
qu'il eût plu

CONDITIONNEL

PRÉSENT
il pleuvrait

PASSÉ
il aurait plu

IMPÉRATIF

[Does not exist.]

PARTICIPES

PRÉSENT
pleuvant

PASSÉ
plu

EXAMPLES OF VERB USAGE

J'aimerais bien qu'il pleuve.

Il n'a pas beaucoup plu cette année.

Les questions pleuvaient de partout. (fig.)

I'd like it to rain.

It hasn't rained much this year.

We were showered with questions.

RELATED WORDS

la pluie	*rain*	pluvieux/ -euse	*rainy*
pleuvasser, pleuvoter	*to drizzle*	la pluie diluvienne	*downpour*

Verb Charts

plier
to fold, to bend

je	nous
tu	vous
il/elle/on	ils/elles

INDICATIF

PRÉSENT

plie	plions
plies	pliez
plie	plient

PASSÉ COMPOSÉ

ai plié	avons plié
as plié	avez plié
a plié	ont plié

IMPARFAIT

pliais	pliions
pliais	pliiez
pliait	pliaient

PLUS-QUE-PARFAIT

avais plié	avions plié
avais plié	aviez plié
avait plié	avaient plié

PASSÉ SIMPLE

pliai	pliâmes
plias	pliâtes
plia	plièrent

PASSÉ ANTÉRIEUR

eus plié	eûmes plié
eus plié	eûtes plié
eut plié	eurent plié

FUTUR SIMPLE

plierai	plierons
plieras	plierez
pliera	plieront

FUTUR ANTÉRIEUR

aurai plié	aurons plié
auras plié	aurez plié
aura plié	auront plié

SUBJONCTIF

PRÉSENT

plie	pliions
plies	pliiez
plie	plient

PASSÉ

aie plié	ayons plié
aies plié	ayez plié
ait plié	aient plié

IMPARFAIT

pliasse	pliassions
pliasses	pliassiez
pliât	pliassent

PLUS-QUE-PARFAIT

eusse plié	eussions plié
eusses plié	eussiez plié
eût plié	eussent plié

CONDITIONNEL

PRÉSENT

plierais	plierions
plierais	plieriez
plierait	plieraient

PASSÉ

aurais plié	aurions plié
aurais plié	auriez plié
aurait plié	auraient plié

IMPÉRATIF

plie
plions
pliez

PARTICIPES

PRÉSENT	**PASSÉ**
pliant	plié(e)

EXAMPLES OF VERB USAGE

Pliez les jambes!	*Bend your legs!*
Ils ont plié bagage ce matin.	*They packed up this morning.*
Nous ne nous plierons jamais à ses exigences.	*We'll never submit to his/her demands.*

RELATED WORDS

se plier à	*to submit oneself to*	déplier	*to unfold, to stretch out*
pliant/ -e	*folding, collapsible*	le dépliant	*brochure, leaflet*
le pli	*fold, pleat*		

plonger

to dive, to plunge

INDICATIF

PRÉSENT

plonge	plongeons
plonges	plongez
plonge	plongent

PASSÉ COMPOSÉ

ai plongé	avons plongé
as plongé	avez plongé
a plongé	ont plongé

je	nous
tu	vous
il/elle/on	ils/elles

IMPARFAIT

plongeais	plongions
plongeais	plongiez
plongeait	plongeaient

PLUS-QUE-PARFAIT

avais plongé	avions plongé
avais plongé	aviez plongé
avait plongé	avaient plongé

PASSÉ SIMPLE

plongeai	plongeâmes
plongeas	plongeâtes
plongea	plongèrent

PASSÉ ANTÉRIEUR

eus plongé	eûmes plongé
eus plongé	eûtes plongé
eut plongé	eurent plongé

FUTUR SIMPLE

plongerai	plongerons
plongeras	plongerez
plongera	plongeront

FUTUR ANTÉRIEUR

aurai plongé	aurons plongé
auras plongé	aurez plongé
aura plongé	auront plongé

SUBJONCTIF

PRÉSENT

plonge	plongions
plonges	plongiez
plonge	plongent

PASSÉ

aie plongé	ayons plongé
aies plongé	ayez plongé
ait plongé	aient plongé

IMPARFAIT

plongeasse	plongeassions
plongeasses	plongeassiez
plongeât	plongeassent

PLUS-QUE-PARFAIT

eusse plongé	eussions plongé
eusses plongé	eussiez plongé
eût plongé	eussent plongé

CONDITIONNEL

PRÉSENT

plongerais	plongerions
plongerais	plongeriez
plongerait	plongeraient

PASSÉ

aurais plongé	aurions plongé
aurais plongé	auriez plongé
aurait plongé	auraient plongé

IMPÉRATIF

plonge
plongeons
plongez

PARTICIPES

PRÉSENT	**PASSÉ**
plongeant	plongé(e)

EXAMPLES OF VERB USAGE

Plongeons dans la piscine.	*Let's dive in the pool.*
Tu plongeras les légumes dans l'eau bouillante.	*You'll plunge the vegetables in the boiling water.*
Elle s'est plongée dans la lecture de *Madame Bovary*.	*She threw herself into the reading of* Madame Bovary.

RELATED WORDS

se plonger dans	*to throw oneself into*	le/ la plongeur/ -euse	*diver*
le plongeoir	*diving board*		
		la plongée	*diving*

porter
to carry; to wear

je	nous
tu	vous
il/elle/on	ils/elles

INDICATIF

PRÉSENT

porte	portons
portes	portez
porte	portent

IMPARFAIT

portais	portions
portais	portiez
portait	portaient

PASSÉ SIMPLE

portai	portâmes
portas	portâtes
porta	portèrent

FUTUR SIMPLE

porterai	porterons
porteras	porterez
portera	porteront

PASSÉ COMPOSÉ

ai porté	avons porté
as porté	avez porté
a porté	ont porté

PLUS-QUE-PARFAIT

avais porté	avions porté
avais porté	aviez porté
avait porté	avaient porté

PASSÉ ANTÉRIEUR

eus porté	eûmes porté
eus porté	eûtes porté
eut porté	eurent porté

FUTUR ANTÉRIEUR

aurai porté	aurons porté
auras porté	aurez porté
aura porté	auront porté

SUBJONCTIF

PRÉSENT

porte	portions
portes	portiez
porte	portent

IMPARFAIT

portasse	portassions
portasses	portassiez
portât	portassent

PASSÉ

aie porté	ayons porté
aies porté	ayez porté
ait porté	aient porté

PLUS-QUE-PARFAIT

eusse porté	eussions porté
eusses porté	eussiez porté
eût porté	eussent porté

CONDITIONNEL

PRÉSENT

porterais	porterions
porterais	porteriez
porterait	porteraient

PASSÉ

aurais porté	aurions porté
aurais porté	auriez porté
aurait porté	auraient porté

IMPÉRATIF

porte
portons
portez

PARTICIPES

PRÉSENT	**PASSÉ**
portant	porté(e)

EXAMPLES OF VERB USAGE

Tu porteras tes valises à la voiture.	*You'll carry your suitcases to the car.*
Il portait un manteau vert.	*He was wearing a green coat.*
Les jupes se portent très courtes cette année.	*The fashion is for very short skirts this year.*

RELATED WORDS

se porter	*to be worn*	apporter	*to bring*
importer	*to import; to matter*	rapporter	*to bring back*
emporter	*to take away*	supporter	*to bear, to tolerate; to suppor*
le portefeuille	*wallet*	le portable	*cellular phone*
la portée	*range, reach*	l'ordinateur portable	*laptop computer*
portatif/ -ive	*portable*		

posséder
to have, to own

INDICATIF

PRÉSENT

possède	possédons
possèdes	possédez
possède	possèdent

PASSÉ COMPOSÉ

ai possédé	avons possédé
as possédé	avez possédé
a possédé	ont possédé

IMPARFAIT

possédais	possédions
possédais	possédiez
possédait	possédaient

PLUS-QUE-PARFAIT

avais possédé	avions possédé
avais possédé	aviez possédé
avait possédé	avaient possédé

PASSÉ SIMPLE

possédai	possédâmes
possédas	possédâtes
posséda	possédèrent

PASSÉ ANTÉRIEUR

eus possédé	eûmes possédé
eus possédé	eûtes possédé
eut possédé	eurent possédé

FUTUR SIMPLE

posséderai	posséderons
posséderas	posséderez
possédera	posséderont

FUTUR ANTÉRIEUR

aurai possédé	aurons possédé
auras possédé	aurez possédé
aura possédé	auront possédé

SUBJONCTIF

PRÉSENT

possède	possédions
possèdes	possédiez
possède	possèdent

PASSÉ

aie possédé	ayons possédé
aies possédé	ayez possédé
ait possédé	aient possédé

IMPARFAIT

possédasse	possédassions
possédasses	possédassiez
possédât	possédassent

PLUS-QUE-PARFAIT

eusse possédé	eussions possédé
eusses possédé	eussiez possédé
eût possédé	eussent possédé

CONDITIONNEL

PRÉSENT

posséderais	posséderions
posséderais	posséderiez
posséderait	posséderaient

PASSÉ

aurais possédé	aurions possédé
aurais possédé	auriez possédé
aurait possédé	auraient possédé

IMPÉRATIF

possède
possédons
possédez

PARTICIPES

PRÉSENT
possédant

PASSÉ
possédé(e)

EXAMPLES OF VERB USAGE

Il possédait la moitié de l'immeuble.	*He owned half the building.*
C'est tout ce que je possède.	*That's all I've got.*
Si vous aviez possédé un diplôme, je vous aurais engagé.	*If you had had a degree, I would have hired you.*

RELATED WORDS

déposséder quelqu'un de quelque chose	*to dispossess; to deprive*
possessif/ -ive	*possessive*
la possession	*ownership; possession*
le possesseur	*holder, owner*

pourrir
to rot, to go bad; to spoil

je	nous
tu	vous
il/elle/on	ils/elles

INDICATIF

PRÉSENT
pourris	pourrissons
pourris	pourrissez
pourrit	pourrissent

PASSÉ COMPOSÉ
ai pourri	avons pourri
as pourri	avez pourri
a pourri	ont pourri

IMPARFAIT
pourrissais	pourrissions
pourrissais	pourrissiez
pourrissait	pourrissaient

PLUS-QUE-PARFAIT
avais pourri	avions pourri
avais pourri	aviez pourri
avait pourri	avaient pourri

PASSÉ SIMPLE
pourris	pourrîmes
pourris	pourrîtes
pourrit	pourrirent

PASSÉ ANTÉRIEUR
eus pourri	eûmes pourri
eus pourri	eûtes pourri
eut pourri	eurent pourri

FUTUR SIMPLE
pourrirai	pourrirons
pourriras	pourrirez
pourrira	pourriront

FUTUR ANTÉRIEUR
aurai pourri	aurons pourri
auras pourri	aurez pourri
aura pourri	auront pourri

SUBJONCTIF

PRÉSENT
pourrisse	pourrissions
pourrisses	pourrissiez
pourrisse	pourrissent

PASSÉ
aie pourri	ayons pourri
aies pourri	ayez pourri
ait pourri	aient pourri

IMPARFAIT
pourrisse	pourrissions
pourrisses	pourrissiez
pourrît	pourrissent

PLUS-QUE-PARFAIT
eusse pourri	eussions pourri
eusses pourri	eussiez pourri
eût pourri	eussent pourri

CONDITIONNEL

PRÉSENT
pourrirais	pourririons
pourrirais	pourririez
pourrirait	pourriraient

PASSÉ
aurais pourri	aurions pourri
aurais pourri	auriez pourri
aurait pourri	auraient pourri

IMPÉRATIF

pourris
pourrissons
pourrissez

PARTICIPES

PRÉSENT	PASSÉ
pourrissant	pourri(e)

EXAMPLES OF VERB USAGE

Tous les fruits ont pourri.	*All the fruit went bad.*
La récolte pourrit sur pied.	*The harvest is rotting on the stalk.*
Ses grands-parents le pourrissaient complètement.	*His grandparents were spoiling him rotten.*

RELATED WORDS

la pourriture	*rot, rottenness*	le pourrissement	*deterioration*
le pot-pourri	*medley*		

pouvoir
to be able to, can, may

INDICATIF

PRÉSENT

peux/ puis*	pouvons
peux	pouvez
peut	peuvent

PASSÉ COMPOSÉ

ai pu	avons pu
as pu	avez pu
a pu	ont pu

je	nous
tu	vous
il/elle/on	ils/elles

IMPARFAIT

pouvais	pouvions
pouvais	pouviez
pouvait	pouvaient

PLUS-QUE-PARFAIT

avais pu	avions pu
avais pu	aviez pu
avait pu	avaient pu

PASSÉ SIMPLE

pus	pûmes
pus	pûtes
put	purent

PASSÉ ANTÉRIEUR

eus pu	eûmes pu
eus pu	eûtes pu
eut pu	eurent pu

FUTUR SIMPLE

pourrai	pourrons
pourras	pourrez
pourra	pourront

FUTUR ANTÉRIEUR

aurai pu	aurons pu
auras pu	aurez pu
aura pu	auront pu

SUBJONCTIF

PRÉSENT

puisse	puissions
puisses	puissiez
puisse	puissent

PASSÉ

aie pu	ayons pu
aies pu	ayez pu
ait pu	aient pu

IMPARFAIT

pusse	pussions
pusses	pussiez
pût	pussent

PLUS-QUE-PARFAIT

eusse pu	eussions pu
eusses pu	eussiez pu
eût pu	eussent pu

CONDITIONNEL

PRÉSENT

pourrais	pourrions
pourrais	pourriez
pourrait	pourraient

PASSÉ

aurais pu	aurions pu
aurais pu	auriez pu
aurait pu	auraient pu

IMPÉRATIF

[Does not exist.]

PARTICIPES

PRÉSENT
pouvant

PASSÉ
pu

EXAMPLES OF VERB USAGE

Puis-je vous poser une question?	*May I ask you a question?*
Il faudrait que nous puissions le voir.	*We should be able to see him.*
Il ne pourra rien faire.	*He won't be able to do anything.*
Est-ce que vous avez pu le joindre?	*Were you able to get in touch with him?*

RELATED WORDS

le pouvoir	*power*	puissant/ -e	*powerful*
la puissance	*power*		

* *Puis* is more formal and is mostly used in polite requests (see examples of verb usage).

Verb Charts

prendre
to take

INDICATIF

PRÉSENT

prends	prenons
prends	prenez
prend	prennent

PASSÉ COMPOSÉ

ai pris	avons pris
as pris	avez pris
a pris	ont pris

IMPARFAIT

prenais	prenions
prenais	preniez
prenait	prenaient

PLUS-QUE-PARFAIT

avais pris	avions pris
avais pris	aviez pris
avait pris	avaient pris

PASSÉ SIMPLE

pris	prîmes
pris	prîtes
prit	prirent

PASSÉ ANTÉRIEUR

eus pris	eûmes pris
eus pris	eûtes pris
eut pris	eurent pris

FUTUR SIMPLE

prendrai	prendrons
prendras	prendrez
prendra	prendront

FUTUR ANTÉRIEUR

aurai pris	aurons pris
auras pris	aurez pris
aura pris	auront pris

SUBJONCTIF

PRÉSENT

prenne	prenions
prennes	preniez
prenne	prennent

PASSÉ

aie pris	ayons pris
aies pris	ayez pris
ait pris	aient pris

IMPARFAIT

prisse	prissions
prisses	prissiez
prît	prissent

PLUS-QUE-PARFAIT

eusse pris	eussions pris
eusses pris	eussiez pris
eût pris	eussent pris

CONDITIONNEL

PRÉSENT

prendrais	prendrions
prendrais	prendriez
prendrait	prendraient

PASSÉ

aurais pris	aurions pris
aurais pris	auriez pris
aurait pris	auraient pris

IMPÉRATIF

prends
prenons
prenez

PARTICIPES

PRÉSENT
prenant

PASSÉ
pris(e)

EXAMPLES OF VERB USAGE

J'ai pris le train de 8 heures.	*I took the 8 o'clock train.*
Nous ne prendrons pas de dessert.	*We won't have dessert.*
Il m'aurait pris ma place.	*He would have taken my place.*
Pour qui se prend-il?	*Who does he think he is?*

RELATED WORDS

se prendre pour	*to think you are somebody*	surprendre	*to surprise*
entreprendre	*to begin; to undertake*	reprendre	*to take back; to resume*
la prise	*grip, hold, outlet*		

préparer
to prepare, to get ready

INDICATIF

		je	nous
		tu	vous
		il/elle/on	ils/elles

PRÉSENT

prépare   préparons
prépares   préparez
prépare   préparent

PASSÉ COMPOSÉ

ai préparé   avons préparé
as préparé   avez préparé
a préparé   ont préparé

IMPARFAIT

préparais   préparions
préparais   prépariez
préparait   préparaient

PLUS-QUE-PARFAIT

avais préparé   avions préparé
avais préparé   aviez préparé
avait préparé   avaient préparé

PASSÉ SIMPLE

préparai   préparâmes
préparas   préparâtes
prépara   préparèrent

PASSÉ ANTÉRIEUR

eus préparé   eûmes préparé
eus préparé   eûtes préparé
eut préparé   eurent préparé

FUTUR SIMPLE

préparerai   préparerons
prépareras   préparerez
préparera   prépareront

FUTUR ANTÉRIEUR

aurai préparé   aurons préparé
auras préparé   aurez préparé
aura préparé   auront préparé

SUBJONCTIF

PRÉSENT

prépare   préparions
prépares   prépariez
prépare   préparent

PASSÉ

aie préparé   ayons préparé
aies préparé   ayez préparé
ait préparé   aient préparé

IMPARFAIT

préparasse   préparassions
préparasses   préparassiez
préparât   préparassent

PLUS-QUE-PARFAIT

eusse préparé   eussions préparé
eusses préparé   eussiez préparé
eût préparé   eussent préparé

CONDITIONNEL

PRÉSENT

préparerais   préparerions
préparerais   prépareriez
préparerait   prépareraient

PASSÉ

aurais préparé   aurions préparé
aurais préparé   auriez préparé
aurait préparé   auraient préparé

IMPÉRATIF

prépare
préparons
préparez

PARTICIPES

PRÉSENT   **PASSÉ**
préparant   préparé(e)

EXAMPLES OF VERB USAGE

Nous vous préparerons un bon repas.   *We'll prepare a good meal for you.*
Je n'ai pas bien préparé mes examens.   *I didn't study enough for my exams.*
Il se prépare pour sortir dîner en ville.   *He is getting ready to go out to dinner.*

RELATED WORDS

les préparatifs   *preparations*   la préparation   *preparation*
(m. pl.)

présenter
to introduce, to present

je	nous
tu	vous
il/elle/on	ils/elles

INDICATIF

PRÉSENT
présente	présentons
présentes	présentez
présente	présentent

IMPARFAIT
présentais	présentions
présentais	présentiez
présentait	présentaient

PASSÉ SIMPLE
présentai	présentâmes
présentas	présentâtes
présenta	présentèrent

FUTUR SIMPLE
présenterai	présenterons
présenteras	présenterez
présentera	présenteront

PASSÉ COMPOSÉ
ai présenté	avons présenté
as présenté	avez présenté
a présenté	ont présenté

PLUS-QUE-PARFAIT
avais présenté	avions présenté
avais présenté	aviez présenté
avait présenté	avaient présenté

PASSÉ ANTÉRIEUR
eus présenté	eûmes présenté
eus présenté	eûtes présenté
eut présenté	eurent présenté

FUTUR ANTÉRIEUR
aurai présenté	aurons présenté
auras présenté	aurez présenté
aura présenté	auront présenté

SUBJONCTIF

PRÉSENT
présente	présentions
présentes	présentiez
présente	présentent

IMPARFAIT
présentasse	présentassions
présentasses	présentassiez
présentât	présentassent

PASSÉ
aie présenté	ayons présenté
aies présenté	ayez présenté
ait présenté	aient présenté

PLUS-QUE-PARFAIT
eusse présenté	eussions présenté
eusses présenté	eussiez présenté
eût présenté	eussent présenté

CONDITIONNEL

PRÉSENT
présenterais	présenterions
présenterais	présenteriez
présenterait	présenteraient

PASSÉ
aurais présenté	aurions présenté
aurais présenté	auriez présenté
aurait présenté	auraient présenté

IMPÉRATIF

présente
présentons
présentez

PARTICIPES

PRÉSENT	PASSÉ
présentant	présenté(e)

EXAMPLES OF VERB USAGE

Elle présentera une nouvelle émission cet automne.

She will host a new show this fall.

Je vous présente ma femme.

Let me introduce my wife.

Il ne s'est pas présenté aux élections.

He didn't run for the elections.

RELATED WORDS

se présenter	*to introduce oneself; to run for*	la représentation	*performance (theater)*
		la présentation	*presentation*
représenter	*to represent*	le/ la représentant/ -e	*representative*

prévenir

to warn, to inform, to prevent

je	nous
tu	vous
il/elle/on	ils/elles

INDICATIF

PRÉSENT

préviens	prévenons
préviens	prévenez
prévient	préviennent

IMPARFAIT

prévenais	prévenions
prévenais	préveniez
prévenait	prévenaient

PASSÉ SIMPLE

prévins	prévînmes
prévins	prévîntes
prévint	prévinrent

FUTUR SIMPLE

préviendrai	préviendrons
préviendras	préviendrez
préviendra	préviendront

PASSÉ COMPOSÉ

ai prévenu	avons prévenu
as prévenu	avez prévenu
a prévenu	ont prévenu

PLUS-QUE-PARFAIT

avais prévenu	avions prévenu
avais prévenu	aviez prévenu
avait prévenu	avaient prévenu

PASSÉ ANTÉRIEUR

eus prévenu	eûmes prévenu
eus prévenu	eûtes prévenu
eut prévenu	eurent prévenu

FUTUR ANTÉRIEUR

aurai prévenu	aurons prévenu
auras prévenu	aurez prévenu
aura prévenu	auront prévenu

SUBJONCTIF

PRÉSENT

prévienne	prévenions
préviennes	préveniez
prévienne	préviennent

IMPARFAIT

prévinsse	prévinssions
prévinsses	prévinssiez
prévînt	prévinssent

PASSÉ

aie prévenu	ayons prévenu
aies prévenu	ayez prévenu
ait prévenu	aient prévenu

PLUS-QUE-PARFAIT

eusse prévenu	eussions prévenu
eusses prévenu	eussiez prévenu
eût prévenu	eussent prévenu

CONDITIONNEL

PRÉSENT

préviendrais	préviendrions
préviendrais	préviendriez
préviendrait	préviendraient

PASSÉ

aurais prévenu	aurions prévenu
aurais prévenu	auriez prévenu
aurait prévenu	auraient prévenu

IMPÉRATIF

préviens
prévenons
prévenez

PARTICIPES

PRÉSENT	**PASSÉ**
prévenant	prévenu(e)

EXAMPLES OF VERB USAGE

Elle ne nous avait pas prévenus de son arrivée.	*She hadn't informed us she was coming.*
Je vous préviens pour la dernière fois.	*I am warning you for the last time.*
Nous préviendrons la police si vous recommencez.	*We'll call the police if you do it again.*

RELATED WORDS

la prévention	*prevention*	préventif/ -ive	*preventive*
le/ la prévenu/ -e	*defendant, accused*	prévenant/ -e	*considerate*

Verb Charts

prévoir
to foresee, to plan, to expect

INDICATIF

PRÉSENT

prévois	prévoyons		
prévois	prévoyez		
prévoit	prévoient		

PASSÉ COMPOSÉ

ai prévu	avons prévu
as prévu	avez prévu
a prévu	ont prévu

IMPARFAIT

prévoyais	prévoyions
prévoyais	prévoyiez
prévoyait	prévoyaient

PLUS-QUE-PARFAIT

avais prévu	avions prévu
avais prévu	aviez prévu
avait prévu	avaient prévu

PASSÉ SIMPLE

prévis	prévîmes
prévis	prévîtes
prévit	prévirent

PASSÉ ANTÉRIEUR

eus prévu	eûmes prévu
eus prévu	eûtes prévu
eut prévu	eurent prévu

FUTUR SIMPLE

prévoirai	prévoirons
prévoiras	prévoirez
prévoira	prévoiront

FUTUR ANTÉRIEUR

aurai prévu	aurons prévu
auras prévu	aurez prévu
aura prévu	auront prévu

SUBJONCTIF

PRÉSENT

prévoie	prévoyions
prévoies	prévoyiez
prévoie	prévoient

PASSÉ

aie prévu	ayons prévu
aies prévu	ayez prévu
ait prévu	aient prévu

IMPARFAIT

prévisse	prévissions
prévisses	prévissiez
prévît	prévissent

PLUS-QUE-PARFAIT

eusse prévu	eussions prévu
eusses prévu	eussiez prévu
eût prévu	eussent prévu

CONDITIONNEL

PRÉSENT

prévoirais	prévoirions
prévoirais	prévoiriez
prévoirait	prévoiraient

PASSÉ

aurais prévu	aurions prévu
aurais prévu	auriez prévu
aurait prévu	auraient prévu

IMPÉRATIF

prévois
prévoyons
prévoyez

PARTICIPES

PRÉSENT	**PASSÉ**
prévoyant	prévu(e)

EXAMPLES OF VERB USAGE

La météo prévoit de la pluie pour demain.	*Rain is forecast for tomorrow.*
Elle prévoyait le pire, comme d'habitude.	*She expected the worst, as usual.*
Nous avions prévu de nous retrouver ici.	*We had planned to meet here.*

RELATED WORDS

les prévisions (f. pl.)	*expectation; forecast*	prévisionnel/ -elle	*projected*
la prévoyance (f.)	*foresight*	prévoyant/ -e	*provident*
prévisible	*predictable*		

prier

to pray; to beg, to ask

je	nous
tu	vous
il/elle/on	ils/elles

INDICATIF

PRÉSENT

prie	prions
pries	priez
prie	prient

PASSÉ COMPOSÉ

ai prié	avons prié
as prié	avez prié
a prié	ont prié

IMPARFAIT

priais	priions
priais	priiez
priait	priaient

PLUS-QUE-PARFAIT

avais prié	avions prié
avais prié	aviez prié
avait prié	avaient prié

PASSÉ SIMPLE

priai	priâmes
prias	priâtes
pria	prièrent

PASSÉ ANTÉRIEUR

eus prié	eûmes prié
eus prié	eûtes prié
eut prié	eurent prié

FUTUR SIMPLE

prierai	prierons
prieras	prierez
priera	prieront

FUTUR ANTÉRIEUR

aurai prié	aurons prié
auras prié	aurez prié
aura prié	auront prié

SUBJONCTIF

PRÉSENT

prie	priions
pries	priiez
prie	prient

PASSÉ

aie prié	ayons prié
aies prié	ayez prié
ait prié	aient prié

IMPARFAIT

priasse	priassions
priasses	priassiez
priât	priassent

PLUS-QUE-PARFAIT

eusse prié	eussions prié
eusses prié	eussiez prié
eût prié	eussent prié

CONDITIONNEL

PRÉSENT

prierais	prierions
prierais	prieriez
prierait	prieraient

PASSÉ

aurais prié	aurions prié
aurais prié	auriez prié
aurait prié	auraient prié

IMPÉRATIF

prie
prions
priez

PARTICIPES

PRÉSENT	**PASSÉ**
priant	prié(e)

EXAMPLES OF VERB USAGE

Prions pour eux.	*Let's pray for them.*
Elle le pria de rester.	*She begged him to stay.*
Ils m'ont prié de sortir.	*They asked me to leave.*
Calme-toi, je t'en prie.	*Calm down, please.*

RELATED WORDS

la prière	*prayer*

quitter
to leave, to quit

INDICATIF

je	nous
tu	vous
il/elle/on	ils/elles

PRÉSENT

quitte	quittons
quittes	quittez
quitte	quittent

IMPARFAIT

quittais	quittions
quittais	quittiez
quittait	quittaient

PASSÉ SIMPLE

quittai	quittâmes
quittas	quittâtes
quitta	quittèrent

FUTUR SIMPLE

quitterai	quitterons
quitteras	quitterez
quittera	quitteront

PASSÉ COMPOSÉ

ai quitté	avons quitté
as quitté	avez quitté
a quitté	ont quitté

PLUS-QUE-PARFAIT

avais quitté	avions quitté
avais quitté	aviez quitté
avait quitté	avaient quitté

PASSÉ ANTÉRIEUR

eus quitté	eûmes quitté
eus quitté	eûtes quitté
eut quitté	eurent quitté

FUTUR ANTÉRIEUR

aurai quitté	aurons quitté
auras quitté	aurez quitté
aura quitté	auront quitté

SUBJONCTIF

PRÉSENT

quitte	quittions
quittes	quittiez
quitte	quittent

IMPARFAIT

quittasse	quittassions
quittasses	quittassiez
quittât	quittassent

PASSÉ

aie quitté	ayons quitté
aies quitté	ayez quitté
ait quitté	aient quitté

PLUS-QUE-PARFAIT

eusse quitté	eussions quitté
eusses quitté	eussiez quitté
eût quitté	eussent quitté

CONDITIONNEL

PRÉSENT

quitterais	quitterions
quitterais	quitteriez
quitterait	quitteraient

PASSÉ

aurais quitté	aurions quitté
aurais quitté	auriez quitté
aurait quitté	auraient quitté

IMPÉRATIF

quitte
quittons
quittez

PARTICIPES

PRÉSENT	PASSÉ
quittant	quitté(e)

EXAMPLES OF VERB USAGE

Nous quitterons l'hôtel à cinq heures.	*We'll leave the hotel at five.*
Il a quitté sa femme.	*He left his wife.*
Ne quittez pas, s'il vous plaît.	*Hold on a moment, please.*
Ils se sont quittés bons amis.	*They parted good friends.*

RELATED WORDS

se quitter	*to split up*	acquitter	*to acquit*
s'acquitter d'une dette	*to pay off a debt*	la quittance	*receipt (bill or rent)*
quitte à	*even if it means*	être quitte	*to be even*

raconter
to tell

je	nous
tu	vous
il/elle/on	ils/elles

INDICATIF

PRÉSENT

raconte	racontons
racontes	racontez
raconte	racontent

PASSÉ COMPOSÉ

ai raconté	avons raconté
as raconté	avez raconté
a raconté	ont raconté

IMPARFAIT

racontais	racontions
racontais	racontiez
racontait	racontaient

PLUS-QUE-PARFAIT

avais raconté	avions raconté
avais raconté	aviez raconté
avait raconté	avaient raconté

PASSÉ SIMPLE

racontai	racontâmes
racontas	racontâtes
raconta	racontèrent

PASSÉ ANTÉRIEUR

eus raconté	eûmes raconté
eus raconté	eûtes raconté
eut raconté	eurent raconté

FUTUR SIMPLE

raconterai	raconterons
raconteras	raconterez
racontera	raconteront

FUTUR ANTÉRIEUR

aurai raconté	aurons raconté
auras raconté	aurez raconté
aura raconté	auront raconté

SUBJONCTIF

PRÉSENT

raconte	racontions
racontes	racontiez
raconte	racontent

PASSÉ

aie raconté	ayons raconté
aies raconté	ayez raconté
ait raconté	aient raconté

IMPARFAIT

racontasse	racontassions
racontasses	racontassiez
racontât	racontassent

PLUS-QUE-PARFAIT

eusse raconté	eussions raconté
eusses raconté	eussiez raconté
eût raconté	eussent raconté

CONDITIONNEL

PRÉSENT

raconterais	raconterions
raconterais	raconteriez
raconterait	raconteraient

PASSÉ

aurais raconté	aurions raconté
aurais raconté	auriez raconté
aurait raconté	auraient raconté

IMPÉRATIF

raconte
racontons
racontez

PARTICIPES

PRÉSENT

racontant

PASSÉ

raconté(e)

EXAMPLES OF VERB USAGE

Ils nous ont tout raconté.	*They told us the whole story.*
Je vous raconterai le film.	*I'll tell you what the film is about.*
Ne raconte pas n'importe quoi.	*Don't talk nonsense.*

RELATED WORDS

| le racontar | *false story, lie* | le conte | *story, tale* |
| le conte de fée | *fairy tale* | le conteur | *storyteller* |

se rafraîchir
to get cooler; to refresh oneself

INDICATIF

je	nous
tu	vous
il/elle/on	ils/elles

PRÉSENT

me rafraîchis / nous rafraîchissons
te rafraîchis / vous rafraîchissez
se rafraîchit / se rafraîchissent

IMPARFAIT

me rafraîchissais / nous rafraîchissions
te rafraîchissais / vous rafraîchissiez
se rafraîchissait / se rafraîchissaient

PASSÉ SIMPLE

me rafraîchis / nous rafraîchîmes
te rafraîchis / vous rafraîchîtes
se rafraîchit / se rafraîchirent

FUTUR SIMPLE

me rafraîchirai / nous rafraîchirons
te rafraîchiras / vous rafraîchirez
se rafraîchira / se rafraîchiront

PASSÉ COMPOSÉ

me suis rafraîchi(e) / nous sommes rafraîchi(e)s
t'es rafraîchi(e) / vous êtes rafraîchi(e)(s)
s'est rafraîchi(e) / se sont rafraîchi(e)s

PLUS-QUE-PARFAIT

m'étais rafraîchi(e) / nous étions rafraîchi(e)s
t'étais rafraîchi(e) / vous étiez rafraîchi(e)(s)
s'était rafraîchi(e) / s'étaient rafraîchi(e)s

PASSÉ ANTÉRIEUR

me fus rafraîchi(e) / nous fûmes rafraîchi(e)s
te fus rafraîchi(e) / vous fûtes rafraîchi(e)(s)
se fut rafraîchi(e) / se furent rafraîchi(e)s

FUTUR ANTÉRIEUR

me serai rafraîchi(e) / nous serons rafraîchi(e)s
te seras rafraîchi(e) / vous serez rafraîchi(e)(s)
se sera rafraîchi(e) / se seront rafraîchi(e)s

SUBJONCTIF

PRÉSENT

me rafraîchisse / nous rafraîchissions
te rafraîchisses / vous rafraîchissiez
se rafraîchisse / se rafraîchissent

IMPARFAIT

me rafraîchisse / nous rafraîchissions
te rafraîchisses / vous rafraîchissiez
se rafraîchît / se rafraîchissent

PASSÉ

me sois rafraîchi(e) / nous soyons rafraîchi(e)s
te sois rafraîchi(e) / vous soyez rafraîchi(e)(s)
se soit rafraîchi(e) / se soient rafraîchi(e)s

PLUS-QUE-PARFAIT

me fusse rafraîchi(e) / nous fussions rafraîchi(e)s
te fusses rafraîchi(e) / vous fussiez rafraîchi(e)(s)
se fût rafraîchi(e) / se fussent rafraîchi(e)s

CONDITIONNEL

PRÉSENT

me rafraîchirais / nous rafraîchirions
te rafraîchirais / vous rafraîchiriez
se rafraîchirait / se rafraîchiraient

PASSÉ

me serais rafraîchi(e) / nous serions rafraîchi(e)s
te serais rafraîchi(e) / vous seriez rafraîchi(e)(s)
se serait rafraîchi(e) / se seraient rafraîchi(e)s

IMPÉRATIF

rafraîchis-toi
rafraîchissons-nous
rafraîchissez-vous

PARTICIPES

PRÉSENT / **PASSÉ**
me rafraîchissant, etc. / rafraîchi(e)

EXAMPLES OF VERB USAGE

Le temps se rafraîchit. / *It's getting cooler.*

Rafraîchissons-nous avant de recommencer. / *Let's refresh ourselves before starting again.*

Il faut que je lui rafraîchisse la mémoire. / *I have to refresh his memory.*

RELATED WORDS

rafraîchir / *to cool down, to refresh* / le rafraîchissement / *refreshment*
rafraîchissant/ -e / *refreshing* / frais/ fraîche / *cool; fresh*
la fraîcheur / *coolness; freshness*

rater
to miss, to fail

je	nous
tu	vous
il/elle/on	ils/elles

INDICATIF

PRÉSENT

rate	ratons
rates	ratez
rate	ratent

IMPARFAIT

ratais	rations
ratais	ratiez
ratait	rataient

PASSÉ SIMPLE

ratai	ratâmes
ratas	ratâtes
rata	ratèrent

FUTUR SIMPLE

raterai	raterons
rateras	raterez
ratera	rateront

PASSÉ COMPOSÉ

ai raté	avons raté
as raté	avez raté
a raté	ont raté

PLUS-QUE-PARFAIT

avais raté	avions raté
avais raté	aviez raté
avait raté	avaient raté

PASSÉ ANTÉRIEUR

eus raté	eûmes raté
eus raté	eûtes raté
eut raté	eurent raté

FUTUR ANTÉRIEUR

aurai raté	aurons raté
auras raté	aurez raté
aura raté	auront raté

SUBJONCTIF

PRÉSENT

rate	rations
rates	ratiez
rate	ratent

IMPARFAIT

ratasse	ratassions
ratasses	ratassiez
ratât	ratassent

PASSÉ

aie raté	ayons raté
aies raté	ayez raté
ait raté	aient raté

PLUS-QUE-PARFAIT

eusse raté	eussions raté
eusses raté	eussiez raté
eût raté	eussent raté

CONDITIONNEL

PRÉSENT

raterais	raterions
raterais	rateriez
raterait	rateraient

PASSÉ

aurais raté	aurions raté
aurais raté	auriez raté
aurait raté	auraient raté

IMPÉRATIF

rate
ratons
ratez

PARTICIPES

PRÉSENT

ratant

PASSÉ

raté(e)

EXAMPLES OF VERB USAGE

Elle a encore raté ses examens.	*She has failed her exams again.*
Ils auront tout raté.	*They will have failed in everything.*
Il ne faut pas que tu rates ton bus.	*You mustn't miss your bus.*
Ne ratez pas le nouveau film de Luc Besson.	*Don't miss Luc Besson's new film.*

RELATED WORDS

le/ la raté/ -e   *failure (person)*

Verb Charts

recevoir
to receive

INDICATIF

PRÉSENT

je	nous
tu	vous
il/elle/on	ils/elles

reçois	recevons
reçois	recevez
reçoit	reçoivent

PASSÉ COMPOSÉ

ai reçu	avons reçu
as reçu	avez reçu
a reçu	ont reçu

IMPARFAIT

recevais	recevions
recevais	receviez
recevait	recevaient

PLUS-QUE-PARFAIT

avais reçu	avions reçu
avais reçu	aviez reçu
avait reçu	avaient reçu

PASSÉ SIMPLE

reçus	reçûmes
reçus	reçûtes
reçut	reçurent

PASSÉ ANTÉRIEUR

eus reçu	eûmes reçu
eus reçu	eûtes reçu
eut reçu	eurent reçu

FUTUR SIMPLE

recevrai	recevrons
recevras	recevrez
recevra	recevront

FUTUR ANTÉRIEUR

aurai reçu	aurons reçu
auras reçu	aurez reçu
aura reçu	auront reçu

SUBJONCTIF

PRÉSENT

reçoive	recevions
reçoives	receviez
reçoive	reçoivent

PASSÉ

aie reçu	ayons reçu
aies reçu	ayez reçu
ait reçu	aient reçu

IMPARFAIT

reçusse	reçussions
reçusses	reçussiez
reçût	reçussent

PLUS-QUE-PARFAIT

eusse reçu	eussions reçu
eusses reçu	eussiez reçu
eût reçu	eussent reçu

CONDITIONNEL

PRÉSENT

recevrais	recevrions
recevrais	recevriez
recevrait	recevraient

PASSÉ

aurais reçu	aurions reçu
aurais reçu	auriez reçu
aurait reçu	auraient reçu

IMPÉRATIF

reçois
recevons
recevez

PARTICIPES

PRÉSENT	PASSÉ
recevant	reçu(e)

EXAMPLES OF VERB USAGE

Nous recevons des nouvelles de Camille régulièrement.	*We receive news from Camille regularly.*
Ils recevront leurs amis à dîner la semaine prochaine.	*They'll host their friends for dinner next week.*
Je vous reçois cinq sur cinq.	*I am receiving you loud and clear.*
Elle a été reçue à son examen.	*She has passed her exams.*
Il s'est reçu sur les fesses.	*He landed on his bottom.*

RELATED WORDS

la réception	*reception*	la recevabilité	*admissibility (court)*
le/ la receveur/ -euse	*recipient*	le reçu	*receipt*
recevable	*admissible*	se recevoir	*to land*

réfléchir

to think about, to reflect upon

INDICATIF

PRÉSENT
réfléchis	réfléchissons
réfléchis	réfléchissez
réfléchit	réfléchissent

PASSÉ COMPOSÉ
ai réfléchi	avons réfléchi
as réfléchi	avez réfléchi
a réfléchi	ont réfléchi

IMPARFAIT
réfléchissais	réfléchissions
réfléchissais	réfléchissiez
réfléchissait	réfléchissaient

PLUS-QUE-PARFAIT
avais réfléchi	avions réfléchi
avais réfléchi	aviez réfléchi
avait réfléchi	avaient réfléchi

PASSÉ SIMPLE
réfléchis	réfléchîmes
réfléchis	réfléchîtes
réfléchit	réfléchirent

PASSÉ ANTÉRIEUR
eus réfléchi	eûmes réfléchi
eus réfléchi	eûtes réfléchi
eut réfléchi	eurent réfléchi

FUTUR SIMPLE
réfléchirai	réfléchirons
réfléchiras	réfléchirez
réfléchira	réfléchiront

FUTUR ANTÉRIEUR
aurai réfléchi	aurons réfléchi
auras réfléchi	aurez réfléchi
aura réfléchi	auront réfléchi

SUBJONCTIF

PRÉSENT
réfléchisse	réfléchissions
réfléchisses	réfléchissiez
réfléchisse	réfléchissent

PASSÉ
aie réfléchi	ayons réfléchi
aies réfléchi	ayez réfléchi
ait réfléchi	aient réfléchi

IMPARFAIT
réfléchisse	réfléchissions
réfléchisses	réfléchissiez
réfléchît	réfléchissent

PLUS-QUE-PARFAIT
eusse réfléchi	eussions réfléchi
eusses réfléchi	eussiez réfléchi
eût réfléchi	eussent réfléchi

CONDITIONNEL

PRÉSENT
réfléchirais	réfléchirions
réfléchirais	réfléchiriez
réfléchirait	réfléchiraient

PASSÉ
aurais réfléchi	aurions réfléchi
aurais réfléchi	auriez réfléchi
aurait réfléchi	auraient réfléchi

IMPÉRATIF

réfléchis
réfléchissons
réfléchissez

PARTICIPES

PRÉSENT
réfléchissant

PASSÉ
réfléchi(e)

EXAMPLES OF VERB USAGE

Il faut que tu réfléchisses à ton avenir.	*You must think about your future.*
Nous avons bien réfléchi. Tu dois partir.	*We've given this a lot of thought. You must leave.*
Les arbres se réfléchissaient dans le lac.	*The trees were reflected in the lake.*

RELATED WORDS

la réflexion	*thought*	le reflet	*reflection*
réfléchi	*pronominal (grammar)*	réfléchissant/ -e	*reflective*
se réfléchir	*to reflect*		

refuser
to refuse, to turn down

je	nous
tu	vous
il/elle/on	ils/elles

INDICATIF

PRÉSENT

refuse	refusons
refuses	refusez
refuse	refusent

IMPARFAIT

refusais	refusions
refusais	refusiez
refusait	refusaient

PASSÉ SIMPLE

refusai	refusâmes
refusas	refusâtes
refusa	refusèrent

FUTUR SIMPLE

refuserai	refuserons
refuseras	refuserez
refusera	refuseront

PASSÉ COMPOSÉ

ai refusé	avons refusé
as refusé	avez refusé
a refusé	ont refusé

PLUS-QUE-PARFAIT

avais refusé	avions refusé
avais refusé	aviez refusé
avait refusé	avaient refusé

PASSÉ ANTÉRIEUR

eus refusé	eûmes refusé
eus refusé	eûtes refusé
eut refusé	eurent refusé

FUTUR ANTÉRIEUR

aurai refusé	aurons refusé
auras refusé	aurez refusé
aura refusé	auront refusé

SUBJONCTIF

PRÉSENT

refuse	refusions
refuses	refusiez
refuse	refusent

IMPARFAIT

refusasse	refusassions
refusasses	refusassiez
refusât	refusassent

PASSÉ

aie refusé	ayons refusé
aies refusé	ayez refusé
ait refusé	aient refusé

PLUS-QUE-PARFAIT

eusse refusé	eussions refusé
eusses refusé	eussiez refusé
eût refusé	eussent refusé

CONDITIONNEL

PRÉSENT

refuserais	refuserions
refuserais	refuseriez
refuserait	refuseraient

PASSÉ

aurais refusé	aurions refusé
aurais refusé	auriez refusé
aurait refusé	auraient refusé

IMPÉRATIF

refuse
refusons
refusez

PARTICIPES

PRÉSENT	PASSÉ
refusant	refusé(e)

EXAMPLES OF VERB USAGE

On nous a refusé l'entrée dans le pays.	*We were refused entry into the country.*
Je refuse de t'écouter.	*I refuse to listen to you.*
Il refusera certainement ce poste.	*He'll certainly turn down this position.*

RELATED WORDS

le refus   *refusal*

regarder
to look at, to watch

je	nous
tu	vous
il/elle/on	ils/elles

INDICATIF

PRÉSENT

regarde	regardons
regardes	regardez
regarde	regardent

IMPARFAIT

regardais	regardions
regardais	regardiez
regardait	regardaient

PASSÉ SIMPLE

regardai	regardâmes
regardas	regardâtes
regarda	regardèrent

FUTUR SIMPLE

regarderai	regarderons
regarderas	regarderez
regardera	regarderont

PASSÉ COMPOSÉ

ai regardé	avons regardé
as regardé	avez regardé
a regardé	ont regardé

PLUS-QUE-PARFAIT

avais regardé	avions regardé
avais regardé	aviez regardé
avait regardé	avaient regardé

PASSÉ ANTÉRIEUR

eus regardé	eûmes regardé
eus regardé	eûtes regardé
eut regardé	eurent regardé

FUTUR ANTÉRIEUR

aurai regardé	aurons regardé
auras regardé	aurez regardé
aura regardé	auront regardé

SUBJONCTIF

PRÉSENT

regarde	regardions
regardes	regardiez
regarde	regardent

IMPARFAIT

regardasse	regardassions
regardasses	regardassiez
regardât	regardassent

PASSÉ

aie regardé	ayons regardé
aies regardé	ayez regardé
ait regardé	aient regardé

PLUS-QUE-PARFAIT

eusse regardé	eussions regardé
eusses regardé	eussiez regardé
eût regardé	eussent regardé

CONDITIONNEL

PRÉSENT

regarderais	regarderions
regarderais	regarderiez
regarderait	regarderaient

PASSÉ

aurais regardé	aurions regardé
aurais regardé	auriez regardé
aurait regardé	auraient regardé

IMPÉRATIF

regarde
regardons
regardez

PARTICIPES

PRÉSENT	**PASSÉ**
regardant	regardé(e)

EXAMPLES OF VERB USAGE

Vous ne regarderez pas la télévision ce soir.	*You won't watch TV tonight.*
J'ai regardé les montagnes pendant des heures.	*I looked at the mountains for hours.*
Il se regarda dans le miroir.	*He looked at himself in the mirror.*

RELATED WORDS

le regard	*glance, gaze, stare*	regardant/ -e	*careful with money*
se regarder	*to look at oneself or at each other*		

régler
to pay; to set; to settle

je	nous
tu	vous
il/elle/on	ils/elles

INDICATIF

PRÉSENT

règle	réglons
règles	réglez
règle	règlent

PASSÉ COMPOSÉ

ai réglé	avons réglé
as réglé	avez réglé
a réglé	ont réglé

IMPARFAIT

réglais	réglions
réglais	régliez
réglait	réglaient

PLUS-QUE-PARFAIT

avais réglé	avions réglé
avais réglé	aviez réglé
avait réglé	avaient réglé

PASSÉ SIMPLE

réglai	réglâmes
réglas	réglâtes
régla	réglèrent

PASSÉ ANTÉRIEUR

eus réglé	eûmes réglé
eus réglé	eûtes réglé
eut réglé	eurent réglé

FUTUR SIMPLE

réglerai	réglerons
régleras	réglerez
réglera	régleront

FUTUR ANTÉRIEUR

aurai réglé	aurons réglé
auras réglé	aurez réglé
aura réglé	auront réglé

SUBJONCTIF

PRÉSENT

règle	réglions
règles	régliez
règle	règlent

PASSÉ

aie réglé	ayons réglé
aies réglé	ayez réglé
ait réglé	aient réglé

IMPARFAIT

réglasse	réglassions
réglasses	réglassiez
réglât	réglassent

PLUS-QUE-PARFAIT

eusse réglé	eussions réglé
eusses réglé	eussiez réglé
eût réglé	eussent réglé

CONDITIONNEL

PRÉSENT

réglerais	réglerions
réglerais	régleriez
réglerait	régleraient

PASSÉ

aurais réglé	aurions réglé
aurais réglé	auriez réglé
aurait réglé	auraient réglé

IMPÉRATIF

règle
réglons
réglez

PARTICIPES

PRÉSENT	**PASSÉ**
réglant	réglé(e)

EXAMPLES OF VERB USAGE

Je réglerai ma facture de téléphone par chèque.	*I'll pay my phone bill with a check.*
J'ai réglé mon réveil pour six heures.	*I set my alarm for six.*
Il faut que nous réglions ce problème au plus vite.	*We must get this settled as soon as possible.*

RELATED WORDS

le règlement	*regulation*	la règle	*rule; ruler*
réglé/ -e	*well ordered; settled*	le réglage	*adjustment*

regretter
to regret, to miss

je	nous
tu	vous
il/elle/on	ils/elles

INDICATIF

PRÉSENT

regrette	regrettons
regrettes	regrettez
regrette	regrettent

PASSÉ COMPOSÉ

ai regretté	avons regretté
as regretté	avez regretté
a regretté	ont regretté

IMPARFAIT

regrettais	regrettions
regrettais	regrettiez
regrettait	regrettaient

PLUS-QUE-PARFAIT

avais regretté	avions regretté
avais regretté	aviez regretté
avait regretté	avaient regretté

PASSÉ SIMPLE

regrettai	regrettâmes
regrettas	regrettâtes
regretta	regrettèrent

PASSÉ ANTÉRIEUR

eus regretté	eûmes regretté
eus regretté	eûtes regretté
eut regretté	eurent regretté

FUTUR SIMPLE

regretterai	regretterons
regretteras	regretterez
regrettera	regretteront

FUTUR ANTÉRIEUR

aurai regretté	aurons regretté
auras regretté	aurez regretté
aura regretté	auront regretté

SUBJONCTIF

PRÉSENT

regrette	regrettions
regrettes	regrettiez
regrette	regrettent

PASSÉ

aie regretté	ayons regretté
aies regretté	ayez regretté
ait regretté	aient regretté

IMPARFAIT

regrettasse	regrettassions
regrettasses	regrettassiez
regrettât	regrettassent

PLUS-QUE-PARFAIT

eusse regretté	eussions regretté
eusses regretté	eussiez regretté
eût regretté	eussent regretté

CONDITIONNEL

PRÉSENT

regretterais	regretterions
regretterais	regretteriez
regretterait	regretteraient

PASSÉ

aurais regretté	aurions regretté
aurais regretté	auriez regretté
aurait regretté	auraient regretté

IMPÉRATIF

regrette
regrettons
regrettez

PARTICIPES

PRÉSENT	**PASSÉ**
regrettant	regretté(e)

EXAMPLES OF VERB USAGE

Il regrettait la vie à la campagne.	*He missed life in the country.*
Tu regretteras cette décision.	*You will regret this decision.*
Je regrette de ne pouvoir vous aider.	*I am sorry I can't help you.*

RELATED WORDS

le regret	*regret*	regrettable	*regrettable*

remercier
to thank; to dismiss

je	nous
tu	vous
il/elle/on	ils/elles

INDICATIF

PRÉSENT

remercie	remercions
remercies	remerciez
remercie	remercient

IMPARFAIT

remerciais	remerciions
remerciais	remerciiez
remerciait	remerciaient

PASSÉ SIMPLE

remerciai	remerciâmes
remercias	remerciâtes
remercia	remercièrent

FUTUR SIMPLE

remercierai	remercierons
remercieras	remercierez
remerciera	remercieront

PASSÉ COMPOSÉ

ai remercié	avons remercié
as remercié	avez remercié
a remercié	ont remercié

PLUS-QUE-PARFAIT

avais remercié	avions remercié
avais remercié	aviez remercié
avait remercié	avaient remercié

PASSÉ ANTÉRIEUR

eus remercié	eûmes remercié
eus remercié	eûtes remercié
eut remercié	eurent remercié

FUTUR ANTÉRIEUR

aurai remercié	aurons remercié
auras remercié	aurez remercié
aura remercié	auront remercié

SUBJONCTIF

PRÉSENT

remercie	remerciions
remercies	remerciiez
remercie	remercient

IMPARFAIT

remerciasse	remerciassions
remerciasses	remerciassiez
remerciât	remerciassent

PASSÉ

aie remercié	ayons remercié
aies remercié	ayez remercié
ait remercié	aient remercié

PLUS-QUE-PARFAIT

eusse remercié	eussions remercié
eusses remercié	eussiez remercié
eût remercié	eussent remercié

CONDITIONNEL

PRÉSENT

remercierais	remercierions
remercierais	remercieriez
remercierait	remercieraient

PASSÉ

aurais remercié	aurions remercié
aurais remercié	auriez remercié
aurait remercié	auraient remercié

IMPÉRATIF

remercie
remercions
remerciez

PARTICIPES

PRÉSENT	**PASSÉ**
remerciant	remercié(e)

EXAMPLES OF VERB USAGE

Tu ne l'as pas remercié pour le cadeau.	*You didn't thank him for the gift.*
Elle me remercia d'un sourire.	*She thanked me with a smile.*
Il a été remercié.	*He was dismissed.*

RELATED WORDS

| le remerciement | *thanks, thanking* | les remerciements | *acknowledgments* |
| merci | *thank you* | (m. pl.) | |

se remettre

to recover; to start something again

INDICATIF

je	nous
tu	vous
il/elle/on	ils/elles

PRÉSENT

me remets — nous remettons
te remets — vous remettez
se remet — se remettent

PASSÉ COMPOSÉ

me suis remis(e) — nous sommes remis(e)s
t'es remis(e) — vous êtes remis(e)(s)
s'est remis(e) — se sont remis(e)s

IMPARFAIT

me remettais — nous remettions
te remettais — vous remettiez
se remettait — se remettaient

PLUS-QUE-PARFAIT

m'étais remis(e) — nous étions remis(e)s
t'étais remis(e) — vous étiez remis(e)(s)
s'était remis(e) — s'étaient remis(e)s

PASSÉ SIMPLE

me remis — nous remîmes
te remis — vous remîtes
se remit — se remirent

PASSÉ ANTÉRIEUR

me fus remis(e) — nous fûmes remis(e)s
te fus remis(e) — vous fûtes remis(e)(s)
se fut remis(e) — se furent remis(e)s

FUTUR SIMPLE

me remettrai — nous remettrons
te remettras — vous remettrez
se remettra — se remettront

FUTUR ANTÉRIEUR

me serai remis(e) — nous serons remis(e)s
te seras remis(e) — vous serez remis(e)(s)
se sera remis(e) — se seront remis(e)s

SUBJONCTIF

PRÉSENT

me remette — nous remettions
te remettes — vous remettiez
se remette — se remettent

PASSÉ

me sois remis(e) — nous soyons remis(e)s
te sois remis(e) — vous soyez remis(e)(s)
se soit remis(e) — se soient remis(e)s

IMPARFAIT

me remisse — nous remissions
te remisses — vous remissiez
se remît — se remissent

PLUS-QUE-PARFAIT

me fusse remis(e) — nous fussions remis(e)s
te fusses remis(e) — vous fussiez remis(e)(s)
se fût remis(e) — se fussent remis(e)s

CONDITIONNEL

PRÉSENT

me remettrais — nous remettrions
te remettrais — vous remettriez
se remettrait — se remettraient

PASSÉ

me serais remis(e) — nous serions remis(e)s
te serais remis(e) — vous seriez remis(e)(s)
se serait remis(e) — se seraient remis(e)s

IMPÉRATIF

remets-toi
remettons-nous
remettez-vous

PARTICIPES

PRÉSENT
me remettant, etc.

PASSÉ
remis(e)

EXAMPLES OF VERB USAGE

Il ne s'est pas bien remis de son opération. — *He didn't recover well from his surgery.*

Tu te remettras à fumer. — *You'll start smoking again.*

Remettons la réunion à jeudi. — *Let's postpone the meeting till Thursday.*

Elle lui remit les clés. — *She handed over the keys to him.*

RELATED WORDS

la remise — *handing over; discount; shed*

remettre — *to put back, to postpone; to hand something over*

rencontrer
to meet, to encounter

je	nous
tu	vous
il/elle/on	ils/elles

INDICATIF

PRÉSENT

rencontre	rencontrons
rencontres	rencontrez
rencontre	rencontrent

PASSÉ COMPOSÉ

ai rencontré	avons rencontré
as rencontré	avez rencontré
a rencontré	ont rencontré

IMPARFAIT

rencontrais	rencontrions
rencontrais	rencontriez
rencontrait	rencontraient

PLUS-QUE-PARFAIT

avais rencontré	avions rencontré
avais rencontré	aviez rencontré
avait rencontré	avaient rencontré

PASSÉ SIMPLE

rencontrai	rencontrâmes
rencontras	rencontrâtes
rencontra	rencontrèrent

PASSÉ ANTÉRIEUR

eus rencontré	eûmes rencontré
eus rencontré	eûtes rencontré
eut rencontré	eurent rencontré

FUTUR SIMPLE

rencontrerai	rencontrerons
rencontreras	rencontrerez
rencontrera	rencontreront

FUTUR ANTÉRIEUR

aurai rencontré	aurons rencontré
auras rencontré	aurez rencontré
aura rencontré	auront rencontré

SUBJONCTIF

PRÉSENT

rencontre	rencontrions
rencontres	rencontriez
rencontre	rencontrent

PASSÉ

aie rencontré	ayons rencontré
aies rencontré	ayez rencontré
ait rencontré	aient rencontré

IMPARFAIT

rencontrasse	rencontrassions
rencontrasses	rencontrassiez
rencontrât	rencontrassent

PLUS-QUE-PARFAIT

eusse rencontré	eussions rencontré
eusses rencontré	eussiez rencontré
eût rencontré	eussent rencontré

CONDITIONNEL

PRÉSENT

rencontrerais	rencontrerions
rencontrerais	rencontreriez
rencontrerait	rencontreraient

PASSÉ

aurais rencontré	aurions rencontré
aurais rencontré	auriez rencontré
aurait rencontré	auraient rencontré

IMPÉRATIF

rencontre
rencontrons
rencontrez

PARTICIPES

| **PRÉSENT** | **PASSÉ** |
| rencontrant | rencontré(e) |

EXAMPLES OF VERB USAGE

Je rencontre beaucoup de difficultés dans mon travail.	*I encounter a lot of difficulties in my work.*
Mon regard rencontra le sien.	*Our eyes met.*
Nous nous sommes rencontrés à Paris.	*We met in Paris.*

RELATED WORDS

| a rencontre | *meeting; match (sport)* | se rencontrer | to meet |

rendre
to return, to give back

INDICATIF

je	nous
tu	vous
il/elle/on	ils/elles

PRÉSENT

rends	rendons
rends	rendez
rend	rendent

PASSÉ COMPOSÉ

ai rendu	avons rendu
as rendu	avez rendu
a rendu	ont rendu

IMPARFAIT

rendais	rendions
rendais	rendiez
rendait	rendaient

PLUS-QUE-PARFAIT

avais rendu	avions rendu
avais rendu	aviez rendu
avait rendu	avaient rendu

PASSÉ SIMPLE

rendis	rendîmes
rendis	rendîtes
rendit	rendirent

PASSÉ ANTÉRIEUR

eus rendu	eûmes rendu
eus rendu	eûtes rendu
eut rendu	eurent rendu

FUTUR SIMPLE

rendrai	rendrons
rendras	rendrez
rendra	rendront

FUTUR ANTÉRIEUR

aurai rendu	aurons rendu
auras rendu	aurez rendu
aura rendu	auront rendu

SUBJONCTIF

PRÉSENT

rende	rendions
rendes	rendiez
rende	rendent

PASSÉ

aie rendu	ayons rendu
aies rendu	ayez rendu
ait rendu	aient rendu

IMPARFAIT

rendisse	rendissions
rendisses	rendissiez
rendît	rendissent

PLUS-QUE-PARFAIT

eusse rendu	eussions rendu
eusses rendu	eussiez rendu
eût rendu	eussent rendu

CONDITIONNEL

PRÉSENT

rendrais	rendrions
rendrais	rendriez
rendrait	rendraient

PASSÉ

aurais rendu	aurions rendu
aurais rendu	auriez rendu
aurait rendu	auraient rendu

IMPÉRATIF

rends
rendons
rendez

PARTICIPES

PRÉSENT	**PASSÉ**
rendant	rendu(e)

EXAMPLES OF VERB USAGE

Rendez-moi mon stylo.	*Give me back my pen.*
Nous lui rendrons visite à l'hôpital.	*We'll go visit him at the hospital.*
Il s'est rendu à son travail à pied.	*He walked to work.*

RELATED WORDS

| le rendement | *yield, output* | le rendez-vous | *appointment, date* |
| se rendre à | *to go to; to surrender* | | |

renoncer
to renounce, to give up

je	nous
tu	vous
il/elle/on	ils/elles

INDICATIF

PRÉSENT

renonce	renonçons
renonces	renoncez
renonce	renoncent

IMPARFAIT

renonçais	renoncions
renonçais	renonciez
renonçait	renonçaient

PASSÉ SIMPLE

renonçai	renonçâmes
renonças	renonçâtes
renonça	renoncèrent

FUTUR SIMPLE

renoncerai	renoncerons
renonceras	renoncerez
renoncera	renonceront

PASSÉ COMPOSÉ

ai renoncé	avons renoncé
as renoncé	avez renoncé
a renoncé	ont renoncé

PLUS-QUE-PARFAIT

avais renoncé	avions renoncé
avais renoncé	aviez renoncé
avait renoncé	avaient renoncé

PASSÉ ANTÉRIEUR

eus renoncé	eûmes renoncé
eus renoncé	eûtes renoncé
eut renoncé	eurent renoncé

FUTUR ANTÉRIEUR

aurai renoncé	aurons renoncé
auras renoncé	aurez renoncé
aura renoncé	auront renoncé

SUBJONCTIF

PRÉSENT

renonce	renoncions
renonces	renonciez
renonce	renoncent

IMPARFAIT

renonçasse	renonçassions
renonçasses	renonçassiez
renonçât	renonçassent

PASSÉ

aie renoncé	ayons renoncé
aies renoncé	ayez renoncé
ait renoncé	aient renoncé

PLUS-QUE-PARFAIT

eusse renoncé	eussions renoncé
eusses renoncé	eussiez renoncé
eût renoncé	eussent renoncé

CONDITIONNEL

PRÉSENT

renoncerais	renoncerions
renoncerais	renonceriez
renoncerait	renonceraient

PASSÉ

aurais renoncé	aurions renoncé
aurais renoncé	auriez renoncé
aurait renoncé	auraient renoncé

IMPÉRATIF

renonce
renonçons
renoncez

PARTICIPES

PRÉSENT	**PASSÉ**
renonçant	renoncé(e)

EXAMPLES OF VERB USAGE

J'ai renoncé à le comprendre il y a longtemps.	*I gave up trying to understand him a long time ago.*
Il ne renoncera jamais à son héritage.	*He'll never renounce his inheritance.*
Ne renonce pas!	*Don't give up!*

RELATED WORDS

le renoncement   *giving up, renunciation*

renverser
to knock over/down; to spill

je	nous
tu	vous
il/elle/on	ils/elles

INDICATIF

PRÉSENT

renverse	renversons
renverses	renversez
renverse	renversent

IMPARFAIT

renversais	renversions
renversais	renversiez
renversait	renversaient

PASSÉ SIMPLE

renversai	renversâmes
renversas	renversâtes
renversa	renversèrent

FUTUR SIMPLE

renverserai	renverserons
renverseras	renverserez
renversera	renverseront

PASSÉ COMPOSÉ

ai renversé	avons renversé
as renversé	avez renversé
a renversé	ont renversé

PLUS-QUE-PARFAIT

avais renversé	avions renversé
avais renversé	aviez renversé
avait renversé	avaient renversé

PASSÉ ANTÉRIEUR

eus renversé	eûmes renversé
eus renversé	eûtes renversé
eut renversé	eurent renversé

FUTUR ANTÉRIEUR

aurai renversé	aurons renversé
auras renversé	aurez renversé
aura renversé	auront renversé

SUBJONCTIF

PRÉSENT

renverse	renversions
renverses	renversiez
renverse	renversent

IMPARFAIT

renversasse	renversassions
renversasses	renversassiez
renversât	renversassent

PASSÉ

aie renversé	ayons renversé
aies renversé	ayez renversé
ait renversé	aient renversé

PLUS-QUE-PARFAIT

eusse renversé	eussions renversé
eusses renversé	eussiez renversé
eût renversé	eussent renversé

CONDITIONNEL

PRÉSENT

renverserais	renverserions
renverserais	renverseriez
renverserait	renverseraient

PASSÉ

aurais renversé	aurions renversé
aurais renversé	auriez renversé
aurait renversé	auraient renversé

IMPÉRATIF

renverse
renversons
renversez

PARTICIPES

PRÉSENT
renversant

PASSÉ
renversé(e)

EXAMPLES OF VERB USAGE

J'ai renversé mon café ce matin.	*I spilled my coffee this morning.*
Le chien a été renversée par un camion.	*The dog was knocked down by a truck.*
Nous renverserons le gouvernement.	*We'll overthrow the government.*

RELATED WORDS

le renversement	*reversal; overthrow*	tomber à la renverse	*to fall backward*
renversant/ -e	*amazing*	se renverser	*to spill; to overturn*

Verb Charts

répandre
to spread

je | nous
tu | vous
il/elle/on | ils/elles

INDICATIF

PRÉSENT

répands | répandons
répands | répandez
répand | répandent

PASSÉ COMPOSÉ

ai répandu | avons répandu
as répandu | avez répandu
a répandu | ont répandu

IMPARFAIT

répandais | répandions
répandais | répandiez
répandait | répandaient

PLUS-QUE-PARFAIT

avais répandu | avions répandu
avais répandu | aviez répandu
avait répandu | avaient répandu

PASSÉ SIMPLE

répandis | répandîmes
répandis | répandîtes
répandit | répandirent

PASSÉ ANTÉRIEUR

eus répandu | eûmes répandu
eus répandu | eûtes répandu
eut répandu | eurent répandu

FUTUR SIMPLE

répandrai | répandrons
répandras | répandrez
répandra | répandront

FUTUR ANTÉRIEUR

aurai répandu | aurons répandu
auras répandu | aurez répandu
aura répandu | auront répandu

SUBJONCTIF

PRÉSENT

répande | répandions
répandes | répandiez
répande | répandent

PASSÉ

aie répandu | ayons répandu
aies répandu | ayez répandu
ait répandu | aient répandu

IMPARFAIT

répandisse | répandissions
répandisses | répandissiez
répandît | répandissent

PLUS-QUE-PARFAIT

eusse répandu | eussions répandu
eusses répandu | eussiez répandu
eût répandu | eussent répandu

CONDITIONNEL

PRÉSENT

répandrais | répandrions
répandrais | répandriez
répandrait | répandraient

PASSÉ

aurais répandu | aurions répandu
aurais répandu | auriez répandu
aurait répandu | auraient répandu

IMPÉRATIF

répands
répandons
répandez

PARTICIPES

PRÉSENT | **PASSÉ**
répandant | répandu(e)

EXAMPLES OF VERB USAGE

Il répandait la terreur dans tout le quartier. — *He spread terror in the whole neighborhood.*

Ne répands pas de telles rumeurs. — *Don't spread such rumors.*

Le sable s'était répandu sur le sol. — *The sand had spread on the ground.*

RELATED WORDS

répandu/ -e | *widespread*

répéter

to repeat; to rehearse

je	nous
tu	vous
il/elle/on	ils/elles

INDICATIF

PRÉSENT

répète	répétons
répètes	répétez
répète	répètent

PASSÉ COMPOSÉ

ai répété	avons répété
as répété	avez répété
a répété	ont répété

IMPARFAIT

répétais	répétions
répétais	répétiez
répétait	répétaient

PLUS-QUE-PARFAIT

avais répété	avions répété
avais répété	aviez répété
avait répété	avaient répété

PASSÉ SIMPLE

répétai	répétâmes
répétas	répétâtes
répéta	répétèrent

PASSÉ ANTÉRIEUR

eus répété	eûmes répété
eus répété	eûtes répété
eut répété	eurent répété

FUTUR SIMPLE

répéterai	répéterons
répéteras	répéterez
répétera	répéteront

FUTUR ANTÉRIEUR

aurai répété	aurons répété
auras répété	aurez répété
aura répété	auront répété

SUBJONCTIF

PRÉSENT

répète	répétions
répètes	répétiez
répète	répètent

PASSÉ

aie répété	ayons répété
aies répété	ayez répété
ait répété	aient répété

IMPARFAIT

répétasse	répétassions
répétasses	répétassiez
répétât	répétassent

PLUS-QUE-PARFAIT

eusse répété	eussions répété
eusses répété	eussiez répété
eût répété	eussent répété

CONDITIONNEL

PRÉSENT

répéterais	répéterions
répéterais	répéteriez
répéterait	répéteraient

PASSÉ

aurais répété	aurions répété
aurais répété	auriez répété
aurait répété	auraient répété

IMPÉRATIF

répète
répétons
répétez

PARTICIPES

PRÉSENT
répétant

PASSÉ
répété(e)

EXAMPLES OF VERB USAGE

Nous avons répété toute la soirée.	*We rehearsed all evening.*
Sors! Et je ne le répéterai pas.	*Get out! And I won't say it again.*
L'histoire se répète.	*History is repeating itself.*

RELATED WORDS

se répéter	*to recur; to repeat oneself*	la répétition	*repetition; rehearsal*
répétitif/ -ive	*repetitive*		

répondre
to answer, to respond; to talk back

je	nous
tu	vous
il/elle/on	ils/elles

INDICATIF

PRÉSENT
réponds	répondons
réponds	répondez
répond	répondent

PASSÉ COMPOSÉ
ai répondu	avons répondu
as répondu	avez répondu
a répondu	ont répondu

IMPARFAIT
répondais	répondions
répondais	répondiez
répondait	répondaient

PLUS-QUE-PARFAIT
avais répondu	avions répondu
avais répondu	aviez répondu
avait répondu	avaient répondu

PASSÉ SIMPLE
répondis	répondîmes
répondis	répondîtes
répondit	répondirent

PASSÉ ANTÉRIEUR
eus répondu	eûmes répondu
eus répondu	eûtes répondu
eut répondu	eurent répondu

FUTUR SIMPLE
répondrai	répondrons
répondras	répondrez
répondra	répondront

FUTUR ANTÉRIEUR
aurai répondu	aurons répondu
auras répondu	aurez répondu
aura répondu	auront répondu

SUBJONCTIF

PRÉSENT
réponde	répondions
répondes	répondiez
réponde	répondent

PASSÉ
aie répondu	ayons répondu
aies répondu	ayez répondu
ait répondu	aient répondu

IMPARFAIT
répondisse	répondissions
répondisses	répondissiez
répondît	répondissent

PLUS-QUE-PARFAIT
eusse répondu	eussions répondu
eusses répondu	eussiez répondu
eût répondu	eussent répondu

CONDITIONNEL

PRÉSENT
répondrais	répondrions
répondrais	répondriez
répondrait	répondraient

PASSÉ
aurais répondu	aurions répondu
aurais répondu	auriez répondu
aurait répondu	auraient répondu

IMPÉRATIF

réponds
répondons
répondez

PARTICIPES

PRÉSENT	PASSÉ
répondant	répondu(e)

EXAMPLES OF VERB USAGE

Il ne répondait que par oui ou par non.	*He answered only yes or no.*
Elle n'a pas répondu à ses avances.	*She didn't respond to his advances.*
Ne réponds pas à ta mère!	*Don't talk back to your mother!*

RELATED WORDS

la réponse	*response, answer*	le répondeur	*answering machine*
avoir du répondant	*to be quick at repartee*		

se reposer
to rest; to rely on

	je	nous
	tu	vous
	il/elle/on	ils/elles

INDICATIF

PRÉSENT
me repose	nous reposons
te reposes	vous reposez
se repose	se reposent

IMPARFAIT
me reposais	nous reposions
te reposais	vous reposiez
se reposait	se reposaient

PASSÉ SIMPLE
me reposai	nous reposâmes
te reposas	vous reposâtes
se reposa	se reposèrent

FUTUR SIMPLE
me reposerai	nous reposerons
te reposeras	vous reposerez
se reposera	se reposeront

PASSÉ COMPOSÉ
me suis reposé(e)	nous sommes reposé(e)s
t'es reposé(e)	vous êtes reposé(e)(s)
s'est reposé(e)	se sont reposé(e)s

PLUS-QUE-PARFAIT
m'étais reposé(e)	nous étions reposé(e)s
t'étais reposé(e)	vous étiez reposé(e)(s)
s'était reposé(e)	s'étaient reposé(e)s

PASSÉ ANTÉRIEUR
me fus reposé(e)	nous fûmes reposé(e)s
te fus reposé(e)	vous fûtes reposé(e)(s)
se fut reposé(e)	se furent reposé(e)s

FUTUR ANTÉRIEUR
me serai reposé(e)	nous serons reposé(e)s
te seras reposé(e)	vous serez reposé(e)(s)
se sera reposé(e)	se seront reposé(e)s

SUBJONCTIF

PRÉSENT
me repose	nous reposions
te reposes	vous reposiez
se repose	se reposent

IMPARFAIT
me reposasse	nous reposassions
te reposasses	vous reposassiez
se reposât	se reposassent

PASSÉ
me sois reposé(e)	nous soyons reposé(e)s
te sois reposé(e)	vous soyez reposé(e)(s)
se soit reposé(e)	se soient reposé(e)s

PLUS-QUE-PARFAIT
me fusse reposé(e)	nous fussions reposé(e)s
te fusses reposé(e)	vous fussiez reposé(e)(s)
se fût reposé(e)	se fussent reposé(e)s

CONDITIONNEL

PRÉSENT
me reposerais	nous reposerions
te reposerais	vous reposeriez
se reposerait	se reposeraient

PASSÉ
me serais reposé(e)	nous serions reposé(e)s
te serais reposé(e)	vous seriez reposé(e)(s)
se serait reposé(e)	se seraient reposé(e)s

IMPÉRATIF

repose-toi
reposons-nous
reposez-vous

PARTICIPES

PRÉSENT
me reposant, etc.

PASSÉ
reposé(e)

EXAMPLES OF VERB USAGE

Repose-toi sur moi.	*Rely on me.*
Nous ne nous sommes pas reposés hier.	*We didn't get any rest yesterday.*
Il reposa le couteau sur la table.	*He put the knife on the table.*

RELATED WORDS

reposer	*to lie, to rest on; to put down again*	reposant/ -e	*restful, relaxing*
		le repos	*rest*

Verb Charts

réserver
to reserve, to book

je	nous
tu	vous
il/elle/on	ils/elles

INDICATIF

PRÉSENT

réserve	réservons
réserves	réservez
réserve	réservent

PASSÉ COMPOSÉ

ai réservé	avons réservé
as réservé	avez réservé
a réservé	ont réservé

IMPARFAIT

réservais	réservions
réservais	réserviez
réservait	réservaient

PLUS-QUE-PARFAIT

avais réservé	avions réservé
avais réservé	aviez réservé
avait réservé	avaient réservé

PASSÉ SIMPLE

réservai	réservâmes
réservas	réservâtes
réserva	réservèrent

PASSÉ ANTÉRIEUR

eus réservé	eûmes réservé
eus réservé	eûtes réservé
eut réservé	eurent réservé

FUTUR SIMPLE

réserverai	réserverons
réserveras	réserverez
réservera	réserveront

FUTUR ANTÉRIEUR

aurai réservé	aurons réservé
auras réservé	aurez réservé
aura réservé	auront réservé

SUBJONCTIF

PRÉSENT

réserve	réservions
réserves	réserviez
réserve	réservent

PASSÉ

aie réservé	ayons réservé
aies réservé	ayez réservé
ait réservé	aient réservé

IMPARFAIT

réservasse	réservassions
réservasses	réservassiez
réservât	réservassent

PLUS-QUE-PARFAIT

eusse réservé	eussions réservé
eusses réservé	eussiez réservé
eût réservé	eussent réservé

CONDITIONNEL

PRÉSENT

réserverais	réserverions
réserverais	réserveriez
réserverait	réserveraient

PASSÉ

aurais réservé	aurions réservé
aurais réservé	auriez réservé
aurait réservé	auraient réservé

IMPÉRATIF

réserve
réservons
réservez

PARTICIPES

PRÉSENT	PASSÉ
réservant	réservé(e)

EXAMPLES OF VERB USAGE

Il faudra que nous réservions une table pour ce soir.	*We'll have to reserve a table for tonight.*
Il a réservé une chambre dans le plus grand hôtel de la ville.	*He has booked a room in the biggest hotel in town.*
Je me réserve pour le dessert.	*I am saving myself for dessert.*

RELATED WORDS

se réserver	*to keep for oneself; to save oneself*	réservé/ -e	*reserved*
la réserve	*reserve, stock*	la réservation	*reservation, booking*
		le réservoir	*tank, reservoir*

résoudre
to resolve

je	nous
tu	vous
il/elle/on	ils/elles

INDICATIF

PRÉSENT

résous	résolvons
résous	résolvez
résout	résolvent

PASSÉ COMPOSÉ

ai résolu	avons résolu
as résolu	avez résolu
a résolu	ont résolu

IMPARFAIT

résolvais	résolvions
résolvais	résolviez
résolvait	résolvaient

PLUS-QUE-PARFAIT

avais résolu	avions résolu
avais résolu	aviez résolu
avait résolu	avaient résolu

PASSÉ SIMPLE

résolus	résolûmes
résolus	résolûtes
résolut	résolurent

PASSÉ ANTÉRIEUR

eus résolu	eûmes résolu
eus résolu	eûtes résolu
eut résolu	eurent résolu

FUTUR SIMPLE

résoudrai	résoudrons
résoudras	résoudrez
résoudra	résoudront

FUTUR ANTÉRIEUR

aurai résolu	aurons résolu
auras résolu	aurez résolu
aura résolu	auront résolu

SUBJONCTIF

PRÉSENT

résolve	résolvions
résolves	résolviez
résolve	résolvent

PASSÉ

aie résolu	ayons résolu
aies résolu	ayez résolu
ait résolu	aient résolu

IMPARFAIT

résolusse	résolussions
résolusses	résolussiez
résolût	résolussent

PLUS-QUE-PARFAIT

eusse résolu	eussions résolu
eusses résolu	eussiez résolu
eût résolu	eussent résolu

CONDITIONNEL

PRÉSENT

résoudrais	résoudrions
résoudrais	résoudriez
résoudrait	résoudraient

PASSÉ

aurais résolu	aurions résolu
aurais résolu	auriez résolu
aurait résolu	auraient résolu

IMPÉRATIF

résous
résolvons
résolvez

PARTICIPES

PRÉSENT
résolvant

PASSÉ
résolu(e)

EXAMPLES OF VERB USAGE

Je résoudrai ce problème moi-même.   *I will solve this problem on my own.*

Je veux que vous résolviez ces équations.   *I want you to solve these equations.*

Il s'était résolu à la quitter.   *He was resolved to leave her.*

RELATED WORDS

se résoudre à faire quelque chose	*to be resolved to do something*	résolu/ -e la résolution	*resolute, determined resolution*

se retourner
to turn over, to turn around

je	nous
tu	vous
il/elle/on	ils/elles

INDICATIF

PRÉSENT
me retourne	nous retournons
te retournes	vous retournez
se retourne	se retournent

PASSÉ COMPOSÉ
me suis retourné(e)	nous sommes retourné(e)s
t'es retourné(e)	vous êtes retourné(e)(s)
s'est retourné(e)	se sont retourné(e)s

IMPARFAIT
me retournais	nous retournions
te retournais	vous retourniez
se retournait	se retournaient

PLUS-QUE-PARFAIT
m'étais retourné(e)	nous étions retourné(e)s
t'étais retourné(e)	vous étiez retourné(e)(s)
s'était retourné(e)	s'étaient retourné(e)s

PASSÉ SIMPLE
me retournai	nous retournâmes
te retournas	vous retournâtes
se retourna	se retournèrent

PASSÉ ANTÉRIEUR
me fus retourné(e)	nous fûmes retourné(e)s
te fus retourné(e)	vous fûtes retourné(e)(s)
se fut retourné(e)	se furent retourné(e)s

FUTUR SIMPLE
me retournerai	nous retournerons
te retourneras	vous retournerez
se retournera	se retourneront

FUTUR ANTÉRIEUR
me serai retourné(e)	nous serons retourné(e)s
te seras retourné(e)	vous serez retourné(e)(s)
se sera retourné(e)	se seront retourné(e)s

SUBJONCTIF

PRÉSENT
me retourne	nous retournions
te retournes	vous retourniez
se retourne	se retournent

PASSÉ
me sois retourné(e)	nous soyons retourné(e)s
te sois retourné(e)	vous soyez retourné(e)(s)
se soit retourné(e)	se soient retourné(e)s

IMPARFAIT
me retournasse	nous retournassions
te retournasses	vous retournassiez
se retournât	se retournassent

PLUS-QUE-PARFAIT
me fusse retourné(e)	nous fussions retourné(e)s
te fusses retourné(e)	vous fussiez retourné(e)(s)
se fût retourné(e)	se fussent retourné(e)s

CONDITIONNEL

PRÉSENT
me retournerais	nous retournerions
te retournerais	vous retourneriez
se retournerait	se retourneraient

PASSÉ
me serais retourné(e)	nous serions retourné(e)s
te serais retourné(e)	vous seriez retourné(e)(s)
se serait retourné(e)	se seraient retourné(e)s

IMPÉRATIF

retourne-toi
retournons-nous
retournez-vous

PARTICIPES

PRÉSENT
me retournant, etc.

PASSÉ
retourné(e)

EXAMPLES OF VERB USAGE

Retourne-toi et arrête de bavarder.	*Turn around and stop chattering.*
La voiture s'est retournée.	*The car turned over.*
J'ai retourné la crêpe.	*I turned the pancake over.*
Nous retournerons aux États-Unis l'an prochain.	*We will go back to the United States next year.*

RELATED WORDS

retourner	*to go back (être); to turn over; to send back*
le retour	*return*

le retournement de situation	*turnaround*

se réunir

to meet

je	nous
tu	vous
il/elle/on	ils/elles

INDICATIF

PRÉSENT

me réunis	nous réunissons
te réunis	vous réunissez
se réunit	se réunissent

IMPARFAIT

me réunissais	nous réunissions
te réunissais	vous réunissiez
se réunissait	se réunissaient

PASSÉ SIMPLE

me réunis	nous réunîmes
te réunis	vous réunîtes
se réunit	se réunirent

FUTUR SIMPLE

me réunirai	nous réunirons
te réuniras	vous réunirez
se réunira	se réuniront

PASSÉ COMPOSÉ

me suis réuni(e)	nous sommes réuni(e)s
t'es réuni(e)	vous êtes réuni(e)(s)
s'est réuni(e)	se sont réuni(e)s

PLUS-QUE-PARFAIT

m'étais réuni(e)	nous étions réuni(e)s
t'étais réuni(e)	vous étiez réuni(e)(s)
s'était réuni(e)	s'étaient réuni(e)s

PASSÉ ANTÉRIEUR

me fus réuni(e)	nous fûmes réuni(e)s
te fus réuni(e)	vous fûtes réuni(e)(s)
se fut réuni(e)	se furent réuni(e)s

FUTUR ANTÉRIEUR

me serai réuni(e)	nous serons réuni(e)s
te seras réuni(e)	vous serez réuni(e)(s)
se sera réuni(e)	se seront réuni(e)s

SUBJONCTIF

PRÉSENT

me réunisse	nous réunissions
te réunisses	vous réunissiez
se réunisse	se réunissent

IMPARFAIT

me réunisse	nous réunissions
te réunisses	vous réunissiez
se réunît	se réunissent

PASSÉ

me sois réuni(e)	nous soyons réuni(e)s
te sois réuni(e)	vous soyez réuni(e)(s)
se soit réuni(e)	se soient réuni(e)s

PLUS-QUE-PARFAIT

me fusse réuni(e)	nous fussions réuni(e)s
te fusses réuni(e)	vous fussiez réuni(e)(s)
se fût réuni(e)	se fussent réuni(e)s

CONDITIONNEL

PRÉSENT

me réunirais	nous réunirions
te réunirais	vous réuniriez
se réunirait	se réuniraient

PASSÉ

me serais réuni(e)	nous serions réuni(e)s
te serais réuni(e)	vous seriez réuni(e)(s)
se serait réuni(e)	se seraient réuni(e)s

IMPÉRATIF

réunis-toi
réunissons-nous
réunissez-vous

PARTICIPES

PRÉSENT
me réunissant, etc.

PASSÉ
réuni(e)

EXAMPLES OF VERB USAGE

Nous nous sommes réunis pour discuter du nouveau contrat.

We met to discuss the new contract.

Ils se réuniront demain.

They will meet tomorrow.

Il faut que je réunisse cette somme pour septembre.

I have to raise this sum by September.

RELATED WORDS

réunir	*to collect; to bring together*
la réunion	*meeting*

réussir

to succeed, to manage to; to pass, to make a success of

je	nous
tu	vous
il/elle/on	ils/elles

INDICATIF

PRÉSENT
réussis	réussissons
réussis	réussissez
réussit	réussissent

IMPARFAIT
réussissais	réussissions
réussissais	réussissiez
réussissait	réussissaient

PASSÉ SIMPLE
réussis	réussîmes
réussis	réussîtes
réussit	réussirent

FUTUR SIMPLE
réussirai	réussirons
réussiras	réussirez
réussira	réussiront

PASSÉ COMPOSÉ
ai réussi	avons réussi
as réussi	avez réussi
a réussi	ont réussi

PLUS-QUE-PARFAIT
avais réussi	avions réussi
avais réussi	aviez réussi
avait réussi	avaient réussi

PASSÉ ANTÉRIEUR
eus réussi	eûmes réussi
eus réussi	eûtes réussi
eut réussi	eurent réussi

FUTUR ANTÉRIEUR
aurai réussi	aurons réussi
auras réussi	aurez réussi
aura réussi	auront réussi

SUBJONCTIF

PRÉSENT
réussisse	réussissions
réussisses	réussissiez
réussisse	réussissent

IMPARFAIT
réussisse	réussissions
réussisses	réussissiez
réussît	réussissent

PASSÉ
aie réussi	ayons réussi
aies réussi	ayez réussi
ait réussi	aient réussi

PLUS-QUE-PARFAIT
eusse réussi	eussions réussi
eusses réussi	eussiez réussi
eût réussi	eussent réussi

CONDITIONNEL

PRÉSENT
réussirais	réussirions
réussirais	réussiriez
réussirait	réussiraient

PASSÉ
aurais réussi	aurions réussi
aurais réussi	auriez réussi
aurait réussi	auraient réussi

IMPÉRATIF

réussis
réussissons
réussissez

PARTICIPES

PRÉSENT	PASSÉ
réussissant	réussi(e)

EXAMPLES OF VERB USAGE

Je ne réussis pas à le joindre.	*I didn't manage to get in touch with him.*
Je suis sûre qu'il réussira dans la vie.	*I am sure he will succeed in life.*
Avez-vous réussi vos examens?	*Did you pass your exams?*

RELATED WORDS

la réussite	*success*	réussi/ -e	*successful*

rêver
to dream

je	nous
tu	vous
il/elle/on	ils/elles

INDICATIF

PRÉSENT

rêve	rêvons
rêves	rêvez
rêve	rêvent

PASSÉ COMPOSÉ

ai rêvé	avons rêvé
as rêvé	avez rêvé
a rêvé	ont rêvé

IMPARFAIT

rêvais	rêvions
rêvais	rêviez
rêvait	rêvaient

PLUS-QUE-PARFAIT

avais rêvé	avions rêvé
avais rêvé	aviez rêvé
avait rêvé	avaient rêvé

PASSÉ SIMPLE

rêvai	rêvâmes
rêvas	rêvâtes
rêva	rêvèrent

PASSÉ ANTÉRIEUR

eus rêvé	eûmes rêvé
eus rêvé	eûtes rêvé
eut rêvé	eurent rêvé

FUTUR SIMPLE

rêverai	rêverons
rêveras	rêverez
rêvera	rêveront

FUTUR ANTÉRIEUR

aurai rêvé	aurons rêvé
auras rêvé	aurez rêvé
aura rêvé	auront rêvé

SUBJONCTIF

PRÉSENT

rêve	rêvions
rêves	rêviez
rêve	rêvent

PASSÉ

aie rêvé	ayons rêvé
aies rêvé	ayez rêvé
ait rêvé	aient rêvé

IMPARFAIT

rêvasse	rêvassions
rêvasses	rêvassiez
rêvât	rêvassent

PLUS-QUE-PARFAIT

eusse rêvé	eussions rêvé
eusses rêvé	eussiez rêvé
eût rêvé	eussent rêvé

CONDITIONNEL

PRÉSENT

rêverais	rêverions
rêverais	rêveriez
rêverait	rêveraient

PASSÉ

aurais rêvé	aurions rêvé
aurais rêvé	auriez rêvé
aurait rêvé	auraient rêvé

IMPÉRATIF

rêve
rêvons
rêvez

PARTICIPES

PRÉSENT	**PASSÉ**
rêvant	rêvé(e)

EXAMPLES OF VERB USAGE

Je rêve de toi toutes les nuits.	*I dream about you every night.*
Est-ce que tu rêvais à tes vacances?	*Were you dreaming about your vacation?*
Il a toujours rêvé de devenir artiste.	*He has always dreamed of becoming an artist.*

RELATED WORDS

le rêve	*dream*	le/ la rêveur/ -euse	*dreamer*
la rêverie	*daydreaming*	rêvé/ -e	*ideal*
rêvasser	*to daydream*		

rire
to laugh

je	nous
tu	vous
il/elle/on	ils/elles

INDICATIF

PRÉSENT
ris	rions
ris	riez
rit	rient

PASSÉ COMPOSÉ
ai ri	avons ri
as ri	avez ri
a ri	ont ri

IMPARFAIT
riais	riions
riais	riiez
riait	riaient

PLUS-QUE-PARFAIT
avais ri	avions ri
avais ri	aviez ri
avait ri	avaient ri

PASSÉ SIMPLE
ris	rîmes
ris	rîtes
rit	rirent

PASSÉ ANTÉRIEUR
eus ri	eûmes ri
eus ri	eûtes ri
eut ri	eurent ri

FUTUR SIMPLE
rirai	rirons
riras	rirez
rira	riront

FUTUR ANTÉRIEUR
aurai ri	aurons ri
auras ri	aurez ri
aura ri	auront ri

SUBJONCTIF

PRÉSENT
rie	riions
ries	riiez
rie	rient

PASSÉ
aie ri	ayons ri
aies ri	ayez ri
ait ri	aient ri

IMPARFAIT
risse	rissions
risses	rissiez
rît	rissent

PLUS-QUE-PARFAIT
eusse ri	eussions ri
eusses ri	eussiez ri
eût ri	eussent ri

CONDITIONNEL

PRÉSENT
rirais	ririons
rirais	ririez
rirait	riraient

PASSÉ
aurais ri	aurions ri
aurais ri	auriez ri
aurait ri	auraient ri

IMPÉRATIF

ris
rions
riez

PARTICIPES

PRÉSENT	PASSÉ
riant	ri

EXAMPLES OF VERB USAGE

Il nous rira au nez.	*He will laugh in our face.*
Tu ris à toutes ses blagues.	*You laugh at all his jokes.*
Quand je lui ai raconté, il a ri.	*When I told him, he laughed.*

RELATED WORDS

risible	*ridiculous, laughable*	rieur/ -euse	*merry, happy*
sourire	*to smile*		

rougir
to blush, to turn red

INDICATIF

		je	nous
		tu	vous
		il/elle/on	ils/elles

PRÉSENT

rougis	rougissons
rougis	rougissez
rougit	rougissent

PASSÉ COMPOSÉ

ai rougi	avons rougi
as rougi	avez rougi
a rougi	ont rougi

IMPARFAIT

rougissais	rougissions
rougissais	rougissiez
rougissait	rougissaient

PLUS-QUE-PARFAIT

avais rougi	avions rougi
avais rougi	aviez rougi
avait rougi	avaient rougi

PASSÉ SIMPLE

rougis	rougîmes
rougis	rougîtes
rougit	rougirent

PASSÉ ANTÉRIEUR

eus rougi	eûmes rougi
eus rougi	eûtes rougi
eut rougi	eurent rougi

FUTUR SIMPLE

rougirai	rougirons
rougiras	rougirez
rougira	rougiront

FUTUR ANTÉRIEUR

aurai rougi	aurons rougi
auras rougi	aurez rougi
aura rougi	auront rougi

SUBJONCTIF

PRÉSENT

rougisse	rougissions
rougisses	rougissiez
rougisse	rougissent

PASSÉ

aie rougi	ayons rougi
aies rougi	ayez rougi
ait rougi	aient rougi

IMPARFAIT

rougisse	rougissions
rougisses	rougissiez
rougît	rougissent

PLUS-QUE-PARFAIT

eusse rougi	eussions rougi
eusses rougi	eussiez rougi
eût rougi	eussent rougi

CONDITIONNEL

PRÉSENT

rougirais	rougirions
rougirais	rougiriez
rougirait	rougiraient

PASSÉ

aurais rougi	aurions rougi
aurais rougi	auriez rougi
aurait rougi	auraient rougi

IMPÉRATIF

rougis
rougissons
rougissez

PARTICIPES

PRÉSENT	**PASSÉ**
rougissant	rougi(e)

EXAMPLES OF VERB USAGE

Quand il l'a regardée, elle a rougi.	*When he looked at her, she blushed.*
Je rougis au soleil.	*I turn red in the sun.*
Ils auront rougi de colère, c'est certain.	*They will have gone red with anger, that's for sure.*

RELATED WORDS

rouge	*red*	rougissant/ -e	*blushing*
la rougeur	*redness*	rougeâtre	*reddish*
le rougissement	*blush*	la rougeole	*measles*

Verb Charts

savoir
to know

je	nous
tu	vous
il/elle/on	ils/elles

INDICATIF

PRÉSENT
sais	savons
sais	savez
sait	savent

PASSÉ COMPOSÉ
ai su	avons su
as su	avez su
a su	ont su

IMPARFAIT
savais	savions
savais	saviez
savait	savaient

PLUS-QUE-PARFAIT
avais su	avions su
avais su	aviez su
avait su	avaient su

PASSÉ SIMPLE
sus	sûmes
sus	sûtes
sut	surent

PASSÉ ANTÉRIEUR
eus su	eûmes su
eus su	eûtes su
eut su	eurent su

FUTUR SIMPLE
saurai	saurons
sauras	saurez
saura	sauront

FUTUR ANTÉRIEUR
aurai su	aurons su
auras su	aurez su
aura su	auront su

SUBJONCTIF

PRÉSENT
sache	sachions
saches	sachiez
sache	sachent

PASSÉ
aie su	ayons su
aies su	ayez su
ait su	aient su

IMPARFAIT
susse	sussions
susses	sussiez
sût	sussent

PLUS-QUE-PARFAIT
eusse su	eussions su
eusses su	eussiez su
eût su	eussent su

CONDITIONNEL

PRÉSENT
saurais	saurions
saurais	sauriez
saurait	sauraient

PASSÉ
aurais su	aurions su
aurais su	auriez su
aurait su	auraient su

IMPÉRATIF

sache
sachons
sachez

PARTICIPES

PRÉSENT	PASSÉ
sachant	su(e)

EXAMPLES OF VERB USAGE

Je ne savais pas qu'elle était malade.	*I didn't know she was sick.*
Vous ne saurez pas quoi dire.	*You won't know what to say.*
Il faut qu'ils sachent la vérité.	*They must learn the truth.*
Elle ne sait pas nager.	*She can't swim.*

RELATED WORDS

le/ la savant/ -e	*scholar*	savant/ -e	*scholarly, skillful*
le savoir	*knowledge*	le savoir-faire	*know-how*
le savoir-vivre	*manners, mastery of social grace*	savamment	*cleverly*

sentir
to smell; to feel

je	nous
tu	vous
il/elle/on	ils/elles

INDICATIF

PRÉSENT

sens	sentons
sens	sentez
sent	sentent

PASSÉ COMPOSÉ

ai senti	avons senti
as senti	avez senti
a senti	ont senti

IMPARFAIT

sentais	sentions
sentais	sentiez
sentait	sentaient

PLUS-QUE-PARFAIT

avais senti	avions senti
avais senti	aviez senti
avait senti	avaient senti

PASSÉ SIMPLE

sentis	sentîmes
sentis	sentîtes
sentit	sentirent

PASSÉ ANTÉRIEUR

eus senti	eûmes senti
eus senti	eûtes senti
eut senti	eurent senti

FUTUR SIMPLE

sentirai	sentirons
sentiras	sentirez
sentira	sentiront

FUTUR ANTÉRIEUR

aurai senti	aurons senti
auras senti	aurez senti
aura senti	auront senti

SUBJONCTIF

PRÉSENT

sente	sentions
sentes	sentiez
sente	sentent

PASSÉ

aie senti	ayons senti
aies senti	ayez senti
ait senti	aient senti

IMPARFAIT

sentisse	sentissions
sentisses	sentissiez
sentît	sentissent

PLUS-QUE-PARFAIT

eusse senti	eussions senti
eusses senti	eussiez senti
eût senti	eussent senti

CONDITIONNEL

PRÉSENT

sentirais	sentirions
sentirais	sentiriez
sentirait	sentiraient

PASSÉ

aurais senti	aurions senti
aurais senti	auriez senti
aurait senti	auraient senti

IMPÉRATIF

sens
sentons
sentez

PARTICIPES

PRÉSENT
sentant

PASSÉ
senti(e)

EXAMPLES OF VERB USAGE

Ce parfum sent bon.	*This perfume smells good.*
Je n'ai rien senti.	*I didn't feel anything.*
Nous nous sentirons mieux demain.	*We will feel better tomorrow.*

RELATED WORDS

se sentir	*to feel (emotions)*	ressentir	*to feel, to experience*
pressentir	*to sense, to have a feeling*	consentir	*to agree to*
le sentiment	*feeling*	la sentimentalité	*sentimentality*
sentimental/ -e	*sentimental*		

Verb Charts

servir
to be used for/as; to serve

je	nous
tu	vous
il/elle/on	ils/elles

INDICATIF

PRÉSENT

sers	servons
sers	servez
sert	servent

PASSÉ COMPOSÉ

ai servi	avons servi
as servi	avez servi
a servi	ont servi

IMPARFAIT

servais	servions
servais	serviez
servait	servaient

PLUS-QUE-PARFAIT

avais servi	avions servi
avais servi	aviez servi
avait servi	avaient servi

PASSÉ SIMPLE

servis	servîmes
servis	servîtes
servit	servirent

PASSÉ ANTÉRIEUR

eus servi	eûmes servi
eus servi	eûtes servi
eut servi	eurent servi

FUTUR SIMPLE

servirai	servirons
serviras	servirez
servira	serviront

FUTUR ANTÉRIEUR

aurai servi	aurons servi
auras servi	aurez servi
aura servi	auront servi

SUBJONCTIF

PRÉSENT

serve	servions
serves	serviez
serve	servent

PASSÉ

aie servi	ayons servi
aies servi	ayez servi
ait servi	aient servi

IMPARFAIT

servisse	servissions
servisses	servissiez
servît	servissent

PLUS-QUE-PARFAIT

eusse servi	eussions servi
eusses servi	eussiez servi
eût servi	eussent servi

CONDITIONNEL

PRÉSENT

servirais	servirions
servirais	serviriez
servirait	serviraient

PASSÉ

aurais servi	aurions servi
aurais servi	auriez servi
aurait servi	auraient servi

IMPÉRATIF

sers
servons
servez

PARTICIPES

PRÉSENT	**PASSÉ**
servant	servi(e)

EXAMPLES OF VERB USAGE

Cet appareil sert à couper les légumes.	*This appliance is used to cut vegetables.*
Je servirai le café au salon.	*I'll serve coffee in the living room.*
Servez-vous.	*Help yourselves.*
Est-ce que tu t'es servi de l'ordinateur?	*Did you use the computer?*

RELATED WORDS

se servir de	*to use; to help oneself*	le service	*duty; service*
le/ la serveur/ -euse	*waiter/ waitress*	serviable	*helpful*
le serviteur	*servant*	le serveur	*server (computer)*
la serviette	*towel, napkin*		
desservir	*to clear away (table); to put at a disadvantage*		

sonner
to ring, to sound

je	nous
tu	vous
il/elle/on	ils/elles

INDICATIF

PRÉSENT

sonne	sonnons
sonnes	sonnez
sonne	sonnent

IMPARFAIT

sonnais	sonnions
sonnais	sonniez
sonnait	sonnaient

PASSÉ SIMPLE

sonnai	sonnâmes
sonnas	sonnâtes
sonna	sonnèrent

FUTUR SIMPLE

sonnerai	sonnerons
sonneras	sonnerez
sonnera	sonneront

PASSÉ COMPOSÉ

ai sonné	avons sonné
as sonné	avez sonné
a sonné	ont sonné

PLUS-QUE-PARFAIT

avais sonné	avions sonné
avais sonné	aviez sonné
avait sonné	avaient sonné

PASSÉ ANTÉRIEUR

eus sonné	eûmes sonné
eus sonné	eûtes sonné
eut sonné	eurent sonné

FUTUR ANTÉRIEUR

aurai sonné	aurons sonné
auras sonné	aurez sonné
aura sonné	auront sonné

SUBJONCTIF

PRÉSENT

sonne	sonnions
sonnes	sonniez
sonne	sonnent

IMPARFAIT

sonnasse	sonnassions
sonnasses	sonnassiez
sonnât	sonnassent

PASSÉ

aie sonné	ayons sonné
aies sonné	ayez sonné
ait sonné	aient sonné

PLUS-QUE-PARFAIT

eusse sonné	eussions sonné
eusses sonné	eussiez sonné
eût sonné	eussent sonné

CONDITIONNEL

PRÉSENT

sonnerais	sonnerions
sonnerais	sonneriez
sonnerait	sonneraient

PASSÉ

aurais sonné	aurions sonné
aurais sonné	auriez sonné
aurait sonné	auraient sonné

IMPÉRATIF

sonne
sonnons
sonnez

PARTICIPES

PRÉSENT	PASSÉ
sonnant	sonné(e)

EXAMPLES OF VERB USAGE

Le téléphone sonne, va répondre!	*The phone is ringing, go answer it!*
Mon réveil a sonné à 5 heures ce matin.	*My alarm went off at 5 this morning.*
Sonnez l'alarme!	*Sound the alarm!*

RELATED WORDS

la sonnerie	*ringing*	la sonnette	*bell*
le son	*sound*	la sonorisation	*sound system*
la sonorité	*tone*	sonore	*resounding, resonant*

Verb Charts

sortir
to go out, to exit (être); to take out

je	nous
tu	vous
il/elle/on	ils/elles

INDICATIF

PRÉSENT

sors	sortons		
sors	sortez		
sort	sortent		

PASSÉ COMPOSÉ

suis sorti(e)	sommes sorti(e)s
es sorti(e)	êtes sorti(e)(s)
est sorti(e)	sont sorti(e)s

IMPARFAIT

sortais	sortions
sortais	sortiez
sortait	sortaient

PLUS-QUE-PARFAIT

étais sorti(e)	étions sorti(e)s
étais sorti(e)	étiez sorti(e)(s)
était sorti(e)	étaient sorti(e)s

PASSÉ SIMPLE

sortis	sortîmes
sortis	sortîtes
sortit	sortirent

PASSÉ ANTÉRIEUR

fus sorti(e)	fûmes sorti(e)s
fus sorti(e)	fûtes sorti(e)(s)
fut sorti(e)	furent sorti(e)s

FUTUR SIMPLE

sortirai	sortirons
sortiras	sortirez
sortira	sortiront

FUTUR ANTÉRIEUR

serai sorti(e)	serons sorti(e)s
seras sorti(e)	serez sorti(e)(s)
sera sorti(e)	seront sorti(e)s

SUBJONCTIF

PRÉSENT

sorte	sortions
sortes	sortiez
sorte	sortent

PASSÉ

sois sorti(e)	soyons sorti(e)s
sois sorti(e)	soyez sorti(e)(s)
soit sorti(e)	soient sorti(e)s

IMPARFAIT

sortisse	sortissions
sortisses	sortissiez
sortît	sortissent

PLUS-QUE-PARFAIT

fusse sorti(e)	fussions sorti(e)s
fusses sorti(e)	fussiez sorti(e)(s)
fût sorti(e)	fussent sorti(e)s

CONDITIONNEL

PRÉSENT

sortirais	sortirions
sortirais	sortiriez
sortirait	sortiraient

PASSÉ

serais sorti(e)	serions sorti(e)s
serais sorti(e)	seriez sorti(e)(s)
serait sorti(e)	seraient sorti(e)s

IMPÉRATIF

sors
sortons
sortez

PARTICIPES

PRÉSENT	**PASSÉ**
sortant	sorti(e)

EXAMPLES OF VERB USAGE

Nous sommes sortis avec des amis hier.	*We went out with friends yesterday.*
Sors de l'eau tout de suite!	*Come out of the water immediately!*
J'ai sorti le chien après dîner.	*I took the dog out after dinner.*
Il ne s'en sortira pas.	*He won't pull through.*

RELATED WORDS

la sortie	*exit; outing*	s'en sortir	*to pull through;*
ressortir	*to go out again;*		*to manage to get out of*
	to take out again		*a difficult situation*

souffler

to blow, to blow out; to whisper

INDICATIF

je		nous	
tu		vous	
il/elle/on		ils/elles	

PRÉSENT

souffle soufflons
souffles soufflez
souffle soufflent

PASSÉ COMPOSÉ

ai soufflé avons soufflé
as soufflé avez soufflé
a soufflé ont soufflé

IMPARFAIT

soufflais soufflions
soufflais souffliez
soufflait soufflaient

PLUS-QUE-PARFAIT

avais soufflé avions soufflé
avais soufflé aviez soufflé
avait soufflé avaient soufflé

PASSÉ SIMPLE

soufflai soufflâmes
soufflas soufflâtes
souffla soufflèrent

PASSÉ ANTÉRIEUR

eus soufflé eûmes soufflé
eus soufflé eûtes soufflé
eut soufflé eurent soufflé

FUTUR SIMPLE

soufflerai soufflerons
souffleras soufflerez
soufflera souffleront

FUTUR ANTÉRIEUR

aurai soufflé aurons soufflé
auras soufflé aurez soufflé
aura soufflé auront soufflé

SUBJONCTIF

PRÉSENT

souffle soufflions
souffles souffliez
souffle soufflent

PASSÉ

aie soufflé ayons soufflé
aies soufflé ayez soufflé
ait soufflé aient soufflé

IMPARFAIT

soufflasse soufflassions
soufflasses soufflassiez
soufflât soufflassent

PLUS-QUE-PARFAIT

eusse soufflé eussions soufflé
eusses soufflé eussiez soufflé
eût soufflé eussent soufflé

CONDITIONNEL

PRÉSENT

soufflerais soufflerions
soufflerais souffleriez
soufflerait souffleraient

PASSÉ

aurais soufflé aurions soufflé
aurais soufflé auriez soufflé
aurait soufflé auraient soufflé

IMPÉRATIF

souffle
soufflons
soufflez

PARTICIPES

PRÉSENT **PASSÉ**
soufflant soufflé(e)

EXAMPLES OF VERB USAGE

Le vent soufflait en rafales. *The wind was blowing in gusts.*

Il faut que tu souffles cette bougie. *You have to blow out this candle.*

Je lui ai soufflé la bonne réponse. *I whispered the right answer to him.*

RELATED WORDS

le souffle *blow, puff, breath* le soufflé *soufflé*
le souffleur *prompter*

Verb Charts

souffrir
to suffer

INDICATIF

PRÉSENT		PASSÉ COMPOSÉ	
je	nous		
tu	vous		
il/elle/on	ils/elles		
souffre	souffrons	ai souffert	avons souffert
souffres	souffrez	as souffert	avez souffert
souffre	souffrent	a souffert	ont souffert

IMPARFAIT		PLUS-QUE-PARFAIT	
souffrais	souffrions	avais souffert	avions souffert
souffrais	souffriez	avais souffert	aviez souffert
souffrait	souffraient	avait souffert	avaient souffert

PASSÉ SIMPLE		PASSÉ ANTÉRIEUR	
souffris	souffrîmes	eus souffert	eûmes souffert
souffris	souffrîtes	eus souffert	eûtes souffert
souffrit	souffrirent	eut souffert	eurent souffert

FUTUR SIMPLE		FUTUR ANTÉRIEUR	
souffrirai	souffrirons	aurai souffert	aurons souffert
souffriras	souffrirez	auras souffert	aurez souffert
souffrira	souffriront	aura souffert	auront souffert

SUBJONCTIF

PRÉSENT		PASSÉ	
souffre	souffrions	aie souffert	ayons souffert
souffres	souffriez	aies souffert	ayez souffert
souffre	souffrent	ait souffert	aient souffert

IMPARFAIT		PLUS-QUE-PARFAIT	
souffrisse	souffrissions	eusse souffert	eussions souffert
souffrisses	souffrissiez	eusses souffert	eussiez souffert
souffrît	souffrissent	eût souffert	eussent souffert

CONDITIONNEL

PRÉSENT		PASSÉ	
souffrirais	souffririons	aurais souffert	aurions souffert
souffrirais	souffririez	aurais souffert	auriez souffert
souffrirait	souffriraient	aurait souffert	auraient souffert

IMPÉRATIF

souffre
souffrons
souffrez

PARTICIPES

PRÉSENT	PASSÉ
souffrant	souffert(e)

EXAMPLES OF VERB USAGE

Elle souffre de rhumatismes.	*She suffers from rheumatism.*
J'ai vraiment souffert de la chaleur.	*I really suffered from the heat.*
Tu ne souffriras pas, ne t'inquiète pas.	*You won't suffer; don't worry.*

RELATED WORDS

a souffrance	*suffering*	souffrant/ -e	*ill*
le souffre-douleur	*punching bag*		

se souvenir

to remember

	je	nous
	tu	vous
	il/elle/on	ils/elles

INDICATIF

PRÉSENT
me souviens   nous souvenons
te souviens   vous souvenez
se souvient   se souviennent

IMPARFAIT
me souvenais   nous souvenions
te souvenais   vous souveniez
se souvenait   se souvenaient

PASSÉ SIMPLE
me souvins   nous souvînmes
te souvins   vous souvîntes
se souvint   se souvinrent

FUTUR SIMPLE
me souviendrai   nous souviendrons
te souviendras   vous souviendrez
se souviendra   se souviendront

PASSÉ COMPOSÉ
me suis souvenu(e)   nous sommes souvenu(e)s
t'es souvenu(e)   vous êtes souvenu(e)(s)
s'est souvenu(e)   se sont souvenu(e)s

PLUS-QUE-PARFAIT
m'étais souvenu(e)   nous étions souvenu(e)s
t'étais souvenu(e)   vous étiez souvenu(e)(s)
s'était souvenu(e)   s'étaient souvenu(e)s

PASSÉ ANTÉRIEUR
me fus souvenu(e)   nous fûmes souvenu(e)s
te fus souvenu(e)   vous fûtes souvenu(e)(s)
se fut souvenu(e)   se furent souvenu(e)s

FUTUR ANTÉRIEUR
me serai souvenu(e)   nous serons souvenu(e)s
te seras souvenu(e)   vous serez souvenu(e)(s)
se sera souvenu(e)   se seront souvenu(e)s

SUBJONCTIF

PRÉSENT
me souvienne   nous souvenions
te souviennes   vous souveniez
se souvienne   se souviennent

IMPARFAIT
me souvinsse   nous souvinssions
te souvinsses   vous souvinssiez
se souvînt   se souvinssent

PASSÉ
me sois souvenu(e)   nous soyons souvenu(e)s
te sois souvenu(e)   vous soyez souvenu(e)(s)
se soit souvenu(e)   se soient souvenu(e)s

PLUS-QUE-PARFAIT
me fusse souvenu(e)   nous fussions souvenu(e)s
te fusses souvenu(e)   vous fussiez souvenu(e)(s)
se fût souvenu(e)   se fussent souvenu(e)s

CONDITIONNEL

PRÉSENT
me souviendrais   nous souviendrions
te souviendrais   vous souviendriez
se souviendrait   se souviendraient

PASSÉ
me serais souvenu(e)   nous serions souvenu(e)s
te serais souvenu(e)   vous seriez souvenu(e)(s)
se serait souvenu(e)   se seraient souvenu(e)s

IMPÉRATIF

souviens-toi
souvenons-nous
souvenez-vous

PARTICIPES

PRÉSENT   **PASSÉ**
me souvenant, etc.   souvenu(e)

Verb Charts

EXAMPLES OF VERB USAGE

Je me souviendrai longtemps de cette soirée.   *I'll remember this party for a long time.*

Elle ne se souvient pas d'avoir fait cela.   *She doesn't remember doing this.*

Souvenez-vous en!   *Remember that!*

Il s'est enfin souvenu de mon nom.   *He finally remembered my name.*

RELATED WORDS

le souvenir   *memory; souvenir*

suffire
to be enough

INDICATIF

PRÉSENT

suffis	suffisons	ai suffi	avons suffi
suffis	suffisez	as suffi	avez suffi
suffit	suffisent	a suffi	ont suffi

PASSÉ COMPOSÉ *(heading above right column)*

IMPARFAIT

suffisais	suffisions	avais suffi	avions suffi
suffisais	suffisiez	avais suffi	aviez suffi
suffisait	suffisaient	avait suffi	avaient suffi

PLUS-QUE-PARFAIT

PASSÉ SIMPLE

suffis	suffîmes	eus suffi	eûmes suffi
suffis	suffîtes	eus suffi	eûtes suffi
suffit	suffirent	eut suffi	eurent suffi

PASSÉ ANTÉRIEUR

FUTUR SIMPLE

suffirai	suffirons	aurai suffi	aurons suffi
suffiras	suffirez	auras suffi	aurez suffi
suffira	suffiront	aura suffi	auront suffi

FUTUR ANTÉRIEUR

SUBJONCTIF

PRÉSENT

suffise	suffisions	aie suffi	ayons suffi
suffises	suffisiez	aies suffi	ayez suffi
suffise	suffisent	ait suffi	aient suffi

PASSÉ

IMPARFAIT

suffisse	suffissions	eusse suffi	eussions suffi
suffisses	suffissiez	eusses suffi	eussiez suffi
suffit	suffissent	eût suffi	eussent suffi

PLUS-QUE-PARFAIT

CONDITIONNEL

PRÉSENT

suffirais	suffirions	aurais suffi	aurions suffi
suffirais	suffiriez	aurais suffi	auriez suffi
suffirait	suffiraient	aurait suffi	auraient suffi

PASSÉ

IMPÉRATIF

suffis
suffisons
suffisez

PARTICIPES

PRÉSENT
suffisant

PASSÉ
suffi

EXAMPLES OF VERB USAGE

Deux heures ne suffiront pas.	*Two hours won't be enough.*
Cette explication ne me suffit pas.	*This explanation isn't enough.*
Il suffisait d'y penser.	*It's obvious when you think about it.*
Il a suffi d'une fois.	*Once was enough.*

RELATED WORDS

la suffisance	*self-importance*	suffisant/ -e	*sufficient; smug*
suffisamment	*enough*		

suivre
to follow; to keep up

INDICATIF

PRÉSENT

suis	suivons
suis	suivez
suit	suivent

PASSÉ COMPOSÉ

ai suivi	avons suivi
as suivi	avez suivi
a suivi	ont suivi

IMPARFAIT

suivais	suivions
suivais	suiviez
suivait	suivaient

PLUS-QUE-PARFAIT

avais suivi	avions suivi
avais suivi	aviez suivi
avait suivi	avaient suivi

PASSÉ SIMPLE

suivis	suivîmes
suivis	suivîtes
suivit	suivirent

PASSÉ ANTÉRIEUR

eus suivi	eûmes suivi
eus suivi	eûtes suivi
eut suivi	eurent suivi

FUTUR SIMPLE

suivrai	suivrons
suivras	suivrez
suivra	suivront

FUTUR ANTÉRIEUR

aurai suivi	aurons suivi
auras suivi	aurez suivi
aura suivi	auront suivi

SUBJONCTIF

PRÉSENT

suive	suivions
suives	suiviez
suive	suivent

PASSÉ

aie suivi	ayons suivi
aies suivi	ayez suivi
ait suivi	aient suivi

IMPARFAIT

suivisse	suivissions
suivisses	suivissiez
suivît	suivissent

PLUS-QUE-PARFAIT

eusse suivi	eussions suivi
eusses suivi	eussiez suivi
eût suivi	eussent suivi

CONDITIONNEL

PRÉSENT

suivrais	suivrions
suivrais	suivriez
suivrait	suivraient

PASSÉ

aurais suivi	aurions suivi
aurais suivi	auriez suivi
aurait suivi	auraient suivi

IMPÉRATIF

suis
suivons
suivez

PARTICIPES

PRÉSENT
suivant

PASSÉ
suivi(e)

EXAMPLES OF VERB USAGE

Nous nous suivions en voiture.	*We were following each other in our cars.*
Elle ne suit pas en maths.	*She can't keep up in math.*
Nous n'avons pas suivi cette histoire.	*We didn't follow this story.*

RELATED WORDS

le/ la suivant/ -e	*the following one*	suivant	*according to*
suivi	*steady, consistent*	la suite	*continuation*
à suivre	*to be continued*	se suivre	*to follow one another*

Verb Charts

se taire
to be quiet

je	nous
tu	vous
il/elle/on	ils/elles

INDICATIF

PRÉSENT

me tais	nous taisons
te tais	vous taisez
se tait	se taisent

IMPARFAIT

me taisais	nous taisions
te taisais	vous taisiez
se taisait	se taisaient

PASSÉ SIMPLE

me tus	nous tûmes
te tus	vous tûtes
se tut	se turent

FUTUR SIMPLE

me tairai	nous tairons
te tairas	vous tairez
se taira	se tairont

PASSÉ COMPOSÉ

me suis tu(e)	nous sommes tu(e)s
t'es tu(e)	vous êtes tu(e)(s)
s'est tu(e)	se sont tu(e)s

PLUS-QUE-PARFAIT

m'étais tu(e)	nous étions tu(e)s
t'étais tu(e)	vous étiez tu(e)(s)
s'était tu(e)	s'étaient tu(e)s

PASSÉ ANTÉRIEUR

me fus tu(e)	nous fûmes tu(e)s
te fus tu(e)	vous fûtes tu(e)(s)
se fut tu(e)	se furent tu(e)s

FUTUR ANTÉRIEUR

me serai tu(e)	nous serons tu(e)s
te seras tu(e)	vous serez tu(e)(s)
se sera tu(e)	se seront tu(e)s

SUBJONCTIF

PRÉSENT

me taise	nous taisions
te taises	vous taisiez
se taise	se taisent

IMPARFAIT

me tusse	nous tussions
te tusses	vous tussiez
se tût	se tussent

PASSÉ

me sois tu(e)	nous soyons tu(e)s
te sois tu(e)	vous soyez tu(e)(s)
se soit tu(e)	se soient tu(e)s

PLUS-QUE-PARFAIT

me fusse tu(e)	nous fussions tu(e)s
te fusses tu(e)	vous fussiez tu(e)(s)
se fût tu(e)	se fussent tu(e)s

CONDITIONNEL

PRÉSENT

me tairais	nous tairions
te tairais	vous tairiez
se tairait	se tairaient

PASSÉ

me serais tu(e)	nous serions tu(e)s
te serais tu(e)	vous seriez tu(e)(s)
se serait tu(e)	se seraient tu(e)s

IMPÉRATIF

tais-toi
taisons-nous
taisez-vous

PARTICIPES

PRÉSENT	**PASSÉ**
me taisant, etc.	tu(e)

EXAMPLES OF VERB USAGE

Taisez-vous!	*Be quiet!*
Le professeur voulait que les élèves se taisent.	*The teacher wanted the students to be quiet.*
Soudain, tout le monde s'est tu.	*Suddenly, everybody went silent.*
Il taira les vraies raisons, c'est certain.	*He will keep quiet about the real reasons, that's for sure.*

RELATED WORDS

taire	*to keep quiet about*

taper
to type; to bang

je	nous
tu	vous
il/elle/on	ils/elles

INDICATIF

PRÉSENT

tape	tapons
tapes	tapez
tape	tapent

PASSÉ COMPOSÉ

ai tapé	avons tapé
as tapé	avez tapé
a tapé	ont tapé

IMPARFAIT

tapais	tapions
tapais	tapiez
tapait	tapaient

PLUS-QUE-PARFAIT

avais tapé	avions tapé
avais tapé	aviez tapé
avait tapé	avaient tapé

PASSÉ SIMPLE

tapai	tapâmes
tapas	tapâtes
tapa	tapèrent

PASSÉ ANTÉRIEUR

eus tapé	eûmes tapé
eus tapé	eûtes tapé
eut tapé	eurent tapé

FUTUR SIMPLE

taperai	taperons
taperas	taperez
tapera	taperont

FUTUR ANTÉRIEUR

aurai tapé	aurons tapé
auras tapé	aurez tapé
aura tapé	auront tapé

SUBJONCTIF

PRÉSENT

tape	tapions
tapes	tapiez
tape	tapent

PASSÉ

aie tapé	ayons tapé
aies tapé	ayez tapé
ait tapé	aient tapé

IMPARFAIT

tapasse	tapassions
tapasses	tapassiez
tapât	tapassent

PLUS-QUE-PARFAIT

eusse tapé	eussions tapé
eusses tapé	eussiez tapé
eût tapé	eussent tapé

CONDITIONNEL

PRÉSENT

taperais	taperions
taperais	taperiez
taperait	taperaient

PASSÉ

aurais tapé	aurions tapé
aurais tapé	auriez tapé
aurait tapé	auraient tapé

IMPÉRATIF

tape
tapons
tapez

PARTICIPES

PRÉSENT	**PASSÉ**
tapant	tapé(e)

EXAMPLES OF VERB USAGE

J'ai tapé sur la table.	*I banged on the table.*
Elle tape avec deux doigts.	*She types with two fingers.*
Il tapera la lettre sur son ordinateur.	*He will type the letter on his computer.*
Tapez votre code.	*Enter your personal-identification number.*

RELATED WORDS

le tapage nocturne	*disturbance (at night)*	la tapette	*mousetrap; flyswatter*
tape-à-l'œil	*flashy*		

téléphoner
to phone, to call

je	nous
tu	vous
il/elle/on	ils/elles

INDICATIF

PRÉSENT

téléphone	téléphonons
téléphones	téléphonez
téléphone	téléphonent

PASSÉ COMPOSÉ

ai téléphoné	avons téléphoné
as téléphoné	avez téléphoné
a téléphoné	ont téléphoné

IMPARFAIT

téléphonais	téléphonions
téléphonais	téléphoniez
téléphonait	téléphonaient

PLUS-QUE-PARFAIT

avais téléphoné	avions téléphoné
avais téléphoné	aviez téléphoné
avait téléphoné	avaient téléphoné

PASSÉ SIMPLE

téléphonai	téléphonâmes
téléphonas	téléphonâtes
téléphona	téléphonèrent

PASSÉ ANTÉRIEUR

eus téléphoné	eûmes téléphoné
eus téléphoné	eûtes téléphoné
eut téléphoné	eurent téléphoné

FUTUR SIMPLE

téléphonerai	téléphonerons
téléphoneras	téléphonerez
téléphonera	téléphoneront

FUTUR ANTÉRIEUR

aurai téléphoné	aurons téléphoné
auras téléphoné	aurez téléphoné
aura téléphoné	auront téléphoné

SUBJONCTIF

PRÉSENT

téléphone	téléphonions
téléphones	téléphoniez
téléphone	téléphonent

PASSÉ

aie téléphoné	ayons téléphoné
aies téléphoné	ayez téléphoné
ait téléphoné	aient téléphoné

IMPARFAIT

téléphonasse	téléphonassions
téléphonasses	téléphonassiez
téléphonât	téléphonassent

PLUS-QUE-PARFAIT

eusse téléphoné	eussions téléphoné
eusses téléphoné	eussiez téléphoné
eût téléphoné	eussent téléphoné

CONDITIONNEL

PRÉSENT

téléphonerais	téléphonerions
téléphonerais	téléphoneriez
téléphonerait	téléphoneraient

PASSÉ

aurais téléphoné	aurions téléphoné
aurais téléphoné	auriez téléphoné
aurait téléphoné	auraient téléphoné

IMPÉRATIF

téléphone
téléphonons
téléphonez

PARTICIPES

PRÉSENT	**PASSÉ**
téléphonant	téléphoné(e)

EXAMPLES OF VERB USAGE

Il ne m'a pas encore téléphoné.	*He hasn't called me yet.*
Téléphonez à vos parents.	*Call your parents.*
Elles se téléphonent tous les jours.	*They call each other everyday.*

RELATED WORDS

se téléphoner	*to call one another*	le téléphone	*telephone*
le téléphone portable	*cellular phone*	téléphonique	*telephone (adj.)*
le coup de téléphone	*phone call*		

tenir

to care about, to take after; to hold

INDICATIF

PRÉSENT

tiens	tenons
tiens	tenez
tient	tiennent

PASSÉ COMPOSÉ

ai tenu	avons tenu
as tenu	avez tenu
a tenu	ont tenu

IMPARFAIT

tenais	tenions
tenais	teniez
tenait	tenaient

PLUS-QUE-PARFAIT

avais tenu	avions tenu
avais tenu	aviez tenu
avait tenu	avaient tenu

PASSÉ SIMPLE

tins	tînmes
tins	tîntes
tint	tinrent

PASSÉ ANTÉRIEUR

eus tenu	eûmes tenu
eus tenu	eûtes tenu
eut tenu	eurent tenu

FUTUR SIMPLE

tiendrai	tiendrons
tiendras	tiendrez
tiendra	tiendront

FUTUR ANTÉRIEUR

aurai tenu	aurons tenu
auras tenu	aurez tenu
aura tenu	auront tenu

SUBJONCTIF

PRÉSENT

tienne	tenions
tiennes	teniez
tienne	tiennent

PASSÉ

aie tenu	ayons tenu
aies tenu	ayez tenu
ait tenu	aient tenu

IMPARFAIT

tinsse	tinssions
tinsses	tinssiez
tînt	tinssent

PLUS-QUE-PARFAIT

eusse tenu	eussions tenu
eusses tenu	eussiez tenu
eût tenu	eussent tenu

CONDITIONNEL

PRÉSENT

tiendrais	tiendrions
tiendrais	tiendriez
tiendrait	tiendraient

PASSÉ

aurais tenu	aurions tenu
aurais tenu	auriez tenu
aurait tenu	auraient tenu

IMPÉRATIF

tiens
tenons
tenez

PARTICIPES

PRÉSENT

tenant

PASSÉ

tenu(e)

EXAMPLES OF VERB USAGE

Je tiens de ma mère.	*I take after my mother.*
Tu tiendras ta sœur par la main.	*You'll hold your sister's hand.*
Tenez-vous droit!	*Stand up straight!*
Il tenait à partir ce soir.	*He insisted on leaving tonight.*

RELATED WORDS

contenir	*to contain*	entretenir	*to look after*
maintenir	*to keep, to maintain*	obtenir	*to obtain, to get*
retenir	*to hold back; to remember*	soutenir	*to support, to hold up*
appartenir à	*to belong to*	la teneur	*content*
le tenant du titre	*title holder*	la tenue	*upkeep, posture, dress*

Verb Charts

terminer
to finish

je	nous
tu	vous
il/elle/on	ils/elles

INDICATIF

PRÉSENT

termine	terminons
termines	terminez
termine	terminent

PASSÉ COMPOSÉ

ai terminé	avons terminé
as terminé	avez terminé
a terminé	ont terminé

IMPARFAIT

terminais	terminions
terminais	terminiez
terminait	terminaient

PLUS-QUE-PARFAIT

avais terminé	avions terminé
avais terminé	aviez terminé
avait terminé	avaient terminé

PASSÉ SIMPLE

terminai	terminâmes
terminas	terminâtes
termina	terminèrent

PASSÉ ANTÉRIEUR

eus terminé	eûmes terminé
eus terminé	eûtes terminé
eut terminé	eurent terminé

FUTUR SIMPLE

terminerai	terminerons
termineras	terminerez
terminera	termineront

FUTUR ANTÉRIEUR

aurai terminé	aurons terminé
auras terminé	aurez terminé
aura terminé	auront terminé

SUBJONCTIF

PRÉSENT

termine	terminions
termines	terminiez
termine	terminent

PASSÉ

aie terminé	ayons terminé
aies terminé	ayez terminé
ait terminé	aient terminé

IMPARFAIT

terminasse	terminassions
terminasses	terminassiez
terminât	terminassent

PLUS-QUE-PARFAIT

eusse terminé	eussions terminé
eusses terminé	eussiez terminé
eût terminé	eussent terminé

CONDITIONNEL

PRÉSENT

terminerais	terminerions
terminerais	termineriez
terminerait	termineraient

PASSÉ

aurais terminé	aurions terminé
aurais terminé	auriez terminé
aurait terminé	auraient terminé

IMPÉRATIF

termine
terminons
terminez

PARTICIPES

PRÉSENT	**PASSÉ**
terminant	terminé(e)

EXAMPLES OF VERB USAGE

Il faut que je termine ce travail.	*I've got to finish this job.*
Terminons la soirée en boîte.	*Let's finish our evening in a nightclub.*
Ça s'est mal terminé.	*It ended badly.*

RELATED WORDS

se terminer	*to end, to come to an end*	le terminal	*terminal*
le terminus	*terminus, terminal*	la terminaison	*ending*

tomber
to fall (être)

VERB CHART
234

je	nous
tu	vous
il/elle/on	ils/elles

INDICATIF

PRÉSENT

tombe	tombons
tombes	tombez
tombe	tombent

PASSÉ COMPOSÉ

suis tombé(e)	sommes tombé(e)s
es tombé(e)	êtes tombé(e)(s)
est tombé(e)	sont tombé(e)s

IMPARFAIT

tombais	tombions
tombais	tombiez
tombait	tombaient

PLUS-QUE-PARFAIT

étais tombé(e)	étions tombé(e)s
étais tombé(e)	étiez tombé(e)(s)
était tombé(e)	étaient tombé(e)s

PASSÉ SIMPLE

tombai	tombâmes
tombas	tombâtes
tomba	tombèrent

PASSÉ ANTÉRIEUR

fus tombé(e)	fûmes tombé(e)s
fus tombé(e)	fûtes tombé(e)(s)
fut tombé(e)	furent tombé(e)s

FUTUR SIMPLE

tomberai	tomberons
tomberas	tomberez
tombera	tomberont

FUTUR ANTÉRIEUR

serai tombé(e)	serons tombé(e)s
seras tombé(e)	serez tombé(e)(s)
sera tombé(e)	seront tombé(e)s

SUBJONCTIF

PRÉSENT

tombe	tombions
tombes	tombiez
tombe	tombent

PASSÉ

sois tombé(e)	soyons tombé(e)s
sois tombé(e)	soyez tombé(e)(s)
soit tombé(e)	soient tombé(e)s

IMPARFAIT

tombasse	tombassions
tombasses	tombassiez
tombât	tombassent

PLUS-QUE-PARFAIT

fusse tombé(e)	fussions tombé(e)s
fusses tombé(e)	fussiez tombé(e)(s)
fût tombé(e)	fussent tombé(e)s

CONDITIONNEL

PRÉSENT

tomberais	tomberions
tomberais	tomberiez
tomberait	tomberaient

PASSÉ

serais tombé(e)	serions tombé(e)s
serais tombé(e)	seriez tombé(e)(s)
serait tombé(e)	seraient tombé(e)s

IMPÉRATIF

tombe
tombons
tombez

PARTICIPES

PRÉSENT | **PASSÉ**
| |
| tombant | tombé(e) |

Verb Charts

EXAMPLES OF VERB USAGE

Elle est tombée d'une échelle.	*She fell off a ladder.*
Nous ne tomberons pas dans le piège.	*We won't fall into the trap.*
La nuit tombait.	*Night was falling.*

RELATED WORDS

la tombée de la nuit	*nightfall*	
le tombeur	*lady killer*	

travailler
to work

je	nous
tu	vous
il/elle/on	ils/elles

INDICATIF

PRÉSENT

travaille	travaillons
travailles	travaillez
travaille	travaillent

IMPARFAIT

travaillais	travaillions
travaillais	travailliez
travaillait	travaillaient

PASSÉ SIMPLE

travaillai	travaillâmes
travaillas	travaillâtes
travailla	travaillèrent

FUTUR SIMPLE

travaillerai	travaillerons
travailleras	travaillerez
travaillera	travailleront

PASSÉ COMPOSÉ

ai travaillé	avons travaillé
as travaillé	avez travaillé
a travaillé	ont travaillé

PLUS-QUE-PARFAIT

avais travaillé	avions travaillé
avais travaillé	aviez travaillé
avait travaillé	avaient travaillé

PASSÉ ANTÉRIEUR

eus travaillé	eûmes travaillé
eus travaillé	eûtes travaillé
eut travaillé	eurent travaillé

FUTUR ANTÉRIEUR

aurai travaillé	aurons travaillé
auras travaillé	aurez travaillé
aura travaillé	auront travaillé

SUBJONCTIF

PRÉSENT

travaille	travaillions
travailles	travailliez
travaille	travaillent

IMPARFAIT

travaillasse	travaillassions
travaillasses	travaillassiez
travaillât	travaillassent

PASSÉ

aie travaillé	ayons travaillé
aies travaillé	ayez travaillé
ait travaillé	aient travaillé

PLUS-QUE-PARFAIT

eusse travaillé	eussions travaillé
eusses travaillé	eussiez travaillé
eût travaillé	eussent travaillé

CONDITIONNEL

PRÉSENT

travaillerais	travaillerions
travaillerais	travailleriez
travaillerait	travailleraient

PASSÉ

aurais travaillé	aurions travaillé
aurais travaillé	auriez travaillé
aurait travaillé	auraient travaillé

IMPÉRATIF

travaille
travaillons
travaillez

PARTICIPES

PRÉSENT	**PASSÉ**
travaillant	travaillé(e)

EXAMPLES OF VERB USAGE

Elle travaillait à domicile.	*She used to work at home.*
Ils ont travaillé dur pour y arriver.	*They worked hard to make it.*
Je travaille mon français.	*I am working on my French.*

RELATED WORDS

le travail	*work*	le/ la travailleur/ -euse	*worker*
travailleur/ -euse	*hard-working*		

trouver
to find

je	nous
tu	vous
il/elle/on	ils/elles

INDICATIF

PRÉSENT

trouve	trouvons
trouves	trouvez
trouve	trouvent

PASSÉ COMPOSÉ

ai trouvé	avons trouvé
as trouvé	avez trouvé
a trouvé	ont trouvé

IMPARFAIT

trouvais	trouvions
trouvais	trouviez
trouvait	trouvaient

PLUS-QUE-PARFAIT

avais trouvé	avions trouvé
avais trouvé	aviez trouvé
avait trouvé	avaient trouvé

PASSÉ SIMPLE

trouvai	trouvâmes
trouvas	trouvâtes
trouva	trouvèrent

PASSÉ ANTÉRIEUR

eus trouvé	eûmes trouvé
eus trouvé	eûtes trouvé
eut trouvé	eurent trouvé

FUTUR SIMPLE

trouverai	trouverons
trouveras	trouverez
trouvera	trouveront

FUTUR ANTÉRIEUR

aurai trouvé	aurons trouvé
auras trouvé	aurez trouvé
aura trouvé	auront trouvé

SUBJONCTIF

PRÉSENT

trouve	trouvions
trouves	trouviez
trouve	trouvent

PASSÉ

aie trouvé	ayons trouvé
aies trouvé	ayez trouvé
ait trouvé	aient trouvé

IMPARFAIT

trouvasse	trouvassions
trouvasses	trouvassiez
trouvât	trouvassent

PLUS-QUE-PARFAIT

eusse trouvé	eussions trouvé
eusses trouvé	eussiez trouvé
eût trouvé	eussent trouvé

CONDITIONNEL

PRÉSENT

trouverais	trouverions
trouverais	trouveriez
trouverait	trouveraient

PASSÉ

aurais trouvé	aurions trouvé
aurais trouvé	auriez trouvé
aurait trouvé	auraient trouvé

IMPÉRATIF

trouve
trouvons
trouvez

PARTICIPES

PRÉSENT	**PASSÉ**
trouvant	trouvé(e)

EXAMPLES OF VERB USAGE

J'ai enfin trouvé la solution.	*I have finally found the solution.*
Ils la trouvèrent étrange.	*They found her strange.*
Où se trouve la gare, s'il vous plaît?	*Where is the station, please?*

RELATED WORDS

se trouver	*to be located; to find oneself*	la trouvaille	*find, stroke of inspiration*
se retrouver	*to find oneself; to meet up*	les retrouvailles (f. pl.)	*reunion*

vaincre
to defeat; to overcome

je	nous
tu	vous
il/elle/on	ils/elles

INDICATIF

PRÉSENT

vaincs	vainquons
vaincs	vainquez
vainc	vainquent

PASSÉ COMPOSÉ

ai vaincu	avons vaincu
as vaincu	avez vaincu
a vaincu	ont vaincu

IMPARFAIT

vainquais	vainquions
vainquais	vainquiez
vainquait	vainquaient

PLUS-QUE-PARFAIT

avais vaincu	avions vaincu
avais vaincu	aviez vaincu
avait vaincu	avaient vaincu

PASSÉ SIMPLE

vainquis	vainquîmes
vainquis	vainquîtes
vainquit	vainquirent

PASSÉ ANTÉRIEUR

eus vaincu	eûmes vaincu
eus vaincu	eûtes vaincu
eut vaincu	eurent vaincu

FUTUR SIMPLE

vaincrai	vaincrons
vaincras	vaincrez
vaincra	vaincront

FUTUR ANTÉRIEUR

aurai vaincu	aurons vaincu
auras vaincu	aurez vaincu
aura vaincu	auront vaincu

SUBJONCTIF

PRÉSENT

vainque	vainquions
vainques	vainquiez
vainque	vainquent

PASSÉ

aie vaincu	ayons vaincu
aies vaincu	ayez vaincu
ait vaincu	aient vaincu

IMPARFAIT

vainquisse	vainquissions
vainquisses	vainquissiez
vainquît	vainquissent

PLUS-QUE-PARFAIT

eusse vaincu	eussions vaincu
eusses vaincu	eussiez vaincu
eût vaincu	eussent vaincu

CONDITIONNEL

PRÉSENT

vaincrais	vaincrions
vaincrais	vaincriez
vaincrait	vaincraient

PASSÉ

aurais vaincu	aurions vaincu
aurais vaincu	auriez vaincu
aurait vaincu	auraient vaincu

IMPÉRATIF

vaincs
vainquons
vainquez

PARTICIPES

PRÉSENT	**PASSÉ**
vainquant	vaincu(e)

EXAMPLES OF VERB USAGE

Il vaincra la maladie.	*He will overcome his illness.*
J'ai vaincu ma peur.	*I overcame my fear.*
Les armées furent vaincues en septembre.	*The armies were defeated in September.*

RELATED WORDS

| le vainqueur | *winner, victor* | le vaincu | *loser* |

valoir
to be worth, to cost

je	nous
tu	vous
il/elle/on	ils/elles

INDICATIF

PRÉSENT

vaux	valons
vaux	valez
vaut	valent

IMPARFAIT

valais	valions
valais	valiez
valait	valaient

PASSÉ SIMPLE

valus	valûmes
valus	valûtes
valut	valurent

FUTUR SIMPLE

vaudrai	vaudrons
vaudras	vaudrez
vaudra	vaudront

PASSÉ COMPOSÉ

ai valu	avons valu
as valu	avez valu
a valu	ont valu

PLUS-QUE-PARFAIT

avais valu	avions valu
avais valu	aviez valu
avait valu	avaient valu

PASSÉ ANTÉRIEUR

eus valu	eûmes valu
eus valu	eûtes valu
eut valu	eurent valu

FUTUR ANTÉRIEUR

aurai valu	aurons valu
auras valu	aurez valu
aura valu	auront valu

SUBJONCTIF

PRÉSENT

vaille	valions
vailles	valiez
vaille	vaillent

IMPARFAIT

valusse	valussions
valusses	valussiez
valût	valussent

PASSÉ

aie valu	ayons valu
aies valu	ayez valu
ait valu	aient valu

PLUS-QUE-PARFAIT

eusse valu	eussions valu
eusses valu	eussiez valu
eût valu	eussent valu

CONDITIONNEL

PRÉSENT

vaudrais	vaudrions
vaudrais	vaudriez
vaudrait	vaudraient

PASSÉ

aurais valu	aurions valu
aurais valu	auriez valu
aurait valu	auraient valu

IMPÉRATIF

vaux
valons
valez

PARTICIPES

PRÉSENT
valant

PASSÉ
valu(e)

EXAMPLES OF VERB USAGE

Ça vaut combien?	*How much is it?*
Il ne valait rien.	*He wasn't worth anything.*
Tous les candidats se valent.	*There's not much to choose between all the applicants.*

RELATED WORDS

la valeur	value, worth	valoriser	to develop, to enhance the status of
valable	valid		
valeureux/ -euse	valorous	valorisant/ -e	status enhancing
se valoir	to be equivalent		

Verb Charts

se vanter
to boast; to pride oneself on

je	nous
tu	vous
il/elle/on	ils/elles

INDICATIF

PRÉSENT
me vante	nous vantons
te vantes	vous vantez
se vante	se vantent

PASSÉ COMPOSÉ
me suis vanté(e)	nous sommes vanté(e)s
t'es vanté(e)	vous êtes vanté(e)(s)
s'est vanté(e)	se sont vanté(e)s

IMPARFAIT
me vantais	nous vantions
te vantais	vous vantiez
se vantait	se vantaient

PLUS-QUE-PARFAIT
m'étais vanté(e)	nous étions vanté(e)s
t'étais vanté(e)	vous étiez vanté(e)(s)
s'était vanté(e)	s'étaient vanté(e)s

PASSÉ SIMPLE
me vantai	nous vantâmes
te vantas	vous vantâtes
se vanta	se vantèrent

PASSÉ ANTÉRIEUR
me fus vanté(e)	nous fûmes vanté(e)s
te fus vanté(e)	vous fûtes vanté(e)(s)
se fut vanté(e)	se furent vanté(e)s

FUTUR SIMPLE
me vanterai	nous vanterons
te vanteras	vous vanterez
se vantera	se vanteront

FUTUR ANTÉRIEUR
me serai vanté(e)	nous serons vanté(e)s
te seras vanté(e)	vous serez vanté(e)(s)
se sera vanté(e)	se seront vanté(e)s

SUBJONCTIF

PRÉSENT
me vante	nous vantions
te vantes	vous vantiez
se vante	se vantent

PASSÉ
me sois vanté(e)	nous soyons vanté(e)s
te sois vanté(e)	vous soyez vanté(e)(s)
se soit vanté(e)	se soient vanté(e)s

IMPARFAIT
me vantasse	nous vantassions
te vantasses	vous vantassiez
se vantât	se vantassent

PLUS-QUE-PARFAIT
me fusse vanté(e)	nous fussions vanté(e)s
te fusses vanté(e)	vous fussiez vanté(e)(s)
se fût vanté(e)	se fussent vanté(e)s

CONDITIONNEL

PRÉSENT
me vanterais	nous vanterions
te vanterais	vous vanteriez
se vanterait	se vanteraient

PASSÉ
me serais vanté(e)	nous serions vanté(e)s
te serais vanté(e)	vous seriez vanté(e)(s)
se serait vanté(e)	se seraient vanté(e)s

IMPÉRATIF

vante-toi
vantons-nous
vantez-vous

PARTICIPES

PRÉSENT
me vantant, etc.

PASSÉ
vanté(e)

EXAMPLES OF VERB USAGE

Il se vantait d'avoir connu le Général de Gaulle.

He prided himself on having known General de Gaulle.

Et ils s'en vantent!

And they're proud of it!

Je vanterai les mérites de cette méthode.

I'll speak highly of this method.

RELATED WORDS

vanter	*to praise*
le/ la vantard/ -e	*boaster, show off*

la vantardise	*bragging*

vendre
to sell

INDICATIF

	je	nous
	tu	vous
	il/elle/on	ils/elles

PRÉSENT

vends	vendons
vends	vendez
vend	vendent

PASSÉ COMPOSÉ

ai vendu	avons vendu
as vendu	avez vendu
a vendu	ont vendu

IMPARFAIT

vendais	vendions
vendais	vendiez
vendait	vendaient

PLUS-QUE-PARFAIT

avais vendu	avions vendu
avais vendu	aviez vendu
avait vendu	avaient vendu

PASSÉ SIMPLE

vendis	vendîmes
vendis	vendîtes
vendit	vendirent

PASSÉ ANTÉRIEUR

eus vendu	eûmes vendu
eus vendu	eûtes vendu
eut vendu	eurent vendu

FUTUR SIMPLE

vendrai	vendrons
vendras	vendrez
vendra	vendront

FUTUR ANTÉRIEUR

aurai vendu	aurons vendu
auras vendu	aurez vendu
aura vendu	auront vendu

SUBJONCTIF

PRÉSENT

vende	vendions
vendes	vendiez
vende	vendent

PASSÉ

aie vendu	ayons vendu
aies vendu	ayez vendu
ait vendu	aient vendu

IMPARFAIT

vendisse	vendissions
vendisses	vendissiez
vendît	vendissent

PLUS-QUE-PARFAIT

eusse vendu	eussions vendu
eusses vendu	eussiez vendu
eût vendu	eussent vendu

CONDITIONNEL

PRÉSENT

vendrais	vendrions
vendrais	vendriez
vendrait	vendraient

PASSÉ

aurais vendu	aurions vendu
aurais vendu	auriez vendu
aurait vendu	auraient vendu

IMPÉRATIF

vends
vendons
vendez

PARTICIPES

PRÉSENT	**PASSÉ**
vendant	vendu(e)

EXAMPLES OF VERB USAGE

Je ne lui vendrai pas ma voiture.	*I won't sell my car to him.*
As-tu vendu ta maison?	*Did you sell your house?*
Ses romans se vendent bien.	*His novels are selling well.*

RELATED WORDS

le/ la vendeur/ -euse	*salesman/ saleswoman*	la vente	*sale*
à vendre	*for sale*	vendu/ -e	*corrupt*

Verb Charts

se venger
to take revenge

INDICATIF

je	nous
tu	vous
il/elle/on	ils/elles

PRÉSENT

me venge   nous vengeons
te venges   vous vengez
se venge   se vengent

PASSÉ COMPOSÉ

me suis vengé(e)   nous sommes vengé(e)s
t'es vengé(e)   vous êtes vengé(e)(s)
s'est vengé(e)   se sont vengé(e)s

IMPARFAIT

me vengeais   nous vengions
te vengeais   vous vengiez
se vengeait   se vengeaient

PLUS-QUE-PARFAIT

m'étais vengé(e) nous étions vengé(e)s
t'étais vengé(e)   vous étiez vengé(e)(s)
s'était vengé(e)   s'étaient vengé(e)s

PASSÉ SIMPLE

me vengeai   nous vengeâmes
te vengeas   vous vengeâtes
se vengea   se vengèrent

PASSÉ ANTÉRIEUR

me fus vengé(e)   nous fûmes vengé(e)s
te fus vengé(e)   vous fûtes vengé(e)(s)
se fut vengé(e)   se furent vengé(e)s

FUTUR SIMPLE

me vengerai   nous vengerons
te vengeras   vous vengerez
se vengera   se vengeront

FUTUR ANTÉRIEUR

me serai vengé(e) nous serons vengé(e)s
te seras vengé(e)   vous serez vengé(e)(s)
se sera vengé(e)   se seront vengé(e)s

SUBJONCTIF

PRÉSENT

me venge   nous vengions
te venges   vous vengiez
se venge   se vengent

PASSÉ

me sois vengé(e)   nous soyons vengé(e)s
te sois vengé(e)   vous soyez vengé(e)(s)
se soit vengé(e)   se soient vengé(e)s

IMPARFAIT

me vengeasse   nous vengeassions
te vengeasses   vous vengeassiez
se vengeât   se vengeassent

PLUS-QUE-PARFAIT

me fusse vengé(e) nous fussions vengé(e)s
te fusses vengé(e) vous fussiez vengé(e)(s)
se fût vengé(e)   se fussent vengé(e)s

CONDITIONNEL

PRÉSENT

me vengerais   nous vengerions
te vengerais   vous vengeriez
se vengerait   se vengeraient

PASSÉ

me serais vengé(e) nous serions vengé(e)s
te serais vengé(e) vous seriez vengé(e)(s)
se serait vengé(e) se seraient vengé(e)s

IMPÉRATIF

venge-toi
vengeons-nous
vengez-vous

PARTICIPES

PRÉSENT   **PASSÉ**
me vengeant, etc. vengé(e)

EXAMPLES OF VERB USAGE

Je me vengerai.   *I'll take my revenge.*

Il s'est vengé de ce qu'on lui avait fait. *He took revenge for what had been done to him.*

Il faut que nous vengions notre frère. *We must avenge our brother.*

RELATED WORDS

venger   *to avenge*   la vengeance   *revenge*

venir

to come (être)

je	nous
tu	vous
il/elle/on	ils/elles

INDICATIF

PRÉSENT

viens	venons
viens	venez
vient	viennent

PASSÉ COMPOSÉ

suis venu(e)	sommes venu(e)s
es venu(e)	êtes venu(e)(s)
est venu(e)	sont venu(e)s

IMPARFAIT

venais	venions
venais	veniez
venait	venaient

PLUS-QUE-PARFAIT

étais venu(e)	étions venu(e)s
étais venu(e)	étiez venu(e)(s)
était venu(e)	étaient venu(e)s

PASSÉ SIMPLE

vins	vînmes
vins	vîntes
vint	vinrent

PASSÉ ANTÉRIEUR

fus venu(e)	fûmes venu(e)s
fus venu(e)	fûtes venu(e)(s)
fut venu(e)	furent venu(e)s

FUTUR SIMPLE

viendrai	viendrons
viendras	viendrez
viendra	viendront

FUTUR ANTÉRIEUR

serai venu(e)	serons venu(e)s
seras venu(e)	serez venu(e)(s)
sera venu(e)	seront venu(e)s

SUBJONCTIF

PRÉSENT

vienne	venions
viennes	veniez
vienne	viennent

PASSÉ

sois venu(e)	soyons venu(e)s
sois venu(e)	soyez venu(e)(s)
soit venu(e)	soient venu(e)s

IMPARFAIT

vinsse	vinssions
vinsses	vinssiez
vînt	vinssent

PLUS-QUE-PARFAIT

fusse venu(e)	fussions venu(e)s
fusses venu(e)	fussiez venu(e)(s)
fût venu(e)	fussent venu(e)s

CONDITIONNEL

PRÉSENT

viendrais	viendrions
viendrais	viendriez
viendrait	viendraient

PASSÉ

serais venu(e)	serions venu(e)s
serais venu(e)	seriez venu(e)(s)
serait venu(e)	seraient venu(e)s

IMPÉRATIF

viens
venons
venez

PARTICIPES

PRÉSENT	**PASSÉ**
venant	venu(e)

EXAMPLES OF VERB USAGE

Ma mère est venue me voir.	*My mother came to see me.*
Je venais d'arriver.	*I had just arrived.*
Ces tableaux viennent d'une collection privée.	*These paintings come from a private collection.*

RELATED WORDS

la venue	*coming, arrival*	l'avenir (m.)	*future*
intervenir	*to intervene; to occur*	provenir de	*to come from*
parvenir à	*to reach; to manage to*		

Verb Charts

vérifier
to check; to confirm

INDICATIF

je	nous
tu	vous
il/elle/on	ils/elles

PRÉSENT
vérifie	vérifions
vérifies	vérifiez
vérifie	vérifient

PASSÉ COMPOSÉ
ai vérifié	avons vérifié
as vérifié	avez vérifié
a vérifié	ont vérifié

IMPARFAIT
vérifiais	vérifiions
vérifiais	vérifiiez
vérifiait	vérifiaient

PLUS-QUE-PARFAIT
avais vérifié	avions vérifié
avais vérifié	aviez vérifié
avait vérifié	avaient vérifié

PASSÉ SIMPLE
vérifiai	vérifiâmes
vérifias	vérifiâtes
vérifia	vérifièrent

PASSÉ ANTÉRIEUR
eus vérifié	eûmes vérifié
eus vérifié	eûtes vérifié
eut vérifié	eurent vérifié

FUTUR SIMPLE
vérifierai	vérifierons
vérifieras	vérifierez
vérifiera	vérifieront

FUTUR ANTÉRIEUR
aurai vérifié	aurons vérifié
auras vérifié	aurez vérifié
aura vérifié	auront vérifié

SUBJONCTIF

PRÉSENT
vérifie	vérifiions
vérifies	vérifiiez
vérifie	vérifient

PASSÉ
aie vérifié	ayons vérifié
aies vérifié	ayez vérifié
ait vérifié	aient vérifié

IMPARFAIT
vérifiasse	vérifiassions
vérifiasses	vérifiassiez
vérifiât	vérifiassent

PLUS-QUE-PARFAIT
eusse vérifié	eussions vérifié
eusses vérifié	eussiez vérifié
eût vérifié	eussent vérifié

CONDITIONNEL

PRÉSENT
vérifierais	vérifierions
vérifierais	vérifieriez
vérifierait	vérifieraient

PASSÉ
aurais vérifié	aurions vérifié
aurais vérifié	auriez vérifié
aurait vérifié	auraient vérifié

IMPÉRATIF

vérifie
vérifions
vérifiez

PARTICIPES

PRÉSENT	**PASSÉ**
vérifiant	vérifié(e)

EXAMPLES OF VERB USAGE

Vérifie si la porte est fermée.	*Check if the door is closed.*
Nous n'avons pas encore vérifié ses affirmations.	*We haven't checked his assertions yet.*
Mes craintes se sont vérifiées.	*My fears have been confirmed.*

RELATED WORDS

la vérification	*verification*	vérifiable	*verifiable*
la vérité	*truth*	vrai/ -e	*true*
véridique	*true, authentic*	se vérifier	*to be confirmed*

se vexer
to take offense

INDICATIF

PRÉSENT

me vexe	nous vexons
te vexes	vous vexez
se vexe	se vexent

IMPARFAIT

me vexais	nous vexions
te vexais	vous vexiez
se vexait	se vexaient

PASSÉ SIMPLE

me vexai	nous vexâmes
te vexas	vous vexâtes
se vexa	se vexèrent

FUTUR SIMPLE

me vexerai	nous vexerons
te vexeras	vous vexerez
se vexera	se vexeront

PASSÉ COMPOSÉ

me suis vexé(e)	nous sommes vexé(e)s
t'es vexé(e)	vous êtes vexé(e)(s)
s'est vexé(e)	se sont vexé(e)s

PLUS-QUE-PARFAIT

m'étais vexé(e)	nous étions vexé(e)s
t'étais vexé(e)	vous étiez vexé(e)(s)
s'était vexé(e)	s'étaient vexé(e)s

PASSÉ ANTÉRIEUR

me fus vexé(e)	nous fûmes vexé(e)s
te fus vexé(e)	vous fûtes vexé(e)(s)
se fut vexé(e)	se furent vexé(e)s

FUTUR ANTÉRIEUR

me serai vexé(e)	nous serons vexé(e)s
te seras vexé(e)	vous serez vexé(e)(s)
se sera vexé(e)	se seront vexé(e)s

je	nous
tu	vous
il/elle/on	ils/elles

SUBJONCTIF

PRÉSENT

me vexe	nous vexions
te vexes	vous vexiez
se vexe	se vexent

IMPARFAIT

me vexasse	nous vexassions
te vexasses	vous vexassiez
se vexât	se vexassent

PASSÉ

me sois vexé(e)	nous soyons vexé(e)s
te sois vexé(e)	vous soyez vexé(e)(s)
se soit vexé(e)	se soient vexé(e)s

PLUS-QUE-PARFAIT

me fusse vexé(e)	nous fussions vexé(e)s
te fusses vexé(e)	vous fussiez vexé(e)(s)
se fût vexé(e)	se fussent vexé(e)s

CONDITIONNEL

PRÉSENT

me vexerais	nous vexerions
te vexerais	vous vexeriez
se vexerait	se vexeraient

PASSÉ

me serais vexé(e)	nous serions vexé(e)s
te serais vexé(e)	vous seriez vexé(e)(s)
se serait vexé(e)	se seraient vexé(e)s

IMPÉRATIF

vexe-toi
vexons-nous
vexez-vous

PARTICIPES

PRÉSENT
me vexant, etc.

PASSÉ
vexé(e)

EXAMPLES OF VERB USAGE

Elle se vexait pour un rien.

She took offense at the slightest things.

Ne te vexe pas, ce n'est pas grave.

Don't take offense, it's nothing.

Je crois que je l'ai vexée.

I think I offended her.

RELATED WORDS

vexer	*to offend, to hurt*	vexant/ -e	*hurtful*

Verb Charts

vieillir
to get old, to age, to make somebody look old

INDICATIF

PRÉSENT

		PASSÉ COMPOSÉ	
vieillis	vieillissons	ai vieilli	avons vieilli
vieillis	vieillissez	as vieilli	avez vieilli
vieillit	vieillissent	a vieilli	ont vieilli

IMPARFAIT

		PLUS-QUE-PARFAIT	
vieillissais	vieillissions	avais vieilli	avions vieilli
vieillissais	vieillissiez	avais vieilli	aviez vieilli
vieillissait	vieillissaient	avait vieilli	avaient vieilli

PASSÉ SIMPLE

		PASSÉ ANTÉRIEUR	
vieillis	vieillîmes	eus vieilli	eûmes vieilli
vieillis	vieillîtes	eus vieilli	eûtes vieilli
vieillit	vieillirent	eut vieilli	eurent vieilli

FUTUR SIMPLE

		FUTUR ANTÉRIEUR	
vieillirai	vieillirons	aurai vieilli	aurons vieilli
vieilliras	vieillirez	auras vieilli	aurez vieilli
vieillira	vieilliront	aura vieilli	auront vieilli

SUBJONCTIF

PRÉSENT

		PASSÉ	
vieillisse	vieillissions	aie vieilli	ayons vieilli
vieillisses	vieillissiez	aies vieilli	ayez vieilli
vieillisse	vieillissent	ait vieilli	aient vieilli

IMPARFAIT

		PLUS-QUE-PARFAIT	
vieillisse	vieillissions	eusse vieilli	eussions vieilli
vieillisses	vieillissiez	eusses vieilli	eussiez vieilli
vieillît	vieillissent	eût vieilli	eussent vieilli

CONDITIONNEL

PRÉSENT

		PASSÉ	
vieillirais	vieillirions	aurais vieilli	aurions vieilli
vieillirais	vieilliriez	aurais vieilli	auriez vieilli
vieillirait	vieilliraient	aurait vieilli	auraient vieilli

IMPÉRATIF

vieillis
vieillissons
vieillissez

PARTICIPES

PRÉSENT	**PASSÉ**
vieillissant	vieilli(e)

EXAMPLES OF VERB USAGE

Il a vieilli de dix ans en quelques jours.	*He aged ten years in a few days.*
Nous ne vieillirons pas ensemble.	*We won't grow old together.*
Vous me vieillissez de cinq ans!	*You are making me out to be five years older than I am.*

RELATED WORDS

| se vieillir | *to make oneself look older* | vieux/ vieille | *old* |
| la vieillèsse | *old age* | le vieillissement | *aging* |

visiter
to visit

je	nous
tu	vous
il/elle/on	ils/elles

INDICATIF

PRÉSENT

visite	visitons
visites	visitez
visite	visitent

PASSÉ COMPOSÉ

ai visité	avons visité
as visité	avez visité
a visité	ont visité

IMPARFAIT

visitais	visitions
visitais	visitiez
visitait	visitaient

PLUS-QUE-PARFAIT

avais visité	avions visité
avais visité	aviez visité
avait visité	avaient visité

PASSÉ SIMPLE

visitai	visitâmes
visitas	visitâtes
visita	visitèrent

PASSÉ ANTÉRIEUR

eus visité	eûmes visité
eus visité	eûtes visité
eut visité	eurent visité

FUTUR SIMPLE

visiterai	visiterons
visiteras	visiterez
visitera	visiteront

FUTUR ANTÉRIEUR

aurai visité	aurons visité
auras visité	aurez visité
aura visité	auront visité

SUBJONCTIF

PRÉSENT

visite	visitions
visites	visitiez
visite	visitent

PASSÉ

aie visité	ayons visité
aies visité	ayez visité
ait visité	aient visité

IMPARFAIT

visitasse	visitassions
visitasses	visitassiez
visitât	visitassent

PLUS-QUE-PARFAIT

eusse visité	eussions visité
eusses visité	eussiez visité
eût visité	eussent visité

CONDITIONNEL

PRÉSENT

visiterais	visiterions
visiterais	visiteriez
visiterait	visiteraient

PASSÉ

aurais visité	aurions visité
aurais visité	auriez visité
aurait visité	auraient visité

IMPÉRATIF

visite
visitons
visitez

PARTICIPES

PRÉSENT	**PASSÉ**
visitant	visité(e)

EXAMPLES OF VERB USAGE

Nous avons visité Versailles.	*We visited Versailles.*
Il visitera cette maison demain.	*He will visit this house tomorrow.*
Il faut que vous visitiez ce musée.	*You've got to visit this museum.*

RELATED WORDS

la visite	*visit*	le/ la visiteur/ -euse	*visitor*
rendre visite à quelqu'un	*to visit sb*		

vivre
to live

je	nous
tu	vous
il/elle/on	ils/elles

INDICATIF

PRÉSENT
vis	vivons
vis	vivez
vit	vivent

PASSÉ COMPOSÉ
ai vécu	avons vécu
as vécu	avez vécu
a vécu	ont vécu

IMPARFAIT
vivais	vivions
vivais	viviez
vivait	vivaient

PLUS-QUE-PARFAIT
avais vécu	avions vécu
avais vécu	aviez vécu
avait vécu	avaient vécu

PASSÉ SIMPLE
vécus	vécûmes
vécus	vécûtes
vécut	vécurent

PASSÉ ANTÉRIEUR
eus vécu	eûmes vécu
eus vécu	eûtes vécu
eut vécu	eurent vécu

FUTUR SIMPLE
vivrai	vivrons
vivras	vivrez
vivra	vivront

FUTUR ANTÉRIEUR
aurai vécu	aurons vécu
auras vécu	aurez vécu
aura vécu	auront vécu

SUBJONCTIF

PRÉSENT
vive	vivions
vives	viviez
vive	vivent

PASSÉ
aie vécu	ayons vécu
aies vécu	ayez vécu
ait vécu	aient vécu

IMPARFAIT
vécusse	vécussions
vécusses	vécussiez
vécût	vécussent

PLUS-QUE-PARFAIT
eusse vécu	eussions vécu
eusses vécu	eussiez vécu
eût vécu	eussent vécu

CONDITIONNEL

PRÉSENT
vivrais	vivrions
vivrais	vivriez
vivrait	vivraient

PASSÉ
aurais vécu	aurions vécu
aurais vécu	auriez vécu
aurait vécu	auraient vécu

IMPÉRATIF

vis
vivons
vivez

PARTICIPES

PRÉSENT
vivant

PASSÉ
vécu(e)

EXAMPLES OF VERB USAGE

Il n'a vécu que quelques jours.	*He lived only a few days.*
Elle vivait sa vie intensément.	*She lived her life intensely.*
Nous vivons avec mille euros par mois.	*We live on one thousand euros a month.*

RELATED WORDS

survivre	*to survive*	vivable	*livable, fit to live in*
vivace	*hardy*	la vivacité	*liveliness, vivacity*
vivant/ -e	*living, alive*	la vie	*life*
vivement	*sharply, brusquely*	en vie	*alive*

voir
to see

	je	nous
	tu	vous
	il/elle/on	ils/elles

INDICATIF

PRÉSENT

vois	voyons
vois	voyez
voit	voient

IMPARFAIT

voyais	voyions
voyais	voyiez
voyait	voyaient

PASSÉ SIMPLE

vis	vîmes
vis	vîtes
vit	virent

FUTUR SIMPLE

verrai	verrons
verras	verrez
verra	verront

PASSÉ COMPOSÉ

ai vu	avons vu
as vu	avez vu
a vu	ont vu

PLUS-QUE-PARFAIT

avais vu	avions vu
avais vu	aviez vu
avait vu	avaient vu

PASSÉ ANTÉRIEUR

eus vu	eûmes vu
eus vu	eûtes vu
eut vu	eurent vu

FUTUR ANTÉRIEUR

aurai vu	aurons vu
auras vu	aurez vu
aura vu	auront vu

SUBJONCTIF

PRÉSENT

voie	voyions
voies	voyiez
voie	voient

IMPARFAIT

visse	vissions
visses	vissiez
vît	vissent

PASSÉ

aie vu	ayons vu
aies vu	ayez vu
ait vu	aient vu

PLUS-QUE-PARFAIT

eusse vu	eussions vu
eusses vu	eussiez vu
eût vu	eussent vu

CONDITIONNEL

PRÉSENT

verrais	verrions
verrais	verriez
verrait	verraient

PASSÉ

aurais vu	aurions vu
aurais vu	auriez vu
aurait vu	auraient vu

IMPÉRATIF

vois
voyons
voyez

PARTICIPES

PRÉSENT	**PASSÉ**
voyant	vu(e)

EXAMPLES OF VERB USAGE

Je ne l'ai pas vue depuis longtemps.	*I haven't seen her for a long time.*
Nous les verrons demain.	*We'll see them tomorrow.*
Ils se voient beaucoup.	*They see each other often.*

RELATED WORDS

se voir	*to see each other; to show*	entrevoir	*to get a glimpse of*
revoir	*to see again; to review*	la vue	*view, eyesight*
la vision	*vision, sight*	le voyant	*signal light*
le/ la voyeur/ -euse	*voyeur*	le/ la voyant/ -e	*fortune-teller*

vouloir
to want

je	nous
tu	vous
il/elle/on	ils/elles

INDICATIF

PRÉSENT

veux	voulons
veux	voulez
veut	veulent

PASSÉ COMPOSÉ

ai voulu	avons voulu
as voulu	avez voulu
a voulu	ont voulu

IMPARFAIT

voulais	voulions
voulais	vouliez
voulait	voulaient

PLUS-QUE-PARFAIT

avais voulu	avions voulu
avais voulu	aviez voulu
avait voulu	avaient voulu

PASSÉ SIMPLE

voulus	voulûmes
voulus	voulûtes
voulut	voulurent

PASSÉ ANTÉRIEUR

eus voulu	eûmes voulu
eus voulu	eûtes voulu
eut voulu	eurent voulu

FUTUR SIMPLE

voudrai	voudrons
voudras	voudrez
voudra	voudront

FUTUR ANTÉRIEUR

aurai voulu	aurons voulu
auras voulu	aurez voulu
aura voulu	auront voulu

SUBJONCTIF

PRÉSENT

veuille	voulions
veuilles	vouliez
veuille	veuillent

PASSÉ

aie voulu	ayons voulu
aies voulu	ayez voulu
ait voulu	aient voulu

IMPARFAIT

voulusse	voulussions
voulusses	voulussiez
voulût	voulussent

PLUS-QUE-PARFAIT

eusse voulu	eussions voulu
eusses voulu	eussiez voulu
eût voulu	eussent voulu

CONDITIONNEL

PRÉSENT

voudrais	voudrions
voudrais	voudriez
voudrait	voudraient

PASSÉ

aurais voulu	aurions voulu
aurais voulu	auriez voulu
aurait voulu	auraient voulu

IMPÉRATIF

veuille*
voulons
veuillez

PARTICIPES

PRÉSENT	**PASSÉ**
voulant	voulu(e)

EXAMPLES OF VERB USAGE

Il voulait devenir footballeur professionnel.	*He wanted to become a professional soccer player.*
Je voudrais du jambon, s'il vous plaît.	*I'd like some ham, please.*
Nous aurions bien voulu partir plus tôt.	*We would have liked to leave earlier.*

RELATED WORDS

la volonté	*wish, will*	voulu/ -e	*required*
le bon vouloir de quelqu'un	*someone's goodwill*		

* The verb *vouloir* also has alternative imperative forms, *veux* (2 sg.) and *voulez* (2 pl.), which are very rarely used.

voyager
to travel

je	nous
tu	vous
il/elle/on	ils/elles

INDICATIF

PRÉSENT
voyage	voyageons
voyages	voyagez
voyage	voyagent

PASSÉ COMPOSÉ
ai voyagé	avons voyagé
as voyagé	avez voyagé
a voyagé	ont voyagé

IMPARFAIT
voyageais	voyagions
voyageais	voyagiez
voyageait	voyageaient

PLUS-QUE-PARFAIT
avais voyagé	avions voyagé
avais voyagé	aviez voyagé
avait voyagé	avaient voyagé

PASSÉ SIMPLE
voyageai	voyageâmes
voyageas	voyageâtes
voyagea	voyagèrent

PASSÉ ANTÉRIEUR
eus voyagé	eûmes voyagé
eus voyagé	eûtes voyagé
eut voyagé	eurent voyagé

FUTUR SIMPLE
voyagerai	voyagerons
voyageras	voyagerez
voyagera	voyageront

FUTUR ANTÉRIEUR
aurai voyagé	aurons voyagé
auras voyagé	aurez voyagé
aura voyagé	auront voyagé

SUBJONCTIF

PRÉSENT
voyage	voyagions
voyages	voyagiez
voyage	voyagent

PASSÉ
aie voyagé	ayons voyagé
aies voyagé	ayez voyagé
ait voyagé	aient voyagé

IMPARFAIT
voyageasse	voyageassions
voyageasses	voyageassiez
voyageât	voyageassent

PLUS-QUE-PARFAIT
eusse voyagé	eussions voyagé
eusses voyagé	eussiez voyagé
eût voyagé	eussent voyagé

CONDITIONNEL

PRÉSENT
voyagerais	voyagerions
voyagerais	voyageriez
voyagerait	voyageraient

PASSÉ
aurais voyagé	aurions voyagé
aurais voyagé	auriez voyagé
aurait voyagé	auraient voyagé

IMPÉRATIF

voyage
voyageons
voyagez

PARTICIPES

PRÉSENT	PASSÉ
voyageant	voyagé(e)

EXAMPLES OF VERB USAGE

J'ai voyagé en première classe.	*I traveled first class.*
Il voyage toujours seul.	*He always travels alone.*
Nous voyagerons davantage quand nous serons à la retraite.	*We'll travel more when we have retired.*

RELATED WORDS

le voyage	*trip, traveling*	le/ la voyageur/ -euse	*traveler*

Part II
FRENCH VERBS IN ACTION

INTRODUCTION

French Verbs in Action details the formation and usage of all the most important French tenses and moods and more than 100 essential French verbs. Numerous examples and everyday dialogues show how tenses, moods, and specific verbs are used in conversation. You can check your progress and reinforce what you've learned with more than 100 exercises. Each practice section consists of three subsections: Section A introduces a particular tense or mood and the different forms of one or more model verbs, and demonstrates their use in natural examples. Section B reinforces and expands upon what you've learned by showing the verbs in the context of real-life conversations. Section C contains two or more exercises, providing you with the opportunity to apply what you've learned. You can find the solutions to the exercises in the Section D, Answer Key. Go over the practice sections as many times as you need to review the newly acquired verbs and tenses, and then use them in conversation as soon as you can for reinforcement. Now, let's begin.

SPEAKING ABOUT THE PRESENT

The Present Indicative of *être*

A.

The present tense expresses all actions, states, and events taking place in the present. It is equivalent to such English forms as "I speak," "I hear," and "I am eating."

French verbs use subject pronouns when conjugated. The singular subject pronouns are: *je*, "I," *tu*, "you," *il*, "he," *elle*, "she." The plural subject pronouns are: *nous*, "we," *vous*, "you," *ils*, "they"—masculine; *elles*, "they"—feminine. Spoken French often uses *on*, "one," instead of *nous*, "we."

The pronoun *tu* is informal; use it to address family members, close friends, children, or peers on an informal basis. The pronoun *vous* is the polite or formal address; use it with strangers, people you know only slightly, and people to whom you want to show deference. When in doubt, always use *vous*.

Collective pronouns referring to a group of masculine and feminine nouns are always masculine. Therefore the English "Marc and Jane? *They* are at home." is translated into French as *Marc et Jeanne? Ils sont à la maison.* But *Marie et Jeanne? Elles sont à la maison.*

French has no neuter pronoun "it": *il*, "he," or *elle*, "she," replaces the English "it" because, in French, both people and things are either masculine or feminine.

Now let's begin working with our first verb: *être*, "to be." Observe its conjugation and the examples immediately following.

I am	*je suis*
I am a teacher.	*Je suis professeur.*
you are	*tu es*
You are English.	*Tu es anglais.*
he is	*il est*
He is in a hurry.	*Il est pressé.*
she is	*elle est*
She is competent.	*Elle est compétente.*
we are	*nous sommes*
We are tired.	*Nous sommes fatigues.*
you are	*vous êtes*
You are in the street.	*Vous êtes dans la rue.*
they are	*ils sont*
They are at the hotel.	*Ils sont à l'hôtel.*
they are	*elles sont*
They are at the library.	*Elles sont à la bibliothèque.*

After the statements, let's deal with questions. There are three ways of asking a question in French. First, you can raise the inflection in your voice:

Are you in the house?	*Tu es dans la maison?*
Are you ready?	*Vous êtes prêt?*

Or you can use the invariable formula *est-ce que* before the subject and the conjugated verb:

Are you in the house?	*Est-ce que tu es dans la maison?*
Are you ready?	*Est-ce que vous êtes prêt?*

Questions can also be formed by placing the verb form in front of the subject pronoun as we do in English. This is called inversion.

Are you in the house?	*Es-tu dans la maison?*
Are you ready?	*Êtes-vous prêt?*

To make a negative statement, place *ne . . . pas* around the conjugated verb.

Are you Mexican?	*Êtes-vous mexicaine?*
No, I am not Mexican.	*Non, je ne suis pas mexicaine.*
Are they at the library?	*Sont-ils à la bibliothèque?*
No, they are not at the library.	*Non, ils ne sont pas à la bibliothèque.*

The negative *ne* drops its *e* before another vowel.

Is she in a hurry?	*Est-elle pressée?*
No, she is not in a hurry.	*Non, elle n'est pas pressée.*

In front of an infinitive, *ne . . . pas* stays together.

To be or not to be . . .	*Être ou ne pas être . . .*

B.

Read the following dialogue carefully. You'll find the translation of the dialogue at the end of the practice section, following the Answer Key.

Touriste:	*Bonjour, êtes-vous étudiants à l'université?*
Étudiant:	*Oui, nous sommes étudiants. Et vous?*
Touriste:	*Non, nous sommes touristes. Êtes-vous des étudiants français?*
Étudiante:	*Non, Pierre est français . . .*
Étudiant:	*Mais Jacques est canadien, Eric est américain et Maria est mexicaine.*
Touriste:	*Vous êtes un groupe international!*
Étudiante:	*Et ces touristes, ils ne sont pas étudiants?*
Touriste:	*Non, Patricia est photographe, Lucie est professeur et je suis musicienne.*

C.

This section consists of exercises which provide you with a chance to test your progress. The first exercise checks your comprehension of the dialogue while using the verb conjugation introduced in Section A. Then you can practice the verb/s introduced in the lesson with additional exercises. Check your work by looking at the Answer Key at the end of the lesson.

1. **Answer these questions about the dialogue in French.**
    1. Where are they students?
    2. What nationality is Pierre?
    3. What about Jacques, Eric and Maria?
    4. What is the tourist's conclusion?
    5. What is the tourist's job?
    6. What about Lucie's and Patricia's?

2. **Answer the questions using *oui* or *non,* as indicated. First, look at the example.**

    Est-ce qu'ils sont touristes? (non)   *Non, ils ne sont pas touristes.*

    1. *Est-ce que vous êtes étudiant? (oui)*
    2. *Est-ce que vous êtes monsieur Martin? (non)*
    3. *Est-ce que vous êtes parisiennes?(non)*
    4. *Sommes-nous à New York?(oui)*

3. **Now ask the appropriate question addressing someone as *tu* or *vous*. Use the inversion as in the example.**

    Ask your brother whether he is ready.   *Es-tu prêt?*

    1. Ask your employer whether he is tired.
    2. Ask your best friend whether he is in Paris.
    3. Ask your mother whether she is in a hurry.
    4. Ask the teacher whether he is Canadian.

4. **Rewrite the following questions using *'est-ce que'* and then answer in the negative as in the example.**

    Es-tu étudiant?   *Est-ce que tu es étudiant?*
    Non, je ne suis pas étudiant.

    1. *Sont-elles compétentes?*
    2. *Est-il français?*
    3. *Sommes-nous un groupe international?*
    4. *Êtes-vous photographe?*
    5. *Sont-ils à l'hôtel?*

D. Answer Key

1. 1. *Ils sont étudiants à l'université.*
    2. *Pierre est français.*

3. *Jacques est canadien, Eric est américain et Maria est mexicaine.*
4. *Ils sont un groupe international.*
5. *La touriste est musicienne.*
6. *Lucie est professeur et Patricia est photographe.*

2. 1. *Oui, je suis étudiant.*
2. *Non, je ne suis pas monsieur Martin.*
3. *Non, nous ne sommes pas parisiennes.*
4. *Oui, nous sommes à New York.*

3. 1. *Êtes-vous fatigué?*
2. *Es-tu à Paris?*
3. *Es-tu pressée?*
4. *Êtes-vous canadien?*

4. 1. *Est-ce qu'elles sont compétentes? Non, elles ne sont pas compétentes.*
2. *Est-ce qu'il est français? Non, il n'est pas français.*
3. *Est-ce que nous sommes un groupe international? Non, nous ne sommes pas un groupe international.*
4. *Est-ce que vous êtes photographe? Non, je ne suis pas photographe.*
5. *Est-ce qu'ils sont à l'hôtel? Non, ils ne sont pas à l'hôtel.*

Translation of the dialogue:

Tourist:	*Hello, are you university students?*
Student:	*Yes, we are. And you?*
Tourist:	*No, we are tourists. Are you French students?*
Student	*No, Pierre is French . . .*
Student:	*But Jacques is Canadian, Eric is American, and Maria is Mexican.*
Tourist:	*You are an international group!*
Student:	*And these tourists, they are not students?*
Tourist:	*No, Patricia is a photographer, Lucie is a teacher, and I am a musician.*

The Present Indicative of *aller* and *avoir*

A.
The verb *aller*, "to go," is irregular. Observe its conjugation.

I am going	*je vais*
I am going to the movies.	*Je vais au cinéma.*
you are going	*tu vas*
You are going to Paris.	*Tu vas à Paris.*
she is going	*elle va*
She is going to New York.	*Elle va à New York.*

| we are going | nous allons |
| We are going to the restaurant. | Nous allons au restaurant. |

| you are going | vous allez |
| You are going to the theater. | Vous allez au théâtre. |

| they are going | ils vont |
| They are going to the library. | Ils vont à la bibliothèque. |

Aller is also used to say "How are you?": *Comment allez-vous?*

| How are you monsieur Martin? | Comment allez-vous, monsieur Martin? |
| And your cousins from Caracas, how are they? | Et vos cousins de Caracas, comment vont-ils? |

The verb *avoir,* "to have", is irregular, as well.

| I have | j'ai |
| I have a book. | J'ai un livre. |

| you have | tu as |
| You have a pen. | Tu as un stylo. |

| she has | elle a |
| She has a house. | Elle a une maison. |

| we have | nous avons |
| We have a vegetarian restaurant. | Nous avons un restaurant végétarien. |

| you have | vous avez |
| You have a French teacher. | Vous avez un professeur de français. |

| they have | ils ont |
| They have a library at the university. | Ils ont une bibliothèque à l'université. |

Avoir is used to express many temporary physical states, for which English would use "to be": *avoir faim,* "to be hungry," *avoir soif,* "to be thirsty," *avoir sommeil,* "to be sleepy," *avoir chaud,* "to be hot," *avoir froid,* "to be cold," *avoir trent-cinq ans,* "to be thirty-five years old." Look at these examples.

I am thirty-five years old.	J'ai trente-cinq ans.
Is she sleepy?	A-t-elle sommeil?
Are you hungry?	Avez-vous faim?
No, but I'm thirsty.	Non, mais j'ai soif.

Avoir is also used in the expression *il y a,* which translates to "there is" or "there are," but which is invariable in French.

There is a movie theater on this avenue.	*Il y a un cinéma sur cette avenue.*
There are students at the library.	*Il y a des étudiants à la bibliothèque.*

With verbs like *aller* and *avoir* that end in a vowel in the third person singular, a -*t*- is inserted between the verb and pronoun in inversion in order to make pronunciation easier.

Is he cold?	*A-t-il froid?*
How is she?	*Comment va-t-elle?*

B.
Read the following dialogue carefully.

Michel:	*Comment allez-vous, Nadine?*
Nadine:	*Je vais bien, merci. Et vous?*
Michel:	*Très bien, merci. Où allez-vous?*
Nadine:	*Je vais au musée.*
Michel:	*Et toi, Christophe, où vas-tu?*
Christophe:	*Je vais à la maison parce que j'ai beaucoup de travail.*
Michel:	*Et vous, avez-vous un jour de congé, Nadine?*
Nadine:	*Oui, nous avons souvent des jours de congé.*

C.
1. Here is the summary of the dialogue. Rewrite it using *aller* or *avoir* in the present tense.

   Nadine et Michel (aller) bien. Nadine (aller) au musée parce qu'elle (avoir) un jour de congé. A son travail, ils (avoir) souvent des jours de congé. Mais Christophe (ne pas aller) au musée; il (aller) à la maison parce qu'il (avoir) beaucoup de travail.

2. Ask questions using *aller* and *avoir* following the cues, as in the example.

J'ai un jour de congé. (vous)	*Avez-vous un jour de congé?*

   1. *Tu vas au cinéma. (il)*
   2. *Le professeur va en cours. (nous)*
   3. *M. Martin, avez-vous soif? (tu)*
   4. *Maman a chaud. (elle)*

3. Answer the questions in the negative, as in the example.

Est-ce qu'elle va au restaurant?	*Non, elle ne va pas au restaurant.*

   1. *Est-ce que tu as sommeil?*
   2. *Est-ce que vous allez à l'université? (je)*

3. *Est-ce que nous allons au cinéma?*
4. *Est-ce qu'il a faim?*
5. *Est-ce qu'ils vont au musée?*

4. Translate these sentences into French.
1. I am not thirsty.
2. He is thirty years old.
3. There are restaurants in this street.
4. How is she?
5. We are going to New York.

D. Answer Key

1. *Nadine et Michel vont bien. Nadine va au musée parce qu'elle a un jour de congé. A son travail, ils ont souvent des jours de congé. Mais Christophe ne va pas au musée; il va à la maison parce qu'il a beaucoup de travail.*

2. 1. *Va-t-il au cinéma?*
2. *Allons-nous en cours?*
3. *As-tu soif?*
4. *A-t-elle chaud?*

3. 1. *Non, je n'ai pas sommeil.*
2. *Non, je ne vais pas à l'université.*
3. *Non, nous n'allons pas au cinéma.*
4. *Non, il n'a pas faim.*
5. *Non, ils ne vont pas au musée.*

4. 1. *Je n'ai pas soif.*
2. *Il a trente ans.*
3. *Il y a des restaurants dans cette rue.*
4. *Comment va-t-elle?*
5. *Nous allons à New York.*

Translation of the dialogue:

Michel:	How are you, Nadine?
Nadine:	I am fine, thanks. What about you?
Michel:	Very well, thanks. Where are you going?
Nadine:	I am going to the museum.
Michel:	And you, Christophe, where are you going?
Christophe:	I am going home because I have a lot of work to do.
Michel:	And you, Nadine, do you have a day off?
Nadine:	Yes, we often have days off.

The Present Indicative of *faire*

A.

Faire, "to do" or "to make," is another irregular verb. Observe.

I make	*je fais*
I make stupid mistakes.	*Je fais des fautes stupides.*
you do	*tu fais*
You are doing your work well.	*Tu fais bien ton travail.*
he does	*il fait*
What is he doing?	*Qu'est-ce qu'il fait?*
we make	*nous faisons*
We are making dinner.	*Nous faisons le dîner.*
you make	*vous faites*
You are making a roast for dinner.	*Vous faites un rôti pour le dîner.*
they make	*ils font*
They make a reservation.	*Ils font une réservation.*

Faire is used in a variety of idiomatic expressions such as *faire attention,* "to pay attention," *faire un voyage,* "to take a trip," *faire la cuisine,* "to cook," *faire une promenade,* "to take a walk." Look at these examples.

We are paying attention to the explanations.	*Nous faisons attention aux explications.*
She cooks well.	*Elle fait bien la cuisine.*
You are taking a trip to Caracas.	*Tu fais un voyage à Caracas.*
They are taking a walk in the park.	*Ils font une promenade dans le parc.*

Faire is also used in the impersonal form to describe the weather and the climate.

What is the weather like?	*Quel temps fait-il?*
It's nice today.	*Il fait beau aujourd'hui.*
The weather is bad.	*Il fait mauvais.*
It is cold.	*Il fait froid.*
It is sunny.	*Il fait soleil.*
It is hot.	*Il fait chaud.*

B.

Read the following dialogue.

Mlle Durant:	*Que fais-tu, Christophe?*
Christophe:	*Je fais du chinois.*

Mlle Durant:	*Fais-tu des progrès?*
Christophe:	*Oui, parce que je fais toujours mes exercices.*
Mlle Durant:	*Que faisons-nous demain?*
Christophe:	*Nous faisons une promenade dans le parc.*
Mlle Durant:	*Pourquoi pas aujourd'hui?*
Christophe:	*Aujourd'hui, il fait froid et il fait mauvais.*

C.

1. Answer in French these questions about the dialogue.
   1. What is Christophe studying?
   2. Why is he making progress?
   3. What are Miss Durant and Christophe doing tomorrow?
   4. Is the weather nice today?

2. Answer each question with the cues given, as in the example.

   Qu'est-ce qu'il fait? (du français)   *Il fait du français.*

   1. *Faites-vous un voyage à Paris? (oui, nous)*
   2. *Est ce qu'il fait beau aujourd'hui? (oui)*
   3. *Qu'est ce que tu fais? (la cuisine)*
   4. *Que faites-vous? (nous, un voyage)*
   5. *Que font-ils? (du japonais)*

3. Write the questions corresponding to the answers using the inversion, as in the example.

   Non, il ne fait pas chaud.   *Fait-il chaud?*

   1. *Non, je ne fais pas la cuisine. (tu)*
   2. *Il fait mauvais aujourd'hui.*
   3. *Oui, ils font attention à leur travail.*
   4. *Nous faisons une promenade dans le parc demain.*

D. Answer Key

1. 1. *Il fait du chinois.*
   2. *Il fait des progrès parce qu'il fait toujours ses exercices.*
   3. *Ils font une promenade dans le parc.*
   4. *Non, aujourd'hui il fait froid et mauvais.*

2. 1. *Oui nous faisons un voyage à Paris.*
   2. *Oui, il fait beau aujourd'hui.*
   3. *Je fais la cuisine.*
   4. *Nous faisons un voyage.*
   5. *Ils font du japonais.*

3. 1. *Fais-tu la cuisine?*
   2. *Quel temps fait-il aujourd'hui?*
   3. *Font-ils attention à leur travail?*
   4. *Que faites-vous demain?*

Translation of the dialogue:

Mlle Durant:	*What are you doing, Christophe?*
Christophe:	*I am studying Chinese.*
Mlle Durant:	*Are you making progress?*
Christophe:	*Yes, because I always do my exercises.*
Mlle Durant:	*What are we doing tomorrow?*
Christophe:	*We are taking a walk in the park.*
Mlle Durant:	*Why not today?*
Christophe:	*Today it's cold, and the weather is bad.*

The Present Indicative of Regular *-er* Verbs

A.

Regular verbs ending in *-er* follow a simple pattern in the present indicative. To the stem of the verb, which is obtained by dropping *-er* from the infinitive, add the appropriate present indicative endings. The endings are *-e* , *-es*, and *-e* for the singular forms, and *-ons*, *-ez*, and *-ent* for the plural forms. The singular forms as well as the third person plural form, *ils*, are pronounced the same. Here are two standard *-er* verbs: *aimer*, "to like/to love," and *détester*, "to detest/to hate." First observe the conjugation of *aimer*. Note that *aimer bien* means "to like."

I like	*j'aime*
I like bananas.	*J'aime les bananes.*
you love	*tu aimes*
You love Paris.	*Tu aimes Paris.*
he likes	*il aime*
He likes his teacher.	*Il aime bien son professeur.*
we like	*nous aimons*
We like the movies.	*Nous aimons le cinéma.*
you like	*vous aimez*
Which fruit do you like?	*Quels fruits aimez-vous?*
they love	*elles aiment*
They love walks in the park.	*Elles aiment les promenades dans le parc.*

Now let's conjugate *détester*:

I hate	*je déteste*
I hate meat.	*Je déteste la viande.*
you hate	*tu détestes*
You hate the subway at five o'clock.	*Tu détestes le métro à cinq heures.*

| he hates | *il déteste* |
| He hates difficult exams. | *Il déteste les examens difficiles.* |

| we hate | *nous détestons* |
| We hate being late. | *Nous détestons être en retard.* |

| you hate | *vous détestez* |
| You hate traffic. | *Vous détestez la circulation.* |

| they hate | *elles détestent* |
| They hate crowded restaurants. | *Elles détestent les restaurants bondés.* |

Téléphoner, "to call," *parler*, "to speak," *écouter*, "to listen," and *regarder*, "to look at," are also common regular -er verbs. Look at these examples.

I am calling Marseilles.	*Je téléphone à Marseille.*
You speak French.	*Tu parles français.*
She is listening to the conversation.	*Elle écoute la conversation.*
Jean and Marie are watching television.	*Jean et Marie regardent la télévision.*

Some -er verbs, like *commencer*, "to begin," *manger*, "to eat," and *nager*, "to swim," end in -ger and -cer. Their spelling changes a little in order to retain soft -g and -c sounds. For the verbs in -cer, you must add a cedilla to the c before the ending -ons. Verbs in -ger add an -e before the ending -ons. Observe.

| I begin | *je commence* |
| I am beginning the exam. | *Je commence l'examen.* |

| you begin | *tu commences* |
| You are beginning to study French. | *Tu commences à étudier le français.* |

| she begins | *elle commence* |
| She is starting a modern sculpture. | *Elle commence une sculpture moderne.* |

| we begin | *nous commençons* |
| We are beginning class. | *Nous commençons le cours.* |

| you begin | *vous commencez* |
| You are beginning the tour. | *Vous commencez la visite.* |

| they begin | *ils commencent* |
| They are beginning their work day. | *Ils commencent leur journée de travail.* |

Now let's turn to *manger* and *nager*. Read the following examples.

| I eat bananas and apples. | *Je mange des bananes et des pommes.* |

They eat at the vegetarian restaurant.	*Elles mangent au restaurant végétarien.*
We are eating a steak at the restaurant.	*Nous mangeons un steak au restaurant.*
He swims in the river.	*Il nage dans la rivière.*
You swim very well.	*Vous nagez très bien.*
We do not swim in the lake.	*Nous ne nageons pas dans le lac.*

B.

Read this conversation, which might take place at a restaurant.

Pierre:	*Est-ce que nous mangeons dans ce restaurant?*
André:	*Oui, d'accord, j'aime bien les restaurants italiens.*
Pierre:	*Qu'est-ce que vous désirez pour commencer? Est-ce que nous commençons par des hors-d'œuvre ou par des pâtes?*
André:	*J'aime bien les pâtes.*
Pierre:	*Et pour le dessert, vous aimez les fruits?*
André:	*J'aime les bananes mais je déteste les oranges.*

C.

1. **Answer in French these questions about the dialogue.**
    1. Where are Pierre and André eating?
    2. What are they starting with?
    3. What does André like? (3 things)
    4. What does he hate?

2. **Answer the following questions using the cues, as in the example.**

Est-ce-que vous mangez des bananes? (non, je)	*Non, je ne mange pas de bananes.**

    1. *Est-ce que Nadine aime la viande? (oui, elle)*
    2. *Est-ce que je nage bien? (non, tu)*
    3. *Est-ce que nous commençons l'examen? (oui, vous)*
    4. *Est-ce que vous détestez le français? (non, je)*

3. **Put the verb in parentheses in the appropriate form of the present indicative.**
    1. *Nous (ne pas manger) de dessert.*
    2. *Ils (nager) dans la rivière.*
    3. *Vous (ne pas aimer) les examens.*
    4. *Elles (téléphoner) à leurs amis.*
    5. *Tu (regarder) la télévision.*
    6. *Je (ne pas écouter) la radio.*

* Remember that the partitive articles *de la*, *du*, and *des* become a simple *de* in negative sentences.

D. Answer Key

1. 1. *Ils mangent dans un restaurant italien.*
   2. *Ils commencent par des pâtes.*
   3. *André aime bien les restaurants italiens, les pâtes et les bananes.*
   4. *Il déteste les oranges.*

2. 1. *Oui, elle aime la viande.*
   2. *Non, tu ne nages pas bien.*
   3. *Oui, vous commencez l'examen.*
   4. *Non, je ne déteste pas le français.*

3. 1. *Nous ne mangeons pas de dessert.*
   2. *Ils nagent dans la rivière.*
   3. *Vous n'aimez pas les examens.*
   4. *Elles téléphonent à leurs amis.*
   5. *Tu regardes la télévision.*
   6. *Je n'écoute pas la radio.*

Translation of the dialogue:

Pierre:	*Shall we eat (literally, are we eating) in this restaurant?*
André:	*Yes, fine; I like Italian restaurants.*
Pierre:	*What do you want to start with? Do we begin with an appetizer or with pasta?*
André:	*I like pasta.*
Pierre:	*And for dessert, do you like fruit?*
André:	*I like bananas, but I hate oranges.*

The Present Indicative of -er Verbs with Special Spellings

A.

Many *-er* verbs show slight spelling deviations from regular verbs. *Appeler,* "to call," for example, doubles the *l* in all singular forms and in the 3rd person plural form. Observe its conjugation.

I call	*j'appelle*
I am calling a cab.	*J'appelle un taxi.*
you call	*tu appelles*
You are calling your friends.	*Tu appelles tes amis.*
she calls	*elle appelle*
She is calling Marseilles.	*Elle appelle Marseille.*
we call	*nous appelons*
We call the hotel.	*Nous appelons l'hôtel.*

you call	*vous appelez*
You are calling the movie theater.	*Vous appelez le cinéma.*
they call	*ils appellent*
They are calling information.	*Ils appellent les renseignements.*

The verb *jeter*, "to throw," follows the same pattern as *appeler*, with the *t* being doubled in the same forms. Let's look at a few examples.

I throw the paper into the garbage can.	*Je jette le papier à la poubelle.*
You throw a stone at him.	*Tu lui jettes une pierre.*
We throw away our old clothes.	*Nous jetons nos vieux vêtements.*
They throw the ball at each other.	*Ils se jettent la balle.*

The verbs *lever*, "to lift, to raise," *peser*, "to weigh," and a*cheter*, "to buy," take an *accent grave (è)* denoting an open *e*, in all singular forms and the 3rd person plural form. Look at these examples.

I weigh 70 kilos.	*Je pèse 70 kilos.*
She raises her hand constantly.	*Elle lève constamment la main.*
They buy Christmas presents.	*Ils achètent des cadeaux de Noël.*

Régler, "to regulate, to pay," and *célébrer*, "to celebrate," change the *accent aigu (é)*, denoting a closed e, to an *accent grave (è)*, denoting an open *e*. Observe.

| You are paying the bill. | *Tu règles l'addition.* |
| They are celebrating the end of exams. | *Elles célèbrent la fin des examens.* |

If you add a reflexive pronoun, the verb *appeler*, "to call," becomes *s'appeler* and means "to be called," as in:

| What is your name? | *Comment vous appelez-vous?* |

Observe these other example sentences.

My name is Thomas.	*Je m'appelle Thomas.*
Your name is Pierre.	*Tu t'appelles Pierre.*
His name is Jacques in French.	*Il s'appelle Jacques en français.*
We call ourselves the French Club.	*Nous nous appelons le Club français.*

| Your name is Nadine. | *Vous vous appelez Nadine.* |
| Their names are Marie and Lucie. | *Elle s'appellent Marie et Lucie.* |

French reflexive verbs often have reflexive equivalents in English, such as *se laver*, "to wash oneself." Other French reflexive verbs, however, are not reflexive in English, for example *se lever*, "to get up." Observe.

to get up	*se lever*
I get up at seven in the morning.	*Je me lève à sept heures du matin.*
to wash oneself	*se laver*
He gets washed in a hurry.	*Il se lave en vitesse.*
to get dressed	*s'habiller*
We dress nicely for the concert.	*Nous nous habillons bien pour le concert.*
to hurry	*se dépêcher*
They are hurrying because they are late.	*Elles se dépêchent parce qu'elles sont en retard.*
to introduce oneself	*se présenter*
Let me introduce myself.	*Je me présente.*
to dispose of/ to get rid of	*se débarrasser de*
You are getting rid of all the paperwork.	*Vous vous débarrassez de toute la paperasserie.*

B.
Read the following dialogue.

Thomas:	*Je me présente, Thomas Martin. Comment vous appelez-vous?*
Christophe:	*Je m'appelle Christophe Boucher.*
Thomas:	*A quelle heure commencez-vous votre travail?*
Christophe:	*A sept heures et demie.*
Thomas:	*C'est tôt! A quelle heure vous levez-vous?*
Christophe:	*Le matin, je me lève à sept heures. Je me lave et je m'habille rapidement.*
Thomas:	*Comment vous débrouillez-vous pour ne pas manquer le bus?*
Christophe:	*Je me dépêche.*

C.
1. Answer these questions about the dialogue.
1. *Comment s'appellent les deux hommes?*
2. *Que fait Christophe à sept heures?*
3. *Que fait-il rapidement le matin?*
4. *Que fait-il à sept heures et demie?*
5. *Comment se débrouille-t-il pour ne pas manquer le bus?*

2. Answer the questions in the affirmative, as in the example. Use the cues when indicated.

Est-ce que tu règles l'addition?   *Oui, je règle l'addition.*

1. *Vous célébrez son anniversaire? (nous)*
2. *Vous achetez une maison? (je)*
3. *Est-ce que tu te lèves très vite le matin?*
4. *Est-ce que vous vous dépêchez? (nous)*
5. *Est-ce qu'ils s'appellent Jacques et Marie?*

3. Put the verb in parentheses in the appropriate form of the present indicative.

1. *Tu (peser) 55 kilos.*
2. *Vous (appeler) vos parents tous les jours.*
3. *Elles (se laver) en vitesse le matin.*
4. *Tu (ne pas acheter) une nouvelle maison.*
5. *Nous (se lever) très tôt.*
6. *Il (jeter) l'argent par les fenêtres.*

D. Answer Key

1. 1. *Ils s'appellent Thomas Martin et Christophe Boucher.*
   2. *Il se lève.*
   3. *Il se lave et il s'habille rapidement.*
   4. *Il commence son travail.*
   5. *Il se dépêche.*

2. 1. *Oui, nous célébrons son anniversaire.*
   2. *Oui, j'achète une maison.*
   3. *Oui, je me lève très vite le matin.*
   4. *Oui, nous nous dépêchons.*
   5. *Oui, ils s'appellent Jacques et Marie.*

3. 1. *Tu pèses 55 kilos.*
   2. *Vous appelez vos parents tous les jours.*
   3. *Elles se lavent en vitesse le matin.*
   4. *Tu n'achètes pas de nouvelle maison.*
   5. *Nous nous levons très tôt.*
   6. *Il jette l'argent par les fenêtres.*

Translation of the dialogue:

Thomas:	*Let me introduce myself: Thomas Martin. What is your name?*
Christophe:	*My name is Christophe Boucher.*
Thomas:	*At what time do you begin work?*
Christophe:	*At seven thirty.*
Thomas:	*That's early! At what time do you get up?*
Christophe:	*In the morning, I get up at seven. I wash up and get dressed quickly.*

| Thomas: | How do you manage not to miss the bus? |
| Christophe: | I hurry. |

The Present Indicative of Verbs Ending in *-ier* and *-yer*

A.

In this lesson we will conjugate *-er* verbs whose ending is preceded by a vowel sound. Compare *écouter,* "to listen," with *étudier,* "to study." We say *j'écoute* but *j'étudie, nous écoutons* but *nous étudions.* Observe the conjugation of *étudier.*

I study	*j'étudie*
I study French.	*J'étudie le français.*
you study	*tu étudies*
You study in Paris.	*Tu étudies à Paris.*
he studies	*il étudie*
He studies at the university.	*Il étudie à l'université.*
we study	*nous étudions*
We study attentively.	*Nous étudions attentivement.*
you study	*vous étudiez*
You study all the time.	*Vous étudiez toujours.*
they study	*elles étudient*
They study by correspondence.	*Elles étudient par correspondance.*

Another common verb that follows this conjugation pattern is *apprécier,* "to appreciate." Look at these two examples.

| He appreciates your remarks. | *Il apprécie vos remarques.* |
| We appreciate French cooking. | *Nous apprécions la cuisine française.* |

Some *-er* verbs end in *-yer.* Let's begin with the verb *payer,** "to pay." Observe its conjugation.

I pay	*je paie*
I pay the hotel owner.	*Je paie l'hôtelier.*
you pay	*tu paies*
You pay your tuition.	*Tu paies tes frais d'inscription.*
she pays	*elle paie*
She pays her debts.	*Elle paie ses dettes.*

* The verb *payer* may be conjugated with a *-y* or an *-i* in certain tenses. See the verb charts for the complete conjugation.

we pay	*nous payons*
We pay a high rent.	*Nous payons un loyer élevé.*
you pay	*vous payez*
You pay your ticket.	*Vous payez votre billet.*
they pay	*ils paient*
They pay the interest.	*Ils paient les intérêts.*

Note that the more idiomatic phrase for paying the bill at a restaurant or hotel uses *régler*.

I pay the bill.	*Je règle l'addition.*
She pays the gas bill	*Elle règle la facture de gaz.*
We settle the account.	*Nous réglons la note.*

A second type of verb, such as *envoyer*, "to send," and *nettoyer*, "to clean," end in *-yer*, and loses the *y* sound in all singular and third person plural forms: *je nettoie la voiture*, "I clean the car," *nous nettoyons la maison*, "we clean the house." Now let's look at a few examples with *envoyer*.

I send a postcard	*J'envoie une carte postale.*
You send a letter.	*Tu envoies une lettre.*
She sends packages.	*Elle envoie des colis.*
We send a registered letter.	*Nous envoyons une lettre recommandée.*
You send an e-mail.	*Vous envoyez un mail.*
They send a check to an association.	*Elles envoient un chèque à une association.*

B.

Now read this first dialogue carefully.

Eric:	*Bonjour, je m'appelle Eric. J'étudie le français à Paris cet été. Et toi?*
Christine:	*Enchantée, Eric. Je m'appelle Christine. Je suis étudiante en informatique.*
Eric:	*Est-ce que tu étudies à Paris depuis longtemps?*
Christine:	*Non, depuis un an seulement.*
Eric:	*Toi et ta colocataire, est-ce que vous payez cher de loyer?*
Christine:	*Oui, la vie est chère ici. Nous payons tout à prix d'or.*

Read this second dialogue.

Louis:	*Bonjour, Madame. J'ai un colis à envoyer.*
L'employée de la poste:	*Vous l'envoyez en prioritaire ou en économique?*
Louis:	*Je l'envoie en économique.*

L'employée
  de la poste: *Bon, c'est tout?*
Louis: *Un instant, mes amis touristes envoient des cartes postales.*

C.

1. These statements about the first dialogue are wrong. Correct them.

1. *L'étudiant en français s'appelle Christophe.*
2. *Christine étudie le chinois.*
3. *Christine ne paie pas cher de loyer.*
4. *Eric et Christine étudient à Paris depuis très longtemps.*

2. Now answer in French these questions about the second dialogue.

1. What does Louis have to send?
2. How is he sending it?
3. What are his tourist friends sending?

3. Answer the questions using the cues, as in the example.

Est-ce que vous étudiez à Paris? (oui, je)   *Oui, j'étudie à Paris.*

1. *Etudient-ils le français? (non, l'informatique)*
2. *Est-ce que vous envoyez des cartes postales?(oui, je)*
3. *Est-ce que nous nettoyons la maison? (oui, nous)*
4. *Est-ce que tu apprécies la cuisine chinoise? (non)*
5. *Envoyez-vous ce colis à Paris? (non, je)*

4. Put the verb in parentheses in the appropriate form of the present indicative.

1. *Nous (ne pas payer) l'addition.*
2. *Est-ce qu'ils vous (envoyer) des mails régulièrement?*
3. *Ton colocataire (ne pas apprécier) tes amis.*
4. *Est-ce que vous (nettoyer) souvent votre chambre?*
5. *Tu (régler) la facture d'électricité.*

D. Answer Key

1. 1. *Non, l'étudiant en français s'appelle Eric.*
  2. *Non, Christine étudie l'informatique.*
  3. *Non, Christine paie cher de loyer.*
  4. *Eric étudie à Paris seulement cet été et Christine étudie à Paris depuis un an.*

2. 1. *Il a un colis à envoyer.*
  2. *Il l'envoie en économique.*
  3. *Ils envoient des cartes postales.*

3. 1. *Non, ils étudient l'informatique.*
  2. *Oui, j'envoie des cartes postales.*

Verbs in Action

3. *Oui, nous nettoyons la maison.*
4. *Non, je n'apprécie pas la cuisine chinoise.*
5. *Non, je n'envoie pas ce colis à Paris.*

4. 1. *Nous ne payons pas l'addition.*
2. *Est-ce qu'ils vous envoient des mails régulièrement?*
3. *Ton colocataire n'apprécie pas tes amis.*
4. *Est-ce que vous nettoyez souvent votre chambre?*
5. *Tu règles la facture d'électricité.*

Translation of this first dialogue:

Eric:	Hello, my name is Eric. I study French in Paris this summer. And you?
Christine:	Pleased to meet you, Eric. My name is Christine. I study computer science.
Eric:	Have you been studying in Paris for long?
Christine:	No, for only a year.
Eric:	You and your roommate, do you pay a lot of rent?
Christine:	Yes, life is expensive here. We pay a lot for everything.

Translation of the second dialogue:

Louis:	Hello, ma'am. I have a package to send.
Post office employee:	Are you sending it by priority mail or by regular mail?
Louis:	I am sending it by regular mail.
Post office employee:	Fine. Is that all?
Louis:	Just a minute. My tourist friends are sending postcards.

The Present Indicative of Regular -*ir* Verbs

A.

A number of -*ir* verbs are regular and have easily recognizable endings in the present: -*is*, -*is*, and -*it* in the singular forms, and -*issons*, -*issez*, and -*issent* in the plural. A common verb to practice is *choisir*, "to choose." Let's look at its conjugation.

I choose	*je choisis*
I choose the apple pie.	*Je choisis la tarte aux pommes.*
you choose	*tu choisis*
You choose a dessert.	*Tu choisis un dessert.*
she chooses	*elle choisit*
She chooses his classes.	*Elle choisit ses cours.*

we choose	nous choisissons
We choose a good school.	Nous choisissons une bonne école.
you choose	vous choisissez
You choose your hotel.	Vous choisissez votre hôtel.
they choose	ils choisissent
They choose the main dish.	Ils choisissent le plat principal.

Other common verbs that follow this pattern are *finir*, "to finish," and *réussir*, "to succeed." Observe.

I finish the exam on time.	Je finis l'examen à temps.
We finish our exams next week.	Nous finissons nos examens la semaine prochaine.
You succeed at everything in life.	Tu réussis tout dans la vie.
He makes that dish admirably well.	Il réussit ce plat admirablement.

The following *-ir* verbs are regular as well: *grossir*, "to gain weight," *maigrir*, "to lose weight," *pâlir*, "to become pale," *rougir*, "to blush," and *jaunir*, "to turn yellow." Look at these examples.

We put on weight when we eat too much.	Nous grossissons quand nous mangeons trop.
You lose weight when you are sick.	Vous maigrissez quand vous êtes malade.
He is turning pale because he is afraid.	Il pâlit parce qu'il a peur.
They blush because they are shy.	Ils rougissent parce qu'ils sont timides.
I turn red in the sun.	Je rougis au soleil.
In the fall, the leaves turn yellow.	En automne, les feuilles jaunissent.

B.

Read the following dialogue.

Anne:	A quelle heure finissez-vous votre travail, Pierre?
Pierre:	Je finis à huit heures aujourd'hui.
Anne:	C'est très tard. Est-ce que les autres employés finissent aussi tard?
Pierre:	Non, d'habitude nous finissons tous à six heures.
Anne:	Pierre, vous réussissez tout dans la vie.
Pierre:	C'est facile. Je pense que nous réussissons souvent aux choses que nous aimons.
Anne:	Et votre frère, Jacques, choisit-il une profession?
Pierre:	Il n'est pas sûr: il pâlit quand il pense à l'avenir.

C.

1. Complete this summary of the dialogue with the appropriate form of *finir, choisir, réussir,* and *pâlir* in the present indicative.

   Aujourd'hui, Pierre ___ son travail à huit heures mais d'habitude, tous les employés ___ à six heures. Anne pense que Pierre ___ tout dans la vie et Pierre pense que c'est facile et que les gens ___ souvent aux choses qu'ils aiment. Jacques, le frère de Pierre, ne ___ pas de profession car il n'est pas sûr. Il ___ quand il pense à l'avenir.

2. Answer the questions using the cues, as in the example.

   Est-ce que les feuilles jaunissent   Oui, elles jaunissent en
   en automne? (oui, elles)   automne.

   1. *Grossissez-vous quand vous mangez beaucoup? (oui, je)*
   2. *Est-ce que vous finissez le travail à dix heures? (non, je)*
   3. *Est-ce que vous rougissez parce que vous êtes timides? (oui, nous)*
   4. *Est-ce que nous finissons les examens la semaine prochaine?*
      (oui, vous)

3. Put the verbs in parentheses in the appropriate form of the present indicative.
   1. *Il (réussir) tout ce qu'il (faire).*
   2. *Nous (ne pas maigrir) en été.*
   3. *Les pages de ce vieux livre (jaunir).*
   4. *Je (choisir) un restaurant chinois.*
   5. *Est-ce que tu (finir) tard aujourd'hui?*

D. Answer Key

1. *Aujourd'hui, Pierre finit son travail à huit heures mais d'habitude, tous les employés finissent à six heures. Anne pense que Pierre réussit tout dans la vie et Pierre pense que c'est facile et que les gens réussissent souvent aux choses qu'ils aiment. Jacques, le frère de Pierre, ne choisit pas de profession car il n'est pas sûr. Il pâlit quand il pense à l'avenir.*

2. 1. *Oui, je grossis quand je mange beaucoup.*
   2. *Non, je ne finis pas le travail à dix heures.*
   3. *Oui, nous rougissons parce que nous sommes timides.*
   4. *Oui, vous finissez les examens la semaine prochaine.*

3. 1. *Il réussit tout ce qu'il fait.*
   2. *Nous ne maigrissons pas en été.*
   3. *Les pages de ce vieux livre jaunissent.*
   4. *Je choisis un restaurant chinois.*
   5. *Est-ce que tu finis tard aujourd'hui?*

Translation of the dialogue:

Anne: At what time do you finish work, Pierre?
Pierre: I finish at eight today.
Anne: That's very late. Do the other employees finish that late?
Pierre: No, usually we all finish at six.
Anne: Pierre, you succeed at everything in life.
Pierre: It's easy. I think we often succeed at things that we like.
Anne: And your brother, Jacques, is he choosing a profession?
Pierre: He is not sure: He turns pale when he thinks of the future.

The Present Indicative of Some Irregular -*ir* Verbs

A.

Many -*ir* verbs follow separate conjugation patterns. The singular forms of most of these verbs are very different from the infinitive. A common verb of this type is *servir*, "to serve". Observe its conjugation.

I serve	*je sers*
I serve dinner.	*Je sers le dîner.*
you serve	*tu sers*
You serve coffee.	*Tu sers le café.*
she serves	*elle sert*
She serves her guests.	*Elle sert ses invités.*
we serve	*nous servons*
We serve your interests.	*Nous servons vos intérêts.*
you serve	*vous servez*
You serve the government.	*Vous servez le gouvernement.*
they serve	*ils servent*
They serve wine and beer.	*Ils servent du vin et de la bière.*

Other verbs in this group are *sentir*, "to feel" or "to smell," *sortir*, "to go out," *partir*, "to leave," *dormir*, "to sleep," and *courir*, "to run." Let's look at some example sentences.

Your roast smells good.	*Votre rôti sent bon.*
Do you smell the aroma of the coffee?	*Sens-tu l'odeur du café?*
Nadine is going out tonight.	*Nadine sort ce soir.*
They are leaving at six.	*Ils partent à six heures.*
We sleep in the plane.	*Nous dormons dans l'avion.*
Sometimes he sleeps in class.	*Il dort quelquefois en classe.*

I am running to the bank right away.	*Je cours à la banque tout de suite.*
You always run because you are in a hurry.	*Vous courez toujours parce que vous êtes pressés.*

The verb *servir* followed by *à* means "to be used for something."

This appliance is used to chop vegetables.	*Cet appareil sert à hacher les légumes.*

Both *servir* and *sentir* can be made into reflexive verbs; *se servir de* means "to use" or "to help oneself" and *se sentir*, "to feel." Observe the following examples.

We use a computer at work.	*Nous nous servons d'un ordinateur au travail.*
You help yourself to some meat.	*Vous vous servez de viande.*
I do not feel well today.	*Je ne me sens pas bien aujourd'hui.*
He feels ready to pass his exam.	*Il se sent prêt à réussir son examen.*

B.
Read the following dialogue.

Richard:	*Comment va Pierre, Maria?*
Maria:	*Je ne suis pas sûre. Je sens que cela va mal.*
Richard:	*Pourquoi?*
Maria:	*Il dort au travail; il ne sort plus. Il ne se sent pas bien.*
Richard:	*Il est fatigué. Il a besoin de repos.*
Maria:	*Oui, il part en vacances avec son ami Christophe, le mois prochain.*
Richard:	*C'est bien. Et vous? Quand partez-vous?*
Maria:	*Nous ne partons pas cette année car bientôt, mon ami Alain court le marathon de Paris.*

C.
1. Answer these questions about the dialogue in French.
1. Why does Maria think Pierre is not doing well?
2. When are Pierre and Christophe going on vacation?
3. What about Maria? Is she going away this year?
4. What is Alain doing soon?

2. Answer with the cues given, as in the example.

Est-ce que vous dormez bien la nuit? (oui, nous)	*Oui, nous dormons bien la nuit.*

1. *Partez-vous en vacances maintenant? (oui, je)*
2. *Est-ce que les étudiants se sentent mal?(oui, ils)*
3. *Qu'est-ce que vous faites? (nous, servir le café)*
4. *Est-ce que tu dors en classe? (non, je)*
5. *Est-ce que le rôti de Pierre sent bon? (non, il)*

3. Put the verb in parentheses in the appropriate form of the present indicative.

1. *Est-ce que tu (se servir) d'un ordinateur au travail?*
2. *Elles (partir) au Canada tous les étés.*
3. *Je (courir) dans le parc le matin.*
4. *Est-ce que vous (sortir) beaucoup?*
5. *Il (ne pas dormir) bien en ce moment.*

D. Answer Key

1. 1. *Parce qu'il dort au travail, qu'il ne sort plus et qu'il ne se sent pas bien.*
2. *Ils partent en vacances le mois prochain.*
3. *Non, elle ne part pas cette année.*
4. *Il court le marathon de Paris.*

2. 1. *Oui, je pars en vacances maintenant.*
2. *Oui, ils se sentent mal*
3. *Nous servons le café.*
4. *Non, je ne dors pas en classe.*
5. *Non, il ne sent pas bon.*

3. 1. *Est-ce que tu te sers d'un ordinateur au travail?*
2. *Elles partent au Canada tous les étés.*
3. *Je cours dans le parc le matin.*
4. *Est-ce que vous sortez beaucoup?*
5. *Il ne dort pas bien en ce moment.*

Translation of the dialogue:

Richard:	How is Pierre, Maria?
Maria:	I am not sure. I feel that things are not well with him.
Richard:	Why?
Maria:	He sleeps at work; he doesn't go out anymore. He doesn't feel well.
Richard:	He is tired. He needs some rest.
Maria:	Yes, he does. He is going on vacation with his friend Christophe next month.
Richard:	Good. What about you? When are you leaving?
Maria:	We are not going on vacation this year because my boyfriend Alain is running the Paris marathon soon.

The Present Indicative of Other Irregular -*ir* Verbs

A.

Other -*ir* verbs are irregular, in that they take -*er* verb endings. Let's begin with *ouvrir*, "to open." Observe its conjugation.

I open	*j'ouvre*
I open the door.	*J'ouvre la porte.*
you open	*tu ouvres*
You open the window.	*Tu ouvres la fenêtre.*
she opens	*elle ouvre*
She opens the discussions.	*Elle ouvre les débats.*
we open	*nous ouvrons*
We open the colloquium.	*Nous ouvrons le colloque.*
you open	*vous ouvrez*
You open the box.	*Vous ouvrez la boîte.*
they open	*ils ouvrent*
They open the borders.	*Ils ouvrent les frontières.*

Couvrir or *recouvrir*, "to cover," and *offrir*, "to offer," follow the same pattern. *Venir*, "to come," and *tenir*, "to hold," however, are completely irregular. Observe the conjugation of *venir*.

I come	*je viens*
I am coming with you.	*Je viens avec vous.*
you come	*tu viens*
Are you coming to the beach with us?	*Viens-tu à la plage avec nous?*
he comes	*il vient*
He comes with his friends.	*Il vient avec ses amis.*
we come	*nous venons*
We come to work.	*Nous venons travailler.*
you come	*vous venez*
You come to the wedding.	*Vous venez au mariage.*
they come	*elles viennent*
They come early.	*Elles viennent de bonne heure.*

The verb *tenir* is conjugated similarly. Read these few examples.

What are you holding in your hand?	*Qu'est-ce que tu tiens à la main?*
We are holding the dog on a leash.	*Nous tenons le chien en laisse.*

They are holding each other by the hand.	*Ils se tiennent par la main.*

Tenir followed by *à* has a special meaning: "to care about."

I care about this vase.	*Je tiens à ce vase.*
We care about your friendship.	*Nous tenons à votre amitié.*

B.

Read this first dialogue carefully.

Karine: *Pourquoi ouvrez-vous la fenêtre?*

Paul: *Parce qu'il fait chaud.*

Karine: *Mais non, il fait froid. C'est l'hiver. La neige recouvre les arbres du parc.*

Paul: *Vous avez froid? Est-ce que vous venez avec moi à la cafétéria? Je vous offre un café.*

Now read this second dialogue.

Arnaud: *Bonjour, Catherine, tu viens travailler de bonne heure ce matin. Qu'est-ce que tu tiens à la main?*

Catherine: *Je tiens des documents importants pour mon travail. Mes employeurs m'offrent une promotion et ils tiennent à un travail de haute qualité.*

C.

1. **Complete this summary of the first dialogue with the appropriate verb in the present indicative.**

   Paul ___ la fenêtre parce qu'il ___ chaud. Karine pense qu'il ___ froid et que c' ___ l'hiver car la neige ___ les arbres du parc. A la fin, Paul ___ un café à Karine à la cafétéria parce qu'elle ___ froid.

2. **Pick out all the conjugated verbs in the two dialogues and give their infinitive, as in the example.**

   ouvrez: ouvrir

3. **Answer the following questions using the cues.**
   1. *Qu'est-ce que tu tiens à la main? (un café chaud)*
   2. *Est-ce que vous offrez le vin? (oui, nous)*
   3. *Est-ce que l'hôtel offre un service impeccable? (non, un service ordinaire)*
   4. *Est-ce que vous ouvrez la fenêtre? (oui, je)*

4. **Conjugate the verb between parentheses in the present indicative.**
   1. *Nous (ouvrir) à sept heures du matin.*
   2. *Elles (venir) à mon anniversaire.*

3. *Tu me (offrir) un beau cadeau.*
4. *Est-ce qu'il (tenir) à sa réputation?*
5. *Vous (se couvrir) bien parce qu'il (faire) très froid.*

D. Answer Key

1. *Paul ouvre la fenêtre parce qu'il fait chaud. Karine pense qu'il fait froid et que c'est l'hiver car la neige recouvre les arbres du parc. A la fin, Paul offre un café à Karine à la cafétéria parce qu'elle a froid.*

2. *fait (twice): faire/ est: être/ recouvre: recouvrir/ avez: avoir/ venez: venir/ offre: offrir/ viens: venir/ tiens (twice): tenir/ offrent: offrir/ tiennent: tenir*

3. 1. *Je tiens un café chaud à la main.*
   2. *Oui, nous offrons le vin.*
   3. *Non, il offre un service ordinaire.*
   4. *Oui, j'ouvre la fenêtre.*

4. 1. *Nous ouvrons à sept heures du matin.*
   2. *Elles viennent à mon anniversaire.*
   3. *Tu m'offres un beau cadeau.*
   4. *Est-ce qu'il tient à sa réputation?*
   5. *Vous vous couvrez bien parce qu'il fait très froid.*

Translation of the first dialogue:

Karine:	Why are you opening the window?
Paul:	Because it's hot.
Karine:	Not at all, it's cold. It's winter. The snow covers the trees of the park.
Paul:	You're cold? Would you like to come with me to the cafeteria? I'll offer you some coffee.

Translation of the second dialogue:

Arnaud:	Hi, Catherine. You've come to work early this morning. What are you holding in your hand?
Catherine:	I am holding important documents for my job. My employers are offering me a promotion, and they insist on high quality work.

Verb Constructions with the Infinitive

A.

Many French verbs, such as *venir*, "to come," *aller*, "to go," *sortir*, "to go out," *partir*, "to leave," and verbs expressing preference like *aimer*, "to like," *détester*, "to hate," *préférer*, "to prefer," and *désirer*, "to want," can be directly followed by an infinitive. Observe the following example sentences.

I am going out to call.	*Je sors téléphoner.*
We are going to buy drinks.	*Nous allons acheter des boissons.*
You are leaving to get the suitcases.	*Vous partez chercher les valises.*
You like to swim in the lake.	*Tu aimes nager dans le lac.*
We hate traveling by train.	*Nous détestons voyager par le train.*
She would like to book a room with a view of the sea.	*Elle désire réserver une chambre qui donne sur la mer.*
The tourists prefer to dine on the terrace.	*Les touristes préfèrent dîner sur la terrasse.*

A very useful infinitive construction is the present progressive. It is formed with the verb *être* followed by the form *en train de* and the infinitive of the main verb. It indicates an action in progress. Let's look at some examples.

I am making a phone call.	*Je suis en train de téléphoner.*
You are speaking.	*Tu es en train de parler.*
He is making a mistake.	*Il est en train de faire une erreur.*
They are opening the window.	*Ils sont en train d'ouvrir la fenêtre.*
We are listening to the radio.	*Nous sommes en train d'écouter la radio.*

An infinitive construction is also used to express the immediate past, which is made up of the verb *venir* followed by *de* and the infinitive. It indicates an action that just occurred. Observe the following examples.

I just offered coffee to the director.	*Je viens d'offrir un café au directeur.*
You just passed your exams.	*Tu viens de réussir tes examens.*
She just chose an apartment.	*Elle vient de choisir un appartement.*
We just opened a bank account.	*Nous venons d'ouvrir un compte en banque.*
You just bought a car.	*Vous venez d'acheter une voiture.*
They just rented an apartment with a view of the sea.	*Ils viennent de louer un appartement qui donne sur la mer.*

Commencer à, "to begin," and *réussir à*, "to succeed," are also followed by an infinitive. Observe.

| They are beginning to speak French properly. | *Elles commencent à parler français correctement.* |

We always succeed in booking a comfortable room.	*Nous réussissons toujours à réserver une chambre confortable.*

B.

Read the following dialogue.

Dominique:	*Qu'est-ce que vous êtes en train de faire?*
Charles:	*Je suis en train de nettoyer ma voiture.*
Dominique:	*Pourquoi, vous sortez?*
Charles:	*Nous allons bientôt partir en vacances.*
Dominique:	*Quelle bonne idée!*
Charles:	*Oui, et vous?*
Dominique:	*Nous venons de passer un long séjour au Japon.*
Charles:	*C'est formidable. Et votre fille, que fait-elle?*
Dominique:	*Elle sort acheter un gâteau d'anniversaire.*

C.

1. **Answer these questions about the dialogue.**
    1. *Qu'est-ce que Charles est en train de faire?*
    2. *Pourquoi nettoie-t-il sa voiture?*
    3. *Qu'est-ce que Dominique et sa famille viennent de faire?*
    4. *Qu'est-ce que la fille de Dominique sort faire?*

2. **Transform the following sentences by using the appropriate form of the verb in parentheses followed by the infinitive, as in the example.**

    Je voyage souvent. (aimer)   *J'aime voyager souvent.*

    1. *Ils achètent les valises. (partir)*
    2. *Christine va au cinéma. (préférer)*
    3. *Est-ce qu'ils servent le dîner? (oui, en train de)*
    4. *Tu sors seul. (détester)*

3. **Transform the following sentences using *venir de* and the infinitive.**
    1. *Ils achètent une maison.*
    2. *Nous mangeons dans un bon restaurant.*
    3. *Je regarde une bonne émission.*
    4. *Vous ouvrez la fenêtre.*

4. **Translate into French using an infinitive construction.**
    1. We like to cook (*cuisiner*).
    2. I just had a promotion.
    3. They are sleeping in their room.
    4. She wants to rent an apartment.
    5. You are beginning to speak Chinese.

D. Answer Key

1. 1. *Il est en train de nettoyer sa voiture.*
    2. *Il nettoie sa voiture parce qu'il va/ ils vont bientôt partir en vacances.*

3. *Ils viennent de passer un long séjour au Japon.*

4. *Elle sort acheter un gâteau d'anniversaire.*

2. 1. *Ils partent acheter les valises.*

2. *Christine préfère aller au cinéma.*

3. *Oui, ils sont en train de servir le dîner.*

4. *Tu détestes sortir seul.*

3. 1. *Ils viennent d'acheter une maison.*

2. *Nous venons de manger dans un bon restaurant.*

3. *Je viens de regarder une bonne émission.*

4. *Vous venez d'ouvrir la fenêtre.*

4. 1. *Nous aimons cuisiner.*

2. *Je viens d'avoir une promotion.*

3. *Ils sont en train de dormir dans leur chambre.*

4. *Elle désire louer un appartement.*

5. *Vous commencez à parler chinois.*

Translation of the dialogue:

Dominique:	What are you doing?
Charles:	I am washing my car.
Dominique:	Why? Are you going out?
Charles:	We are going on vacation soon.
Dominique:	What a good idea!
Charles:	Yes, and you?
Dominique:	We're just back from a long trip to Japan.
Charles:	That's wonderful. And your daughter, what is she doing?
Dominique:	She is going out to buy a birthday cake.

The Present Indicative of Verbs Ending in *-oir*

A.

Verbs ending in *-oir* are often irregular. Let's begin with the verb *recevoir*, "to receive."

I receive	*je reçois*
I receive a package.	*Je reçois un paquet.*
you receive	*tu reçois*
You receive a letter.	*Tu reçois une lettre.*
she receives	*elle reçoit*
She receives good news.	*Elle reçoit de bonnes nouvelles.*
we receive	*nous recevons*
We receive congratulations.	*Nous recevons des félicitations.*

you receive	*vous recevez*
You receive friends.	*Vous recevez des amis.*
they receive	*elles reçoivent*
Their articles receive criticisms.	*Leurs articles reçoivent des critiques.*

The reflexive verb *s'asseoir,** "to sit down" also has a special conjugation.

I sit down	*je m'assieds*
I sit on a chair.	*Je m'assieds sur une chaise.*
you sit down	*tu t'assieds*
You sit near the window.	*Tu t'assieds près de la fenêtre.*
she sits down	*elle s'assied*
She sits next to Pierre.	*Elle s'assied à côté de Pierre.*
we sit down	*nous nous asseyons*
We sit down on a bench.	*Nous nous asseyons sur un banc.*
you sit down	*vous vous asseyez*
You sit down on the floor.	*Vous vous asseyez par terre.*
they sit down	*ils s'asseyent*
They sit on the couch.	*Ils s'asseyent sur le canapé.*

French uses *être assis(e)* to translate the English "to be sitting." Look at these examples.

He is sitting on the couch.	*Il est assis sur le canapé.*
She is sitting in the armchair.	*Elle est assise dans le fauteuil.*
They are sitting on the floor.	*Ils sont assis par terre.*
Nadine and Marie are sitting in the park.	*Nadine et Marie sont assises dans le parc.*

The verbs *voir,* "to see," and *devoir,* "to have to," both follow separate patterns, although they seem almost identical in the infinitive. First let's conjugate *voir*:

I see	*je vois*
I see a gas station.	*Je vois une station service.*
you see	*tu vois*
You do not see well.	*Tu ne vois pas bien.*
he sees	*il voit*
He's seeing some friends tonight.	*Il voit des amis ce soir.*

---

* The verb *s'asseoir* has two conjugations. See the verb charts for complete conjugations.

we see	*nous voyons*
We see mistakes in the article.	*Nous voyons des fautes dans l'article.*
you see	*vous voyez*
You see spots on this coat.	*Vous voyez des taches sur ce manteau.*
they see	*elles voient*
They see the future in the crystal ball.	*Elles voient l'avenir dans la boule de cristal.*

Now observe the conjugation of *devoir*.

I must	*je dois*
I must listen better.	*Je dois écouter mieux.*
you must	*tu dois*
You must get some rest.	*Tu dois te reposer.*
she must	*elle doit*
She must read this book.	*Elle doit lire ce livre.*
we must	*nous devons*
We must see this movie.	*Nous devons voir ce film.*
you must	*vous devez*
You must come to our house.	*Vous devez venir chez nous.*
they must	*ils doivent*
They must find a job.	*Ils doivent trouver un travail.*

The irregular verb *falloir* expresses general necessity and obligation. It is used exclusively in the third person singular and is called impersonal.

| One must have money in the bank. | *Il faut avoir de l'argent à la banque.* |
| In the summer, one must reserve a hotel room ahead of time. | *En été, il faut réserver une chambre d'hôtel à l'avance.* |

If you want to say that a specific person must do something, it is better to use the verb *devoir*.

| The tourists must reserve their room ahead of time. | *Les touristes doivent réserver leur chambre à l'avance.* |
| I must put money in the bank. | *Je dois mettre de l'argent à la banque.* |

Verbs in Action

B.

Read the following dialogue.

Christophe:	*Est-ce que vous êtes fatiguée?*
Laura:	*Oui, j'ai beaucoup d'étudiants et ils n'ont pas de très bonnes notes.*
Christophe:	*Est-ce qu'ils doivent faire beaucoup de dissertations?*
Laura:	*Oui et je vois des fautes partout!*
Christophe:	*Est-ce qu'au moins, vous êtes assis sur des chaises confortables en classe?*
Laura:	*Non, nous sommes assis sur des chaises très dures.*
Christophe:	*Il faut partir en vacances. Et vos étudiants doivent se reposer aussi.*
Laura:	*C'est vrai. Mais, pour cela, je dois recevoir l'accord de l'administration et c'est impossible. Il faut attendre le mois de juillet.*

C.

1. Answer these questions about the dialogue in French.

1. Why is Laura tired?
2. What do her students have to do?
3. What does Laura see in their essays?
4. What do they sit on?
5. Whose permission must she get to go on vacation?

2. Answer these questions, using the cues.

1. *Qu'est-ce que vous recevez? (je, un paquet)*
2. *Que voyez-vous? (nous, la mer)*
3. *Où vous asseyez-vous? (je, par terre)*
4. *Que devez-vous faire?(nous, une dissertation)*
5. *Où doivent-ils aller? (ils, à Lyon)*

3. Rewrite the sentences, using the cues, as in the example.

Nous devons partir en vacances. (je)   *Je dois partir en vacances.*

1. *Nous recevons une coupe. (elle)*
2. *Nous nous asseyons devant la fenêtre. (tu)*
3. *Ils sont en train de s'asseoir dans le parc. (nous)*
4. *Je vois des voitures sur l'avenue. (ils)*

D. Answer Key

1. 1. *Elle est fatiguée parce qu'elle a beaucoup d'étudiants et qu'ils n'ont pas de bonnes notes.*
2. *Ils doivent faire beaucoup de dissertations.*
3. *Elle voit des fautes partout.*
4. *Ils sont assis sur des chaises très dures en classe.*
5. *Elle doit recevoir l'accord de l'administration.*

2. 1. *Je reçois un paquet.*
2. *Nous voyons la mer.*

3. *Je m'assieds par terre.*

4. *Nous devons faire une dissertation.*

5. *Ils doivent aller à Lyon.*

3. 1. *Elle reçoit une coupe.*

2. *Tu t'assieds devant la fenêtre.*

3. *Nous sommes en train de nous asseoir dans le parc.*

4. *Ils voient des voitures sur l'avenue.*

Translation of the dialogue:

Christophe:	*Are you tired?*
Laura:	*Yes, I have many students and they do not have very good grades.*
Christophe:	*Do they have to write many essays?*
Laura:	*Yes, and I see mistakes everywhere!*
Christophe:	*Are you sitting on comfortable chairs in class, at least?*
Laura:	*No, we sit on very hard chairs.*
Christophe:	*You must go on vacation. And your students must get some rest, too.*
Laura:	*That's true. But to do that, I must receive the school administration's permission and that's impossible. I'll have to wait until July.*

The Present Indicative of More Verbs Ending in *-oir*

A.

We will now practice three more commonly used irregular verbs ending in *-oir*. Let's begin with *valoir*, "to be worth, to cost."

I am worth	*je vaux*
I am worth more than that.	*Je vaux plus que ça.*
you are worth	*tu vaux*
What are you worth in tennis?	*Qu'est-ce que tu vaux au tennis?*
it is worth	*cela vaut*
It is worth 100 euros.	*Cela vaut cent euros.*
we are worth	*nous valons*
We are not worth much in soccer.	*Nous ne valons pas grand-chose au football.*
you are worth	*vous valez*
You are worth your weight in gold.	*Vous valez votre pesant d'or.*

| they are worth | *ils valent* |
| These paintings are worth a fortune. | *Ces tableaux valent une fortune.* |

Valoir is often used in idiomatic expressions, such as:

| It's not worth it. | *Ça n'en vaut pas la peine.* |
| It's worthless. | *Ça ne vaut rien.* |

The verb *vouloir*, "to want," is often used with an infinitive. Observe.

I want	*je veux*
I want to take a walk.	*Je veux faire une promenade.*
you want	*tu veux*
You want to succeed.	*Tu veux réussir.*
she wants	*elle veut*
She wants to see a movie.	*Elle veut voir un film.*
we want	*nous voulons*
We want to sit down.	*Nous voulons nous asseoir.*
you want	*vous voulez*
You want to study Chinese.	*Vous voulez étudier le chinois.*
they want	*ils veulent*
They want a new house.	*Ils veulent une nouvelle maison.*

The verb *pouvoir*, "to be able to," follows the same conjugation pattern as *vouloir*. Let's look at a few examples.

I can't eat meat.	*Je ne peux pas manger de viande.*
We can call you tomorrow.	*Nous pouvons vous téléphoner demain.*
They can get onto the Internet quickly.	*Ils peuvent aller sur Internet rapidement.*

Now take a look at one more important irregular verb: *savoir*, "to know." Observe its conjugation.

I know	*je sais*
I know how to swim.	*Je sais nager.*
you know	*tu sais*
You know how to cook.	*Tu sais faire la cuisine.*
she knows	*elle sait*
She knows how to speak French well.	*Elle sait bien parler français.*

| we know | nous savons |
| We know how to play the piano. | Nous savons jouer du piano. |

| you know | vous savez |
| Do you know where he is? | Savez-vous où il est? |

| they know | ils savent |
| They know that you are tired. | Ils savent que vous êtes fatigué. |

Like *vouloir, savoir, devoir,* and *pouvoir* are often followed by an infinitive.

You want to go on vacation.	Tu veux partir en vacances.
We know how to pick our classes.	Nous savons choisir nos cours.
You have to prepare your exams.	Vous devez préparer vos examens.
May I use the phone?	Est-ce que je peux téléphoner?

B.

Read the following dialogue.

M. Boutier: *Vous voulez acheter un tableau?*
Mlle Escudier: *Oui, combien vaut celui-là?*
M. Boutier: *Il vaut très cher mais ceux-là sont moins chers.*
Mlle Escudier: *Qu'est-ce que vous savez sur l'artiste?*
M. Boutier: *Nous ne savons rien sur lui.*
Mlle Escudier: *Et ça, c'est combien?*
M. Boutier: *Ça? Ça ne vaut rien!*
Mlle Escudier: *Merci, je ne peux pas me décider aujourd'hui.*

C.

1. Complete this summary of the dialogue with the verbs *savoir, vouloir, valoir,* and *pouvoir* in the present indicative.

   Mlle Escudier ___ acheter un tableau et elle ___ savoir combien le tableau ___. Il ___ très cher mais il y a d'autres tableaux qui ___ moins chers. Mlle Escudier ___ des renseignements sur l'artiste mais M. Boutier ne ___ rien sur lui. A la fin, Mlle Escudier part parce qu'elle ne ___ pas se décider aujourd'hui.

2. Ask each person what they want to do as in the example.

   aller au cinéma (vous)   *Est-ce que vous voulez aller au cinéma?*

   1. *aller sur Internet (tu)*
   2. *s'asseoir dans le parc (il)*

3. *acheter un tableau (vous)*

4. *faire une promenade dans le parc (Pierre et Karine)*

3. Use the appropriate form of the verb *savoir,* as in the example.

Le professeur est fatigué aujourd'hui. (je)	*Je sais que le professeur est fatigué aujourd'hui.*

1. *Il y a souvent des dissertations. (elles)*
2. *Le chien veut sortir. (nous)*
3. *Laura part en vacances. (vous)*
4. *Monsieur Martin réussit bien ses photographies. (je)*

4. Translate the following sentences into French.
   1. She doesn't know how to swim.
   2. How much are these paintings worth?
   3. We want to study French in Paris.
   4. Can you call the professor?

D. Answer Key

1. *Mlle Escudier veut acheter un tableau et elle veut savoir combien le tableau vaut. Il vaut très cher mais il y a d'autres tableaux qui valent moins chers. Mlle Escudier veut des renseignements sur l'artiste mais M. Boutier ne sait rien sur lui. A la fin, Mlle Escudier part parce qu'elle ne peut pas se décider aujourd'hui.*

2. 1. *Est-ce que tu veux aller sur Internet?*
   2. *Est-ce qu'il veut s'asseoir dans le parc?*
   3. *Est-ce que vous voulez acheter un tableau?*
   4. *Est-ce que Pierre et Karine veulent faire une promenade dans le parc?*

3. 1. *Elles savent qu'il y a souvent des dissertations.*
   2. *Nous savons que le chien veut sortir.*
   3. *Vous savez que Laura part en vacances.*
   4. *Je sais que monsieur Martin réussit bien ses photographies.*

4. 1. *Elle ne sait pas nager.*
   2. *Combien valent ces tableaux?*
   3. *Nous voulons étudier le français à Paris.*
   4. *Peux-tu/ Est-ce que tu peux téléphoner au professeur?*

Translation of the dialogue:

M. Boutier:	*You want to buy a painting?*
Mlle Escudier:	*Yes, how much does that one cost?*
M. Boutier:	*It costs a lot, but those are cheaper.*
Mlle Escudier:	*What do you know about the artist?*

M. Boutier:	We don't know anything about him.
Mlle Escudier:	And that, how much is it?
M. Boutier:	That? It's not worth anything!
Mlle Escudier:	Thank you. I cannot decide today.

The Present Indicative of Regular -re Verbs and of *plaire*

A.

Most verbs ending in -re follow the same pattern. The regular present indicative endings are -s, -s, and no ending or -t for the singular, and -ons, -ez, and -ent for the plural forms. Let's practice with *répondre*, "to answer."

I answer	*je réponds*
I answer the question.	*Je réponds à la question.*
you answer	*tu réponds*
You answer the phone.	*Tu réponds au téléphone.*
she answers	*elle répond*
She answers your letter.	*Elle répond à votre lettre.*
we answer	*nous répondons*
We answer the teacher.	*Nous répondons au professeur.*
you answer	*vous répondez*
You answer in correct French.	*Vous répondez dans un français correct.*
They answer	*ils répondent*
They answer that they aren't coming.	*Ils répondent qu'ils ne viennent pas.*

Note that the verb *répondre* is usually followed by the preposition *à*. This is because, in French, one answers to something or someone. Other regular -re verbs include: *rendre*, "to return," *interrompre*, "to interrupt," and *mettre*, "to put." Observe.

We are returning these books.	*Nous rendons ces livres.*
I am returning your keys.	*Je vous rends vos clés.*
The tourists interrupt the guide.	*Les touristes interrompent le guide.*
The phone interrupts my work.	*Le téléphone interrompt mon travail.*
Where are you putting these flowers?	*Où mettez-vous ces fleurs?*
You are putting the suitcases in the car.	*Tu mets les valises dans la voiture.*

Verbs in Action

| He puts everything in writing. | *Il met tout par écrit.* |

Although the conjugation of the verb *plaire* "to be pleasing to somebody" can be termed regular, you must add an *accent circonflexe* on the *i* in the third person singular. But be careful! Contrary to "to like," *plaire* is intransitive and takes an indirect object introduced by the preposition *à*. The subject of "like" becomes the indirect object of *plaire* and the object of "like" becomes the subject of *plaire*. Let's look at some examples.

Your parents like me.	*Je plais à tes parents.* (literally: I am pleasing to your parents.)
I like this boy.	*Ce garçon me plaît.*
Everybody likes these paintings.	*Ces peintures plaisent à tout le monde.*

Plaire is also often used in its reflexive form, *se plaire*, "to like, to enjoy" and is usually followed by a word determining a location. Observe these examples.

She likes it a lot here.	*Elle se plaît beaucoup ici.*
Do you like it in Paris?	*Est-ce que vous vous plaisez à Paris?*
We don't like it in our new house.	*Nous ne nous plaisons pas dans notre nouvelle maison.*

B.
Read the following dialogue.

Jeanne:	*Qu'est-ce que c'est, Patrick?*
Patrick:	*C'est une lettre d'Emmanuel de Tokyo.*
Jeanne:	*Qu'est-ce qu'il met dans sa lettre?*
Patrick:	*Je ne sais pas encore. Je ne peux pas lire tranquillement.*
Jeanne:	*Pourquoi?*
Patrick:	*Parce que le téléphone m'interrompt constamment.*
Jeanne:	*Est-ce que Tokyo lui plaît?*
Patrick:	*Oui, les parcs et les musées lui plaisent énormément.*
Jeanne:	*Est-ce que tu vas répondre à sa lettre bientôt?*
Patrick:	*Oui, je réponds demain. Si tu veux, je lui mets un mot de ta part.*

C.
1. Rewrite the summary of the dialogue by putting the verbs in parentheses in the appropriate form of the present indicative.

Jeanne (vouloir) savoir ce que Patrick (avoir). Ce (être) une lettre d'Emmanuel de Tokyo mais Patrick (ne pas savoir) encore ce qu'Emmanuel (mettre) dans sa lettre. Il (ne pas pouvoir) lire tranquillement car le téléphone le (interrompre) tout le temps. Emmanuel (se plaire) beaucoup à Tokyo parce que les musées et les parcs lui (plaire) énormément. Patrick (aller) bientôt répondre à cette lettre.

2. **Answer the questions following the cues:**
    1. *Qui interrompt notre conversation? (le guide)*
    2. *Qui répond à la question? (les étudiants)*
    3. *Est-ce que cet hôtel plaît aux touristes? (oui)*
    4. *Est-ce que nous plaisons à nos collègues? (oui, vous)*

3. **Ask the following questions in French:**
    1. Ask Laura if the telephone interrupts her work.
    2. Ask the tourists if they like it in Paris.
    3. Ask the professor if he is returning the exams.
    4. Ask the students if they answer in French.

4. **Conjugate the verb in parentheses in the present indicative.**
    1. *Nous (ne pas répondre) souvent à vos lettres.*
    2. *Tu (plaire) énormément à mes parents.*
    3. *Ils (se plaire) beaucoup en France.*
    4. *Vous (interrompre) vos programmes pour un flash spécial.*
    5. *Il (ne pas rendre) ses livres à la fin de l'année.*
    6. *Je lui (mettre) un mot de ta part.*

D. Answer Key

1. *Jeanne veut savoir ce que Patrick a. C'est une lettre d'Emmanuel de Tokyo mais Patrick ne sait pas encore ce qu'Emmanuel met dans sa lettre. Il ne peut pas lire tranquillement car le téléphone l'interrompt tout le temps. Emmanuel se plaît beaucoup à Tokyo parce que les musées et les parcs lui plaisent énormément. Patrick va bientôt répondre à cette lettre.*

2. 1. *Le guide interrompt notre conversation.*
    2. *Les étudiants répondent à la question.*
    3. *Oui, cet hôtel plaît aux touristes.*
    4. *Oui, vous plaisez à vos collègues.*

3. 1. *Laura, est-ce que le téléphone interrompt ton/ votre travail?*
    2. *Est-ce que vous vous plaisez à Paris?*
    3. *Est ce que vous rendez les examens?*
    4. *Est ce que vous répondez en français?*

4. 1. *Nous ne répondons pas souvent à vos lettres.*
    2. *Tu plais énormément à mes parents.*
    3. *Ils se plaisent beaucoup en France.*
    4. *Vous interrompez vos programmes pour un flash spécial.*
    5. *Il ne rend pas ses livres à la fin de l'année.*
    6. *Je lui mets un mot de ta part.*

Verbs in Action

Translation of the dialogue:

Jeanne:	*What's that, Patrick?*
Patrick:	*It's a letter from Emmanuel from Tokyo.*
Jeanne:	*What does he say in the letter?*
Patrick:	*I don't know yet. I cannot read in peace.*
Jeanne:	*Why?*
Patrick:	*Because the telephone interrupts me constantly.*
Jeanne:	*Does he like Tokyo?*
Patrick:	*Yes, he really likes the parks and museums.*
Jeanne:	*Are you going to answer his letter soon?*
Patrick:	*Yes, I am answering tomorrow. If you want, I will write him a word from you.*

The Present Indicative of *connaître, paraître, naître*

A.

Verbs that end in *-aître*, with an *accent circonflexe* on the *i*, follow a particular conjugation. Let's practice with *connaître*, which means "to know; to be acquainted with."

I know	*je connais*
I know you.	*Je te connais.*
you know	*tu connais*
You know Ann well.	*Tu connais bien Anne.*
she knows	*elle connaît*
She knows Paris well.	*Elle connaît bien Paris.*
we know	*nous connaissons*
We know that restaurant.	*Nous connaissons ce restaurant.*
you know	*vous connaissez*
Do you know the neighborhood?	*Connaissez-vous le quartier?*
they know	*ils connaissent*
They know the subject a little.	*Ils connaissent un peu le sujet.*

Although *savoir* and *connaître* have the same meaning, they're used differently. *Savoir* is used when one has a skill, or when one knows a fact or a subject in full. *Connaître*, on the other hand, is used when one knows a person, a city, country, or any other location, and it expresses general familiarity with a subject. Observe.

I know that you are competent.	*Je sais que vous êtes compétent.*

I know a competent person.	*Je connais une personne compétente.*
You know how to speak French.	*Tu sais parler français.*
You know a Frenchman who speaks three languages.	*Tu connais un Français qui parle trois langues.*
We know how to ski.	*Nous savons faire du ski.*
We know a pleasant ski resort.	*Nous connaissons une station de ski agréable.*
They know where all the stores in the neighborhood are.	*Ils savent où sont tous les magasins du quartier.*
They know the neighborhood very well.	*Ils connaissent très bien le quartier.*

The verb *paraître*, "to seem, to appear" and its compounds, *apparaître*, "to appear" and *disparaître*, "to disappear," as well as the verb *naître*, "to be born," have a similar conjugation in the present. Let's look at some examples.

You seem embarrassed.	*Tu parais gêné.*
You look younger.	*Vous paraissez plus jeune.*
I disappear every summer.	*Je disparais tous les étés.*
She appears in her beautiful dress.	*Elle apparaît dans sa belle robe.*
The day breaks on the mountains.	*Le jour naît sur les montagnes.*
Babies are usually born with blue eyes.	*Les bébés naissent avec des yeux bleus, d'habitude.*

B.

Read the following dialogue.

M. Gicquel:	*Vous paraissez perdus. Est-ce que je peux vous aider?*
Léa:	*Oui, merci, Monsieur, nous ne savons pas où se trouve notre hôtel. Est-ce que vous savez où est la rue Leblanc?*
M. Gicquel:	*Non, je suis désolé, je ne connais pas cette rue. Mais mes amis la connaissent peut-être. Pierre, est-ce que tu sais où se trouve cette rue?*
Pierre:	*Je ne suis pas sûr, mais si vous avez un guide, je sais lire un plan!*
Léa:	*Et savez-vous s'il y a un restaurant grec dans le quartier?*
Pierre:	*Non, nous connaissons mal le quartier.*

C.

1. Say if these statements about the dialogue are right (*vrai*) or wrong (*faux*). Justify your decision each time by quoting the text.

   1. *Léa veut savoir où se trouve leur hôtel.*
   2. *M. Gicquel connaît bien la rue Leblanc.*

3. *Pierre sait où se trouve cette rue.*

4. *Pierre et M. Gicquel connaissent un restaurant grec dans le quartier.*

2. Ask questions in French. Choose between *savoir* and *connaître*. Start the questions with *est-ce que.*
    1. Ask Laura if she knows that museum. *(vous)*
    2. Ask Pierre if he knows that it's Patrick's birthday. *(tu)*
    3. Ask the students if they know how to speak French.
    4. Ask the tourists if they know where their hotel is.
    5. Ask if the tourists know France.

3. Put the verb in parentheses in the appropriate form of the present indicative.
    1. *Tu (connaître) très bien le sud de la France.*
    2. *Les étudiants (paraître) fatigués.*
    3. *Le soleil (disparaître) derrière les nuages.*
    4. *Vous (apparaître) à la fenêtre.*
    5. *L'homme (naître) libre.*

D. Answer Key

1. 1. *vrai:* "*Nous ne savons pas où se trouve notre hôtel.*"
    2. *faux:* "*Je ne connais pas cette rue.*"
    3. *faux:* "*Je ne suis pas sûr.*"
    4. *faux:* "*Non, nous connaissons mal le quartier.*"

2. 1. *Laura, est-ce que vous connaissez le musée?*
    2. *Pierre, est-ce que tu sais que c'est l'anniversaire de Patrick?*
    3. *Est-ce que vous savez parler français?*
    4. *Est-ce que vous savez où se trouve/ est votre hôtel?*
    5. *Est-ce que les touristes connaissent la France?*

3. 1. *Tu connais très bien le sud de la France.*
    2. *Les étudiants paraissent fatigués.*
    3. *Le soleil disparaît derrière les nuages.*
    4. *Vous apparaissez à la fenêtre.*
    5. *L'homme naît libre.*

Translation of the dialogue:

M. Gicquel:	You seem lost. Can I help you?
Léa:	Yes, thank you, sir. We don't know where our hotel is. Do you know where Leblanc Street is?
M. Gicquel:	No, I'm sorry. I don't know that street. But my friends may know it. Pierre, do you know where that street is located?
Pierre:	I am not sure, but if you have a guidebook, I know how to read a map!

Léa:	*And do you know if there is a Greek restaurant in the neighborhood?*
Pierre:	*No, we know the neighborhood poorly.*

The Present Indicative of Irregular *-re* Verbs

A.

The verb *prendre*, "to take," is an irregular verb. Several other important verbs are based on it: *apprendre*, "to learn," and *comprendre*, "to understand." Let's conjugate *prendre*.

I take	*je prends*
I take one sugar in my coffee.	*Je prends un sucre dans mon café.*
you take	*tu prends*
You take your time.	*Tu prends ton temps.*
she takes	*elle prend*
She takes her vacation now.	*Elle prend ses vacances maintenant.*
we take	*nous prenons*
We take the bus.	*Nous prenons le bus.*
you take	*vous prenez*
You take chances.	*Vous prenez des risques.*
they take	*ils prennent*
What are they having for dessert?	*Qu'est-ce qu'ils prennent comme dessert?*

The verb *boire*, "to drink," is also irregular. Observe its conjugation.

I drink	*je bois*
I don't drink coffee.	*Je ne bois pas de café.*
you drink	*tu bois*
You drink tea.	*Tu bois du thé.*
he drinks	*il boit*
He drinks too much.	*Il boit trop.*
we drink	*nous buvons*
We drink less.	*Nous buvons moins.*
you drink	*vous buvez*
You don't drink wine.	*Vous ne buvez pas de vin.*
they drink	*elles boivent*
They don't drink milk.	*Elles ne boivent pas de lait.*

Now let's focus on the conjugation of *croire*, "to believe, to think."

I believe	*je crois*
I believe you.	*Je vous crois.*
You believe	*tu crois*
Do you believe me?	*Est-ce que tu me crois?*
She thinks	*elle croit*
She thinks this is a	*Elle croit que c'est un bon*
good restaurant.	*restaurant.*
we think	*nous croyons*
We think it's impossible.	*Nous croyons que c'est impossible.*
you believe	*vous croyez*
Do you believe him?	*Le croyez-vous?*
they believe	*ils croient*
They believe in Santa	*Ils croient au Père Noël.*
Claus.	

Pleuvoir, "to rain," is irregular as well, and is always used in the third person singular and is therefore called impersonal. Let's look at a few examples.

It's raining.	*Il pleut.*
It often rains in Paris.	*Il pleut souvent à Paris.*
It is raining cats and dogs.	*Il pleut des cordes.*

B.
Read the following dialogue.

Jean-Claude:	*Qu'est-ce que vous prenez?*
Mireille:	*Moi, je prends des hors-d'œuvre, un plat et un dessert.*
Jean-Claude:	*Est-ce que vous buvez du vin?*
Mireille:	*Non, nous ne buvons pas de vin.*
Jean-Claude:	*Alors, de l'eau. Les gens boivent moins aujourd'hui. Vous ne croyez pas?*
Mireille:	*Oui, je le crois. Qu'est-ce que nous prenons comme hors-d'œuvre?*
Jean-Claude:	*Pierre pense que le pâté est excellent ici.*
Mireille:	*Mes amis prennent souvent le poulet basquaise.*
Jean-Claude:	*Est-ce que nous prenons des cafés à la fin du repas?*
Mireille:	*Oui, bien sûr.*

C.
1. **Complete the summary of the dialogue with the appropriate form of verbs *croire, boire,* and *prendre* in the present indicative.**

Mireille ___ des hors-d'œuvre, un plat et un dessert mais elle ne ___ pas de vin. Mireille et Jean-Claude ___ que les gens ___ moins aujourd'hui. A la fin du repas, ils ___ tous des cafés.

2. Ask questions in French.

1. Ask your friend if he drinks coffee.
2. Ask your guests what they are having.
3. Ask them if they drink wine.
4. Ask them if they understand the menu.
5. Ask them if they are learning French.
6. Ask your mother if she is having dessert.

3. Conjugate the verb between parentheses in the present indicative.

1. *Il (pleuvoir) souvent en Angleterre.*
2. *Nous (comprendre) bien vos problèmes.*
3. *Elles (ne pas apprendre) leurs leçons.*
4. *Je (croire) qu'il (boire) moins qu'avant.*

D. Answer Key

1. *Mireille prend des hors-d'œuvre, un plat et un dessert mais elle ne boit/prend pas de vin. Mireille et Jean-Claude croient que les gens boivent moins aujourd'hui. A la fin du repas, ils prennent tous des cafés.*

2. 1. *Bois-tu/ Est-ce que tu bois du café?*
   2. *Qu'est-ce que vous prenez?*
   3. *Buvez-vous/ Est-ce que vous buvez du vin?*
   4. *Comprenez-vous/ Est-ce que vous comprenez le menu?*
   5. *Apprenez-vous/ Est-ce que vous apprenez le français?*
   6. *Prends-tu/ Est-ce que tu prends un dessert?*

3. 1. *Il pleut souvent en Angleterre.*
   2. *Nous comprenons bien vos problèmes.*
   3. *Elles n'apprennent pas leurs leçons.*
   4. *Je crois qu'il boit moins qu'avant.*

Translation of the dialogue:

Jean-Claude:	*What are you having?*
Mireille:	*I am having an appetizer, a main dish and dessert.*
Jean-Claude:	*Do you drink wine?*
Mireille:	*No, we do not drink wine.*
Jean-Claude:	*Water, then. People drink less today. Don't you think?*
Mireille:	*Yes, I think so. What are we having as appetizer?*
Jean-Claude:	*Pierre thinks that the pâté is excellent here.*
Mireille:	*My friends often have the chicken Basque style.*
Jean-Claude:	*Are we having coffee at the end of the meal?*
Mireille:	*Yes, of course.*

The Present Indicative of *dire, écrire,* and *lire*

A.

The verbs *dire*, "to say," and *écrire*, "to write" and *lire*, "to read" are all irregular in the plural forms. Let's study their conjugations. First, observe the conjugation of *dire*.

I say	*je dis*
I say hello.	*Je dis bonjour.*
you say	*tu dis*
You say no.	*Tu dis non.*
she says	*elle dit*
She says that it is late.	*Elle dit qu'il est tard.*
we say	*nous disons*
We say that it's impossible.	*Nous disons que c'est impossible.*
you say	*vous dites*
You are saying silly things.	*Vous dites des bêtises.*
they say	*ils disent*
They are saying insults.	*Ils disent des injures.*

Now, focus on *écrire.*

I write	*j'écris*
I write letters.	*J'écris des lettres.*
you write	*tu écris*
You write well.	*Tu écris bien.*
she writes	*elle écrit*
She writes poems.	*Elle écrit des poèmes.*
we write	*nous écrivons*
We write in French.	*Nous écrivons en français.*
you write	*vous écrivez*
You write Japanese well.	*Vous écrivez bien le japonais.*
they write	*ils écrivent*
Are they writing to us?	*Est-ce qu'ils nous écrivent?*

Now let's look at the verb *lire.*

I read	*je lis*
I read the newspaper.	*Je lis le journal.*
you read	*tu lis*
You read a letter from Tokyo.	*Tu lis une lettre de Tokyo.*

he reads	*il lit*
He reads French fluently.	*Il lit le français couramment.*
we read	*nous lisons*
We read the instructions in the manual.	*Nous lisons les consignes dans le manuel.*
you read	*vous lisez*
Do you read Japanese?	*Est-ce que vous lisez le japonais?*
they read	*ils lisent*
They read with glasses.	*Ils lisent avec des lunettes.*

B.

Read the following dialogue.

Marine:	*Qu'est-ce tu lis?*
Paul:	*Une autre lettre d'Emmanuel.*
Marine:	*Il écrit souvent. Qu'est-ce qu'il dit?*
Paul:	*Il demande pourquoi ses amis n'écrivent pas.*
Marine:	*Il faut nous donner son adresse. Maria et moi écrivons toujours à un ami avec plaisir.*

C.

1. Answer these questions about the dialogue.

1. *Que fait Paul?*
2. *Qu'écrit Emmanuel dans sa lettre?*
3. *Que veut Marine?*
4. *Que dit-elle sur elle et Maria?*

2. Answer the questions using the cues.

1. *Qui écrit la lettre? (Patrick)*
2. *Qui lit la question? (nous)*
3. *Est-ce que tu écris souvent? (oui, je)*
4. *Est-ce que nous lisons le journal? (oui, vous)*
5. *Est-ce que vous écrivez bien? (oui, nous)*

3. Translate into French.

1. You don't write well. (*tu*)
2. What are you saying? (*vous*)
3. They read the newspaper. (*ils*)
4. I always tell the truth.
5. You don't write to your parents. (*vous*)

D. Answer Key

1. 1. *Il lit une autre lettre d'Emmanuel.*
   2. *Il demande pourquoi ses amis n'écrivent pas.*
   3. *Elle veut l'adresse d'Emmanuel.*
   4. *Elle dit qu'elles écrivent toujours à un ami avec plaisir.*

2. 1. *Patrick écrit la lettre.*

    2. *Nous lisons la question.*

    3. *Oui, j'écris souvent.*

    4. *Oui, vous lisez le journal.*

    5. *Oui, nous écrivons bien.*

3. 1. *Tu n'écris pas bien.*

    2. *Que dites-vous/ Qu'est-ce que vous dites?*

    3. *Ils lisent le journal.*

    4. *Je dis toujours la vérité.*

    5. *Vous n'écrivez pas à vos parents.*

Translation of the dialogue:

Marine:	What are you reading?
Paul:	Another letter from Emmanuel.
Marine:	He writes often. What does he say?
Paul:	He asks why his friends don't write.
Marine:	You must give us his address. Maria and I always write gladly to a friend.

The Present Indicative of Pronominal Verbs

A.

Pronominal verbs take two pronouns. We have already studied those that take a subject and a reflexive pronoun, such as *se lever*, "to get up," *s'habiller*, "to get dressed," and *s'asseoir*, "to sit down."

I am sitting down because I am tired.	*Je m'assieds parce que je suis fatiguée.*
We get up at seven every morning.	*Nous nous levons à sept heures tous les matins.*
He is getting dressed to go to the opera.	*Il s'habille pour aller à l'opéra.*

Some pronominal verbs are reciprocal, such as: *se parler*, "to speak to each other," *se téléphoner*, "to call each other," and *s'écrire*, "to write to each other." Let's look at some example sentences.

Pierre and Maria speak to each other every day.	*Pierre et Maria se parlent tous les jours.*
My friends and I call each other every Sunday.	*Mes amis et moi, nous nous téléphonons tous les dimanches.*
Do you still write to each other?	*Est-ce que vous vous écrivez toujours?*

A very common idiomatic expression using a pronominal verb is *s'en aller*, "to leave." Observe.

It's late; I'm leaving.　　　*Il est tard, je m'en vais.*
We are tired; we want　　　*Nous sommes fatigués, nous*
　to leave.　　　　　　　　　*voulons nous en aller.*

Finally, there is also a passive pronominal form. Let's look at a few examples.

That isn't done.　　　　　　*Cela ne se fait pas.*
That isn't said.　　　　　　 *Cela ne se dit pas.*
Fish is eaten with lemon.　 *Le poisson se mange avec du citron.*
Books are bought in　　　　 *Les livres s'achètent dans une*
　a bookstore.　　　　　　　 *librairie.*

B.
Read the following dialogue.

Estelle:　　*Est-ce qu'Emmanuel se trouve toujours à Tokyo?*
Paul:　　　*Oui, lui et Patrick s'écrivent souvent.*
Estelle:　　*Que dit Emmanuel dans ses lettres?*
Paul:　　　*Il s'occupe de ses affaires et se prépare à revenir à Paris.*
Estelle:　　*Est-ce qu'il se repose?*
Paul:　　　*Non, pas vraiment. Il s'organise pour terminer son travail.*
Estelle:　　*Vraiment?*

C.
1. Rewrite the following sentences taken from the dialogue using the appropriate form of the verb following the cue, as in the example.

Emmanuel se trouve toujours　　　　*Je me trouve toujours à Tokyo.*
　à Tokyo. (je)

　1. *Lui et Patrick s'écrivent souvent. (nous)*
　2. *Il s'occupe de ses affaires. (vous)*
　3. *Il se prépare à revenir à Paris. (tu)*
　4. *Est-ce qu'il se repose? (elles)*
　5. *Il s'organise pour terminer son travail. (je)*

2. Answer the questions using the cues.
　1. *Quand Pierre se lève-t-il? (il, à six heures)*
　2. *Est-ce que je m'habille bien? (tu, avec élégance)*
　3. *Est-ce que Pierre et Christine se parlent? (oui, ils, tous les jours)*
　4. *Qu'est-ce qui se lit avec attention? (le livre)*
　5. *Qu'est-ce qui se mange avec un steak? (les frites)*

3. Translate into French using pronominal verbs.
　1. You are leaving tomorrow. *(vous)*
　2. Patrick and Estelle call each other everyday.
　3. We always sit on the floor.
　4. Bread is bought in a bakery.

Verbs in Action

C. Answer Key

1. 1. *Nous nous écrivons souvent.*

2. *Vous vous occupez de vos affaires.*

3. *Tu te prépares à revenir à Paris.*

4. *Est-ce qu'elles se reposent?*

5. *Je m'organise pour terminer mon travail.*

2. 1. *Il se lève à six heures.*

2. *Oui, tu t'habilles avec élégance.*

3. *Oui, ils se parlent tous les jours.*

4. *Le livre se lit avec attention.*

5. *Les frites se mangent avec un steak.*

3. 1. *Vous vous s'en allez demain.*

2. *Patrick et Estelle se téléphonent tous les jours.*

3. *Nous nous asseyons toujours par terre.*

4. *Le pain s'achète dans une boulangerie.*

Translation of the dialogue:

Estelle:	Is Emmanuel still in Tokyo?
Paul:	Yes, he and Patrick write to each other often.
Estelle:	What does Emmanuel say in his letters?
Paul:	He is taking care of his business and preparing to return to Paris.
Estelle:	Is he resting?
Paul:	No, not really. He's getting organized to finish his work.
Estelle:	Really?

COMMANDS AND REQUESTS

The Imperative of Regular Verbs

A.

In French, the imperative is only used in three persons: the second person singular, *tu*; the second person plural, *vous*; and the first person plural, *nous*. When making requests and commands, the personal pronoun is omitted. Let's begin with -*er* verbs. You will notice that the forms used in the imperative are similar to those in the present indicative except for the second person singular for which the final -*s* is dropped. Observe these examples.

Listen, Pierre!	*Écoute, Pierre!*
Listen, ladies and gentlemen!	*Écoutez, Mesdames et Messieurs!*
Let's listen to the speech.	*Écoutons le discours.*
Look at the sky, Catherine!	*Regarde le ciel, Catherine!*
Look at the board, everyone.	*Regardez le tableau, tout le monde.*
Let's watch this program.	*Regardons cette émission.*
Eat your salad.	*Mange ta salade.*
Eat faster, please.	*Mangez plus vite, s'il vous plaît.*
Let's eat in this restaurant.	*Mangeons dans ce restaurant.*
Begin serving.	*Commence à servir.*
Begin answering the question.	*Commencez à répondre à la question.*
Let's begin the meeting.	*Commençons la réunion.*

Now let's turn to regular -*ir* verbs. This time the three forms used in the imperative are exactly similar to the three corresponding persons in the present indicative. Look at these examples.

Finish your dessert.	*Finis ton dessert.*
Let's finish eating.	*Finissons de manger.*
Lose weight!	*Maigrissez!*
Whiten the wall.	*Blanchissez le mur.*
Let's choose quickly.	*Choisissons rapidement.*
Pass this exam.	*Réussis cet examen.*
Think about the consequences.	*Réfléchis aux conséquences.*
Let's think about this problem together.	*Réfléchissons ensemble à ce problème.*

Finally, regular -re verbs, for which the same rule as regular -ir verbs applies. Let's have a look at a few examples.

Give back the letter!	*Rends la lettre!*
Let's sell the car!	*Vendons la voiture!*
Answer the question!	*Répondez à la question!*

The imperative can also be used in the negative. Observe.

Don't eat that fish.	*Ne mangez pas ce poisson.*
Don't watch television.	*Ne regarde pas la télévision.*
Let's not listen to that program.	*N'écoutons pas cette émission.*
Don't finish the pie.	*Ne finissez pas la tarte.*
Don't choose this dish.	*Ne choisissez pas ce plat.*
Let's not return these books.	*Ne rendons pas ces livres.*
Don't answer the phone.	*Ne réponds pas au téléphone.*

B.
Read the following dialogue.

Professeur: *Maintenant, allumez votre ordinateur. Nous allons nous connecter à internet.*

Élève: *Monsieur, pouvez-vous m'aider, s'il vous plaît? J'ai un problème.*

Professeur: *Bon, ferme toutes tes fenêtres. C'est ça. Maintenant, recommençons. Redémarre ton ordinateur. Puis, clique ici. Voilà.*

Élève: *Merci, Monsieur.*

Professeur: *Bon, tout le monde, tapez l'adresse de ce site web, puis recherchez des renseignements sur Victor Hugo. Choisissez une année de sa vie.*

C.
1. **Rewrite the teacher's commands from the dialogue in the person indicated by the cue, as in the example.**

   Allumez votre ordinateur. (tu)   *Allume ton ordinateur.*

   1. *Ferme toutes les fenêtres. (vous)*
   2. *Recommençons. (tu)*
   3. *Redémarre ton ordinateur. (vous)*
   4. *Clique ici. (nous)*
   5. *Tapez l'adresse de ce site web. (tu)*
   6. *Recherchez des renseignements sur Victor Hugo. (nous)*
   7. *Choisissez une année de sa vie. (tu)*

2. **Transform the following sentences into commands. Use the same person.**
   1. *Tu écoutes la radio.*
   2. *Vous ne servez pas le café.*

3. *Nous finissons l'exercice.*
4. *Tu te connectes à Internet.*
5. *Vous ne dormez pas à la conférence.*
6. *Nous ne répondons pas à leur message.*

3. **Make the following commands in French.**
    1. Tell Pierre to buy this book. *(tu)*
    2. Tell a child not to eat too much chocolate.
    3. Tell your guests to finish their wine.
    4. Suggest that we choose a dessert.
    5. Tell your friend to sell his house.
    6. Suggest that we don't interrupt the match.

D. Answer Key

1. 1. *Fermez toutes les fenêtres.*
    2. *Recommence.*
    3. *Redémarrez votre ordinateur.*
    4. *Cliquons ici.*
    5. *Tape l'adresse de ce site web.*
    6. *Recherchons des renseignements sur Victor Hugo.*
    7. *Choisis une année de sa vie.*

2. 1. *Écoute la radio.*
    2. *Ne servez pas le café.*
    3. *Finissons l'exercice.*
    4. *Connecte-toi à Internet.*
    5. *Ne dormez pas à la conférence.*
    6. *Ne répondons pas à leur message.*

3. 1. *Achète ce livre, Pierre.*
    2. *Ne mange pas trop de chocolat.*
    3. *Finissez votre vin.*
    4. *Choisissons un dessert.*
    5. *Vends ta maison.*
    6. *N'interrompons pas le match..*

Translation of the dialogue:

Teacher: Now, turn your computer on. We are going to connect ourselves to the Internet.
Student: Sir, can you help me, please? I have a problem.
Teacher: All right. Close all your windows. That's it. Now let's start from the beginning again. Start your computer again. Then, click here. Here you go.
Student: Thank you, sir.
Teacher: All right, everybody, type the address of this web site and look for some information about Victor Hugo. Pick one year of his life.

The Imperative of Irregular Verbs

A.

The imperative forms of *faire, aller, venir, sortir,* and *partir* are the same as their present indicative forms, but the subject pronouns are omitted. Observe.

Be careful!	*Fais attention!*
Make corrections!	*Faites des corrections!*
Let's take a walk!	*Faisons une promenade!*
Go to the supermarket!	*Va au supermarché!*
Go see the doctor!	*Allez voir le médecin!*
Let's go to the movies!	*Allons au cinéma!*
Come with us!	*Viens avec nous!*
Come to the beach!	*Venez à la plage!*
Take out the dog!	*Sors le chien!*
Let's leave now!	*Partons maintenant!*

Other irregular verbs are just as easy in the imperative. Let's look at some examples.

It's raining; cover the chairs.	*Il pleut, couvrez les chaises.*
Offer coffee to our guests.	*Offre du café à nos invités.*
See what the problem is.	*Vois quel est le problème.*
Put the flowers in a vase.	*Mettez les fleurs dans un vase.*
Let's see what this is.	*Voyons ce que c'est.*
Let's drink some champagne.	*Buvons du champagne.*
It's true; believe me.	*C'est vrai, croyez-moi.*
Let's take our time.	*Prenons notre temps.*
Take this money.	*Prends cet argent.*

A few verbs, however, are completely irregular in the imperative. These are *avoir, être,* and *savoir,* which is rarely used in this form. Note that the *nous* form is not often used in everyday language. Observe these examples.

Have patience.	*Aie de la patience.*
Let's have courage.	*Ayons du courage.*
Have your swimsuit with you tomorrow.	*Ayez votre maillot de bain avec vous demain.*
Be a good boy/girl.	*Sois sage.*
Let's be on time.	*Soyez à l'heure.*
Be attentive.	*Soyez attentifs.*
Know that you are very wrong.	*Sache que tu as vraiment tort.*
Let's know how to wait.	*Sachons attendre.*
Know that I am leaving tonight.	*Sachez que je pars ce soir.*

B.

Read the following dialogue.

Stéphanie: *Qu'est-ce qui ne va pas, Jacques?*

Jacques: *Pierre est impossible. Il n'écoute jamais personne.*

Stéphanie: *Aie un peu de patience, Jacques, et sois compréhensif. Il est très fatigué.*

Jacques: *Soyons sérieux. Il ne travaille pas tant que ça!*

Stéphanie: *Pierre est très travailleur.*

Jacques: *Ah oui? Prenons par exemple ce rapport qu'il ne finit pas.*

Stéphanie: *Ce rapport est très complexe, crois-moi. Ayons confiance en lui, il peut réussir.*

Jacques: *Comme tu veux, voyons les résultats.*

C.

1. Rewrite the commands in the dialogue in the person indicated.

1. *Aie un peu de patience. (nous)*
2. *Sois compréhensif. (vous)*
3. *Soyons sérieux. (tu)*
4. *Prenons par exemple ce rapport. (tu)*
5. *Crois-moi. (vous)*
6. *Ayons confiance en lui. (vous)*
7. *Voyons les résultats. (tu)*

2. Transform the following sentences into commands. Use the same person.

1. *Tu viens avec nous.*
2. *Tu ne fais pas attention.*
3. *Vous mettez de l'argent à la banque.*
4. *Nous ne buvons pas de vin.*
5. *Vous avez confiance en lui.*
6. *Tu es travailleur.*
7. *Vous savez écouter.*

3. Give these commands in French.

1. Tell your mother to drink a cup of tea.
2. Tell the students to be patient.
3. Suggest that we all answer the letter.
4. Tell your sister to go to bed.
5. Suggest that we all go out now.
6. Tell your friend to know that he is right.

D. Answer Key

1. 1. *Ayons un peu de patience.*
   2. *Soyez compréhensif(s).*
   3. *Sois sérieux.*
   4. *Prends par exemple ce rapport.*
   5. *Croyez-moi.*

6. *Ayez confiance en lui.*
7. *Vois les résultats.*

2. 1. *Viens avec nous.*
   2. *Ne fais pas attention.*
   3. *Mettez de l'argent à la banque.*
   4. *Ne buvons pas de vin.*
   5. *Ayez confiance en lui.*
   6. *Sois travailleur.*
   7. *Sachez écouter.*

3. 1. *Bois une tasse de thé.*
   2. *Soyez patients.*
   3. *Répondons à la lettre.*
   4. *Va au lit.*
   5. *Sortons maintenant.*
   6. *Sache que tu as raison.*

Translation of the dialogue:

Stéphanie:	*What's the matter, Jacques?*
Jacques:	*Pierre is impossible. He never listens to anyone.*
Stéphanie:	*Be a little patient, Jacques, and be understanding. He is very tired.*
Jacques:	*Let's be real. He does not work that much!*
Stéphanie:	*Pierre is a hard worker.*
Jacques:	*Oh, really? Let's take for example that report he does not finish.*
Stéphanie:	*This report is very complex, believe me. Let's have faith in him; he can succeed.*
Jacques:	*As you wish; let's see the results.*

The Imperative of Pronominal Verbs

A.

With pronominal verbs in the imperative, the reflexive or reciprocal pronoun follows the verb. Observe.

Hurry up!	*Dépêchez-vous!*
Get up!	*Lève-toi!*
Let's get dressed!	*Habillons-nous!*
Let's call each other tomorrow!	*Téléphonons-nous demain!*
Go to that address!	*Rendez-vous à cette adresse!*
Use a diagram!	*Sers-toi d'un diagramme!*
Let's get onto the Internet!	*Connectons-nous à internet!*

Notice that the second person singular imperative takes a special pronoun.

Tu te lèves.	*Lève-toi!*
Tu t'assieds.	*Assieds-toi!*
Tu te sers.	*Sers-toi!*

Similarly, any indirect object pronoun in the first and second person singular takes a special form when used with a verb in the imperative. Let's look at a few examples.

Give me the book back.	*Rends-moi le livre.*
Give yourself time.	*Donne-toi du temps.*
Read him the letter.	*Lis-lui la lettre.*
Say hello to her.	*Dis-lui bonjour.*
Give them a fine.	*Donnez-leur une amende.*

In the negative imperative of pronominal verbs, the pronoun precedes the verb. Observe these examples.

Don't get up!	*Ne vous levez pas.*
Don't hurry up.	*Ne te dépêche pas.*
Let's not sit down.	*Ne nous asseyons pas.*
Let's not leave yet.	*Ne nous en allons pas encore.*
Don't get dressed now.	*Ne vous habillez pas maintenant.*
Don't put yourself in that position.	*Ne te mets pas dans cette position.*

B.
Read the following dialogue.

Michel:	*Dépêche-toi, le film va bientôt commencer.*
Pauline:	*Est-ce qu'il y a encore des billets?*
Michel:	*Ne t'inquiète pas. Il y en a certainement. Assieds-toi sur le banc, je m'occupe des billets.*
Pauline:	*Ce programme est-il gratuit?*
Jacques:	*Oui, servez-vous, Madame!*
Pauline:	*Il n'y a plus de billets. Nous pouvons voir autre chose: décidons-nous vit!*
Michel:	*Il n'y a rien de bien: allons-nous-e!*

C.
1. Rewrite the commands in the dialogue in the person indicated.
   1. *Dépêche-toi. (nous)*
   2. *Ne t'inquiète pas. (vous)*
   3. *Assieds-toi sur le banc. (nous)*
   4. *Servez-vous. (tu)*
   5. *Décidons-nous vite. (tu)*
   6. *Allons-nous-en. (vous)*

2. Make the following commands in French:

1. Tell the tourists to hurry up.
2. Tell your sister to sit down.
3. Suggest that you help yourselves.
4. Tell your friends to make up their minds.
5. Suggest that you call each other.
6. Tell your son not to get up.

3. Change the following sentences to commands. Use the same person.

1. *Tu t'en vas maintenant.*
2. *Vous leur donnez votre adresse.*
3. *Tu me rends visite.*
4. *Nous ne nous habillons pas encore.*
5. *Tu te laves tous les jours.*
6. *Vous m'appelez le dimanche.*

D. Answer Key

1. 1. *Dépêchons-nous.*
   2. *Ne vous inquiétez pas.*
   3. *Asseyons-nous sur le banc.*
   4. *Sers-toi.*
   5. *Décide-toi vite.*
   6. *Allez-vous-en.*

2. 1. *Dépêchez-vous.*
   2. *Assieds-toi.*
   3. *Servons-nous.*
   4. *Décidez-vous.*
   5. *Téléphonons-nous.*
   6. *Ne te lève pas.*

3. 1. *Va-t-en maintenant.*
   2. *Donnez-leur votre adresse.*
   3. *Rends-moi visite.*
   4. *Ne nous habillons pas encore.*
   5. *Lave-toi tous les jours.*
   6. *Appelez-moi le dimanche.*

Translation of the dialogue:

Michel:	Hurry up, the movie is going to start soon.
Pauline:	Are there still tickets?
Michel:	Don't worry. There must be some. Sit down on the bench; I am taking care of the tickets.
Pauline:	Is this program free?
Jacques:	Yes, help yourself, madam!

Pauline:	There are no more tickets. We can see something else: let's decide quickly!
Michel:	There is nothing good; let's go!

The Present Participle

A.

The present participle is used to express an ongoing background action, such as "while walking" or "as I was reading." In French, the formation of the present participle is easy. All verbs, except *être*, *avoir*, and *savoir*, add *-ant* to the stem of the first person plural form. Observe.

Nous faisons des fautes.	*Faisant des fautes . . .*
Nous finissons l'examen.	*Finissant l'examen . . .*
Nous mangeons des fruits.	*Mangeant des fruits . . .*
Nous commençons la conférence.	*Commençant la conférence . . .*
Nous servons le café.	*Servant le café . . .*

Être, avoir, and *savoir* are exceptions.

Nous savons parler français.	*Sachant parler français . . .*
Nous avons le temps.	*Ayant le temps . . .*
Nous sommes contents.	*Étant contents . . .*

Here are a few example sentences.

We buy a sandwich as we go to the beach.	*Nous achetons un sandwich en allant à la plage.*
He gets the newspaper as he takes out the dog.	*Il prend le journal en sortant le chien.*
I get dressed while listening to the radio.	*Je m'habille en écoutant la radio.*

Note that the present participle is usually introduced by *en*. When the present participle begins a sentence, it indicates cause. Observe.

Knowing Pierre, I am not surprised.	*Connaissant Pierre, je ne suis pas étonné.*
Being a foreigner, I don't know where the post office is.	*Etant étranger, je ne sais pas où est la poste.*

B.

Read this dialogue.

Paul:	*Isabelle, je dois te raconter une histoire bizarre.*
Isabelle:	*Raconte-moi en marchant.*

Paul:	*En allant à mes cours aujourd'hui, je rencontre Pierre.*
Isabelle:	*Que dit-il?*
Paul:	*Il est distrait et, ne me reconnaissant pas, il me dit "Bonjour, Monsieur".*
Isabelle:	*Sachant qu'il est très préoccupé, je ne suis pas étonnée.*
Paul:	*Oui, je sais, sa vie est impossible en ce moment.*
Isabelle:	*Comment ça?*
Paul:	*Il commet des erreurs en travaillant, il mange en courant, il s'habille en se lavant.*
Isabelle:	*Pauvre Pierre! Je vais lui téléphoner en rentrant.*

C.

1. Find all the present participles in the dialogue and for each, give the corresponding infinitive form. Look at this example.

marchant: marcher

2. Combine the two sentences by putting the second verb in the present participle form, as in the example.

Nous parlons de cinéma. Nous faisons une promenade.   *Nous parlons de cinéma en faisant une promenade.*

1. *Tu manges un sandwich. Tu regardes la télévision.*
2. *Il achète le journal. Il passe devant le magasin.*
3. *Elle nous appelle. Elle ouvre la porte.*
4. *Vous descendez la rue. Vous courez.*
5. *Nous parlons. Nous dormons.*
6. *J'ouvre mon courrier. Je me sers d'un coupe-papier.*

3. Combine the two sentences by putting the first verb in the present participle, as in the example.

Nous connaissons Pierre. Nous ne sommes pas surpris.   *Connaissant Pierre, nous ne sommes pas surpris.*

1. *Il fait beaucoup de sport. Il garde la forme.*
2. *Vous êtes d'origine italienne. Vous comprenez bien l'italien.*
3. *Nous lisons le journal tous les jours. Nous nous tenons informés des dernières nouvelles.*
4. *Je sais la vérité. Je ne suis pas étonnée.*
5. *Tu as quatre enfants. Tu es toujours très occupée.*

D. Answer Key

1. 1. *allant: aller/ reconnaissant: reconnaître/ sachant: savoir/ travaillant: travailler/ courant: courir/ se lavant: se laver/ rentrant: rentrer*

2. 1. *Tu manges un sandwich en regardant la télévision.*
   2. *Il achète le journal en passant devant le magasin.*

3. *Elle nous appelle en ouvrant la porte.*
4. *Vous descendez la rue en courant.*
5. *Nous parlons en dormant.*
6. *J'ouvre mon courrier en me servant d'un coupe-papier.*

3. 1. *Faisant beaucoup de sport, il garde la forme.*
2. *Etant d'origine italienne, vous comprenez bien l'italien.*
3. *Lisant le journal tous les jours, nous nous tenons informés des dernières nouvelles.*
4. *Sachant la vérité, je ne suis pas étonnée.*
5. *Ayant quatre enfants, tu es toujours très occupée.*

Translation of the dialogue:

Paul:	*Isabelle, I must tell you a bizarre story.*
Isabelle:	*Tell me as we walk.*
Paul:	*On my way to class today, I meet Pierre.*
Isabelle:	*And what does he say?*
Paul:	*He is distracted and, not recognizing me, he says "Hello, sir," to me.*
Isabelle:	*Knowing that he is very preoccupied, I am not surprised.*
Paul:	*Yes, I know; his life is impossible right now.*
Isabelle:	*In what way?*
Paul:	*He makes mistakes while he works; he eats as he runs; he dresses as he washes.*
Isabelle:	*Poor Pierre! I am going to call him when I get home.*

SPEAKING ABOUT THE FUTURE

The Future Tense of Regular Verbs

A.

To form the future tense of regular verbs, add the endings -*ai*, -*as*, -*a*, -*ons*, -*ez*, and -*ont* to the infinitive. Verbs with -*re* endings drop the final -*e* before adding the ending. Let's practice with a familiar verb: *manger*, "to eat."

I will eat	*je mangerai*
I will eat with you.	*Je mangerai avec vous.*
you will eat	*tu mangeras*
You will eat well in Paris.	*Tu mangeras bien à Paris.*
he will eat	*il mangera*
He will eat at eight.	*Il mangera à huit heures.*
we will eat	*nous mangerons*
We will eat at the restaurant.	*Nous mangerons au restaurant.*
you will eat	*vous mangerez*
You will eat poorly in this pizzeria.	*Vous mangerez mal dans cette pizzeria.*
they will eat	*elles mangeront*
They will eat a cold meal.	*Elles mangeront un repas froid.*

Here are a few example sentences with other regular verbs.

We will listen to his speech.	*Nous écouterons son discours.*
You will watch the program.	*Vous regarderez l'émission.*
They will begin at eight.	*Ils commenceront à huit heures.*
I will finish work at six.	*Je finirai le travail à six heures.*
She will choose a class.	*Elle choisira un cours.*
You will hate that hotel.	*Vous détesterez cet hôtel.*
I will take a vacation.	*Je prendrai des vacances.*
The trees will turn yellow.	*Les arbres jauniront.*
He will put the suitcases in the car.	*Il mettra les valises dans la voiture.*
They will sleep in the train.	*Ils dormiront dans le train.*

B.

Read the following dialogue.

Benjamin: *Préparons notre voyage à Paris. Nous partirons à sept heures mercredi soir.*

Laetitia:	Quand arriverons-nous?
Benjamin:	L'avion arrivera tôt le matin. Nous passerons la douane rapidement, puis nous prendrons un taxi pour aller à l'hôtel.
Laetitia:	Ah très bien! Je dormirai à l'hôtel!
Benjamin:	Pas du tout! Nous nous changerons rapidement et sortirons visiter les musées avant la fermeture.
Laetitia:	Tu es fou!

C.

1. **Fill in the blanks in the summary of the dialogue using the appropriate verb in the future.**

   Benjamin et Laetitia ___ pour Paris à sept heures mercredi soir. Ils ___ tôt le jeudi matin à l'aéroport, ___ la douane rapidement, puis ___ un taxi pour aller à l'hôtel. Mais Laetitia ne ___ pas à l'hôtel car ils ___ rapidement et ___ visiter les musées avant la fermeture.

2. **Answer the questions using the cues. Use future tense.**
   1. Est-ce que vous arriverez à trois heures? (non, je)
   2. Est-ce que tu comprendras les explications? (oui, je)
   3. Est-ce que les touristes dormiront dans l'avion? (oui, ils)
   4. Est-ce que vous mangerez rapidement? (oui, nous)
   5. Est-ce que Patrick lira votre lettre? (non, il)

3. **Translate into French using the future.**
   1. You will answer the teacher's questions. (tu)
   2. We will finish at 8 p.m.
   3. They will not like Paris.
   4. I will hurry up.
   5. She won't take the subway.

D. Answer Key

1. Benjamin et Laetitia partiront pour Paris à sept heures mercredi soir. Ils arriveront tôt le jeudi matin à l'aéroport, passeront la douane rapidement, puis prendront un taxi pour aller à l'hôtel. Mais Laetitia ne dormira pas à l'hôtel car ils se changeront rapidement et sortiront visiter les musées avant la fermeture.

2. 1. Non, je n'arriverai pas à trois heures.
   2. Oui, je comprendrai les explications.
   3. Oui, ils dormiront dans l'avion.
   4. Oui, nous mangerons rapidement.
   5. Non, il ne lira pas votre lettre.

3. 1. Tu répondras aux questions du professeur.
   2. Nous finirons à 8 heures du soir/ à 20 heures.
   3. Ils n'aimeront pas Paris.

4. *Je me dépêcherai.*
5. *Elle ne prendra pas le métro.*

Translation of the dialogue:

Benjamin:	*Let's prepare our stay in Paris. We will leave at seven Wednesday night.*
Laetitia:	*When will we get there?*
Benjamin:	*The plane will get there early in the morning. We will quickly go through customs, then we will take a taxi to the hotel.*
Laetitia:	*Very good! I will sleep at the hotel.*
Benjamin:	*Not at all! We will get changed quickly and go out to visit the museums before closing time.*
Laetitia:	*You are crazy!*

Irregular Forms of the Future

A.

Être, avoir, faire, and *aller* take the usual future endings, but have an irregular stem. We will conjugate these verbs alternately.

I will be	*je serai*
I will be on time.	*Je serai à l'heure.*
you will have	*tu auras*
You will have some free time.	*Tu auras du temps libre.*
she will do	*elle fera*
She will do the work.	*Elle fera le travail.*
we will go	*nous irons*
We will go see that movie.	*Nous irons voir ce film.*
you will be	*vous serez*
You will be welcome.	*Vous serez les bienvenus.*
they will have	*ils auront*
They will have all sorts of problems.	*Ils auront toutes sortes de problèmes.*

B.

Read the following dialogue.

Philippe:	*Salut, Françoise. Connais-tu la nouvelle?*
Françoise:	*Non, quelle nouvelle?*
Philippe:	*Monsieur Martin fera bientôt une exposition de ses dernières photographies.*
Françoise:	*Vraiment, où?*

Philippe:	Ce sera dans une petite galerie près des Halles.
Françoise:	Merveilleux! Est-ce qu'il y aura aussi quelques anciennes photos?
Philippe:	Non, je ne crois pas. Elles seront toutes inédites.
Françoise:	Est-ce que nous irons tous au vernissage?
Philippe:	Bien sûr.
Françoise:	Monsieur Martin sera vraiment très heureux. J'irai le voir demain pour le féliciter.

C.

1. Answer these questions about the dialogue in French.
1. What's the news?
2. Where will the exhibit take place?
3. Will there also be some old photographs there?
4. Will Françoise and Philippe go to the opening?
5. What will Françoise do tomorrow?

2. Answer the questions using the cues.
1. *Que ferez-vous demain? (je, aller au cinéma)*
2. *Est-ce que tu seras à l'heure? (non, en retard)*
3. *Est-ce que Pierre et Françoise iront voir l'exposition? (oui)*
4. *Est-ce que j'aurai le temps de préparer la lettre? (non, tu)*
5. *Est-ce que nous ferons des fautes? (oui, nous)*

3. Put the verbs between parentheses in appropriate form of the future.
1. *Je (ne pas faire) ma valise ce soir.*
2. *Ils (être) fiers de leur fils.*
3. *Vous (avoir) la réponse demain.*
4. *Tu (être) contente de le voir.*
5. *Nous (faire) bientôt le tour du monde.*
6. *Elle (ne pas avoir) ses examens.*

D. Answer Key

1. 1. *Monsieur Martin fera bientôt une exposition de ses dernières photographies.*
2. *Ce sera dans une petite galerie près des Halles.*
3. *Non, elles seront toutes inédites.*
4. *Oui, ils iront tous au vernissage.*
5. *Elle ira voir monsieur Martin pour le féliciter.*

2. 1. *J'irai au cinéma.*
2. *Non, je serai en retard.*
3. *Oui, ils iront voir l'exposition.*
4. *Non, tu n'auras pas le temps de préparer la lettre.*
5. *Oui, nous ferons des fautes.*

3. 1. *Je ne ferai pas ma valise ce soir.*
2. *Ils seront fiers de leur fils.*

3. *Vous aurez la réponse demain.*
4. *Tu seras contente de le voir.*
5. *Nous ferons bientôt le tour du monde.*
6. *Elle n'aura pas ses examens.*

Translation of the dialogue:

Philippe:	Hi, Françoise. Do you know the news?
Françoise:	No, what news?
Philippe:	Mr. Martin will soon have an exhibit of his latest photographs.
Françoise:	Really, where?
Philippe:	It will take place in a little gallery near the Halles.
Françoise:	Marvelous! Will there be some old photographs, too?
Philippe:	I don't think so. They will all be new ones.
Françoise:	Will we all go to the opening?
Philippe:	Of course.
Françoise:	Monsieur Martin will certainly be very happy. I will go see him tomorrow to congratulate him.

More Irregular Futures

A.

Venir, savoir, pouvoir, vouloir, and *falloir* also change their stem in the future tense. Observe.

I will come	*je viendrai*
I will come to your house.	*Je viendrai chez vous.*
you will know	*tu sauras*
You will know how to speak French.	*Tu sauras parler français.*
she will be able to	*elle pourra*
She will be able to catch a plane.	*Elle pourra prendre un avion.*
we will want	*nous voudrons*
We will want to reserve a room.	*Nous voudrons réserver une chambre.*
you will come	*vous viendrez*
You will come to Paris this winter.	*Vous viendrez à Paris cet hiver.*
they will know	*ils sauront*
They will know how to answer this letter.	*Ils sauront comment répondre à cette lettre.*

Falloir, used only in the third person singular, follows a similar pattern. Let's look at a few example sentences.

It will be necessary to correct this letter.	*Il faudra corriger cette lettre.*
It will be necessary to leave early.	*Il faudra partir de bonne heure.*
It will be necessary to call the hotel.	*Il faudra téléphoner à l'hôtel.*

Voir and *envoyer* have a similar future form.

I will see you tomorrow.	*Je vous verrai demain.*
You will send the package.	*Tu enverras le paquet.*
He will see his mistakes.	*Il verra ses fautes.*
We will send you an e-mail.	*Nous vous enverrons un mail.*
You will see that it's true.	*Vous verrez que c'est vrai.*
They will send their best wishes.	*Ils enverront leurs meilleurs vœux.*

B.

Read the following dialogue.

Isabelle: *Quand est-ce que Marc et Elise viendront?*
Claude: *Ils arriveront jeudi matin.*
Isabelle: *Est-ce que nous pourrons les voir?*
Claude: *Oui, mais ils seront certainement très occupés.*
Isabelle: *Pourquoi?*
Claude: *Tu verras! Marc voudra aller dans les musées, au théâtre, au restaurant, etc.*
Isabelle: *Comment saurons-nous quand les retrouver?*
Claude: *Il faudra appeler l'hôtel.*

C.

1. Answer these questions about the dialogue in French.

1. When will Marc and Elise arrive?
2. Will Isabelle be able to see them?
3. Why will Marc and Elise be very busy?
4. What will they have to do to know when to meet them?

2. Answer the questions using the cues.

1. *Qu'est-ce que vous pourrez faire demain? (je, aller au cinéma)*
2. *Qu'est-ce que Pierre et Maria voudront faire? (ils, se promener)*
3. *Est-ce que tu sauras parler français correctement? (non)*
4. *Qu'est-ce que nous enverrons par la poste? (vous, un colis)*
5. *Est-ce que vous viendrez demain? (oui, nous)*

3. Put the verbs in parentheses in the appropriate form of the future.

1. *Je (envoyer) une invitation à tout le monde.*
2. *Ils (voir) la Tour Eiffel.*
3. *Tu (ne pas venir) au vernissage.*

4. *Nous (pouvoir) leur téléphoner ce soir.*

5. *Vous (ne pas savoir) la vérité.*

6. *Il (falloir) trouver un hôtel.*

D. Answer Key

1. 1. *Ils arriveront jeudi matin.*

   2. *Oui, elle pourra les voir.*

   3. *Ils seront très occupés parce que Marc voudra aller dans les musées,*
     au théâtre, au restaurant, etc.

   4. *Il faudra appeler l'hôtel.*

2. 1. *Je pourrai aller au cinéma.*

   2. *Ils voudront se promener.*

   3. *Je ne saurai pas parler français correctement.*

   4. *Vous enverrez un colis.*

   5. *Oui, nous viendrons demain.*

3. 1. *J'enverrai une invitation à tout le monde.*

   2. *Ils verront la Tour Eiffel.*

   3. *Tu ne viendras pas au vernissage.*

   4. *Nous pourrons leur téléphoner ce soir.*

   5. *Vous ne saurez pas la vérité.*

   6. *Il faudra trouver un hôtel.*

Translation of the dialogue:

Isabelle:	When will Marc and Elise come?
Claude:	They will arrive Thursday morning.
Isabelle:	Will we be able to see them?
Claude:	Yes, but they will certainly be very busy.
Isabelle:	Why?
Claude:	You'll see! Marc will want to go to museums, to the theater, to restaurants, etc.
Isabelle:	How will we know when to meet them?
Claude:	We will have to call the hotel.

Le futur proche

A.

There is another form of the future called the *futur proche*. It corresponds to the English "I am going to." The *futur proche* consists of the present indicative of the verb *aller*, "to go," and the infinitive of the main verb. Observe.

I am going to prepare dinner.	*Je vais préparer le dîner.*
You are going to have a headache.	*Tu vas avoir mal à la tête.*

She is going to start her architectural firm.	*Elle va monter son cabinet d'architectes.*
We are going to call right away.	*Nous allons téléphoner tout de suite.*
You are going to know the answer.	*Vous allez savoir la réponse.*
They are going to rent a car.	*Ils vont louer une voiture.*

In the negative, the *futur proche* places *ne pas* around the verb *aller*. Let's look at a few example sentences.

We are not going to stay.	*Nous n'allons pas rester.*
You are not going to repeat that mistake.	*Tu ne vas pas répéter cette erreur.*
They are not going to like the hotel.	*Ils ne vont pas aimer l'hôtel.*

B.
Read this dialogue.

Marc: Nous allons arriver à l'hôtel, poser les valises, faire notre toilette rapidement et sortir.

Elise: Non, Marc. Tu vas sortir. Moi, je vais prendre un bon bain, manger quelque chose et dormir un peu.

Marc: Enfin, Elise, tu ne vas pas dormir pendant tout le voyage!

Elise: Il va falloir se reposer un peu.

C.
1. Answer the following questions about the dialogue.
1. *Qu'est-ce que Marc va faire en arrivant à l'hôtel?*
2. *Est-ce que Marc et Elise vont sortir tous les deux?*
3. *Que va faire Elise?*
4. *Quelle est la conclusion d'Elise?*

2. Rephrase the following sentences using the *futur proche,* as in the example.

Nous irons au cinéma.   *Nous allons aller au cinéma.*

1. *Je viendrai demain.*
2. *Nous pourrons nous rendre à la banque.*
3. *Nous dînerons au restaurant.*
4. *Elle voudra passer l'examen.*
5. *Je verrai si c'est possible.*

3. Translate into French using the *futur proche* and the form of the verb indicated by the cue.
1. They are not going to eat at this restaurant. (*ils*)
2. You are going to have a bath. (*vous*)

3. You are not going to choose your new school. (*tu*)
4. I am going to finish late tonight.
5. Are they going to go to the theater? (*elles*)

D. Answer Key

1. 1. *Marc va poser les valises, faire sa toilette rapidement et sortir.*
2. *Non, ils ne vont pas sortir tous les deux./ Marc va sortir seul.*
3. *Elle va prendre un bon bain, manger quelque chose et dormir un peu.*
4. *Il va falloir se reposer un peu.*

2. 1. *Je vais venir demain.*
2. *Nous allons pouvoir nous rendre à la banque.*
3. *Nous allons dîner au restaurant.*
4. *Elle va vouloir passer l'examen.*
5. *Je vais voir si c'est possible.*

3. 1. *Ils ne vont pas manger dans ce restaurant.*
2. *Vous allez prendre un bain.*
3. *Tu ne vas pas choisir ta nouvelle école.*
4. *Je vais finir tard ce soir.*
5. *Vont-elles/ Est-ce qu'elles vont aller au théâtre?*

Translation of the dialogue:

Marc: We are going to get to the hotel, put down the luggage, wash quickly and go out.

Elise: No, Marc. You are going out. I am going to take a nice bath, eat something and sleep a little.

Marc: Come on, Elise, you are not going to sleep during the whole trip!

Elise: We will have to rest a little.

SPEAKING ABOUT THE PAST

The Imperfect: *l'imparfait*

A.

The imperfect, *l'imparfait,* is used for descriptions in the past, and for actions that are repeated or continuous and have no set starting and finishing points. The imperfect endings for all verbs are *-ais, -ais, -ait, -ions, -iez, -aient.* Let's practice the imperfect with *parler.*

I was speaking*	*je parlais*
I was speaking with a friend.	*Je parlais avec un ami.*
you were speaking	*tu parlais*
You were speaking with passion.	*Tu parlais avec passion.*
she was speaking	*elle parlait*
She was speaking incessantly.	*Elle parlait sans cesse.*
we were speaking	*nous parlions*
We were speaking slowly.	*Nous parlions lentement.*
you were speaking	*vous parliez*
Were you speaking French?	*Parliez-vous français?*
they were speaking	*ils parlaient*
They were speaking on the phone.	*Ils parlaient au téléphone.*

Verbs ending in *-ier,* like *étudier,* double the *i* in the first and second person plural.

We were studying French when we were in Paris.	*Nous étudiions le français quand nous étions à Paris.*
Did you use to study Greek when you were young?	*Vous étudiiez le grec quand vous étiez jeune?*

Most verbs form their imperfect stem from the first person plural, *nous.* Observe.

We were finishing our work.	*Nous finissions notre travail.*
We were taking a rest.	*Nous prenions du repos.*

* The imperfect can be translated into English with such forms as "I spoke, I was speaking" or "I used to speak."

We had a house on the seashore.	*Nous avions une maison au bord de la mer.*
I often came to see them.	*Je venais souvent les voir.*
You were going to the bank?	*Tu allais à la banque?*
We were not able to understand him.	*Nous ne pouvions pas le comprendre.*
They wanted to buy the company.	*Ils voulaient acheter l'entreprise.*

Être forms its imperfect with the stem *ét-*.

| You were furious yesterday. | *Vous étiez furieux hier.* |
| I was sure that it was the right answer. | *J'étais sûr que c'était la bonne réponse.* |

B.

Read this dialogue.

Paul:	*Ça va mieux, Karine? Tu étais furieuse hier!*
Karine:	*J'essayais de faire mes comptes.*
Paul:	*Et alors?*
Karine:	*Il y avait toutes sortes de problèmes.*
Paul:	*Par exemple?*
Karine:	*Il y avait des erreurs dans les comptes.*
Paul:	*C'est tout?*
Karine:	*Non, en plus, le téléphone sonnait sans cesse.*
Paul:	*Il fallait le débrancher!*
Karine:	*Oui, mais en plus, les voisins se disputaient et . . .*
Paul:	*Pauvre Karine!*

C.

1. **Fill in the blanks in the summary of the dialogue using the appropriate verb in the imperfect.**

   Hier, Karine ___ furieuse parce qu'elle ___ de faire ses comptes et qu'il y ___ toutes sortes de problèmes. Il y ___ des erreurs, le téléphone ___ sans cesse et ses voisins ___.

2. **Answer the following questions using the cues.**
   1. *Est-ce que vous étiez à Paris en mars? (non, je, en juin)*
   2. *Est-ce que nous avions raison? (oui, vous)*
   3. *Est-ce qu'Emmanuel se levait tôt à Tokyo? (oui, il)*
   4. *Est-ce que tu dormais ce matin? (non, je)*
   5. *Est-ce que vous étudiiez à l'université? (oui, nous)*

3. **Put the verbs in parentheses in the appropriate form of the imperfect.**
   1. *Hier, Paul et Karine (être) très en retard.*

2. *Je (partir) toujours à la mer quand je (être) petit parce que mes parents (avoir) une maison à Deauville.*

3. *Quand mon oncle (venir) à la maison, il (faire) toujours des remarques à mon frère et moi et nous (ne pas apprécier).*

4. *Est-ce que vous (habiter) Paris en 1998?*

5. *Tu (ne jamais arriver) à l'heure.*

D. Answer Key

1. *Hier, Karine était furieuse parce qu'elle essayait de faire ses comptes et qu'il y avait toutes sortes de problèmes. Il y avait des erreurs, le téléphone sonnait sans cesse et ses voisins se disputaient.*

2.
1. *Non, j'étais à Paris en juin.*
2. *Oui, vous aviez raison.*
3. *Oui, il se levait tôt.*
4. *Non, je ne dormais pas.*
5. *Oui, nous étudiions à l'université.*

3.
1. *Hier, Paul et Karine étaient très en retard.*
2. *Je partais toujours à la mer quand j'étais petit parce que mes parents avaient une maison à Deauville.*
3. *Quand mon oncle venait à la maison, il faisait toujours des remarques à mon frère et moi et nous n'appréciions pas.*
4. *Est-ce que vous habitiez à Paris en 1998?*
5. *Tu n'arrivais jamais à l'heure.*

Translation of the dialogue:

Paul:	Are things better, Karine? You were furious yesterday!
Karine:	I was trying to balance my accounts.
Paul:	And?
Karine:	There were all sorts of problems.
Paul:	For instance?
Karine:	The numbers were incorrect.
Paul:	That's all?
Karine:	No, on top of that, the phone was ringing constantly.
Paul:	You should have unplugged it!
Karine:	Yes, but on top of it, the neighbors were arguing and . . .
Paul:	Poor Karine!

The *passé composé*: Forming Past Participles

A.

The *passé composé* corresponds to the English present perfect or simple past, and translates sentences such as "I have eaten" or "I heard." It is formed with the present indicative of either *avoir* or *être* and the past participle of the main verb. Let's first focus on verbs using *avoir* as their auxiliary. First, look at the conjugation of *manger*, "to eat."

I have eaten	*j'ai mangé*
I ate at that restaurant.	*J'ai mangé dans ce restaurant.*
you have eaten	*tu as mangé*
You ate the whole cake.	*Tu as mangé tout le gâteau.*
she has eaten	*elle a mangé*
She ate badly.	*Elle a mal mangé.*
we ate	*nous avons mangé*
We have never eaten that dish.	*Nous n'avons jamais mangé ce plat.*
you ate	*vous avez mangé*
You have already eaten Chinese food.	*Vous avez déjà mangé de la cuisine chinoise.*
they have eaten	*ils ont mangé*
They ate up their savings	*Ils ont mangé leurs économies.*

The past participle of all *-er* verbs ends in *-é,* of regular *-ir* verbs in *-i,* and regular *-re* verbs in *-u.* Let's have a look at some examples.

I watched television.	*J'ai regardé la télévision.*
You went to the beach.	*Tu es allé à la plage.*
The student has slept in class.	*L'étudiant a dormi en classe.*
We finished our exams.	*Nous avons fini nos examens.*
The trees have already turned yellow.	*Les arbres ont déjà jauni.*
You returned the books.	*Vous avez rendu les livres.*
I answered his letter.	*J'ai répondu à sa lettre.*

Note that to form a negative sentence, *ne...pas* is put around the auxiliary. Observe.

I didn't hear the bell.	*Je n'ai pas entendu la sonnerie.*
He didn't speak French with him.	*Il n'a pas parlé français avec lui.*
We didn't choose the hotel.	*Nous n'avons pas choisi l'hôtel.*

The *passé composé* expresses past actions that happened only once, followed each other in rapid succession, or were limited by a starting or finishing point.

He came into the classroom.	*Il est entré dans la classe.*
Then, he said "hello."	*Puis, il a dit "bonjour".*

Then, he sat down.	*Puis, il s'est assis.*
Then, he opened his notebook.	*Puis, il a ouvert son cahier.*
And finally he began the lesson.	*Et enfin il a commencé la leçon.*

B.

Read the following dialogue:

Louis: *Alors, qu'est-ce qu'ils ont visité hier?*
Claire: *Ils ont visité des musées puis ils ont mangé dans un bon restaurant.*
Louis: *Et le soir?*
Claire: *Ils ont choisi une pièce de théâtre intéressante.*
Louis: *Est-ce qu'ils ont aimé la pièce?*
Claire: *Oui.*
Louis: *Et ce matin, à quelle heure ont-ils quitté l'hôtel?*
Claire: *Ils ont commencé leurs visites à huit heures.*
Louis: *Huit heures! Ils n'ont pas dormi, alors?*
Claire: *Marc n'a jamais dormi plus de cinq heures par nuit!*

C.

1. Answer the following questions about the dialogue in French.
   1. What did they visit yesterday?
   2. Where did they eat?
   3. Did they like the play?
   4. What time did they leave the hotel this morning?
   5. Did they sleep a lot?

2. Answer the following questions using the cues.
   1. *Quand as-tu fini ton travail? (je, à six heures)*
   2. *Quand avez-vous commencé à apprendre le français? (nous, cette semaine)*
   3. *Quand a-t-il acheté sa maison? (l'année dernière)*
   4. *Est-ce que vous avez bien dormi? (non, je, mal)*
   5. *A qui ai-je téléphoné hier? (tu, à Pierre)*

3. Put the verbs in parentheses in the apppropriate form of the *passé compose*. Use *avoir* as the auxiliary.
   1. *Ils (ne pas appeler) la police.*
   2. *Est-ce qu'il (choisir) un métier?*
   3. *Je (ne pas jouer) aux cartes hier.*
   4. *Nous (attendre) toute la nuit.*
   5. *Tu (maigrir) depuis septembre.*
   6. *Vous (interrompre) notre conversation.*

D. Answer Key
1. 1. *Ils ont visité des musées.*
     2. *Ils ont mangé dans un bon restaurant.*

3. *Oui, ils ont aimé la pièce.*
4. *Ils ont quitté l'hôtel à huit heures ce matin.*
5. *Non, ils n'ont pas beaucoup dormi.*

2. 1. *J'ai fini mon travail à six heures.*
2. *Nous avons commencé à apprendre le français cette semaine.*
3. *Il a acheté sa maison l'année dernière.*
4. *Non, j'ai mal dormi.*
5. *Tu as téléphoné à Pierre.*

3. 1. *Ils n'ont pas appelé la police.*
2. *Est-ce qu'il a choisi un métier?*
3. *Je n'ai pas joué aux cartes hier.*
4. *Nous avons attendu toute la nuit.*
5. *Tu as maigri depuis septembre.*
6. *Vous avez interrompu notre conversation.*

Translation of the dialogue:

Louis:	So, what did they visit yesterday?
Claire:	They visited museums, and they ate in a good restaurant.
Louis:	And at night?
Claire:	They picked an interesting play.
Louis:	Did they like the play?
Claire:	Yes.
Louis:	And this morning, at what time did they leave the hotel?
Claire:	They began visits at eight o'clock.
Louis:	Eight o'clock! So they didn't sleep?
Claire:	Marc has never slept more than five hours a night.

Irregular Past Participles

A.

Irregular past participles follow no set pattern and must be memorized. Many end with the vowel *-u*. Let's look at examples.

to be able to	*pouvoir*
We were able to catch the train.	*Nous avons pu prendre le train.*
to want to	*vouloir*
He wanted to meet you now.	*Il a voulu vous rencontrer maintenant.*
to know	*savoir*
They knew how to solve the problem right away.	*Ils ont su résoudre le problème tout de suite.*

to be necessary	*falloir*
It was necessary to call 911.	*Il a fallu appeler police secours.*
to know	*connaître*
They lived during the war. (lit.: they knew the war)	*Ils ont connu la guerre.*
to have	*avoir*
I had a brilliant idea.	*J'ai eu une idée géniale.*
to read	*lire*
She has read all his books.	*Elle a lu tous ses livres.*

Être, écrire, dire, mettre, faire, and *prendre* are some of the exceptions. Observe.

We have been sick.	*Nous avons été malades.*
Did you write this novel?	*Avez-vous écrit ce roman?*
What did he say?	*Qu'est-ce qu'il a dit?*
I put the suitcases in the car.	*J'ai mis les bagages dans la voiture.*
They have done their homework.	*Ils ont fait leurs devoirs.*
Did you take the subway?	*As-tu pris le métro?*
We understood him very well.	*Nous l'avons très bien compris.*

B.
Read this dialogue.

Pauline:	*Tu as entendu la dernière de Marc et Elise?*
Christophe:	*Non, est-ce qu'ils ont eu un problème?*
Pauline:	*Oui, ils ont voulu aller au Bois de Boulogne mais il pleuvait.*
Christophe:	*Ce n'est pas tragique!*
Pauline:	*Non, mais ensuite ils n'ont pas pu trouver de taxi.*
Christophe:	*Et le métro, alors?*
Pauline:	*Justement, il leur a fallu prendre le métro et ils n'ont pas retrouvé leur station.*
Christophe:	*Dans le métro parisien? Avec tous les plans?*

C.
1. **Answer the following questions about the dialogue in French.**
    1. Did Marc and Elise have a problem?
    2. What did they want to do?
    3. Were they able to find a taxi?
    4. How did they get back?
    5. What happened to them in the metro?

2. Answer the questions using the cues.

1. *Qu'est-ce que tu as vu? (une bonne émission)*
2. *Avez-vous compris la leçon? (oui, nous)*
3. *Où as-tu mis les valises? (dans la voiture)*
4. *A-t-il fallu prendre un taxi? (non, le bus)*
5. *Qu'est-ce que vous avez entendu? (nous, la sonnerie)*

3. Conjugate the verbs between parentheses in the *passé composé*.

1. *Je (ne pas savoir) la vérité.*
2. *Elle (ne pas pouvoir) rentrer chez elle.*
3. *Nous (avoir) beaucoup de pluie.*
4. *Est-ce que vous (faire) vos valises?*
5. *Ils (ne pas écrire) à leurs parents.*
6. *Tu (être) très étonné quand tu (voir) arriver Pierre.*

D. Answer Key

1. 1. *Oui, ils ont eu un problème.*
   2. *Ils ont voulu aller au Bois de Boulogne.*
   3. *Non, ils n'ont pas pu trouver de taxi.*
   4. *Ils ont pris le métro./ Il leur a fallu prendre le métro.*
   5. *Ils n'ont pas retrouvé leur station.*

2. 1. *J'ai vu une bonne émission.*
   2. *Oui, nous avons compris la leçon.*
   3. *J'ai mis les valises dans la voiture.*
   4. *Non, il a fallu prendre le bus.*
   5. *Nous avons entendu la sonnerie.*

3. 1. *Je n'ai pas su la vérité.*
   2. *Elle n'a pas pu rentrer chez elle.*
   3. *Nous avons eu beaucoup de pluie.*
   4. *Est-ce que vous avez fait vos valises?*
   5. *Ils n'ont pas écrit à leurs parents.*
   6. *Tu as été très étonné quand tu as vu arriver Pierre.*

Translation of the dialogue:

Pauline:	*Did you hear the latest Marc and Elise story?*
Christophe:	*No, did they have a problem?*
Pauline:	*Yes, they wanted to go to the Bois de Boulogne, but it was raining.*
Christophe:	*That's not tragic!*
Pauline:	*No, but then they could not find a cab.*
Christophe:	*And what about the subway?*
Pauline:	*Precisely, they had to take the subway. And they didn't find their stop.*
Christophe:	*In the Paris metro? With all those maps?*

The *passé composé*: Distinguishing Auxiliaries

A.

Not all verbs use *avoir* to form the *passé composé*. All pronominal verbs and intransitive verbs expressing movement, except *quitter*, "to leave," use *être*. Observe.

I hurried to catch the metro.	*Je me suis dépêchée de prendre le métro.*
Why did you use their car?	*Pourquoi t'es-tu servi de leur voiture?*
She washed with cold water.	*Elle s'est lavée à l'eau froide.*
We got up early this morning.	*Nous nous sommes levés tôt ce matin.*
You went to the beach this weekend.	*Vous êtes allé à la plage ce week-end.*
They arrived on time.	*Ils sont arrivés à l'heure.*

Notice that unlike with *avoir*, when using *être* as the auxiliary, the past participle behaves like an adjective and agrees in gender and number with the noun. Let's look at more examples.

The children got on the bus.	*Les enfants sont montés dans le bus.*
Pierre sat down, and Anne sat down, too.	*Pierre s'est assis, et Anne s'est assise aussi.*
Christophe went to the movies, and Julie went to the swimming-pool.	*Christophe est allé au cinéma, et Julie est allée à la piscine.*

Note that the *passé composé* of both *être* and *avoir* is formed with *avoir*.

We have been tired this week.	*Nous avons été fatigués cette semaine.*
They had luck.	*Ils ont eu de la chance.*

B.

Read the following dialogue.

Claire:	*Cette exposition était merveilleuse!*
Jean:	*Combien de gens sont venus?*
Claire:	*Je ne sais pas, je n'ai pas compté, mais il y avait beaucoup de monde.*
Jean:	*Est-ce que l'exposition leur a plu?*
Claire:	*Oh, oui, ils sont restés très longtemps.*
Jean:	*Où êtes-vous allés ensuite?*

Claire: *Nous sommes allés chez l'artiste où nous avons organisé une fête*
          pour tous ses amis.

C.

1. Here is the summary of the dialogue. Put the verbs in parentheses
in the appropriate form of the *passé composé*.

Beaucoup de gens (venir) à l'exposition et elle (plaire) à tout le monde. Les
gens (rester) très longtemps. Après l'exposition, Claire et ses amis (aller) chez
l'artiste et ils (faire) une fête.

2. Answer the following questions in the *passé composé*, choosing
avoir or *être* as the auxiliary verb, as in the example.

Êtes-vous en vacances? (non, le mois   *Non, nous avons été en vacances*
dernier)   *le mois dernier.*

1. *Avez-vous un examen aujourd'hui? (non, je, hier)*
2. *Est-ce qu'il sort ce soir? (non, il, hier)*
3. *Est-ce que Nadine va à la banque? (non, elle, hier)*
4. *Est-ce que vous lisez le journal? (non, je, hier)*
5. *Est-ce que j'écris la lettre? (non, tu, déjà)*
6. *Est-ce que Claire et Paul vont à la fête? (non, ils, hier soir)*

3. Put the verbs in parentheses in the appropriate form of the *passé*
composé, using *être* or *avoir* as the auxiliary verb.

1. *Nous (arriver) en retard parce que nous (avoir) un problème avec la*
   voiture.
2. *Je (ne pas être) surpris quand Karine (venir) me demander*
   de l'argent.
3. *Elles (monter) au dernier étage.*
4. *Pourquoi est-ce que vous (se dépêcher) de rentrer?*
5. *Claire (s'arrêter) en chemin.*
6. *Tu (finir) tes devoirs pour demain.*

D. Answer Key

1.   *Beaucoup de gens sont venus à l'exposition et elle a plu à tout le monde.*
          Les gens sont restés très longtemps. Après l'exposition, Claire et ses amis
          sont allés chez l'artiste et ils ont fait une fête.

2. 1. *Non, j'ai eu un examen hier.*
      2. *Non, il est sorti hier.*
      3. *Non, elle est allée à la banque hier.*
      4. *Non, j'ai lu le journal hier.*
      5. *Non, tu as déjà écrit la lettre.*
      6. *Non, ils sont allés à la fête hier soir.*

3. 1. *Nous sommes arrivé(e)s en retard parce que nous avons eu un problème*
          avec la voiture.

2. *Je n'ai pas été surprise quand Karine est venue me demander de l'argent.*
3. *Elles sont montées au dernier étage.*
4. *Pourquoi est-ce que vous vous êtes dépêché(e)(s) de rentrer?*
5. *Claire s'est arrêtée en chemin.*
6. *Tu as fini tes devoirs pour demain.*

Translation of the dialogue:

Claire:	That exhibit was wonderful!
Jean:	How many people came?
Claire:	I don't know; I didn't count, but there were a lot of people.
Jean:	Did they like the exhibit?
Claire:	Oh yes, they stayed a long time.
Jean:	Where did you go afterwards?
Claire:	We went to the artist's house where we organized a party for all his friends.

Using the Past: Contrasting *imparfait* and *passé composé*

A.

The *imparfait* and *passé composé* are not interchangeable, even though their translation into English is often the same. In French, they express distinct moments in the past.

The imperfect is used to describe physical and emotional states, as well as time, weather, and age in the past. It also indicates past, repeated, or habitual actions without set time limits. Let's look at a few examples.

When I was a child, I went to school every day	*Quand j'étais enfant, j'allais à l'école tous les jours.*
The sun was shining, there were no clouds.	*Le soleil brillait, il n'y avait pas de nuages.*
When I was six years old, I was happy.	*Quand j'avais six ans, j'étais heureux.*

The *passé composé* expresses actions that were sudden, happened only one time, or have definite time limits. Observe.

The class began at three o'clock.	*Le cours a commencé à trois heures.*
We arrived at the airport this morning.	*Nous sommes arrivés ce matin à l'aéroport.*
They spoke for four hours.	*Ils ont parlé pendant quatre heures.*

As in English, an action that interrupts another is in the *passé composé*, whereas the interrupted, or background action, is described in the imperfect.

| It started to rain while we were playing tennis. | *Il a commencé à pleuvoir alors que nous jouions au tennis.* |
| I was working quietly when the telephone rang. | *Je travaillais tranquillement quand le téléphone a sonné.* |

B.

Read this dialogue.

Laurence:	*Nous ne nous sommes pas vus depuis longtemps!*
Anne:	*C'est vrai, nous étions si impatients de te revoir.*
Laurence:	*Quel temps faisait-il à Nice quand vous êtes partis?*
Anne:	*Il faisait beau et chaud. Mais, quand l'avion est arrivé à Paris, il faisait gris.*
Laurence:	*Et qu'avez-vous fait à Nice pendant tout ce temps?*
Anne:	*Nicolas et Hélène ont changé d'école.*
Laurence:	*Et ton travail?*
Anne:	*Je m'ennuyais, maintenant, j'ai changé et je suis contente.*

C.

1. **Here is the summary of the dialogue. Put the verbs in parentheses in the appropriate form of the imperfect or the *passé composé*.**

    Anne (être) impatiente de revoir Laurence parce qu'elles (ne pas se voir) depuis longtemps. Quand Anne et sa famille (quitter) Nice, il (faire) beau et chaud mais quand ils (arriver) à Paris, il (faire) gris. Nicolas et Hélène, les enfants d'Anne, (changer) d'école et Anne (changer) de travail aussi parce qu'elle (s'ennuyer).

2. **Change the sentence from the present to the past. Choose either the imperfect or the *passé composé* according to the context, as in the example.**

    | *Pierre et Maria arrivent à huit heures.* | *Pierre et Maria sont arrivés à huit heures.* |

    1. *La maison est ancienne.*
    2. *Le professeur entre rapidement dans la classe.*
    3. *Le téléphone sonne pendant que je prépare le dîner.*
    4. *Nous sommes furieux de cette interruption.*
    5. *À quelle heure partez-vous pour Zurich?*
    6. *Pendant l'été, tu te sers toujours d'une voiture.*

3. **Translate into French using the imperfect or the *passé composé*.**
    1. Anne was listening to the radio when Laurence arrived.
    2. When I was little, I used to go to Nice every summer.
    3. When we left, it was raining.
    4. Did you change cars last year?
    5. Yesterday, she did her homework.

D. Answer Key

1. *Anne était impatiente de revoir Laurence parce qu'elles ne se sont pas vues depuis longtemps. Quand Anne et sa famille ont quitté Nice, il faisait beau et chaud mais quand ils sont arrivés à Paris, il faisait gris. Nicolas et Hélène, les enfants d'Anne, ont changé d'école et Anne a changé de travail aussi parce qu'elle s'ennuyait.*

2. 1. *La maison était ancienne.*
   2. *Le professeur est entré rapidement dans la classe.*
   3. *Le téléphone a sonné pendant que je préparais le dîner.*
   4. *Nous étions furieux de cette interruption.*
   5. *À quelle heure êtes-vous parti(e)(s) pour Zurich?*
   6. *Pendant l'été, tu te servais toujours d'une voiture.*

3. 1. *Anne éncoutait la radio quand Laurence est arrivée.*
   2. *Quand j'étais petit(e), j'allais à Nice tous les étés.*
   3. *Quand nous somme parti(e)s, il pleuvait.*
   4. *As-tu changé de voiture l'année dernière.*
   5. *Hier, elle a fait ses devoirs.*

Translation of the dialogue:

Laurence:	We haven't seen each other in a long time!
Anne:	It's true, we were so impatient to see you again.
Laurence:	How was the weather in Nice when you left?
Anne:	It was sunny and warm. But when the plane arrived in Paris, it was cloudy.
Laurence:	And what did you do in Nice all this time?
Anne:	Nicolas and Hélène have changed schools.
Laurence:	And your job?
Anne:	I was getting bored, but now I changed, and I am happy.

Using the Past: *imparfait, passé composé* and *plus-que-parfait*

A.

The *plus-que-parfait* (or pluperfect) is yet another past tense. It is composed of the imperfect of *être* or *avoir,* followed by the past participle of the main verb. Let's look at a few examples.

I had gone there in the past.	*J'y étais allée dans le passé.*
You had seen him at work.	*Tu l'avais vu au travail.*
She had sent the package ahead of time.	*Elle avait envoyé le paquet à l'avance.*

We had come early to see him.	*Nous étions venus tôt pour le voir.*
You had heard the news before us.	*Vous aviez entendu la nouvelle avant nous.*
They had made the same mistake.	*Ils avaient fait la même erreur.*

The *plus-que-parfait* expresses actions that clearly take place before other past actions and usually indicates cause and effect. Observe.

We served the cake that you had made.	*Nous avons servi le gâteau que vous aviez fait.*
They were happy because the teacher had given an easy exam.	*Ils étaient contents parce que le professeur avait donné un examen facile.*
You had sent the letter to explain the situation.	*Tu avais envoyé la lettre pour expliquer la situation.*

B.
Read the following dialogue.

Daniel: *Et votre maison? Pourquoi avez-vous fait tous ces travaux?*

Elise: *L'agent immobilier ne nous avait pas dit qu'il y avait des problèmes de plomberie! Il n'avait pas dit non plus que la cave était souvent inondée.*

Daniel: *Avez-vous pris une bonne décision en achetant cette maison?*

Elise: *Quand les problèmes ont commencé, Marc était furieux.*

Daniel   *Vous vous êtes peut-être trop précipités? Aviez-vous pu visiter la maison plusieurs fois avant de l'acheter?*

Elise: *Non, car il fallait se décider rapidement.*

C.
1. Here is the summary of the dialogue. Put the verbs between parentheses in the *imparfait,* the *passé composé,* or the *plus-que-parfait* as required.

Elise et Marc (faire) beaucoup de travaux dans leur nouvelle maison. L'argent immobilier (ne pas dire) au couple qu'il y (avoir) des problèmes de plomberie et que la cave (être) souvent inondée. Daniel se demande s'ils (prendre) la bonne décision en achetant cette maison et pense qu'ils (se précipiter). En effet, ils (ne pas pouvoir) visiter la maison plus d'une fois avant de l'acheter car il (falloir) se décider rapidement.

2. Restate the following sentences using the *plus-que-parfait.*
1. *Ils sont allés à la banque.*
2. *Tu as pris une bonne décision.*
3. *Nous sommes sortis tôt.*
4. *Vous vous êtes dépêchés.*
5. *Il a mal compris.*

3. Put the verbs in parentheses in the appropriate forms of the *imparfait,* the *passé composé,* or the *plus-que-parfait* as required by the context.

1. *Nous (aller) à Nice pour nos vacances car nos amis nous (dire) que cette ville (être) merveilleuse. Nous (ne pas regretter) notre décision.*

2. *Anne (partir) depuis deux heures quand son mari (arriver). Il (être) furieux parce qu'elle (ne pas laisser) de numéro de téléphone où la joindre.*

3. *Je (entendre) la sonnerie et je (se précipiter) vers la sortie. La télévision (annoncer) le matin une grève du métro pour dix-sept heures et donc je (devoir) me dépêcher.*

D. Answer Key

1. *Elise et Marc ont fait beaucoup de travaux dans leur nouvelle maison. L'argent immobilier n'avait pas dit au couple qu'il y avait des problèmes de plomberie et que la cave était souvent inondée. Daniel se demande s'ils ont pris la bonne décision en achetant cette maison et pense qu'ils se sont précipités. En effet, ils n'avaient pas pu visiter la maison plus d'une fois avant de l'acheter car il fallait se décider rapidement.*

2.
1. *Ils étaient allés à la banque.*
2. *Tu avais pris une bonne décision.*
3. *Nous étions sortis tôt.*
4. *Vous vous étiez dépêchés.*
5. *Il avait mal compris.*

3.
1. *Nous sommes allés à Nice pour nos vacances car nos amis nous avaient dit que cette ville était merveilleuse. Nous n'avons pas regretté notre décision.*

2. *Anne était partie depuis deux heures quand son mari est arrivé. Il était furieux parce qu'elle n'avait pas laissé de numéro de téléphone où la joindre.*

3. *J'ai entendu la sonnerie et je me suis précipité(e) vers la sortie. La télévision avait annoncé le matin une grève du métro pour dix-sept heures et donc je devais me dépêcher.*

Translation of the dialogue:

Daniel:	And your house? Why did you do all that work?
Elise:	The real estate agent had not told us that there were plumbing problems! He also hadn't said that the cellar was often flooded.
Daniel:	Did you make a good decision in buying this house?
Elise:	When the problems began, Marc was furious.
Daniel	Maybe you hurried too much? Had you been able to visit the house several times before buying it?
Elise:	No, because we had to make up our minds quickly.

Verbs in Action

The Past Infinitive

A.

The past infinitive is formed with *avoir* or *être* in the infinitive and the past participle of the main verb. It is used when one subject is involved in several actions. Let's practice with a few example sentences.

After going to the bank, I went to the post office.	*Après être allé à la banque, je suis allé à la poste.*
Did you leave the office after writing the report?	*As-tu quitté le bureau après avoir écrit le rapport?*
After getting washed, he hurried out.	*Après s'être lavé, il s'est dépêché de sortir.*
After reading the paper, we watched television.	*Après avoir lu le journal, nous avons regardé la télévision.*
Did you go to the movies after eating?	*Êtes-vous allés au cinéma après avoir mangé?*
Maria and Patrick celebrated after taking their exams.	*Maria et Patrick ont fait la fête après avoir passé leurs examens.*

B.

Read the following dialogue.

Pauline:	*Alors, qu'avez-vous fait à Paris?*
Marc:	*Nous avons commencé par visiter les monuments.*
Pauline:	*Tout de suite?*
Marc:	*Non, après avoir laissé nos valises à l'hôtel.*
Pauline:	*Et vous avez passé toute la journée à la Tour Eiffel?*
Marc:	*Non, après avoir monté tous ces étages, nous étions fatigués.*
Pauline:	*Avez-vous mangé dans un bon restaurant pour fêter votre arrivée?*
Marc:	*Non, après être allés à la Tour Eiffel, nous nous sommes assis dans le Jardin du Luxembourg.*
Pauline:	*Je vois: c'était une mini-visite des monuments!*

C.

1. **Here are sentences about the dialogue. Put the verbs between parentheses in the past infinitive.**
   1. *Jean est allé à la Tour Eiffel après (laisser) ses valises à l'hôtel.*
   2. *Après (monter) à la Tour Eiffel, ils étaient fatigués.*
   3. *Ils ne sont pas allés manger dans un bon restaurant après (visiter) la Tour Eiffel.*
   4. *Après (entendre) ce récit, Pauline conclut que c'était une mini-visite des monuments.*

2. **Put the verb between parentheses in the past infinitive.**
   1. *Pierre est allé à la poste après (écrire) une lettre.*
   2. *Hélène est allée à la banque après (quitter) le bureau.*

3. *Maria a trouvé un appartement après (arriver) à Paris.*
4. *Les touristes ont mangé au restaurant après (monter) à la Tour Montpar-nasse.*
5. *Étais-tu fatigué après (aller) au cinéma?*

3. Translate into French using the past infinitive.
1. After getting up, we washed.
2. After finding an apartment, she gave a party.
3. I read a magazine after watching a film on TV.
4. After hearing the news, they cried.
5. Did you begin to study architecture after going to Paris? *(tu)*

D. Answer Key

1. 1. *Jean est allé à la Tour Eiffel après avoir laissé ses valises à l'hôtel.*
2. *Après être montés à la Tour Eiffel, ils étaient fatigués.*
3. *Ils ne sont pas allés manger dans un bon restaurant après avoir visité la Tour Eiffel.*
4. *Après avoir entendu ce récit, Pauline conclut que c'était une mini-visite des monuments.*

2. 1. *Pierre est allé à la poste après avoir écrit une lettre.*
2. *Hélène est allée à la banque après avoir quitté le bureau.*
3. *Maria a trouvé un appartement après être arrivée à Paris.*
4. *Les touristes ont mangé au restaurant après être montés à la Tour Mont-parnasse.*
5. *Étais-tu fatigué après être allé au cinéma?*

3. 1. *Après nous être levé(e)s, nous nous sommes lavé(e)s.*
2. *Après avoir trouvé un appartement, elle a donné une fête.*
3. *J'ai lu un magazine après avoir regardé un film à la télévision.*
4. *Après avoir appris la nouvelle, ils ont pleuré.*
5. *As-tu commencé à étudier l'architecture après être allé(e) à Paris?*

Translation of the dialogue:

Pauline:	So, what did you do in Paris?
Marc:	We started by visiting the monuments.
Pauline:	Right away?
Marc:	No, after leaving our suitcases at the hotel.
Pauline:	And you spent the whole day at the Eiffel Tower?
Marc:	No, after climbing all those floors, we were tired.
Pauline:	Did you eat in a good restaurant to celebrate your arrival?
Marc:	No, after going to the Eiffel Tower, we sat down in the Luxem-bourg Gardens.
Pauline:	I see: You did a minitour of the monuments!

THE CONDITIONAL

The Present Conditional

A.

As in English, the conditional is used to express what you would do if a certain condition were fulfilled, what you would like to do, and what you should do. Its formation is simple: add imperfect endings to the future stem. Observe.

I would finish the report.	*Je finirais le rapport.*
You would eat better at home.	*Tu mangerais mieux à la maison.*
She would be furious.	*Elle serait furieuse.*
We would have some free time.	*Nous aurions du temps libre.*
You would come to see us.	*Vous viendriez nous voir.*
They would go to the movies with you.	*Ils iraient au cinéma avec vous.*

As in English, the "if" clause, expressing the condition to be met, is in the imperfect. Here are some example sentences.

If you wanted to, you could understand.	*Si tu voulais, tu pourrais comprendre.*
If they came, we would go out together.	*S'ils venaient, nous sortirions ensemble.*
If I saw him more often, I would talk to him.	*Si je le voyais plus souvent, je lui parlerais.*

B.

Read the following dialogue.

Christophe:	*Stéphanie, si tu gagnais au loto demain, que ferais-tu?*
Stéphanie:	*Moi, je ferais le tour du monde. Et toi, Christophe?*
Christophe:	*Moi, je monterais mon propre cabinet d'architectes. Et toi Paul?*
Paul:	*Je contribuerais à la protection de l'environnement, par exemple. Et toi, Nadine?*
Nadine:	*Moi, je me consacrerais à la recherche contre le cancer ou le SIDA.*
Pauline:	*Est-ce que tu finirais tes études de médecine d'abord?*
Nadine:	*Bien sûr, on ne m'écouterait pas, sinon.*

C.

1. Say in French what Stéphanie, Christophe, Paul, and Nadine would do if they won the lottery tomorrow.

2. Complete the following questions using the cues, as in the example.

Si tu avais le temps . . . (faire)?   *Si tu avais le temps, que*
                                                        ferais-tu?

1. *Si vous aviez de l'argent . . . (aller où)?*
2. *Si les étudiants réussissaient leurs examens . . . (être satisfaits)?*
3. *Si les touristes ne réservaient pas leur chambre . . . (avoir des problèmes)?*
4. *Si vous écoutiez mieux . . . (comprendre mieux)?*

3. Translate into French.
1. If you had a car, you would be able to visit me. *(vous)*
2. If you sent me an e-mail, I would answer you. *(tu)*
3. If we invited Jean-Paul and Anne, they would certainly come.
4. If I were you, I wouldn't say anything.
5. If they worked more, they would already know how to speak Japanese.

D. Answer Key

1. *Si Stéphanie gagnait au loto demain, elle ferait le tour du monde.*
    Si Christophe gagnait au loto, il monterait son propre cabinet d'architectes.
    Paul contribuerait à la protection de l'environnement.
    Nadine finirait d'abord ses études de médecine, puis elle se consacrerait à la recherche contre le cancer et le SIDA.

2. 1. *Si vous aviez de l'argent, où iriez-vous?*
   2. *Si les étudiants réussissaient leurs examens, seraient-ils satisfaits?*
   3. *Si les touristes ne réservaient pas leur chambre, auraient-ils des problèmes?*
   4. *Si vous écoutiez mieux, comprendriez-vous mieux?*

3. 1. *Si vous aviez une voiture, vous pourriez me rendre visite.*
   2. *Si tu m'envoyais un mail, je te répondrais.*
   3. *Si nous invitions Jean-Paul et Anne, ils viendraient certainement.*
   4. *Si j'étais toi, je ne dirais rien.*
   5. *S'ils travaillaient plus, ils sauraient déjà parler japonais.*

Translation of the dialogue:

Christophe:	Stéphanie, if you won the lottery tomorrow, what would you do?
Stéphanie:	I would take a big trip around the world. And you, Christophe?
Christophe:	I would start my own architectural firm. And you, Paul?
Paul:	I would contribute to the protection of the environment, for instance. What about you, Nadine?
Nadine:	I would dedicate myself to research against cancer or AIDS.

Pauline:	*Would you first finish your medical studies?*
Nadine:	*Of course, or nobody would listen to me.*

The Past Conditional

A.

The past conditional is another compound tense. It is formed with the present conditional of *avoir* or *être* and the past participle of the main verb. Observe.

I would have come to see you yesterday.	*Je serais venu vous voir hier.*
You would have gone to Paris last week.	*Vous seriez allé à Paris la semaine dernière.*
He would have read your report.	*Il aurait lu votre rapport.*
We would have hurried to go out.	*Nous nous serions dépêchés de sortir.*
You would have studied in the university.	*Vous auriez étudié à l'université.*
They would have understood you better in French.	*Ils vous auraient mieux compris en français.*

The past conditional is introduced by a condition in the *plus-que-parfait*. Here are two example sentences.

If I had known, I would not have bought that house.	*Si j'avais su, je n'aurais pas acheté cette maison.*
Had he come earlier, he could have gone with us.	*S'il était arrivé plus tôt, il aurait pu venir avec nous.*

B.

Read the following dialogue.

Thomas:	*Si nous avions su qu'il était si bruyant, nous ne serions pas restés dans cet hôtel.*
Jacqueline:	*Où seriez-vous allés?*
Thomas:	*Nous aurions choisi un petit hôtel.*
Jacqueline:	*Auriez-vous visité les mêmes monuments?*
Thomas:	*Oui, mais nous aurions fait moins de choses.*
Jacqueline:	*Pourquoi?*
Thomas:	*Parce qu'il aurait été préférable de voir les choses en détail.*
Jacqueline:	*Vous pourriez revenir une autre fois.*
Thomas:	*Nous l'espérons bien.*

C.

1. Here are some sentences about the dialogue. Put the verb between parentheses in the past conditional or the *plus-que-parfait*.

    1. *Si Thomas (savoir), il (aller) dans un autre hôtel.*
    2. *S'ils (choisir) un plus petit hôtel, il y (avoir) moins de bruit et ils (être) plus tranquilles.*
    3. *S'ils (savoir), ils (faire) moins de choses mais ils (rester) plus longtemps dans chaque endroit.*

2. Finish these sentences using the past conditional as in the example.

    | *Si j'étais venu plus tôt . . . (parler au professeur)* | *Si j'étais venu plus tôt, j'aurais parlé au professeur.* |

    1. *S'ils étaient allés voir ce film . . . (ne pas pouvoir dormir la nuit)*
    2. *Si nous avions eu le temps . . . (visiter d'autres monuments)*
    3. *Si tu avais compris . . . (répondre correctement)*
    4. *Si vous étiez sortis . . . (apprécier le beau temps)*

3. Answer these questions using the cues.

    1. *Qu'aurais-tu fait si tu avais gagné au loto? (je, acheter une maison)*
    2. *Qu'auriez-vous fait si le Louvre avait été fermé? (nous, monter à la Tour Eiffel)*
    3. *Qu'auraient-ils fait si leurs enfants avaient été en retard? (appeler la police)*
    4. *Qu'aurait-elle fait s'il avait plu? (rester à la maison)*
    5. *Qu'auriez-vous fait si vous aviez su? (je, ne pas parler à Christophe)*

D. Answer Key

1. 1. *Si Thomas avait su, il serait allé dans un autre hôtel.*
  2. *S'ils avaient choisi un plus petit hôtel, il y aurait eu moins de bruit et ils auraient été plus tranquilles.*
  3. *S'ils avaient su, ils auraient fait moins de choses mais ils seraient restés plus longtemps dans chaque endroit.*

2. 1. *S'ils étaient allés voir ce film, ils n'auraient pas pu dormir la nuit.*
  2. *Si nous avions eu le temps, nous aurions visité d'autres monuments.*
  3. *Si tu avais compris, tu aurais répondu correctement.*
  4. *Si vous étiez sortis, vous auriez apprécié le beau temps.*

3. 1. *Si j'avais gagné au loto, j'aurais acheté une maison.*
  2. *Si le Louvre avait été fermé, nous serions montés à la Tour Eiffel.*
  3. *Si leurs enfants avaient été en retard, ils auraient appelé la police.*
  4. *S'il avait plu, elle serait restée à la maison.*
  5. *Si j'avais su, je n'aurais pas parlé à Christophe.*

Translation of the dialogue:

Thomas: Had we known that it was so noisy, we would not have stayed in
                that hotel.
Jacqueline: Where would you have gone?
Thomas: We would have chosen a small hotel.
Jacqueline: Would you have visited the same monuments?
Thomas: Yes, but we would have done fewer things.
Jacqueline: Why?
Thomas: Because it would have been preferable to see things in detail.
Jacqueline: You could come back another time.
Thomas: We hope so.

Expressing a Condition with Two Clauses

A.

As in English, if a condition seems highly likely, the "if" clause is in the present indicative, and the main clause in the future. Observe.

If I come tomorrow, we will go to the beach.	*Si je viens demain, nous irons à la plage.*
If you call, I will tell you where we are going.	*Si vous téléphonez, je vous dirai où nous allons.*
If we have the time, we will go see Pierre.	*Si nous avons le temps, nous rendrons visite à Pierre.*
If he has a scholarship, he will be able to study in Paris.	*S'il a une bourse, il pourra étudier à Paris.*

If conditions are unlikely to occur, or depend on many variables, the "if" clause should be in the imperfect, and the main clause in the present conditional. Let's look at some examples.

If I had the time, I would go to the movies.	*Si j'avais le temps, j'irais au cinéma.*
If you thought about it, you would see that I am right.	*Si tu réfléchissais, tu verrais que j'ai raison.*
If he hurried up, he would get there on time.	*S'il se dépêchait, il arriverait à temps.*

The conditional of the verbs *pouvoir* and *devoir* express advice or reproach, as in the English "you should, or could do, or have done something." Here are some example sentences.

You should have hurried.	*Vous auriez dû vous dépêcher.*
We should have known.	*Nous aurions dû le savoir.*

He should watch his health.	*Il devrait faire attention à sa santé.*
You could listen to me.	*Vous pourriez m'écouter.*
They could have been nicer.	*Ils auraient pu être plus gentils.*
You could have talked to him.	*Tu aurais pu lui parler.*

B.

Read the following dialogue.

Elise:	*Marc, si tu oublies encore quelque chose, nous raterons l'avion!*
Marc:	*Où sont les valises? Nous aurions dû les compter!*
Elise:	*Peut-être, mais s'il manque une valise maintenant, il faudra la laisser en souvenir.*
Marc:	*Ah! je voudrais bien voir ta réaction si c'était la tienne.*
Elise:	*Écoute, Marc, tu devrais voyager avec moins de vêtements.*
Marc:	*Moi? Et toi, tu aurais pu faire moins de courses à Paris!*
Elise:	*Écoute, si nous continuons à nous disputer, le voyage se passera très mal.*
Marc:	*C'est vrai, nous devrions nous calmer tous les deux, chérie.*

C.

1. Answer these questions about the dialogue.

1. *Que se passera-t-il si Marc oublie encore quelque chose?*
2. *Qu'auraient-ils dû faire avec les valises?*
3. *Que faudra-t-il faire s'il manque une valise maintenant?*
4. *Que pense Elise à propos de Marc?*
5. *Et Marc, qu'aurait pu faire Elise, à son avis?*
6. *Dans quel cas le voyage se passera-t-il mal?*
7. *Qu'est-ce que Marc et Elise devraient faire?*

2. Complete the sentences according to the cue with the proper tense: future or present conditional.

1. *Si tu as le temps, tu me . . . (téléphoner)*
2. *Si vous étiez en France, vous nous . . . (rendre visite)*
3. *Si je rends ces livres, je . . . (en sortir d'autres)*
4. *S'il pleuvait, nous . . . (rester à l'hôtel)*
5. *Si nous allons à Paris, nous… (pouvoir voir la Tour Eiffel)*
6. *S'ils gagnaient au loto, ils… (ne plus travailler)*

3. Say the following in French.

1. Tell Pierre he should have hurried.
2. Tell Patrick he should learn to cook.
3. Tell your friends they should listen to you.
4. Say that they could have phoned you.
5. Tell the tourists they could have taken pictures.
6. Say that Laurence should have been careful.

D. Answer Key

1. 1. *Si Marc oublie encore quelque chose, ils rateront l'avion.*
2. *Ils auraient dû les compter.*
3. *S'il manque une valise maintenant, il faudra la laisser en souvenir.*
4. *Elle pense que Marc devrait voyager avec moins de vêtements.*
5. *Elle aurait pu faire moins de courses à Paris.*
6. *Le voyage se passera mal s'ils continuent à se disputer.*
7. *Marc et Elise devraient se calmer tous les deux.*

2. 1. *Si tu as le temps, tu me téléphoneras.*
2. *Si vous étiez en France, vous nous rendriez visite.*
3. *Si je rends ces livres, j'en sortirai d'autres.*
4. *S'il pleuvait, nous resterions à l'hôtel.*
5. *Si nous allons à Paris, nous pourrons voir la Tour Eiffel.*
6. *S'ils gagnaient au loto, ils ne travailleraient plus.*

3. 1. *Pierre, tu aurais dû te dépêcher.*
2. *Patrick, tu devrais apprendre à faire la cuisine.*
3. *Vous devriez m'écouter.*
4. *Vous auriez pu me/ nous téléphoner.*
5. *Vous auriez pu prendre des photos.*
6. *Laurence aurait dû faire attention.*

Translation of the dialogue:

Elise:	*Marc, if you forget another thing, we will miss the plane!*
Marc:	*Where are the suitcases? We should have counted them!*
Elise:	*Maybe, but if there's a suitcase missing now, we will have to leave it as a souvenir.*
Marc:	*Ha! I would like to see your reaction if it were yours.*
Elise:	*Listen, Marc, you should travel with less clothing.*
Marc:	*Me? And you, you could have done less shopping in Paris!*
Elise:	*Listen, if we continue to argue, the trip will go very badly.*
Marc:	*It's true. We should both calm down, dear.*

THE SUBJUNCTIVE

The Present Subjunctive of Regular Verbs

A.

The subjunctive is used to express impressions, feelings, emotions, and desires. It is not used by itself but follows another verb in the indicative or a verbal expression. The regular present subjunctive is formed using the stem of the first person plural form of the present indicative and the subjunctive endings: *-e, -es, -e, -ions, -iez,* and *-ent.* Observe.

I must finish this job.	*Il faut que je finisse ce travail.*
You must find a solution.	*Il faut que tu trouves une solution.*
She must leave the country.	*Il faut qu'elle quitte le pays.*
We must return the books.	*Il faut que nous rendions les livres.*
You must sleep more.	*Il faut que vous dormiez plus.*
They must interrupt the program.	*Il faut qu'ils interrompent l'émission.*

Look at some more examples:

I must lose some weight.	*Il faut que je maigrisse un peu.*
We must think more about this question.	*Il faut que nous réfléchissions plus à cette question.*
You must go out more often.	*Il faut que vous sortiez plus souvent.*

B.

Read the following dialogue.

Patrick:	*Emmanuel revient la semaine prochaine. Il faut que nous nous réunissions pour fêter son retour.*
Anne:	*Oui, Patrick, mais il faut aussi qu'il se repose. Il faut qu'il s'occupe de son bureau en rentrant.*
Patrick:	*Justement, il faut que je lui explique mes projets pour mon entreprise.*
Anne:	*Enfin, Patrick, tu n'écoutes pas! Il faut d'abord qu'Emmanuel finisse son travail . . .*

C.

1. **Answer these questions about the dialogue in French using**
   il faut que.
   1. What must Patrick and his friends do?
   2. What two things must Emmanuel do when he comes back?
   3. What must Patrick explain to him?
   4. But what must Emmanuel do first?

2. Answer these sentences in the present subjunctive using the cues, as in the example.

Faut-il que vous arriviez aujourd'hui?   *Oui, il faut que j'arrive*
   (oui, je)   *aujourd'hui.*

1. *Faut-il qu'il réfléchisse à la question? (oui, Emmanuel)*
2. *Faut-il que les étudiants écoutent la leçon? (oui, ils)*
3. *Faut-il que vous étudiiez le français? (oui, nous)*
4. *Faut-il que je choisisse un hôtel? (oui, tu)*

3. Put the verb between parentheses in the present subjunctive.
1. *Il ne faut pas que tu (perdre) espoir.*
2. *Il faut que nous (partir).*
3. *Il faut qu'ils (réfléchir) avant de s'engager.*
4. *Il faut que vous (manger) quelque chose.*
5. *Il faut qu'elle (grossir) un peu.*

D. Answer Key
1. 1. *Il faut qu'ils se réunissent pour fêter le retour d'Emmanuel.*
2. *Il faut qu'il se repose et qu'il s'occupe de son bureau en rentrant.*
3. *Il faut qu'il lui explique ses projets pour son entreprise.*
4. *Il faut d'abord qu'il finisse son travail.*

2. 1. *Oui, il faut qu'Emmanuel réfléchisse à la question.*
2. *Oui, il faut qu'ils écoutent la leçon.*
3. *Oui, il faut que nous étudiions le français.*
4. *Oui, il faut que tu choisisses un hôtel.*

3. 1. *Il ne faut pas que tu perdes espoir.*
2. *Il faut que nous partions.*
3. *Il faut qu'ils réfléchissent avant de s'engager.*
4. *Il faut que vous mangiez quelque chose.*
5. *Il faut qu'elle grossisse un peu.*

Translation of the dialogue:

Patrick:	*Emmanuel is coming back next week. We must meet to celebrate his return.*
Anne:	*Yes, Patrick, but he must rest. He has to take care of his office when he comes back.*
Patrick:	*Precisely, I have to explain my plans for my firm to him.*
Anne:	*Good grief, Patrick, you don't listen! Emmanuel must first finish his work . . .*

The Present Subjunctive of Irregular Verbs

A.

Verbs such as *savoir, pouvoir,* and *faire* have the same endings as regular verbs in the subjunctive but with an irregular stem. Observe.

I have to know your name.	*Il faut que je sache votre nom.*
We have to know the truth.	*Il faut que nous sachions la vérité.*
He has to be able to rest.	*Il faut qu'il puisse se reposer.*
You have to be able to see him.	*Il faut que vous puissiez le voir.*
She has to be careful.	*Il faut qu'elle fasse attention.*
We have to do our work well.	*Il faut que nous fassions bien notre travail.*

Verbs such as *prendre, aller, venir,* and *vouloir* have a regular stem in the first and second plural forms but an irregular one in the other forms. The endings are regular. Observe.

I have to take my time.	*Il faut que je prenne mon temps.*
We have to take the 6 o'clock train.	*Il faut que nous prenions le train de 6 heures.*
You have to go to the library.	*Il faut que tu ailles à la bibliothèque.*
You have to go to the doctor's.	*Il faut que vous alliez chez le médecin.*
We have to come see you.	*Il faut que nous venions vous voir.*
They have to come to Paris.	*Il faut qu'ils viennent à Paris.*
He has to be willing to help you.	*Il faut qu'il veuille bien vous aider.*
You have to be willing to do it.	*Il faut que vous vouliez bien le faire.*

Être and *avoir* are completely irregular using irregular stems and endings for some forms. Let's start with *avoir.*

I have to have his address.	*Il faut que j'aie son adresse.*
He has to have the right answer.	*Il faut que qu'il ait la bonne réponse.*
We have to have a lot of money.	*Il faut que nous ayons beaucoup d'argent.*
They have to have courage.	*Il faut qu'elles aient du courage.*

Now let's focus on *être*.

You have to be on time.	*Il faut que tu sois à l'heure.*
She has to be patient.	*Il faut que qu'elle soit patiente.*
You have to be reasonable.	*Il faut que vous soyez raisonnables.*
They have to be in Paris tonight.	*Il faut qu'ils soient à Paris ce soir.*

B.

Read the following dialogue.

Nadine:	*Regarde, Christelle! Un accrochage!*
Christelle:	*Pourvu que ce ne soit pas grave!*
Nadine:	*Il ne semble pas qu'ils aient grand-chose. Écoute les se disputer!*
Patrice:	*Vous ne savez pas conduire! Il faudrait qu'on retire le permis à des automobilistes de votre espèce! Regardez le devant de ma voiture.*
Pierre:	*Elle n'a rien! Il vaudrait mieux que vous ayez une bonne assurance!*
Christelle:	*Aïe, Nadine! Faut-il que nous soyons témoins? Ils sont fous tous les deux!*

C.

1. Here are some sentences about the dialogue. Put the verbs in parentheses in the appropriate form of the present subjunctive.
    1. *Christelle souhaite que les deux hommes (ne pas être) blessés.*
    2. *Nadine est soulagée qu'ils (ne pas avoir) grand chose.*
    3. *Patrice pense qu'il ne faudrait pas que quelqu'un comme Pierre (avoir) le permis.*
    4. *Pierre pense qu'il vaudrait mieux que l'assurance de Patrice (être) bonne.*
    5. *Christelle demande à Nadine s'il faut vraiment qu'elles (être) témoins.*

2. Make full sentences using the present subjunctive.
    1. *Il faut (nous, aller à la banque)*
    2. *Il faut (tu, savoir son adresse)*
    3. *Il faut (il, revenir tout de suite)*
    4. *Il faut (nous, avoir le temps)*
    5. *Il faut (tu, prendre un manteau)*

3. Rewrite these sentences starting with *il faut que*, as in the example.

    Tu dois aller à l'école.   *Il faut que tu ailles à l'école.*

    1. *Je dois pouvoir lui parler.*
    2. *Nous devons savoir faire des concessions.*
    3. *Vous devez prendre une décision.*
    4. *Pour réussir, ils doivent le vouloir.*
    5. *Elle doit venir en France.*
    6. *Tu dois faire des courses.*

D. Answer Key

1. 1. *Christelle souhaite que les deux hommes ne soient pas blessés.*
   2. *Nadine est soulagée qu'ils n'aient pas grand-chose.*
   3. *Patrice pense qu'il ne faudrait pas que quelqu'un comme Pierre ait le permis.*
   4. *Pierre pense qu'il vaudrait mieux que l'assurance de Patrice soit bonne.*
   5. *Christelle demande à Nadine s'il faut vraiment qu'elles soient témoins.*

2. 1. *Il faut que nous allions à la banque.*
   2. *Il faut que tu saches son adresse.*
   3. *Il faut qu'il revienne tout de suite.*
   4. *Il faut que nous ayons le temps.*
   5. *Il faut que tu prennes un manteau.*

3. 1. *Il faut que je puisse lui parler.*
   2. *Il faut que nous sachions faire des concessions.*
   3. *Il faut que vous preniez une décision.*
   4. *Pour réussir, il faut qu'ils le veuillent.*
   5. *Il faut qu'elle vienne en France.*
   6. *Il faut que tu fasses des courses.*

Translation of the dialogue:

Nadine:	Look, Christelle! A fender bender!
Christelle:	Let's hope it's not serious!
Nadine:	It doesn't seem that they are too hurt. Listen to them argue!
Patrice:	You don't know how to drive! They should take licenses away from drivers like you. Look at the front end of my car.
Pierre:	There is nothing wrong with it! You'd better have good insurance!
Christelle:	Oh, Nadine! Do we have to be witnesses? They are both crazy!

The Past Subjunctive

A.

The past subjunctive is a compound tense formed with *avoir* or *être* in the present subjunctive and the past participle of the main verb. Let's practice a few examples of the past subjunctive with two simple introductory phrases: *je regrette que,* "I am sorry that," and *il aurait fallu que,* "It would have been necessary to." Observe.

You would have had to have more luck.	*Il aurait fallu que tu aies eu plus de chance.*
I am sorry that he has been sick.	*Je regrette qu'il ait été malade.*
We're sorry that you were not able to come.	*Nous regrettons que vous n'ayez pas pu venir.*

It would have been necessary for us to have read the report.	*Il aurait fallu que nous ayons lu le rapport.*
I am sorry that you have had problems.	*Je regrette que vous ayez eu des problèmes.*
It would have been necessary for me to have been out.	*Il aurait fallu que je sois sorti.*

B.

Read the following dialogue.

Accompagnateur:	*Mesdames et Messieurs, il faut qu'on se dépêche de partir! L'avion part dans quatre heures.*
Touriste:	*C'est dommage que vous ne nous ayez pas prévenus plus tôt!*
Accompagnateur:	*Je regrette que vous n'ayez pas entendu les instructions.*
Touriste:	*Nous regrettons que vous ne les ayez pas données plus tôt.*

C.

1. **Here are some sentences about the dialogue. Put the verbs between parentheses in the past or present subjunctive.**

   L'accompagnateur annonce qu'il faut que les touristes (se dépêcher) car l'avion part dans quatre heures. Le touriste regrette que l'accompagnateur (ne pas les prévenir) plus tôt alors que l'accompagnateur pense que c'est dommage que les touristes (ne pas entendre) les instructions. Le touriste conclut qu'il aurait fallu qu'ils les (avoir) plus tôt.

2. **Rewrite these sentences using the cues, as in the example.**

   Nous sommes arrivés en retard.   *Je regrette que vous soyez*
     (je regrette, vous.)   *arrivés en retard.*

   1. *Ils n'ont pas fait les valises. (je regrette, ils)*
   2. *Je n'ai pas pu venir. (vous regrettez, je)*
   3. *Il s'est préparé pour son examen. (il aurait fallu, il)*
   4. *Vous vous êtes levés très tôt. (je regrette, vous)*
   5. *Tu veux m'aider. (il aurait fallu, tu)*

3. **Put the verb between parentheses in the past subjunctive.**
   1. *Il aurait fallu que tu (partir) à l'heure.*
   2. *C'est dommage que vous (ne pas écouter) le guide.*
   3. *Je regrette que nous (ne pas pouvoir) nous voir.*
   4. *Nous regrettons qu'il (devoir) se laver à l'eau froide.*
   5. *Il aurait fallu que vous (aller) à Paris.*

D. Answer Key

1. *L'accompagnateur annonce qu'il faut que les touristes se dépêchent car l'avion part dans quatre heures. Le touriste regrette que l'accompagnateur ne les ait pas prévenus plus tôt alors que l'accompagnateur pense que*

c'est dommage que les touristes n'aient pas entendu les instructions. Le touriste conclut qu'il aurait fallu qu'ils les aient eues plus tôt.

2. 1. *Je regrette qu'ils n'aient pas fait les valises.*
 2. *Vous regrettez que je n'aie pas pu venir.*
 3. *Il aurait fallu qu'il se soit préparé pour son examen.*
 4. *Je regrette que vous vous soyez levés si tôt.*
 5. *Il aurait fallu que tu aies voulu m'aider.*

3. 1. *Il aurait fallu que tu sois parti(e) à l'heure.*
 2. *C'est dommage que vous n'ayez pas écouté le guide.*
 3. *Je regrette que nous n'ayons pas pu nous voir.*
 4. *Nous regrettons qu'il ait dûse laver à l'eau froide.*
 5. *Il aurait fallu que vous soyez allé(e)(s) à Paris.*

Translation of the dialogue:

Attendant:	*Ladies and gentlemen, we have to hurry up and leave! The plane is leaving in four hours.*
Tourist:	*It's too bad you didn't warn us earlier.*
Attendant:	*I am sorry that you did not hear the instructions.*
Tourist:	*We regret that you didn't give them to us earlier.*

Using the Subjunctive, Part I

A.

There are many verbal structures in French that require the subjunctive. To make things easier, we will divide them into two sections. In this lesson we will focus on necessities, commands, restrictions, and opinions. Observe.

He demands that you show your passport.	*Il exige que vous montriez votre passeport.*
I ask that the reservation be made.	*Je demande que la réservation soit faite.*
The city orders that garbage be recycled.	*La ville ordonne que les ordures soient recyclées.*
It forbids that cars be parked on the square.	*Elle interdit que les voitures soient garées sur la place.*
The tourists have to take a cab to go to the airport.	*Il faut que les touristes prennent un taxi pour aller à l'aéroport.*
Ask that the coffee be served.	*Demandez qu'on serve le café.*
You are the only one who has understood my position.	*Tu es la seule qui ait compris ma position.*
I do not think that it will be possible.	*Je ne pense pas que ce soit possible.*

They do not believe that you can drive that old car.	*Ils ne croient pas que vous puissiez conduire cette vieille voiture.*

B.

Read this dialogue.

Laura: *Il faut que vous fassiez attention, maintenant!*

Christophe: *Nous t'écoutons, Laura, mais il faut que nous attendions Pierre!*

Laura: *Où est-il?*

Christophe: *Il faut que quelqu'un lui téléphone.*

Laura: *Bon, en attendant, il faut que nous vérifiions les costumes.*

Christophe: *Il est hors de question que je porte ce costume ridicule!*

Laura: *Voyons, Christophe, il faut que tu fasses un effort. Quand on travaille ensemble, il est nécessaire que la collaboration soit harmonieuse!*

C.

1. **Here are some sentences about the dialogue. Complete them with a verb in the present subjunctive.**
   1. *Laura dit qu'il faut que ses amis ___ attention maintenant.*
   2. *Christophe remarque qu'il faut qu'ils ___ Pierre et qu'il faut que quelqu'un lui ___.*
   3. *Laura dit qu'en attendant, il faut qu'ils ___ les costumes.*
   4. *Christophe dit qu'il est hors de question qu'il ___ ce costume ridicule.*
   5. *Laura lui dit qu'il faut qu'il ___ un effort pour que la collaboration ___ harmonieuse.*

2. **Finish the sentences using the cues, as in the example.**

Est-il possible que . . . (vous pouvez nous écrire)	*Est-il possible que vous puissiez nous écrire?*

   1. *Nous demandons que . . . (tu mets de l'argent à la banque)*
   2. *Il est indispensable que . . . (vous êtes patient)*
   3. *Il est inacceptable que . . . (le guide ne revient pas)*
   4. *Demandez que . . . (on vous offre une visite guidée)*
   5. *Il demande que . . . (vous prenez le train)*

3. **Translate into French using the present subjunctive with an expression that triggers it.**
   1. He has to talk to his boss.
   2. The teacher forbids his students to use a dictionary.
   3. I demand that you think about this problem. *(vous)*
   4. You don't believe that I can pass this exam. *(tu)*

D. Answer Key

1. 1. *Laura dit qu'il faut que ses amis fassent attention maintenant.*
   2. *Christophe remarque qu'il faut qu'ils attendent Pierre et qu'il faut que quelqu'un lui téléphone.*

3. *Laura dit qu'en attendant, il faut qu'ils vérifient les costumes.*
4. *Christophe dit qu'il est hors de question qu'il porte ce costume ridicule.*
5. *Laura lui dit qu'il faut qu'il fasse un effort pour que la collaboration soit harmonieuse.*

2. 1. *Nous demandons que tu mettes de l'argent à la banque.*
2. *Il est indispensable que vous soyez patient.*
3. *Il est inacceptable que le guide ne revienne pas.*
4. *Demandez qu'on vous offre une visite guidée.*
5. *Il demande que vous preniez le train.*

3. 1. *Il faut/ Il est nécessaire qu'il parle à son patron.*
2. *Le professeur interdit que ses étudiants/ élèves se servent d'un diction-naire.*
3. *J'exige que vous réfléchissiez à ce problème.*
4. *Tu ne crois pas que je puisse réussir cet examen.*

Translation of the dialogue:

Laura:	*You must pay attention, now!*
Christophe:	*We're listening to you, Laura, but we have to wait for Pierre!*
Laura:	*Where is he?*
Christophe:	*He's waiting for a phone call.*
Laura:	*Fine, while waiting, we have to check the costumes.*
Christophe:	*There's no way that I will wear this ridiculous costume!*
Laura:	*Come now, Christophe, you have to make an effort. When you work in a group, it is necessary for the collaboration to be harmonious!*

Using the Subjunctive, Part II

A.

In this section, we will concentrate on expressions that convey feelings or impressions and require the subjunctive. Observe.

I am sorry that you did not come.	*Je regrette que vous ne soyez pas venu.*
He is happy that the exhibit was a success.	*Il est content que l'exposition ait été un succès.*
We are very sorry that you are sick.	*Nous sommes désolés que tu sois malade.*
He is sorry that they canceled the flight.	*Il est navré qu'ils aient annulé le vol.*
You are sad that your friends are leaving.	*Vous êtes tristes que vos amis partent.*
They are delighted that you know their work.	*Elles sont ravies que vous connaissiez leur travail.*

It is a pity that the trains are always late.	*Il est regrettable que les trains soient toujours en retard.*
It is a scandal that pollution keeps getting worse.	*Il est scandaleux que la pollution ne cesse d'empirer.*
It is impossible for you to win the lottery.	*Il est impossible que tu gagnes au loto.*

B.

This is the last dialogue in the course. Read about a group of tired actors after their last performance.

Jeanne: *Je suis si contente que ce soit terminé!*

Eric: *Moi, je trouve formidable qu'une femme puisse mettre une pièce en scène aussi bien.*

Laura: *Oh là là! Eric, il semble que tu aies des idées un peu vieux jeu, non?*

Jeanne: *Je trouve regrettable qu'Eric fasse cette remarque après tout ce travail ensemble!*

Eric: *Je suis désolé que vous ayez mal pris ma remarque. Je plaisantais.*

Christophe: *Moi, je suis heureux que la pièce ait eu du succès et que nous ayons pu jouer ensemble.*

C.

1. **Here are some sentences about the dialogue. Complete them with a verb in the present or past subjunctive, as appropriate.**

   1. *Jeanne est heureuse que tout (être) terminé.*
   2. *Eric trouve formidable que maintenant les femmes (pouvoir) mettre en scène des pièces aussi bien.*
   3. *Laura et Jeanne trouvent que c'est dommage qu'Eric (avoir) des idées aussi vieux jeu et qu'il (faire) une telle remarque après tout ce travail ensemble.*
   4. *Eric est désolé qu'elles (mal prendre) sa remarque.*
   5. *Christophe conclut en disant qu'il est content que la pièce (avoir) du succès et qu'ils (pouvoir) jouer ensemble.*

2. **Complete the sentences with the appropriate form of the present subjunctive, as in the example.**

   | *Il est dommage que . . . (le pain est mauvais)* | *Il est dommage que le pain soit mauvais.* |

   1. *Il est regrettable que . . . (les billets sont chers)*
   2. *Nous sommes tristes que . . . (vous devez partir)*
   3. *Est-il content que . . . (vous pouvez nous écrire)?*
   4. *Je suis triste que . . . (tu as des problèmes)*
   5. *Nous sommes désolés que . . . (vous ne savez pas son adresse)*

3. **Repeat exercise 2, using the past subjunctive this time.**
   1. *Nous sommes heureux que… (vous avez pu venir)*
   2. *Je regrette que … (il ne faisait pas beau)*
   3. *Il est scandaleux que … (ils n'ont pas téléphoné)*
   4. *Ils sont navrés que … (nous sommes partis très tôt)*
   5. *Vous êtes tristes que … (je ne suis pas venue à votre mariage)*

D. Answer Key

1. 1. *Jeanne est heureuse que tout soit terminé.*
   2. *Eric trouve formidable que maintenant les femmes puissent mettre en scène des pièces aussi bien.*
   3. *Laura et Jeanne trouvent que c'est dommage qu'Eric ait des idées aussi vieux jeu et qu'il fasse une telle remarque après tout ce travail ensemble.*
   4. *Eric est désolé qu'elles aient mal pris sa remarque.*
   5. *Christophe conclut en disant qu'il est content que la pièce ait eu du succès et qu'ils aient pu jouer ensemble.*

2. 1. *Il est regrettable que les billets soient chers.*
   2. *Nous sommes tristes que vous deviez partir.*
   3. *Est-il content que vous puissiez nous écrire?*
   4. *Je suis triste que tu aies des problèmes.*
   5. *Nous sommes désolés que vous ne sachiez pas son adresse.*

3. 1. *Nous sommes heureux que vous ayez pu venir.*
   2. *Je regrette qu'il n'ait pas fait beau.*
   3. *Il est scandaleux qu'ils n'aient pas téléphoné.*
   4. *Ils sont navrés que nous soyons partis très tôt.*
   5. *Vous êtes tristes que je ne sois pas venue à votre mariage.*

Translation of the dialogue:

Jeanne:	*I am so happy that this is over!*
Eric:	*I think it's great that a woman can direct a play so well!*
Laura:	*Goodness! Eric, it seems that you have some antiquated ideas, don't you?*
Jeanne:	*I think that it's regrettable that Eric would make such a remark after all our work together!*
Eric:	*I am sorry that you took my remark badly. I was joking.*
Christophe:	*For my part, I am happy that the play was a success and that we were able to act together.*

APPENDICES

COMMON PRONOMINAL VERBS*

A pronominal verb is a verb conjugated with a reflexive/reciprocal pronoun (*me, te, se,* and so on). There are two kinds of pronominal verbs: reflexive and reciprocal. For example, *se laver* (to wash oneself) is reflexive and *se rencontrer* (to meet each other) is reciprocal.

s'abîmer (to deteriorate)
s'abonner à (to subscribe)
s'accorder avec (to agree with) (*in grammar*)
s'accrocher à (to hang on to)
s'adapter à (to adapt to)
s'adresser à (to speak to)
s'en aller (to go away)
s'amuser (to have fun)
s'apercevoir de (to notice, to realize)
s'appeler (to be called; to phone one another)
s'approcher de (to approach, to go near)
s'appuyer sur (to lean on; to rely on)
s'arrêter (to stop)
s'asseoir (to sit down)
se baisser (to bend down)
se battre (to fight)
se blesser (to get injured)
se calmer (to calm down, to ease)
se changer (to get changed)
se comporter (to behave)
se concentrer sur (to concentrate on)
se coucher (to go to bed, to lie down)
se débarrasser de (to get rid of)
se débrouiller (to manage; to get by)
se décourager (to lose heart)
se défendre (to defend oneself; to get by)
se demander (to wonder)
se dépêcher (to hurry)
se disputer (to fight over, to argue)
s'éloigner (to move away)
s'embrasser (to kiss each other)
s'endormir (to fall asleep)
s'énerver (to get annoyed, to get worked up)
s'enfuir de (to run away, to flee from)
s'ennuyer (to be bored)
s'entendre (to get along)
s'entraîner (to train)
s'évanouir (to faint; to disappear)
s'excuser (to apologize)
se garer (to park)
s'habiller (to get dressed, to dress oneself)
s'habituer à (to get used to)
s'inquiéter (to worry)

---

* In the appendices, as in the rest of the book, verbs in boldface type appear fully conjugated in verb conjugation charts.

s'intéresser à (to be interested in)
se laver (to wash)
se lever (to get up, to rise, to stand up)
se maquiller (to put some make-up on)
se marier (to get married)
se mettre à (to start)
se moquer de (to make fun of, not to care about)
se moucher (to blow one's nose)
se noyer (to drown)
s'occuper de (to deal with, to take care of)
se passer (to happen)
se plaindre de (to complain, to moan)
se précipiter (to throw oneself, to rush)
se présenter à (to introduce oneself; to run for)
se promener (to go for a walk)
se rappeler (to remember)
se rendre à (to surrender; to go to)
se reposer (to rest)
se reprendre (to pull oneself together)
se ressembler (to look alike)
se réveiller (to wake up)
se servir de (to use something; to help oneself)
se souvenir de (to remember)
se suicider (to commit suicide)
se taire (to be quiet)
se tromper (to make a mistake)
se trouver (to be located)

COMMON IMPERSONAL VERBS

il advient de (*advenir*), "to happen to, to become of"
il s'agit de (*s'agir*), "to be about"
il faut (*falloir*), "it is necessary to/that . . ."
il gèle (*geler*), "to freeze"
il manque (*manquer*), "to be missing"
il neige (*neiger*), "to snow"
il paraît (*paraître*), "to seem"
il pleuvasse (*pleuvasser*), "to drizzle"
il pleut (*pleuvoir*), "to rain"
il pleuvote (*pleuvoter*), "to drizzle"
il semble (*sembler*), "to seem"
il suffit (*suffire*), "to be enough"

COMMON VERBS THAT TAKE
ÊTRE IN THE PAST

In addition to being used with all pronominal verbs and in the passive voice, the auxiliary *être* is also used with verbs denoting movement, the most common of which are listed below.

> *advenir de* (to happen to; to become of)
> **aller** (to go)
> *apparaître* (to appear)
> **arriver** (to arrive; to happen; to manage)
> *décéder* (to pass away)
> *demeurer* (to remain)
> **descendre** (to descend; to go down)
> *devenir* (to become)
> **entrer** (to enter, to go in)
> *intervenir* (to intervene; to occur)
> **monter** (to rise, to go up)
> **mourir** (to die)
> **naître** (to be born)
> **partir** (to leave, to go away)
> *parvenir à* (to reach, to manage to do something)
> **passer** (to pass)
> *provenir de* (to come from)
> *remonter* (to go back up; to rise again)
> *rentrer* (to go back in; to bump into; to go home)
> *repartir* (to leave again)
> *repasser* (to come again)
> *ressortir* (to go out again)
> *rester* (to stay, to remain)
> *retomber* (to fall again)
> **retourner** (to go back)
> *revenir* (to come back)
> **sortir** (to go out, to exit)
> *survenir* (to arise, to take place)
> **tomber** (to fall)
> **venir** (to come)

Note that some of the verbs listed above, including *descendre, monter, sortir,* among others, also have a transitive meaning, in which case *avoir* is used (see Index and the appendix Commom Verbs that Take Both *avoir* and *être* in the Past on the next page).

COMMON VERBS THAT TAKE BOTH
AVOIR AND *ÊTRE* IN THE PAST

accourir (to rush, to hurry)
convenir *de* (to agree)
demeurer (to remain; to live somwhere)
descendre (to descend; to go down; to take sth down)
monter (to rise, to go up; to take up)
passer (to pass; to spend time; to cross)
remonter (to go back up; to rise again; to take back up)
rentrer (to go back in; to bump into; to go home; to take
   something in)
repasser (to come again; to iron; to cross again)
ressortir (to go out again; to take out again)
retourner (to go back; to turn over; to send back)
sortir (to go out, to exit; to take out)
stationner (to be parked, to park)

For most verbs in the list, the choice of the auxiliary depends on the meaning intended. In most cases, when the meaning of the word is intransitive, *être* is used (e.g., *descendre* meaning "to decend; to go down"); when the meaning of the word is transitive, *avoir* is used (e.g., *descendre* meaning "to take something down").

SUMMARY OF THE SUBJUNCTIVE

Impersonal Expressions Followed by the Subjunctive

Cela ne sert à rien	it is pointless
Cela vaut la peine	it is worth the trouble
Comment se fait-il	how come
Il arrive	it happens
Il est bon	it is good
C'est dommage	it is a shame
Il est essentiel	it is essential
Il est étrange	it is strange
Il est honteux	it is unthinkable
Il est impératif	it is imperative
Il est impossible	it is impossible
Il est invraisemblable	it is unbelievable
Il est inadmissible	it is inadmissible
Il est inconcevable	it is inconceivable
Il est inutile	it is useless
Il est inutile d'espérer	it is hopeless
Il est juste	it is just
Il est naturel	it is natural
Il est nécessaire	it is necessary
Il est normal	it is normal
Il est possible	it is possible
Il est préférable	it is preferable
Il est rare	it is rare
Il est regrettable	it is regrettable
Il est surprenant	it is surprising
Il est temps	it is time
Il faut	one must
Il se peut	it may be
Il semble	it seems
Il suffit	it is enough
Il vaut mieux	it is better

Verbs and Phrases Followed by the Subjunctive

aimer mieux	to like better, to prefer
attendre	to wait, to expect
s'attendre à ce que	to expect
avoir honte	to be ashamed
avoir peur	to be afraid
craindre	to fear
défendre	to forbid
demander	to ask
désirer	to desire, to want, to wish
douter	to doubt
empêcher	to prevent
s'étonner	to be surprised
être content	to be glad
être désolé	to be sorry
être heureux	to be happy

être surpris	to be surprised
exiger	to demand
ordonner	to order
préférer	to prefer
proposer	to suggest, to offer
regretter	to regret
souhaiter	to wish
suggérer	to suggest
vouloir	to want

Conjunctions Followed by the Subjunctive

à moins que	unless
afin que	that, in order that
autant que	as far as
avant que	before
bien que	although
de peur que	for fear that
de sorte que	so that, in such a way that
en attendant que	while waiting
en supposant que	supposing that
jusqu'à ce que	until
pour que	in order that
pourvu que	provided
quoi que	whatever
quoique	although, though
sans que	without

DEFINITIONS OF COMMON GRAMMAR TERMS

active voice–*voix active*: a verbal form in which the agent of an action is expressed as the grammatical subject; e.g., *Mon auteur préféré a écrit ce livre* (My favorite author wrote this book).

adjective–*adjectif*: a word that describes a noun; e.g., *grand* (large).

adverb–*adverbe*: a word that describes verbs, adjectives, or other adverbs; e.g., *rapidement* (quickly).

agreement–*accord*: the modification of a word according to the person, gender, or number of another word which it describes or to which it relates, e.g. *le grand village* (m.), *la grande ville* (f.).

auxiliary verb–*verbe auxiliaire*: a helping verb used with another verb to express some facet of tense or mood; e.g., *avoir* (to have) and *être* (to be).

compound–*composé*: when used in reference to verbal forms, it indicates a tense composed of two parts: an auxiliary and a main verb; *Il a mangé* (He has eaten).

conjugation–*conjugaison:* the modification of a verb according to person and tense or mood; e.g., *je mange* (I'm eating) vs. *nous mangeons* (we're eating), *je mange* (I'm eating) vs. *je mangerai* (I'll eat), etc.

conjunction–*conjonction*: a word that connects words and phrases; e.g., *et* (and), *mais* (but).

defective verb–*verb défectif*: A verb that doesn't have full conjugation and is used only in certain moods and tenses; e.g., *gésir* (to be lying down).

definite article–*article défini*: a word linked to a noun; generally used to indicate the noun is a specific instance of a general category. In French, the definite articles (meaning "the") are *le, la,* and *les,* and each agrees with the noun in gender and number.

demonstrative–*démonstratif*: a word used to indicate the position of a noun in relation to the speaker. Demonstrative adjectives are used together with a noun: *J'aime cette ville* (I like this city). Demonstrative pronouns replace the noun: *J'aime celle-ci* (I like this one).

direct object–*complément d'objet direct*: the person or thing undergoing the action of a verb. For example, in the sentence "I wrote a letter to John," the direct object is "a letter."

ending–*terminaison:* the suffixes added to the stem that indicate gender, number, tense, mood, or part of speech.

gender–*genre*: grammatical categories for nouns, generally unrelated to physical gender and often determined by word ending. French has two genders, masculine and feminine, that refer to both animate and inanimate nouns, e.g., *le village* (m.), *la ville* (f.).

imperative–*impératif*: the command form, e.g., *Donnez-moi le livre* (Give me the book).

impersonal verb–*verbe impersonnel:* a verb for which the subject is the impersonal pronoun *il* and for which there is no real subject. Impersonal verbs are often used to indicate natural phenomena, such as weather, climate, or time: *Il fait froid en hiver* (It's cold in winter). They are also used in various set expressions such as *il y a* (there is/are), *il faut que* (it is necessary that).

indefinite article–*article indéfini*: a word linked to a noun; used when referring to a noun or class of nouns in a general way. In French the indefinite articles are *un, une,* and *des* (meaning "a, an, some"), and they agree with the noun in gender and number.

indicative–*indicatif*: the mood used for factual or objective statements and questions, e.g., *J'habite New York* (I live in New York).

indirect object–*complément d'objet indirect*: the ultimate recipient of the action of a verb; often introduced by a preposition. For example, in the sentence "I wrote a letter to John," the indirect object is John.

infinitive–*infinitif*: the basic, uninflected form of a verb found in the dictionary, i.e., before the person, number, tense, or mood has been specified, e.g., *parler* (to speak).

intransitive–*intransitif*: a verb that cannot take a *direct* object, e.g., *Il court très vite* (He runs very fast). *Il te parle* (He's talking to you).

inversion–*inversion*: reversing the order of subject and verb, often used in question formation, e.g., *Puis-je entrer?* (May I come in?).

mood–*mode:* a reflection of the speaker's attitude toward what is expressed by the verb. The major moods in French are the Indicative, Subjunctive, and Imperative, e.g., *Je veux que tu viennes* (I want you to come).

noun–*nom*: a word referring to a person, place, thing, or abstract idea, e.g., *ville* (city), *amour* (love).

number–*nombre*: the distinction between singular and plural, e.g., *femme* (woman) vs. *femmes* (women).

participle–*participe:* a verb form that often has the function of an adjective or adverb but may have the verb features of tense and voice. It is often used in the formation of compound tenses, e.g., present and past participles: *mangeant/mangé* (eating/eaten).

passive voice–*voix passive:* a verb form in which the recipient of the action is expressed as the grammatical subject, e.g., *Ce livre a été écrit par mon auteur préféré* (This book was written by my favorite author).

person–*personne*: the grammatical category that distinguishes between the speaker (first person–I, we), the person spoken to (second person–you), and the people and things spoken about (third person–he, she, it, they). It is often used in reference to pronouns and verbs.

possessive–*possessif*: indicating ownership, e.g., *mon* (my) is a possessive adjective.

predicate–*prédicat*: the part of a clause that expresses the state of the subject. It usually contains the verb with or without objects and complements, e.g., *runs* in "He runs," or *is late* in "She is late."

preposition–*préposition*: a word used to express spatial, temporal, or other relationships, e.g., *à* (to), *sur* (on).

pronominal verb–*verbe pronominal*: a verb conjugated with a reflexive/reciprocal pronoun in addition to the subject. The two major groups of pronominal verbs are reflexive, where the action reflects back on the subject: *se laver* (to wash oneself), and reciprocal, where the subjects, always plural, act upon each other: *se rencontrer* (to meet each other).

pronoun–*pronom*: a word that replaces a noun, e.g., *je* (I), *le* (him/it), *cela* (this).

reciprocal–*reciproque:* see **pronominal verb.**

reflexive–*réfléchi:* see **pronominal verb.**

simple–*simple*: one-word verb forms conjugated by adding endings to a stem, e.g., *Je vais au cinéma* (I go/am going to the movies) vs. *Je suis allé(e) au cinéma hier* (I went/have gone to the movies).

stem–*radical*: in conjugation, the part of a verb used as the base to which endings are added. The stem used to form most simple tenses of French regular verbs is derived by simply dropping the infinitive endings (*-er, -ir,* or *-re*), e.g., *parler >> parl- >> je parle.*

subject–*sujet:* the agent of an action or the entity experiencing the state described by a verb. For example, in the sentence "I wrote a letter to John," the subject is I.

tense–*temps:* the time of an action or state, i.e., past, present, future.

transitive–*transitif:* a verb that takes a direct object, e.g., *J'aime le cinéma* (I love movies).

verb–*verbe*: a word expressing an action or state, e.g., *écrire* (to write).

FRENCH GRAMMAR SUMMARY

Subject Pronouns

SINGULAR

je	I			
tu	you (*infml.*)			
il, elle	he, she, it			
on	one, we (*infml.*)			

PLURAL

nous	we
vous	you (*pl.* or *fml. sing.*)
ils	they (*m.* or *m. + f.*)
elles	they (*f.*)

Stressed Pronouns

SINGULAR

moi	me
toi	you (*infml.*)
lui	him
elle	her

PLURAL

nous	us
vous	you (*pl.* or *fml. sing.*)
eux	them (*m.* or *m. + f.*)
elles	them (*f.*)

Reflexive Pronouns

SINGULAR

me	myself
te	yourself (*infml.*)
se	him- / her- / it- / oneself

PLURAL

nous	ourselves
vous	yourself (fml.), yourselves
se	themselves

Direct Object Pronouns

SINGULAR

me	me
te	you (*infml.*)
le, l'	him, it
la , l'	her, it

PLURAL

nous	us
vous	you (*pl.* or *fml. sing.*)
les	them

Indirect Object Pronouns

SINGULAR

me	to me
te	to you (*infml.*)
lui	to him, to her, to it

PLURAL

nous	to us
vous	to you (*pl.* or *fml. sing.*)
leur	to them

Double Object Pronouns—General Placement Guidelines

FIRST	SECOND	THIRD
me		
te	*le*	*lui*
se	*la*	*leur*
nous	*les*	
vous		

For example: *Je **vous les** donne.* (I'm giving them to you.)
 *Elle **les leur** a envoyé(e)s.* (She's sending them to them.)

Demonstrative Pronouns

	MASCULINE	FEMININE
SINGULAR	*celui*	*celle*
PLURAL	*ceux*	*celles*

Possessive Pronouns

	MASCULINE SINGULAR	MASCULINE PLURAL	FEMININE SINGULAR	FEMININE PLURAL
mine	*le mien*	*les miens*	*la mienne*	*les miennes*
yours (*infml.*)	*le tien*	*les tiens*	*la tienne*	*les tiennes*
his, hers, its	*le sien*	*les siens*	*la sienne*	*les siennes*
ours	*le nôtre*	*les nôtres*	*la nôtre*	*les nôtres*
yours (*pl. or fml.*)	*le vôtre*	*les vôtres*	*la vôtre*	*les vôtres*
theirs	*le leur*	*les leurs*	*a leur*	*les leurs*

Interrogative Pronouns

	MASCULINE	FEMININE
SINGULAR	*lequel*	*laquelle*
PLURAL	*lesquels*	*lesquelles*

Prepositions + Interrogative Pronouns

PRONOUN	AFTER *DE*	AFTER *À*
lequel	*duquel*	*auquel*
laquelle	*de laquelle*	*à laquelle*
lesquels	*desquels*	*auxquels*
lesquelles	*desquelles*	*auxquelles*

Plural of Nouns—General Guidelines

SINGULAR ENDING	PLURAL ENDING		SINGULAR EXAMPLE	PLURAL EXAMPLE
regular	*-s*		*le livre*	*les livres*
-s, -x, -z	no change		*le choix*	*les choix*
-al or *-ail*	*-aux*		*le cheval*	*les chevaux*
-au or *-eu*	*-aux* or *-eux*		*l'oiseau*	*les oiseaux*

Articles

	DEFINITE	INDEFINITE
MASCULINE	*le*	*un*
FEMININE	*la*	*une*
MASCULINE or FEMININE before vowel or silent "h"	*l'*	*un / une*
PLURAL	*les*	*des*

Prepositions + Definite Articles

PREPOSITION	+ LE	+ LA	+ LES
de	*du*	*de la*	*des*
à	*au*	*à la*	*aux*

Possessive Adjectives

	MASCULINE	FEMININE	PLURAL
my	*mon*	*ma*	*mes*
your	*ton*	*ta*	*tes*
his, her, its	*son*	*sa*	*ses*
our	*notre*	*notre*	*nos*
your	*votre*	*votre*	*vos*
their	*leur*	*leur*	*leurs*

Interrogative Adjectives (which)

	MASCULINE	FEMININE
SINGULAR	*quel*	*quelle*
PLURAL	*quels*	*quelles*

Demonstrative Adjectives (this, that; these, those)

	MASCULINE	FEMININE
SINGULAR	*ce, cet*	*cette*
PLURAL	*ces*	*ces*

Irregular Adjectives

MASCULINE	MASCULINE before vowel or silent "h"	EXAMPLE
beau	*bel*	*un bel hôtel*
nouveau	*nouvel*	*le nouvel ordinateur*
vieux	*vieil*	*un vieil homme*
ce	*cet*	*cet arbre*

Irregular Comparatives and Superlatives

POSITIVE	COMPARATIVE	SUPERLATIVE
bon(ne)	*meilleur(e)*	*le/la meilleur(e)*
mauvais(e)	*plus mauvais(e)*	*le/la plus mauvais(e)*
	pire	*le/la pire*
petit(e)	*plus petit(e)*	*le/la plus petit(e)*
	moindre	*le/la moindre*

ENGLISH—FRENCH GLOSSARY
OF 2,000+ VERBS

In this glossary you'll find the French equivalents for more than 2,000 English verbs. All the French verbs given in the right-hand column can be looked up in the List of 2,000+ Essential French Verbs, which provides further details on their various properties. The number following the French translation points to the verb conjugation chart, where you can find the verb itself or its model verb fully conjugated.

A*

English	French	CHART NUMBER
abandon	abandonner	9
abate	atténuer, s'atténuer	9, 62
abbreviate	abréger	172
abdicate	abdiquer	9
abolish	abolir	107
absorb	absorber	9
abstain	s'abstenir	232
abuse	abuser de; injurier; maltraiter	9, 13, 9
accelerate	accélérer, s'accélérer	93, 121
accentuate	accentuer, s'accentuer	9, 62
accept	accepter, admettre	9, 142
acclaim	acclamer	9
accommodate	héberger, **loger**	138, 136
accompany	accompagner	9
accomplish	accomplir	107
accost	accoster	9
accumulate	accumuler, s'accumuler	9, 62
accuse	accuser	9
acknowledge	reconnaître	40
acquire	**acquérir**	7
acquit	acquitter	191
act	**agir; jouer**	8, 129
act ruthlessly	sévir	107
activate	actionner	9
adapt	adapter, s'adapter à	9, 62
add	ajouter, s'ajouter à	9, 62
add some more	rajouter	9
add spice to	pimenter	9
add up	additionner, s'additionner à	9, 62
address sth to	adresser à	9
adjourn	ajourner	9
adjust	ajuster	9

English	French	CHART NUMBER
administer	administrer	9
admire	admirer	9
admit	admettre, avouer	142, 9
adopt	adopter	9
adore	adorer	9
adulate	aduler	9
advise	conseiller	9
advise against	déconseiller	9
advocate	préconiser	9
affect	affecter, atteindre, toucher	9, 167, 9
afford	se permettre	202
age	**vieillir**	245
agree	accepter; s'accorder avec	9, 62
agree to	consentir à; **convenir** de	220, 47
aim at	viser	9
air	aérer	93
alarm	alarmer	9
alert	alerter	9
alienate	aliéner	29
allocate	affecter, attribuer à	9, 9
allow	permettre, se permettre	142, 202
alter	altérer	93
alternate	alterner avec	9
amass	amasser, s'amasser	9, 62
amaze	épater	9
amend	amender	9
amount to	se résumer à	62
amplify	amplifier, s'amplifier	13, 13
amputate	amputer	9
amuse	divertir	107
anaesthetize	anesthésier	13
analyze	analyser	9
anesthetize	insensibiliser	9

---

* Throughout the glossary, "sb" stands for "somebody," "sth" stands for "something," and "o.s." stands for "oneself."

annex	annexer 9	
annihilate	anéantir 107	
annotate	annoter 9	
announce	annoncer 173	
annoy	embêter 9	
answer	**répondre** à 209	
anticipate	anticiper, devancer . . .9, 173	
apologize	**s'excuser** 98	
appeal to	solliciter 9	
appear	apparaître, figurer; se **montrer, paraître** 161, 9, 144, 161	
appear in court	comparaître devant 161	
appear suddenly	surgir 107	
appease	apaiser, s'apaiser 9, 62	
applaud	applaudir 107	
apply	appliquer, s'appliquer à 9, 62	
apply for a job	postuler à 9	
appoint	désigner, nommer 9, 9	
appreciate	**apprécier** 13	
approach	**aborder,** s'approcher de 2, 62	
arbitrate	arbitrer 9	
argue	**discuter; se disputer** 72, 73	
argue about	argumenter 9	
arise	**naître,** survenir 149, 242	
arm	armer, s'armer de 9, 62	
arouse	éveiller; exciter 9, 9	
arrange	agencer, s'agencer, arranger 173, 173, 138	
arrest	arrêter 9	
arrive	**arriver** 16	
articulate	articuler 9	
ask	demander, interroger; réclamer 62, 138, 9	
ask for information	se renseigner sur 62	
aspire to	aspirer à 9	
assail	**assaillir** 17	
assassinate	assassiner 9	
assault	violenter 9	
assemble	assembler, s'assembler 9, 62	

assent	acquiescer à 173	
assert o.s.	s'imposer 62	
assess	évaluer, expertiser; mesurer 9, 9, 9	
assimilate	assimiler, s'assimiler . . .9, 62	
assist	assister, seconder 9, 9	
associate	associer, s'associer . . .13, 13	
assume	assumer, s'assumer 9, 62	
assure	assurer, certifier 9, 13	
astound	stupéfier 13	
attach	**joindre** 128	
attack	agresser, **assaillir,** attaquer 9, 17, 9	
attend	assister à 9	
attract	attirer 9	
auction	adjuger à 138	
authenticate	authentifier 13	
authorize	autoriser à 9	
autograph	dédicacer 173	
avenge	**venger** 241	
avoid	se dérober; éviter; fuir 62, 9, 85	
awaken	éveiller 9	
award	décerner 9	

B

back down	reculer 9	
balance	équilibrer, s'équilibrer . .9, 62	
ban	bannir 107	
bang	**taper** 230	
banish	bannir 107	
bank on	miser sur 9	
baptize	baptiser 9	
bar	barrer 9	
bark	**aboyer** 4	
base on	baser, se baser sur, se fonder sur 9, 62, 62	
be	**être** 96	
be a benefit to	profiter à 9	
be able to	**pouvoir** 184	
be about	s'**agir** de, traiter de 8, 9	
be afraid of	**craindre** 52	
be away from	s'absenter de 62	
be bored	**s'ennuyer** 87	
be born	**naître** 149	
be born again	renaître 149	

be called	s'**appeler**, se nommer	12, 62
be delighted with	se réjouir de	89
be delirious	délirer	9
be displeasing	déplaire	175
be dying	agoniser	9
be eaten	se **manger**	138
be enough	**suffire**	227
be enthusiastic about	s'enthousiasmer pour	62
be equivalent	se **valoir**	238
be familiar with	**connaître**	40
be fond of	affectionner	9
be full	caler	9
be furious	enrager	138
be going gray	grisonner	9
be happy with	se contenter de	62
be in session	siéger	172
be in the office	consulter	9
be inspired by	s'inspirer de	62
be killed	se tuer	62
be linked together	s'enchaîner	62
be located	se **trouver**	236
be missing	**manquer**	139
be moved	s'attendrir sur, s'**émouvoir**	89, 82
be nourishing	**nourrir**	152
be obvious	se remarquer	62
be parked	stationner	9
be pleasing	**plaire**	175
be plentiful	abonder	9
be published	**paraître**	161
be quiet	se **taire**	229
be reincarnated as	se réincarner en	62
be rejuvenated	rajeunir	107
be reluctant to	rechigner à	9
be resolved to	se **résoudre** à	212
be satisfied with	se satisfaire de	103
be slow	retarder	9

be suitable to	**convenir** à	47
be surprised at	s'étonner de	62
be swarming with	grouiller de	9
be unaware of	ignorer	9
be urgent	presser	9
be used as/for	**servir** de/à	221
be worth	**valoir**	238
bear	endurer, supporter	9, 181
beat	**batter, frapper**	24, 110
become	**devenir**	68
become clear	se préciser	62
become extinct	disparaître	161
become famous	s'illustrer	62
become flustered	se troubler	62
become friends with	se lier avec	13
become independent	s'émanciper	62
become milder	s'adoucir, se radoucir	89, 89
become of	advenir de	242
become stronger	s'affermir	89
become tense	se crisper	62
become tough	s'endurcir	89
become ugly	enlaidir	107
become vacant	se libérer	121
beg	mendier; **prier**, supplier	13, 190, 13
begin	**commencer** à, débuter; entreprendre	35, 9, 185
behave	**agir**, se comporter, se **conduire**	8, 62, 39
behead	décapiter	9
believe	**croire**	55
belong to	appartenir à	232
bend	courber; fléchir, **plier**	9, 107, 179
bend down	se baisser, se **pencher**	62, 168
benefit	bénéficier de	13
bequeath	léguer	29
besiege	assiéger	172

bet	miser, parier 9, 13
betray	trahir 107
betray o.s.	se trahir 89
bewilder	dérouter 9
bewitch	ensorceler 127
bid higher	surenchérir 107
bind hand and foot	ligoter 9
bite	**mordre** 145
blacken	noircir 107
blame	blâmer 9
blaze	flamber, flamboyer 9, 4
bleed	saigner 9
blend	mélanger 138
bless	bénir 107
blind	aveugler 9
blink	cligner de 9
block	bloquer, boucher 9, 9
blossom	s'épanouir; **fleurir** . .89, 108
blow	**souffler** 9, 224
blow one's nose	se moucher 62
blow out	**souffler** 224
bluff	bluffer 9
blunder	gaffer 9
blur	brouiller 9
blush	**rougir** 218
board	embarquer 9
boast	**se vanter** 239
boil	**bouillir** 27
bolt	s'emballer 62
bomb	bombarder 9
boo	huer 9
booby-trap	**piéger** 172
book	**réserver** 211
border on	frôler 9
bore	**ennuyer** 87
borrow	emprunter 9
botch up	bâcler 9
bother	déranger, embêter, **ennuyer,** importuner 138, 9, 87, 9
bounce	rebondir 107
bow	courber, se courber, s'incliner 9, 62, 62
box	boxer 9
braid	tresser 9

brainwash	intoxiquer 9
brake	freiner 9
branch off	bifurquer 9
brandish	brandir 107
break	briser, casser, se casser, rompre 9, 9, 62, 123
break off	**interrompre, s'interrompre** 123, 123
break out	éclater 9
break up	rompre 123
breast-feed	allaiter 9
breathe	respirer 9
breathe in	inspirer 9
breathe out	expirer 9
breed	élever 86
bribe	**acheter,** corrompre, soudoyer 6, 123, 4
brighten up	égayer 166
bring	amener, apporter . .81, 181
bring back	ramener, rapporter . .81, 181
bring closer	approcher, rapprocher . .9, 9
bring into conflict	opposer 9
bring together	**réunir** 214
bring up	éduquer 9
broadcast	diffuser, émettre, retransmettre 9, 142, 142
brush	brosser, se brosser 9, 62
brush against	frôler, se frôler 9, 62
bubble	mousser 9
build	bâtir, **construire** 107, 43
bully	brimer, brutaliser, tyranniser 9, 9, 9
burden o.s. with	s'embarrasser de 62
burglarize	cambrioler 9
burn	brûler, se brûler, flamber; incendier 9, 62, 9, 13
burp	roter 9
burst	**crever,** éclater 54, 9
bury	enfouir, ensevelir, enterrer, inhumer 107, 107, 9, 9
bustle about	s'affairer à 62
butcher	charcuter 9
butter	beurrer 9
button up	boutonner, se boutonner 9, 62

clear the snow from	déneiger 138	
clear the table	**débarrasser,** desservir 58, 221	
clear of	innocenter de 9	
clear up	s'éclaircir 89	
click	cliquer 9	
climb	escalader, gravir, grimper 9, 107, 9	
cling to	se cramponner à 62	
clink	s'entrechoquer 62	
close	**clore, fermer,** rabattre, replier 34, 106, 1, 179	
coat with	enduire de 43	
coat with plastic	plastifier 13	
cobble	paver 9	
code	coder 9	
codify	codifier 13	
cohabit	cohabiter 9	
coincide	coïncider avec 9	
collaborate	collaborer à 9	
collapse	s'écrouler 62	
collect	collectionner; ramasser, recueillir, **réunir** 9, 9, 56, 214	
collect one's thoughts	se recueillir 56	
collide	heurter, se heurter 9, 62	
colonize	coloniser 9	
color	colorer, colorier 9,13	
comb	peigner, se peigner 9, 62	
combine	allier 13	
combine with	s'allier avec/contre; combiner avec 62, 9	
come	**venir** 242	
come again	repasser 165	
come alive again	revivre 247	
come back	revenir 242	
come between	s'intercaler entre 62	
come from	dériver de, provenir de 9, 242	
come off	s'**enlever** 86	
come on	s'allumer 62	
come on top of	se greffer sur 62	
come through	percer 173	

come to life	s'animer 62	
come true	se réaliser 62	
come undone	se défaire; se détacher 103, 62	
come unhooked	se **décrocher** 60	
come unstuck	se décoller 62	
comfort	réconforter 9	
command	commander 9	
commemorate	commémorer 9	
comment	commenter 9	
commit	commettre; engager 142, 138	
commit another offense	récidiver 9	
commit o.s. to	s'engager à 241	
commit suicide	se suicider 62	
communicate	communiquer 9	
compare	comparer 9	
compare o.s. to	se comparer à 62	
compart- mentalize	cloisonner 9	
compensate for	compenser; dédommager, indemniser; pallier 9, 138, 9, 13	
compete	concourir 50	
complain	se **plaindre** 174	
complete	achever, s'achever; compléter 54, 54, 208	
complicate	compliquer 9	
compliment on	complimenter sur/pour ...9	
compose	composer 9	
comprise	**comprendre** 36	
compromise	compromettre, se compromettre; transiger 142, 202, 138	
computerize	informatiser 9	
conceal	dissimuler, se dissimuler 9, 62	
concede	concéder 29	
conceive	concevoir 195	
concentrate	concentrer, se concentrer sur 9, 62	
concern	concerner 9	
conclude	**conclure** 38	
condemn	condamner à 9	

conduct	procéder à	29
confess	avouer, confesser	9, 9
confide	confier, se confier à	13, 13
confine illegally	séquestrer	9
confirm	confirmer, **vérifier**	9, 243
confiscate	confisquer	9
confront	affronter, s'affronter; confronter	9, 62, 9
confuse	embrouiller	9
congratulate	**féliciter,** se **féliciter**	105, 105
conjugate	conjuguer, se conjuguer	9, 62
connect to	brancher à, se brancher à/sur, **connecter, se connecter** à/sur	9, 62, 41, 41
conquer	conquérir	7
consider	considérer, examiner, juger	93, 9, 138
consist of	comporter, se composer de	9, 62
console	consoler, se consoler	9, 62
constitute	constituer, se constituer	9, 62
consult	consulter	9
consult one another	se concerter	62
consume	consommer	9
contact	contacter	9
contact one another	se contacter	62
contain	contenir, renfermer	232, 106
contaminate	infecter	9
contemplate	envisager	138
contest	contester	9
continue	continuer à/de, poursuivre	9, 228
contradict	**contredire**	44
contradict o.s./ o.a.	se **contredire**	44
contraindicate	contre-indiquer	9
contrast	trancher	9
contribute to	apporter; **contribuer** à, participer à	181, 45, 9
control	contrôler, maîtriser	9, 9
control o.s.	se contrôler, se dominer	62, 62

convene	convoquer	9
convert	aménager; convertir, se convertir à	138, 107, 89
convey	véhiculer	9
convince	**convaincre, persuader**	46, 9
convince o.s. of	se **convaincre** de, se persuader de	46, 62
cook	**cuire,** cuisiner	57, 9
cool down	**rafraîchir,** refroidir, se refroidir	193, 107, 89
cooperate	coopérer à/avec	93
coordinate	coordonner	9
copy	copier, recopier	13, 13
cork	boucher	9
correct	**corriger,** rectifier, réparer	48, 13, 9
correspond to	correspondre à	204
corrupt	corrompre	123
cost	coûter, **valoir**	9, 238
cough	tousser	9
count	**compter**	37
counter	contrer	9
counterattack	contre-attaquer, riposter	9, 9
cover	**couvrir**; parcourir; recouvrir, tapisser	51, 50, 51, 9
cover o.s. with	s'enduire de	43
cover sth up	camoufler	9
crack	fendre, se fendre	204, 61
crack up	craquer	9
crash	s'écraser	62
crawl	ramper	9
crawl along	se traîner	62
creak	craquer, grincer	9, 173
create	**créer**	53
create an uproar	chahuter	9
creep	ramper	9
cremate	incinérer	93
criticize	critiquer, médire	9, 44
cross	croiser; franchir, **passer,** traverser	9, 107, 165, 9
cross o.s.	se signer	62
cross out	barrer, rayer	9, 166
crucify	crucifier	13
crumble sth up	émietter, s'émietter	9, 62

crumple	chiffonner, se chiffonner 9, 62		declare	déclarer 9	
crunch	croquer 9		decline	décliner, dépérir 9, 107	
crush	broyer, écraser 4, 9		decode	décoder 9	
cry	**pleurer** 177		decorate	décorer 9	
cry out	s'écrier 13		decorate with	garnir de, orner de . . .107, 9	
cuddle	câliner 9		decorate with flowers	**fleurir** 108	
cultivate	cultiver 9		decrease	décroître 5	
cure	guérir 107		decree	décréter 208	
curl	friser 9		dedicate	**consacrer** 42	
curl up	se blottir 89		dedicate o.s. to	se **consacrer** à, se dévouer à 42, 62	
curse	**maudire** 140				
cushion	amortir 107		dedicate to	dédier à 13	
cut	couper, découper; faucher; tailler 9, 9, 9, 9		deduce	déduire 43	
			deduct	déduire 43	
cut down	**abattre**; se restreindre 1, 167		defeat	**vaincre** 237	
			defend	**défendre** 61	
cut in	rabattre 1		defend o.s.	se **défendre** 61	
cut out	découper 9		define	cerner, définir, délimiter 9, 107, 9	
cut-rate	brader 9				
			deflate	dégonfler, se dégonfler 9, 62	
D			deform	déformer 9	
dab	tamponner 9		defraud	frauder 9	
dabble on the stock exchange	boursicoter 9		defrost	décongeler 114	
			degrade	dégrader 9	
damage	abîmer, dégrader, endommager; **nuire** 9, 9, 138, 154		delay	retarder, tarder 9, 9	
			delegate	déléguer 29	
dampen	humecter 9		delete	effacer, supprimer 173, 9	
dance	danser 9		deliberate	délibérer 93	
dare	oser 9		delight	enchanter, ravir, réjouir 9, 107, 107	
dare sb to	défier de 13				
darken	noicir, obscurcir, s'obscurcir 107, 107, 89		delimit	délimiter, limiter 9, 9	
			deliver	livrer 9	
dash	filer 9		deliver sb's baby	accoucher 9	
date	dater 9				
daydream	rêvasser 9		demand	**exiger**, revendiquer . . .99, 9	
dazzle	éblouir 107		demolish	démolir 107	
deaden	amortir 107		demonstrate	démontrer; manifester 144, 9	
deal with	expédier; s'**occuper** de; traiter de 13, 156, 9				
			demoralize	démoraliser 9	
debate	**discuter** 72		denounce	dénoncer 173	
decay	se décomposer 62		dent	cabosser 9	
deceive	tromper 9		deny	démentir, nier 141, 13	
decide	**décider**, se **décider**, décréter; trancher 59, 59, 208, 9		deport	déporter 181	
			deprive of	déposséder de, priver de 182, 9	
decipher	déchiffrer 9				

do one's hair	se coiffer 62	
do sb's hair	coiffer 9	
do things with	fréquenter, se fréquenter 9, 62	
do up	retaper 230	
dodge	esquiver 9	
dominate	dominer 9	
double	doubler 9	
doubt	douter de 9	
doze	somnoler 9	
doze off	s'assoupir 89	
drag	traîner 9	
drain	égoutter, s'égoutter; vidanger 9, 62, 138	
draw	dessiner, tracer 9, 173	
draw a crowd	ameuter 9	
draw from	puiser dans 9	
draw up	rédiger 138	
dread	appréhender, redouter . .9, 9	
dream	**rêver** de, à 216	
dress	assaisonner; **habiller, s'habiller** 9, 117, 117	
dress up as	déguiser, se déguiser en 9, 62	
dribble	baver 9	
drift	dériver 9	
drink	**boire** 26	
drink to	arroser 9	
drip	goutter 9	
drive	actionner; **conduire,** rouler 9, 39, 9	
drive away	chasser 9	
drive sb home	reconduire 39	
drive sth in	enfoncer 173	
drive to despair	désespérer 93	
drizzle	pleuvasser, pleuvoter . . .9, 9	
drop	lâcher 9	
drop anchor	mouiller 9	
drop by parachute	parachuter 9	
drop off	déposer 9	
drown	**noyer, se noyer** . . .153, 153	
drug	droguer 9	
dry	essuyer, s'essuyer, sécher, se sécher 4, 15, 29, 121	
dwell on	s'attarder sur 62	

dwindle	s'amenuiser 62	
dye	colorer, teindre 9, 95	

E

earn	**gagner** 112	
ease	adoucir, atténuer, calmer, se calmer 107, 9, 9, 62	
eat	s'alimenter, **manger, se nourrir** 62, 138, 152	
eat into	ronger 138	
edge one's way in	se faufiler 62	
edit	éditer 9	
educate	éduquer 9	
educate o.s.	s'instruire 43	
eject	éjecter, s'éjecter 9, 62	
elaborate	élaborer 9	
elect	élire 135	
electrocute	électrocuter, s'électrocuter 9, 62	
eliminate	éliminer 9	
elucidate	élucider 9	
elude	déjouer 129	
emancipate	affranchir 107	
embark	embarquer, s'embarquer 9, 62	
embarrass	embarrasser 58	
embellish	embellir, s'embellir; enjoliver 107, 89, 9	
embody	incarner 9	
embrace	**embrasser;** englober . .80, 9	
embroider	broder 9	
emerge	émerger 138	
emigrate	émigrer, s'expatrier 9, 13	
emit	émettre 142	
employ	**employer** 83	
empty	vidanger, vider, se vider 138, 9, 62	
enclose	inclure 38	
encounter	**rencontrer** 203	
encourage	**encourager,** inciter à . .84, 9	
encroach on	empiéter sur 208	
end	**clore**, clôturer; **finir, terminer** 34, 9, 107, 233	
end up	**aboutir** 3	
endure	endurer 9	
engrave	graver 9	

favor with	gratifier de 13
fear	**craindre** 52
feed	alimenter, **nourrir;** téter 9, 152, 208
feel	éprouver, ressentir, se **sentir;** tâter 9, 220, 220, 9
feel sorry for	**plaindre** 174
feign	affecter, simuler 9, 9
fence	clôturer 9
ferment	fermenter 9
fidget	s'agiter 62
fight	se bagarrer, **se battre** 62, 24
fight against	combattre, lutter contre 1, 9
fight over	**se disputer** 73
file	limer 9
fill	combler; meubler; remplir, se remplir 9, 9, 107, 89
fill up	bourrer 9
fill with wonder	émerveiller 9
film	filmer 9
filter	filtrer 9
filter through	s'infiltrer 62
finance	financer 173
find	retrouver, **trouver** . .236, 236
find one's way around	s'orienter, se repérer 62, 121
finish	**finir, terminer** 107, 233
finish off	achever 54
fish	pêcher 9
fit into	insérer dans 93
fit sth to	ajuster à 9
fit together	emboîter, s'emboîter . . .9, 62
fix	bricoler, dépanner; fixer 9, 9, 9
fix up	retaper 230
flambé	flamber 9
flap	flotter 9
flash	clignoter 9
flatten	aplatir, s'aplatir 107, 89
flatter	flatter 9
flavor	parfumer 9
flee	**s'enfuir** 85
flicker	vaciller 9
flip through	feuilleter 127

flirt	flirter 9
float	flotter 9
flock	affluer à/vers 9
flood	inonder 9
flow	couler, s'écouler 9, 62
flow into	se **jeter** dans 127
flower	**fleurir** 108
flutter about	voltiger 138
fly	voler 9
fly over	survoler 9
focus	fixer 9
foil	déjouer 129
fold	**plier,** se **plier,** rabattre, replier 179, 179, 1, 179
follow	longer; succéder à, **suivre** 138, 29, 228
follow one another	se succéder, se **suivre** 121, 228
forbid	**défendre, interdire** 61, 122
force-feed	gaver 9
force o.s. to	se forcer à, s'obliger à 173, 241
force to	contraindre à, forcer à, obliger à 52, 173, 138
forecast	annoncer 173
foresee	**prévoir** 189
foretell	prédire 44
forge	falsifier 13
forget	oublier 13
forgive	**excuser,** pardonner à . .98, 9
form	former, se former; nouer 9, 62, 9
format	formater 9
formulate	formuler 9
found	fonder 9
fracture	fracturer, se fracturer . . .9, 62
frame	encadrer 9
fraternize	fraterniser 9
free	dégager; libérer 138, 93
free o.s.	se dégager, se détacher, se libérer 241, 62, 121
freeze	congeler; se figer; **geler,** glacer 114, 241, 114, 173
frequent	fréquenter 9
fret	se tourmenter 62
frighten	effrayer, s'effrayer de 166, 166

froth	mousser 9
fulfill	accomplir; remplir; acquitter 107, 107, 191
function	fonctionner 9
furnish	meubler, se meubler . . .9, 62

G

gain	**acquérir; gagner** 7, 112
gallop	galoper 9
gamble	**jouer** 129
gambol	gambader 9
garden	jardiner 9
gather	collecter; se grouper, se rassembler 9, 62, 62
gather information on	se documenter sur 62
generalize	généraliser 9
generate	engendrer, générer 9, 93
gesticulate	gesticuler 9
get	**attraper;** obtenir, procurer, se procurer 21, 232, 9, 62
get a divorce	divorcer 173
get a glimpse of	entrevoir 248
get a move on	s'activer, se grouiller . .62, 62
get a run in	filer 9
get a tan	bronzer, se bronzer 9, 62
get ahead of	devancer 173
get alarmed	s'alarmer de/ pour 9
get along	s'**entendre** 90
get angry	se fâcher 62
get back	récupérer 93
get back to one's roots	se ressourcer 173
get better	guérir 107
get blocked	se boucher 62
get bored	s'embêter 62
get by	se débrouiller, **se défendre** 9, 61
get carried away	s'emballer 62
get closer	se rapprocher 62
get complicated	se compliquer 62
get confused	s'embrouiller 62
get cooler	se rafraîchir 193
get dirty	salir, se salir 107, 89

get dressed	**s'habiller** 117
get drunk	enivrer, s'enivrer, soûler, se soûler 9, 62, 9, 62
get excited	s'exciter 62
get hold of o.s.	se maîtriser 62
get impatient	s'impatienter 62
get in touch	contacter, **joindre,** se manifester 9, 128, 62
get indignant	s'indigner de 62
get injured	se blesser 62
get into	s'introduire 43
get into debt	s'endetter 62
get involved in	s'impliquer dans, se mêler à 62, 62
get lost	s'égarer, se **perdre** . .62, 170
get married	se marier 13
get mixed up	se mélanger 241
get old	**vieillir** 245
get on sb's nerves	agacer 173
get on well with	sympathiser avec 9
get organized	s'**organiser** 158
get out of the way	se **garer** 113
get over	franchir 107
get ready	**préparer,** se **préparer** 186, 186
get rich	**s'enrichir** 89
get rid of	se **débarrasser** de 58
get slimmer	mincir 107
get some fresh air	s'aérer 121
get stains on one's clothes	se tacher 62
get stuck	bloquer, se bloquer sur 9, 62
get tired	se fatiguer 62
get up	**se lever** 134
get used to	s'accoutumer à, se **faire** à, s'habituer à 62, 103, 62
get warmer	se réchauffer 62
get weaker	faiblir 107
get wet	mouiller, se mouiller . . .9, 62
get worked up	s'énerver 62
get worse	s'aggraver, empirer 62, 9
give	**donner,** offrir 75, 157
give a raise	augmenter 9

give a shower	doucher	9
give again	redonner	75
give an ovation	ovationner	9
give as a pretext	prétexter	9
give back	redonner, **rendre**	75, 204
give birth to	accoucher de	9
give detention	coller	9
give in to	**céder** à	29
give information	renseigner	9
give o.s. over to	s'adonner à	62
give o.s. up	se livrer	62
give out	émettre; flancher	142, 9
give rise to	susciter	9
give up	abandonner, **céder, renoncer** à, sacrifier	9, 29, 205, 13
give way to	s'abandonner à	62
gleam	luire	43
glean	grappiller	9
glisten	luire, reluire	43, 43
gnaw	ronger	138
go	**aller,** se **rendre** à	10, 204
go along	longer	138
go at	s'acharner sur/contre	62
go away	s'en **aller, partir**	10, 164
go back	**retourner**	213
go back in	rentrer	91
go back to bed	se recoucher	62
go back to sleep	se rendormir	76
go back up	remonter	143
go bad	se gâter, **pourrir**	62, 183
go beyond	outrepasser	165
go brown	brunir	107
go down	baisser; **descendre**	9, 65
go down again	redescendre	65
go for a stroll	se balader	62
go for a walk	se promener	81
go for it	se **lancer**	132
go home	rentrer	91
go in	**entrer**	91
go into exile	s'exiler	62
go moldy	moisir	107
go off	se déclencher	62
go on	poursuivre, se poursuivre	228, 228
go out	s'**éteindre; sortir**	95, 223
go out again	ressortir	223
go pale	blêmir, **pâlir**	107, 160
go through	fouiller; transpercer, traverser	9, 173, 9
go to	se **rendre** à	204
go to bed	se coucher	62
go to confession	se confesser	62
go up	**monter**	143
go with	accompagner	9
go without	se priver de	62
go wrong	se dérégler, se détraquer	121, 62
gobble up	engloutir	107
gossip	médire	44
govern	gouverner	9
grab	s'emparer de	62
grant	accéder à; accorder, octroyer à	29, 62, 4
grant a pardon to	gracier	13
grate	grincer; râper	173, 9
graze	brouter; écorcher, s'écorcher	9, 9, 62
greet	accueillir; saluer	56, 9
grill	griller	9
grind	hacher; **moudre**	9, 146
grip	serrer	9
groan	gémir	107
group	grouper	9
grow	cultiver, **grandir,** pousser	9, 115, 9
grow again	repousser	9
grow misty	se voiler	62
grow tired of	se lasser de	62
grow up	**grandir**	115
grumble	grogner	9
grunt	grogner	9
guarantee	garantir	107
guess	deviner	9
guide	guider, se guider	9, 62
gurgle	gazouiller	9

H

haggle	marchander	9
hail	grêler	9
hallucinate	halluciner	9
hammer in	planter	9
hamper	gêner	9
hand down	léguer	29
hand over	**remettre**	202
handle	gérer; manier, manipuler	. . . . . . .93, 13, 9
hang	pendre	204
hang from	se suspendre à	61
hang on	s'accrocher à, se raccrocher à	. . . . .62, 62
hang o.s.	se pendre	61
hang up	accrocher, suspendre	. . . . .60, 204
happen	**arriver**, se **passer**, se produire	. . . . .16, 165, 43
happen again	se reproduire	43
happen to	advenir de	242
harass	harceler, persécuter	. . .114, 9
harden	durcir, se durcir, endurcir	. . . . . . .107, 89, 107
harm	**nuire**, se **nuire**	. . . .154, 154
harmonize	harmoniser, s'harmoniser	. . . . . . .9, 62
harvest	récolter	9
hasten	hâter, précipiter	. . . . . .9, 9
hasten to	s'empresser de	62
hatch	éclore	34
hate	**détester, haïr**	. . . . . .67, 119
hate one another/ o.s.	se **détester,** se **haïr**	. .67, 119
haunt	hanter	9
have	**avoir;** disposer de; **posséder**	. . . . . . .22, 9, 182
have a great time	s'éclater	62
have a passion for	se passionner pour	62
have a picnic	pique-niquer	9
have a relapse	rechuter	9
have a shower	se doucher	62
have a swim	se baigner	62
have an abortion	avorter	9
have an after-school snack	goûter	9

have dinner	**dîner**	70
have fun	s'amuser, se divertir	. .62, 89
have lunch	déjeuner	9
have repercussions on	se répercuter sur	62
have sth to eat	se restaurer	62
have to	**devoir**	69
hazard	hasarder	9
head for	s'acheminer vers, se diriger vers	. . . . . .62, 241
heal	cicatriser, se cicatriser, guérir	. . . . .9, 62, 107
hear	**entendre**	90
heighten	**accroître, s'accroître**	. . .5, 5
help	aider à, secourir	. . . . . .9, 50
help o.s.	se **servir**	221
help up	relever	86
hesitate	hésiter	9
hibernate	hiberner	9
hide	cacher, se cacher; ensevelir	. . . . . . .9, 62, 107
highlight	souligner	9
hijack	détourner	213
hire	embaucher, engager	. .9, 138
hit	cogner, se cogner, **frapper**	. . . . .9, 62, 110
hoard	amasser, s'amasser	. . . .9, 62
hoist	hisser	9
hold	détenir; se maintenir; **tenir**	. . . . . . .232, 226, 232
hold back	retenir	232
hold on to	se cramponner à, se retenir à	. . . . . . .62, 226
hold up	soutenir	232
honor	honorer	9
hoot	huer; klaxonner	. . . . . .9, 9
hop	sautiller	9
hope	**espérer**	93
horrify	épouvanter	9
hospitalize	hospitaliser	9
host	animer	9
house	héberger	138
howl	hurler	9
huddle o.s. up	se recroqueviller	62
hum	fredonner	9
humiliate	humilier, s'humilier	. . .13, 13
hunt	chasser	9

hurry	**se dépêcher,** se hâter, se presser	. . . . . .63, 62, 62
hurry to	accourir à	50
hurt	**vexer**	244
hurtle down	dévaler	9
hydrate	hydrater	9
hypnotize	hypnotiser	9

I

identify	identifier	13
identify with	s'identifier à	13
ignore	ignorer	9
ill-treat	maltraiter	9
illustrate	illustrer	9
imagine	se figurer; imaginer, se représenter	. . . .62, 9, 62
imitate	imiter	9
immerse	immerger, s'immerger	. . . . . .138, 241
immigrate	immigrer	9
immobilize	immobiliser	9
immortalize	immortaliser	9
impersonate	imiter	9
implode	imploser	9
implore	implorer, supplier	. . . . .9, 13
imply	impliquer; sous-entendre, supposer	. . . . .9, 90, 9
import	importer	181
impose	imposer, infliger à	. . . .9, 138
impregnate with	imprégner, s'imprégner de	. . . . .29, 121
impress	impressionner	9
imprint	**imprimer**	120
imprison	emprisonner	9
improve	améliorer, s'améliorer, s'arranger; perfectionner	. . .9, 62, 241, 9
improve one's mind	se cultiver	62
improvise	improviser, s'improviser	. . . . .9, 62
impute	attribuer à	9
inaugurate	inaugurer	9
incarcerate	incarcérer	93
incarnate	incarner	9
incinerate	incinérer	93
incite	inciter à	9
include	inclure, intégrer	. . . . .38, 29

increase	**accroître,** augmenter, **grandir;** majorer de	. . . . . .5, 9, 115, 9
increase the value of	valoriser	9
incriminate	incriminer, s'incriminer	. . . . .9, 62
indicate	signaler	9
indoctrinate	endoctriner	9
induce to	amener à	81
industrialize	industrialiser, s'industrialiser	. . . . . . .9, 62
infect	infecter, s'infecter	. . . . .9, 62
infest	infester	9
infiltrate	infiltrer, s'infiltrer	. . . . .9, 62
inflate	gonfler	9
inflict	infliger à	138
influence	influencer	173
inform	aviser, informer, s'informer, **prévenir**	. . . . .9, 9, 62, 188
infringe	enfreindre, transgresser	. . . . .167, 9
ingest	ingérer	93
inhale	inhaler	9
inherit	hériter de	9
initiate	initier à	13
inject	injecter, s'injecter	. . . . .9, 62
injure	blesser	9
insert	insérer, intercaler; introduire	. . . . .93, 9, 43
insinuate	insinuer	9
insist	insister	9
inspect	inspecter	9
inspire	inspirer	9
install	installer	9
instill into	inculquer à	9
institute	instituer	9
institution-alize	interner	9
insulate	isoler	9
insult	injurier, insulter	. . . . . .13, 9
insure	assurer	9
integrate	intégrer, s'intégrer à/dans	. . . .29, 121
intensify	intensifier, s'intensifier	. . . . . . .13, 13
intercept	intercepter	9

lean one's elbow on	s'accouder à/sur	62
lean over	se pencher	168
lean with one's back against	s'adosser à/contre	62
leap	bondir, se lancer	. . .107, 132
learn	apprendre	14
leave	s'absenter; laisser; partir, quitter	. . . .62, 131, 164, 191
leave again	repartir	164
leave ajar	entrebâiller	9
leave out	omettre	142
lecture	sermonner	9
lend	prêter	9
let	laisser	131
let go	lâcher	9
level	niveler	127
levy	prélever	86
lick	lécher, se lécher	. . . .29, 121
lie	mentir à; reposer	. .141, 210
lie down	s'allonger, se coucher	. . . . .241, 62
lie in	résider dans	9
lift	lever, soulever	. . . . .134, 86
light	allumer, éclairer	9
light up	s'éclairer; s'épanouir; illuminer, s'illuminer	. . . . .62, 89, 9, 62
lighten	alléger; éclaircir	. . .172, 107
like	aimer; plaire, se plaire	. . . . . . .9, 175, 175
like each other	s'apprécier	13
limit	limiter, se limiter à	. . . .9, 62
limp	boiter	9
line	border	2
line up	aligner, s'aligner sur	. . .9, 62
linger	persister	9
link	lier, relier	. . . . .13, 13
list	répertorier	13
listen	écouter	77
live	demeurer, habiter, résider, vivre	. . . . .9, 118, 9, 247
liven sth up	animer	9
load	charger	138
locate	localiser, repérer	. . . . . .9, 93
lock	verrouiller	9

lock up	enfermer, s'enfermer	. . . . .106, 62
log on	se connecter à/sur	41
look after	entretenir; garder; soigner; veiller à	. . . . . . .232, 9, 9, 9
look alike	se ressembler	62
look at	regarder	198
look at o.s./ each other	se regarder	198
look for	chercher, rechercher	. .32, 32
look like	ressembler à	62
look on	donner sur	75
loot	piller	9
lose	s'incliner, perdre	. . .62, 170
lose heart	se décourager, se démoraliser	. . . . .241, 62
lose its color	déteindre	95
lose its shape	se déformer	62
lose one's temper	s'emporter	62
lose weight	maigrir	137
lounge	se prélasser	62
love	aimer	9
lower	abaisser, baisser	. . . . . .9, 9

M

macerate	macérer	93
magnify	grossir	116
mail	poster	9
maim	estropier	13
maintain	affirmer, maintenir	. . .9, 232
make	confectionner; effectuer; fabriquer, faire	. . . . . . .9, 79, 101, 103
make a fool of o.s.	se ridiculiser	62
make a hole in	trouer	9
make a mess of	massacrer	9
make a mistake	se tromper	62
make amends	se racheter	6
make aware of	sensibiliser à	9
make clear	préciser	9
make darker	foncer	173
make easier	faciliter	9

make equal	égaliser 9	
make fun of	se moquer de 62	
make heavy	alourdir, s'alourdir . . .107, 89	
make higher	surélever 86	
make indignant	indigner 9	
make no progress	piétiner 9	
make out	distinguer 9	
make profitable	rentabiliser 9	
make progress	progresser 9	
make rich	**enrichir** 89	
make round	arrondir 107	
make o.s. look old	se **viellir** 245/62	
make sb look old	**viellir** 245	
make sb look slimmer	amincir 107	
make success of	réussir 215	
make sure	s'assurer de 62	
make ugly	enlaidir, s'enlaidir . . .107, 89	
make up	composer; **inventer;** se raccommoder . .9, 124, 62	
make up for	se rattraper 62	
make worse	aggraver, empirer 9, 9	
manage	administrer, gérer 9, 93	
manage to	**arriver**; se débrouiller; parvenir à, **réussir** à 16, 62, 242, 215	
maneuver	manœuvrer 9	
manipulate	manipuler 9	
mark	**corriger;** marquer 48, 9	
marry	épouser 9	
marvel at	s'émerveiller de 62	
massage	masser, se masser 9, 62	
master	maîtriser 9	
match	assortir, s'assortir à/avec 107, 89	
matter	importer 181	
may	**pouvoir** 184	
mean	**entendre;** signifier . . .90, 13	
measure	mesurer 9	
measure out	doser 9	
meditate	méditer 9	
meet	rejoindre, **rencontrer,** se retrouver, **se réunir** . .128, 203, 62, 214	
meet each other	se **connaître** 40	
meet up	se rejoindre 128	
melt	**fondre** 109	
memorize	mémoriser 9	
mend	raccommoder 9	
mend one's ways	s'amender 62	
mention	mentionner 9	
meow	miauler 9	
merge	se confondre 61	
militate	militer 9	
milk	traire 74	
mime	mimer 9	
mimic	mimer 9	
mine	miner 9	
mislay	égarer 9	
miss	**manquer, rater;** **regretter** 139, 194, 200	
mistake for	confondre 204	
mistrust	se méfier de 13	
mix	mélanger 138	
mix with sb	côtoyer, se côtoyer . .4, 4/62	
moan	geindre, se lamenter; **se plaindre** 167, 62, 174	
mobilize	mobiliser 9	
model	modeler 114	
modernize	moderniser, se moderniser 9, 62	
modify	modifier, se modifier . .13, 13	
moisten	humecter 9	
moisturize	hydrater 9	
monopolize	accaparer, monopoliser . .9, 9	
mop	éponger, s'éponger 138, 241	
mother	materner 9	
motivate	motiver, se motiver 9, 62	
mourn	**pleurer** 177	
move	bouger; déménager; déplacer; **émouvoir** . .138, 138, 173, 82	
move away	écarter, éloigner, s'éloigner 9, 9, 62	
move back	décaler, reculer, se reculer 9, 9, 62	

move forward	avancer, s'avancer; décaler	.173, 173, 9
move in	emménager dans, s'installer	.138, 62
move out of the way	s'écarter	.62
move over	se pousser	.62
mow	tondre	.204
mug	agresser	.9
multiply	multiplier, se multiplier	.13, 13
mumble	bredouiller	.9
murder	assassiner	.9
murmur	murmurer	.9
must	**devoir**	.69
mutilate	mutiler, se mutiler	....9, 62
muzzle	museler	.127

N

nail	clouer	.9
name	nommer	.9
naturalize	naturaliser	.9
nauseate	écœurer	.9
navigate	naviguer	.9
nearly miss	**faillir**	.102
neglect	délaisser, négliger, se négliger	....131, 138, 241
negotiate	négocier, se négocier, parlementer	......13, 13, 9
neigh	hennir	.107
neutralize	neutraliser	.9
nibble	grignoter, picorer	.9, 9
nickname	surnommer	.9
nod	acquiescer	.173
note	constater	.9
note down	inscrire	.78
notice	**s'apercevoir** de, noter, remarquer	.11, 9, 9
notify	avertir	.107
number	numéroter	.9

O

obey	**écouter; obéir** à	....77, 155
observe	observer	.9
obsess	obséder	.29
obstruct	entraver	.9
obtain	obtenir, procurer, se procurer	.....232, 9, 62

occupy	**occuper**	.156
occur	intervenir	.242
offend	heurter, offenser, offusquer, **vexer**	.........9, 9, 9, 244
offer	**offrir,** proposer	.....157, 9
omit	omettre	.142
open	inaugurer; **ouvrir,** s'**ouvrir**	.......9, 159, 159
operate on	opérer	.93
oppose	s'opposer à	.62
oppress	opprimer	.9
opt for	opter pour	.9
optimize	optimiser	.9
orchestrate	orchestrer	.9
order	commander, ordonner	..9, 9
organize	ordonner, **organiser**	..9, 158
outclass	surclasser	.9
outrun	distancer	.173
overcome	pallier, surmonter, **vaincre**	......13, 143, 237
overdo	abuser de	.9
overestimate	surestimer	.9
overflow	déborder	.2
overhang	surplomber	.9
overheat	surchauffer	.9
overload	surcharger	.138
overprotect	couver	.9
overturn	chavirer, se **renverser**	........9, 206
overwhelm	accabler	.9
overwork o.s.	se surmener	.81
owe	**devoir**	.69
own	**posséder**	.182

P

pace	arpenter	.9
pacify	pacifier	.13
pack down	tasser	.9
paint	**peindre**	.167
palpate	palper	.9
pamper	choyer, dorloter	......4, 9
panic	s'affoler, paniquer	.....62, 9
paper	tapisser	.9
paralyze	paralyser	.9
paraphrase	paraphraser	.9
park	**garer,** se **garer**	....113, 113

parody	parodier 13	
parry	parer 9	
part with	se séparer de 62	
partition off	cloisonner 9	
pass	dépasser, doubler; s'écouler; **réussir** 165, 9, 62, 215	
pass away	décéder, s'**éteindre** . . .29, 95	
pass by/ through	**passer** 165	
pass each other	se croiser 62	
pass on	transmettre 142	
patrol	patrouiller 9	
pave	paver 9	
pay	**payer, régler;** rémunérer; verser 166, 199, 93, 9	
pay back	rembourser 9	
pay off	s'acquitter de 62	
pay one's contributions	cotiser à 9	
peck	picorer 9	
pedal	pédaler 9	
peel	éplucher, peler 9, 114	
penalize	pénaliser 9	
penetrate	pénétrer 29	
pepper	poivrer 9	
perceive	percevoir 195	
perch	percher, se percher 9, 62	
perform	se produire 43	
perfume	parfumer 9	
perish	périr 107	
permit	permettre 142	
perpetuate	perpétuer 9	
persecute	persécuter 9	
persevere in	s'acharner à, persévérer dans 62, 93	
persist in	s'entêter à, s'obstiner à, persister 62, 62, 9	
personalize	personnaliser 9	
personify	personnifier 13	
persuade	persuader 9	
phone	**téléphoner** 231	
phone one another	s'**appeler**, se **téléphoner** 12, 231	
photocopy	photocopier 13	
pick	**cueillir** 56	
pick at one's food	grignoter 9	
pick the grapes	vendanger 138	
pick up	**décrocher;** ramasser . . .60, 9	
pierce	percer, perforer, transpercer 173, 9, 173	
pile up	s'accumuler, s'empiler, entasser, s'entasser 62, 62, 9, 62	
pillage	piller 9	
pilot	piloter 9	
pin	épingler 9	
pinch	pincer 173	
pit o.s. against	se mesurer à/avec 62	
place	**placer** 173	
plagiarize	plagier 13	
plan	méditer, planifier, **prévoir,** projeter 9, 13, 189, 127	
plant	planter, semer 9, 171	
play	interpréter, **jouer,** pratiquer 208, 129, 9	
play (a game)	**disputer** 73	
play again	rejouer 129	
play for time	temporiser 9	
play with	s'amuser avec 62	
plead	invoquer; plaider 9	
pleat	plisser 9	
plot	comploter, manigancer 9, 173	
pluck	épiler 9	
plug in	brancher à 9	
plunge	**plonger** 180	
poach	braconner 9	
pocket	empocher 9	
point out	désigner, indiquer, **montrer** 9, 9, 144	
poison	empoisonner, s'empoisonner, intoxiquer, s'intoxiquer 9, 62, 9, 62	
poke	attiser 9	
polish	astiquer, cirer, polir 9, 9, 107	
pollute	polluer 9	
populate	peupler 9	
portray	dépeindre 167	
pose	poser 9	
post	poster 9	
postpone	différer, reculer, **remettre,** reporter 93, 9, 202, 181	

pour	verser	9
practice	s'exercer à; pratiquer	173, 9
praise	**vanter**	239
pray	**prier**	190
preach	prêcher	9
precede	précéder	29
predict	prédire	44
prefer	préférer	93
premeditate	préméditer	9
prepare	**préparer**, se **préparer**	186
prepare for	parer à	9
prescribe	prescrire	78
present	**présenter**	187
preserve	préserver	9
preside	présider	9
press	**appuyer** sur	15
press o.s. to	se coller à	62
presume	présumer	9
pretend	feindre	167
prevail	triompher	9
prevent	**interdire; prévenir**	122, 188
prevent from	empêcher de	9
prick	piquer, se piquer	9, 62
pride o.s. on	se **vanter** de	239
print	**imprimer**	120
privatize	privatiser	9
proceed	procéder à	29
proclaim	proclamer	9
produce	produire	43
program	programmer	9
progress	avancer	173
proliferate	proliférer	93
promise	promettre	142
promote	promouvoir	92
pronounce	prononcer	173
prosper	prospérer	93
protect	protéger, se protéger	172, 172
protest	contester, protester	9
prove	démontrer, prouver	144, 9
prove to be	se révéler	121
provide	fournir, subvenir à	107, 242
provoke	déclencher, provoquer, susciter	9, 9, 9
publish	éditer, publier	9, 13

pull	tirer	9
pull a face	grimacer	173
pull a muscle	se claquer	62
pull o.s. together	se reprendre, se ressaisir	185, 89
pull out	arracher	9
pull over	se ranger	241
pull through	**s'en sortir**	223
pump	pomper	9
punch	perforer	9
punctuate	rythmer	9
punish	punir, sanctionner	107, 9
purify	purifier	13
purr	ronronner	9
pursue	pourchasser, poursuivre	9, 228
push	pousser	9
push back	reculer, repousser	9, 9
put	**mettre**	142
put a stamp on	affranchir	107
put at a disadvantage	desservir	221
put away	ranger	138
put back to bed	recoucher	9
put chilies in	pimenter	9
put down	déposer, poser, **reposer**	9, 9, 210
put forward	invoquer	9
put in	installer	9
put make-up on	maquiller, se maquiller	9, 62
put on a file	ficher	9
put on weight	**grossir**	116
put o.s. out	se déranger, se gêner	241, 62
put out	**éteindre**	95
put out of order	détraquer	9
put salt in	saler	9
put shoes on	chausser, se chausser	9, 62
put sugar in	sucrer	9
put to bed	coucher	9
put together	agencer	173
put under stress	stresser	9
put up	afficher; **loger**	9, 136

put up with	s'accommoder de	62
puzzle	intriguer	9

Q

quake	frissonner	9
qualify	qualifier, se qualifier pour	.....13, 13
quarrel	se bagarrer	62
question	interpeller; interroger, questionner	.......9, 138, 9
quiet down	s'assagir	89
quit	**quitter**	191
quiver	tressaillir; vibrer	.17, 9
quote	citer	9

R

radiate	rayonner	9
rain	**pleuvoir**	178
raise	élever, **lever,** relever, soulever	....86, 134, 86, 86
rally	rassembler	9
ramble on	radoter	9
rank	se classer	62
ransack	dévaliser	9
rape	violer	9
reach	accéder à, atteindre, parvenir à	.....29, 167, 242
react	réagir	8
read	**lire,** se lire	.......135, 135
read again	relire	135
reaffirm	réaffirmer	9
realize	**s'apercevoir** de, réaliser	.............11, 9
reason	raisonner, se raisonner	.........9, 62
reassure	rassurer, se rassurer, tranquilliser	....9, 62, 9
rebel against	s'insurger contre, se rebeller, se révolter, se soulever	..241, 62, 62, 134
rebuild	reconstruire	43
recapitulate	récapituler	9
recede	régresser	9
receive	réceptionner, **recevoir**	...........9, 195
recharge	recharger	138
recite	réciter	9
recognize	reconnaître	40

recommend	conseiller, préconiser, recommander	.......9, 9, 9
reconcile	concilier, réconcilier, se réconcilier	.....13, 13, 13
reconstruct	reconstituer	9
record	**enregistrer;** répertorier	........88, 13
recover	**se remettre,** se rétablir	.........202, 89
recruit	recruter	9
rectify	rectifier	13
recuperate	récupérer	93
recur	se **répéter**	208
recycle	recycler	9
reduce	alléger, diminuer, rabaisser, réduire	........172, 9, 9, 43
refer to	se reporter à	62
referee	arbitrer	9
refine	affiner, s'affiner	......9, 62
reflect	**réfléchir** à; se **réfléchir**	.......196, 196
refrain	s'abstenir	226
refresh	**rafraîchir,** se **rafraîchir**	.....193, 193
refuse	**refuser,** se **refuser** à	.....197, 197
register	inscrire	78
regress	régresser	9
regret	**regretter**	200
regulate	réglementer	9
rehabilitate	réhabiliter	9
rehearse	**répéter**	208
reheat	réchauffer	9
reign	régner	29
reinforce	renforcer	173
reinstate	réintégrer, rétablir	...29, 107
reiterate	réitérer	93
reject	rejeter	127
rekindle	ranimer	9
relate	relater, retracer	......9, 173
relax	se détendre, se relâcher, se relaxer	.......61, 62, 62
release	délivrer, libérer, relâcher	..........9, 93, 9
relieve	soulager, se soulager	.......138, 241
relive	revivre	247
reload	recharger	138

rely on	s'appuyer sur, se fier à, se reposer sur . . .15, 13, 210	
remain	demeurer, rester, subsister 9, 9, 9	
remarry	se remarier 13	
remedy sth	remédier à 13	
remember	se rappeler, retenir, se souvenir de . .12, 232, 226	
remind of	rappeler 12	
remove	détacher, enlever, soustraire 9, 86, 74	
remove the hair from	épiler 9	
rename	renommer 9	
renew	renouveler 127	
renounce	renier; renoncer à . . .13, 205	
renovate	rénover 9	
rent	louer 9	
reopen	rouvrir 159	
repaint	repeindre 167	
repair	dépanner; refaire, réparer 9, 103, 9	
repeal	révoquer 9	
repeat	réitérer, renouveler; répéter 93, 127, 208	
repeat a year	redoubler 9	
repent	se repentir 220	
rephrase	reformuler 9	
replace	replacer 173	
report	dénoncer, signaler 173, 9	
represent	représenter 187	
reprimand	réprimander 9	
reproach for	reprocher 9	
reproduce	reproduire 43	
require	nécessiter 9	
requisition	réquisitionner 9	
rescue	secourir 50	
reserve	louer, réserver 9, 211	
resign	démissionner 9	
resign o.s. to	se résigner à 62	
resist	résister à 9	
resolve	résoudre 212	
resonate	résonner 9	
resound	résonner 9	
respect	respecter, se respecter . .9, 62	
respond	réagir à, répondre à . .8, 209	
rest	se reposer 210	

rest on	appuyer, reposer . . .15, 210	
restore	restaurer 9	
restrain	modérer, se modérer 93, 121	
restrain o.s.	se retenir de 226	
restrict	restreindre 167	
restructure	restructurer, se restructurer 9, 62	
result in	aboutir à 3	
resume	reprendre 185	
retain	conserver 9	
retaliate	répliquer 9	
retire	se retirer 62	
retort	répliquer, riposter 9, 9	
retrace	retracer 173	
retrieve	rapporter 181	
return	rendre, restituer 204, 9	
return to	réintégrer 29	
revalue	revaloriser 9	
reveal	dévoiler, se dévoiler, révéler 9, 62, 29	
reverse	inverser, s'inverser 9, 62	
review	réviser, revoir 9, 248	
revise	réviser 9	
revive	ranimer; relancer 9, 132	
revolutionize	révolutionner 9	
revolve	pivoter 9	
reward	récompenser 9	
rhyme	rimer 9	
rid	débarrasser 58	
ridicule	ridiculiser 9	
ring	retentir, sonner 107, 222	
rinse	rincer, se rincer 173, 173	
ripen	mûrir 107	
rise	s'élever, se lever, monter, progresser . . .134, 134, 143, 9	
rise again	remonter 143	
risk	se hasarder, risquer, se risquer à 62, 9, 62	
rival	rivaliser avec 9	
roar	gronder, rugir 9, 107	
roast	griller, rôtir 9, 107	
rob	dévaliser 9	
rock	bercer 173	
roll	rouler, se rouler 9, 62	
romanticize	romancer 173	

rot	moisir, **pourrir** 107, 183
round up	arrondir, s'arrondir . .107, 89
row	ramer 9
rub	frotter, se frotter 9, 62
ruin	gâcher, gâter, ruiner . .9, 9, 9
rule out	exclure 38
ruminate	ruminer 9
rummage in	fouiller 9
run	**courir;** diriger;
	rouler 50, 138, 9
run aground	s'échouer 62
run away	**s'enfuir,** fuguer, fuir,
	se sauver 85, 9, 85, 62
run for	se **présenter** à 187
run over	écraser, faucher 9, 9
run wild	galoper 9
rush	affluer à/vers;
	se précipiter 9, 62
rush forward	s'élancer 132
rush up to	accourir à 50
rust	rouiller 9

S

sabotage	saboter 9
sack	saccager 138
sacrifice	sacrifier, se sacrifier à,
	pour 13, 13
sadden	attrister, désoler,
	peiner 9, 9, 9
safeguard	sauvegarder 9
sag	s'affaisser 62
sail	naviguer 9
salivate	saliver 9
salute	saluer 9
sanction	sanctionner 9
sand	poncer 173
satisfy	combler, contenter,
	satisfaire 9, 9, 103
save	économiser, épargner; sauve-
	garder, sauver 9, 9, 9, 9
save o.s.	se **réserver** 211
savor	déguster, savourer 9, 9
saw	scier 13
say	affirmer, **dire** 9, 71
say again	redire 71
say to o.s.	se **dire** 71
scald	ébouillanter,
	s'ébouillanter 9, 62

scamper	trottiner 9
scan	scruter 9
scandalize	scandaliser 9
scatter	disperser, se disperser,
	éparpiller,
	s'éparpiller 9, 62, 9, 62
scent	flairer 9
score	marquer 9
scorn	mépriser 9
scrape	racler 9
scratch	égratigner, érafler; gratter;
	rayer 9, 9, 9, 166
scream	crier, hurler 13, 9
screw	visser, se visser 9, 62
scrutinize	scruter 9
sculpt	sculpter 9
seal	cacheter 127
search	fouiller,
	perquisitionner 9, 9
season	assaisonner 9
seat	**placer** 173
secrete	sécréter 208
secure	garantir 107
seduce	séduire 43
see	**voir** 248
see again	revoir, se revoir 248, 248
see each other	se **voir** 248
seek	rechercher, solliciter . . .32, 9
seem	**paraître,** sembler 161, 9
seize	saisir 107
select	sélectionner, trier 9, 13
sell	**céder;** écouler, **vendre,**
	se **vendre** 29, 9, 240, 240
sell again	revendre 240
sell off	solder 9
send	**dépêcher, envoyer,**
	expédier 63, 92, 13
send back	renvoyer, **retourner** . .92, 213
send to school	scolariser 9
sense	pressentir 220
sentence to	condamner à 9
separate	séparer, se séparer 9, 62
serve sth with	accompagner,
	s'accompagner de 9, 62
set	**régler;** situer 199, 9

set fire to	enflammer	9
set in plaster	plâtrer	9
set one's mind at rest	se tranquilliser	62
set sth off	déclencher	9
set up	implanter, s'implanter, s'installer	9, 62, 62
settle	s'établir; **régler,** solder	89, 199, 9
settle down	se fixer	62
sever	sectionner	9
sew	**coudre**	49
sew back	recoudre	49
shackle	entraver	9
shake	agiter; ébranler, secouer, se secouer	9, 9, 9, 62
shape	modeler	114
share	**partager**	163
share out	répartir	107
sharpen	affûter, aiguiser, tailler	9, 9, 9
shatter	anéantir, se briser, fracasser, se fracasser	107, 62, 9, 62
shave	raser, se raser	9, 62
shear	tondre	204
shell	décortiquer, écosser	9, 9
shelter from	abriter, s'abriter de	9, 62
shine	**briller;** reluire	28, 43
shirk	se soustraire	74
shiver	frémir, frissonner, grelotter, trembler	107, 9, 9, 9
shock	choquer, scandaliser	9, 9
shoot	fusiller; tirer	9, 9
shoot down	**abattre**	1
shorten	abréger, écourter, raccourcir	172, 9, 107
shout	crier	13
show	indiquer; manifester; **montrer;** se **voir**	9, 9, 144, 248
show off	crâner; exhiber, s'exhiber	9, 9, 62
show through	transparaître	161
show up	se **montrer**	144
shrink	rétrécir; se tasser	107, 62
shudder	frémir, tressaillir	107, 17
shut	**fermer,** se **fermer**	106, 106
shut o.s. away	se cloîtrer	62
shut o.s. up	se calfeutrer, s'enfermer	62, 62
sicken	écœurer	9
sigh	soupirer	9
sign	dédicacer, signer	173, 9
signpost	signaliser	9
simmer	mijoter	9
simplify	simplifier	13
simulate	simuler	9
sin	pécher	29
sing	chanter, interpréter	9, 208
sink	couler, s'enfoncer, sombrer	9, 173, 9
sit	se **placer,** siéger	173, 172
sit down	**asseoir, s'asseoir**	18
sit on	couver	9
sit up with	veiller	9
situate	situer	9
skate	patiner	9
ski	skier	13
skid	déraper	9
skim through	survoler, feuilleter	9, 127
skip sb	sauter	9
slam	claquer	9
slander	calomnier	13
slap	gifler	9
slaughter	massacrer	9
slaver	baver	9
sleep	**dormir**	76
slice	trancher	9
slide	glisser	9
slim	s'affiner, amincir	62, 107
slip	glisser	9
slip away	s'esquiver	62
slow down	freiner, ralentir, se ralentir	9, 107, 89
slump	s'affaler dans/sur	62
smash	défoncer	173
smell	humer, **sentir**	9, 220
smile	sourire	217
smoke	**fumer**	111
sneeze	éternuer	9
sniff	flairer, renifler	9, 9
snigger	ricaner	9
snivel	pleurnicher	9
snore	ronfler	9

		CHART NUMBER
snow	**neiger**	150
soak	tremper	9
soap	savonner, se savonner	. .9, 62
sob	sangloter	9
sort out	régulariser; trier	. . . . . .9, 13
sound	**sonner**	222
sound out	sonder	9
sow	semer	171
spare	épargner	9
sparkle	étinceler, scintiller	. . . .127, 9
speak	**parler**	162
speak to	s'adresser à	62
speak with	s'entretenir avec	226
specialize in	se spécialiser dans	62
specify	spécifier	13
speculate	spéculer	9
speed up	accélérer, s'accélérer, activer	. . . . .93, 62, 9
spell	**écrire;** épeler	. . . . . .78, 127
spend money	**dépenser**	64
spend (time)	**passer**	165
spice	épicer	173
spill	**renverser, se renverser**	. . . . . .206, 206
spin	tisser	9
spin dry	essorer	9
spit	cracher	9
splash	éclabousser	9
split	fendre, se fendre	. . . .204, 61
split up	décomposer; se **quitter**	. . . . .9, 191
spoil	altérer; gâter, **pourrir**	. . . . .93, 9, 183
sponsor	parrainer	9
spot	repérer	93
spray	asperger, s'asperger de, vaporiser	. . . . . . .138, 241, 9
spread	étaler, étendre, propager, **répandre**	. . .9, 204, 138, 207
spread on	tartiner	9
spread out	échelonner	9
spring out	jaillir	107
sprinkle	asperger, parsemer de, saupoudrer de	. . .138, 171, 9
spurt	gicler, jaillir	. . . . .9, 107
spy on	épier, espionner	. . . . . .13, 9
squander	dilapider	9

		CHART NUMBER
squat	s'accroupir	89
squeeze	presser	9
squeeze sth out of sb	soutirer à	9
squint	loucher	9
stab	poignarder	9
stabilize	stabiliser, se stabiliser	. .9, 62
stack	empiler	9
stagger	échelonner; tituber	. . . . .9, 9
stagnate	stagner	9
stain	tacher	9
stall	caler	9
stammer	bafouiller	9
stamp	tamponner; timbrer	. . . .9, 9
stamp one's feet	piétiner, trépigner	. . . . .9, 9
stand	se **placer**, se **tenir**	. . . . .173, 232
stand back on one's feet	se relever	134
stand by each other	se soutenir	226
stand up	**se lever**	134
staple	agrafer	9
stare at sb	dévisager	138
start	**commencer** à; démarrer; entamer; se **mettre** à	. . . .35, 9, 9, 142
start again	recommencer, **se remettre** à, reprendre	. . . . . .35, 202, 185
starve	affamer	9
stay	**loger;** rester, séjourner	. . . . .136, 9, 9
stay late	s'attarder	62
stay up	veiller	9
steal	dérober, subtiliser, voler	. . . . .9, 9, 9
step over	enjamber	9
sterilize	stériliser	9
stick	adhérer, coller	. . . . . . .93, 9
stick out	dépasser	165
stimulate	stimuler	9
sting	piquer	9
stink of	empester	9
stir	s'agiter	62
stitch up	recoudre	49
stock with	garnir de	107
stop	arrêter, **cesser** de; empêcher, stopper	. . . . . .9, 31, 9, 9

store	entreposer 9	
straighten up	redresser, se redresser . .9, 62	
strangle	étrangler, s'étrangler . . .9, 62	
strengthen	affermir; fortifier, se fortifier, renforcer 107, 13, 13, 173	
stress	accentuer, s'accentuer; insister 9, 62, 9	
stretch	allonger; étirer, s'étirer 138, 9, 62	
stretch out	déplier, se déplier; étendre, s'étendre . . .179, 179, 204, 61	
strike down	foudroyer 4	
strive to	s'évertuer à 62	
stroke	caresser 9	
stroll	flâner 9	
structure	structurer 9	
struggle	se débattre 24	
study	**étudier** 97	
stuff	bourrer; empailler; farcir 9, 9, 107	
stuff o.s.	dévorer, se gaver de . . .9, 62	
stumble	trébucher 9	
stun	étourdir 107	
stutter	bégayer 166	
subcontract	sous-traiter 9	
submerge	submerger 138	
submit	soumettre 142	
submit o.s. to	se **plier** à, se soumettre à 179, 202	
subscribe to	abonner, s'abonner à, souscrire à 9, 62, 78	
subside	s'affaisser, se tasser . . .62, 62	
subsidize	subventionner 9	
subsist	subsister 9	
substitute for	substituer, se substituer à 9, 62	
subtitle	sous-titrer 9	
subtract	soustraire 74	
succeed	**réussir** à; succéder à 215, 29	
suck	sucer 173	
suck in	aspirer 9	
suckle	allaiter, téter 9, 208	
suffer	**souffrir** de, subir . .225, 107	
suffocate	étouffer, s'étouffer, suffoquer 9, 62, 9	
suggest	proposer, suggérer 9, 93	
sulk	bouder 9	

sum up	résumer 9	
summon	citer, convoquer 9, 9	
supervise	encadrer, superviser 9, 9	
supplant	supplanter 9	
supply	alimenter, fournir 9, 107	
support	adhérer à, **appuyer,** soutenir, supporter . . .93, 15, 232, 181	
suppose	supposer 9	
suppress	supprimer 9	
surf	surfer 9	
surpass	surpasser 165	
surpass o.s.	se surpasser 62	
surprise	étonner, surprendre . .9, 185	
surrender	capituler, se **rendre** . . .9, 204	
surround	cerner, encercler, entourer 9, 9, 9	
surround o.s. with	s'entourer de 62	
survive	survivre 247	
suspect	se douter, soupçonner, suspecter 62, 9, 9	
suspend	suspendre 204	
swallow	avaler 9	
swallow whole	gober 9	
sway	chanceler, vaciller 127, 9	
swear	**jurer** 130	
sweat	suer, transpirer 9, 9	
sweep	**balayer** 23	
swell	gonfler 9	
swell up	enfler 9	
swim	**nager** 148	
swindle	escroquer 9	
swing	balancer, se balancer 173, 173	
symbolize	symboliser 9	
sympathize	compatir à 107	
synchronize	synchroniser 9	

T

tackle	**aborder**, attaquer, s'attaquer à 2, 9, 62	
tail	filer 9	
take	**emmener**, emporter, **prendre** 81, 181, 185	
take a photo of	photographier 13	

take a shoe size	chausser 9
take advantage of	profiter de 9
take after	**tenir** de 232
take apart	démonter 143
take away	**emmener;** ôter 81, 9
take away again	remporter 181
take back	reprendre 185
take care of	se charger de, s'**occuper** de 241, 156
take communion	communier 13
take cover	s'abriter de 62
take down	**décrocher; descendre** 60, 65
take down again	redescendre 65
take drugs	se droguer 62
take for a walk	promener 81
take for o.s.	s'adjuger 241
take from	prélever sur 86
take it easy	se ménager 241
take medicine	se soigner 62
take off	décoller; **enlever,** ôter, retirer 9, 86, 9, 9
take offense	s'offenser de, s'offusquer de, **se vexer de** 62, 62, 244
take out	**sortir** 223
take out again	ressortir 223
take over	relayer 166
take part in	participer à 9
take pity on	s'apitoyer sur 15
take place	se dérouler, se situer, survenir 62, 62, 242
take pleasure in	se complaire dans 175
take refuge	se réfugier 13
take revenge	**se venger** 241
take sb home	raccompagner 9
take stitches off	découdre, se découdre 49, 49
take the make-up off	démaquiller, se démaquiller 9, 62
take turns	se relayer 166

take up	absorber; **monter** 9, 143
take with	se munir de 89
talk	causer de, **discuter, parler** 9, 72, 162
talk back	**répondre** à 209
talk nonsense	délirer 9
tame	apprivoiser, dompter, dresser 9, 9, 9
tangle up	emmêler, s'emmêler . . .9, 62
tar	goudronner 9
tarnish	ternir, se ternir 107, 89
taste	déguster, goûter 9, 9
tattoo	tatouer 9
tax	imposer 9
teach	**apprendre,** enseigner, instruire 14, 9, 43
tear	déchirer, se déchirer . . .9, 62
tear along	foncer 173
tease	taquiner 9
tell	**dire** à, **raconter** 71, 192
tell off	gronder 9
tempt	tenter 9
terminate	résilier 13
terrify	épouvanter, terrifier . . .9, 13
terrorize	terroriser 9
test	tester 9
testify	attester, témoigner 9, 9
thank	**remercier** 201
thicken	épaissir, s'épaissir . . .107, 89
think	**croire, penser, réfléchir** 55, 169, 196
think about	songer à, **penser à** . .138, 169
think highly of	estimer 9
think up	imaginer 9
thread	enfiler 9
threaten	menacer 173
thrive	prospérer 93
throw	**jeter, lancer,** précipiter, projeter 127, 132, 9, 127
trow o.s. into	se **plonger** 180
throw back	relancer 132
thwart	contrarier 13
tick	cocher 9
tickle	chatouiller 9
tidy	ranger 138
tie	attacher; égaliser; lier, nouer 9, 9, 13, 9

English	French	Chart Number
tie up	ficeler, immobiliser . . .127, 9
tighten	serrer; tendre 9, 204
tilt	incliner, **pencher** 9, 168
tinker about	bricoler 9
tire	fatiguer, lasser 9, 9
toast	griller 9
tolerate	supporter, tolérer . . .181, 93
topple over	basculer 9
torment	tourmenter 9
torture	martyriser, torturer 9, 9
torture o.s.	se torturer 62
total	totaliser 9
touch	**émouvoir,** toucher 82, 9
tow	remorquer 9
track down	traquer 9
traffic	trafiquer 9
train	entraîner, s'entraîner; former, se former 9, 62, 9, 62
transcribe	transcrire 78
transfer	transférer, virer 93, 9
transform into	métamorphoser, se métamorphoser en, transformer, se transformer en 9, 62, 9, 62
transfuse	transfuser 9
translate	traduire 43
transmit	transmettre 142
transplant	greffer, transplanter . . .9, 9
transport	transporter 181
trap	**piéger** 172
traumatize	traumatiser 9
travel	**voyager** 250
travel all over	parcourir 50
travel around	sillonner 9
treat	soigner, traiter 9, 9
treat gently	ménager 138
treat o.s. to	s'**offrir, se payer** . . .157, 166
treble	tripler 9
tremble	trembler 9
trick	**piéger** 172
triumph	triompher 9
trot	trotter 9
trust	se fier à 13
try	**essayer,** tenter 94, 9
try hard to	s'efforcer de 173
try out	expérimenter 9

English	French	Chart Number
try to	**chercher** à 32
tuck in	border 2
tune	accorder 9
turn	tourner, se tourner, virer 9, 213, 9
turn around	**se retourner** 213
turn away	détourner, se détourner 9, 213
turn down	**refuser,** repousser . . .197, 9
turn green	verdir 107
turn off	**éteindre** 95
turn on	allumer 9
turn over	bêcher; **retourner, se retourner** 9, 213, 213
turn red	**rougir** 218
turn toward	orienter, s'orienter vers 9, 62
turn yellow	**jaunir** 126
turn white	**blanchir** 25
twinkle	clignoter; étinceler, scintiller 9, 127, 9
twist	tordre, se tordre 204, 61
type	**taper** 230

U

English	French	Chart Number
unblock	déboucher, se déboucher 9, 62
unbutton	déboutonner, se déboutonner 9, 62
underestimate	sous-estimer 9
undergo	subir 107
underline	souligner 9
undermine	miner 9
understand	**comprendre** 36
undertake	entreprendre 185
undo	défaire 103
undress	déshabiller 9
undress o.s.	se déshabiller 117
unfold	déplier, se déplier . .179, 179
unify	unifier 13
unite	allier, s'allier avec/contre, unir, s'unir à, avec 13, 13, 107, 89
unload	débarquer, décharger, se décharger sur 9, 138, 241
unmask	démasquer, se démasquer 9, 62
unpack	déballer 9

unplug	débrancher	9
unroll	dérouler, se dérouler	. . .9, 62
unstick	décoller	9
untangle	démêler	9
untie	détacher	9
unwind	se défouler	62
update	actualiser	9
upset	bouleverser, contrarier; dérégler, perturber	. . . . . .9, 13, 199, 9
urinate	uriner	9
use	s'aider de, **employer,** se **servir** de, utiliser	. . . . . .62, 83, 221, 9
use cunning	ruser	9
use "tu" when speaking to sb	tutoyer, se tutoyer	. . . . .4, 15
use up	épuiser	9

V

vacate	libérer	93
vaccinate	vacciner	9
validate	valider	9
value	estimer, expertiser	9
varnish	vernir	107
vary	varier	13
veer	dévier	13
vegetate	végéter	208
veil	voiler	9
venerate	vénérer	93
ventilate	ventiler	9
venture	s'aventurer dans, se hasarder, risquer, se risquer à	. . . . .62, 62, 9, 62
verge on	friser	9
vibrate	vibrer	9
view	visionner	9
violate	violer	9
visit	**visiter**	246
visualize	visualiser	9
vomit	vomir	107
vote	voter	9
vow	**se jurer**	130

W

waddle	se dandiner	62
wait	**attendre,** patienter	. . . .19, 9

wake up	s'éveiller, réveiller, se réveiller	. . . . . . .62, 9, 62
walk	marcher	9
waltz	valser	9
wander	errer	9
want	**désirer,** vouloir	. . . . .66, 249
warm up	chauffer; s'échauffer	. . .9, 62
warn	alerter, avertir, **prévenir**	. . . . . . .9, 107, 188
wash	**laver, se laver**	. . . .133, 133
waste	gâcher, gaspiller	. . . . . . .9, 9
watch	guetter, observer, **regarder**	. . . . .9, 9, 198
watch out for	guetter	9
watch over	surveiller, veiller sur	. . . .9, 9
water	arroser	9
waterproof	imperméabiliser	9
weaken	affaiblir, s'affaiblir	. . .107, 89
wear	**mettre, porter**	. . . .142, 181
wear out	épuiser, s'épuiser, user, s'user	. . . . .9, 62, 9, 62
weave	tisser, tresser	. . . . .9, 9
wedge	coincer	173
weed	désherber	9
weigh	**peser**	171
weigh down	alourdir, s'alourdir	. . .107, 89
weigh o.s.	se **peser**	171
welcome	accueillir	56
weld	souder	9
whip	fouetter	9
whirl	tourbillonner	9
whisk	fouetter	9
whisper	chuchoter; **souffler**	. .9, 224
whistle	siffler	9
whiten	**blanchir**	25
widen	élargir, s'élargir	107
wilt	se faner	62
win	**gagner,** s'octroyer, remporter	. . . . .112, 15, 181
wince	grimacer	173
wind	enrouler	9
wipe	essuyer, s'essuyer	. . . . .4, 15
wish	**désirer,** souhaiter	. . . . .66, 9
withdraw	se désister; se replier, retirer, se retirer	. . . . . .62, 179, 9, 62

withdraw into o.s.	se renfermer 62	
wither	dépérir 107	
withstand	résister à 9	
witness	assister à 9	
wonder	**se demander,** s'interroger 62, 241	
work	fonctionner, marcher; **travailler** 9, 9, 235	
work for	œuvrer à 9	
worry	angoisser, **(s')inquiéter,** (se) préoccuper de, tracasser 9, 121, 62, 9	
worship	adorer 9	
wrack	saccager 138	
wrap o.s. in	s'enrouler dans 62	

wrap up	**couvrir;** emballer, envelopper, s'envelopper 51, 9, 9, 62
wrestle	lutter 9
wring	tordre 204
wring out	essorer 9
wrinkle	plisser 9
write	**écrire,** rédiger 78, 138
write down	marquer, noter 9, 9
write to	correspondre avec 204

Y

yawn	bâiller 9
yell	hurler, **aboyer** 9, 4
yield	rapporter 181

FLASH CARDS

In the following flash cards, we've included the most frequently used irregular and regular verbs and covered all the major verb patterns. On the back of each flash card, you'll find all the present tense forms of a given verb, as well as the first person of both the *passé composé* and the future tense. Cut out the flash cards and go through them a few times at your own pace. This will help you master the bare essentials of the French verb grammar!

acheter	aller
appeler	arriver
attendre	s'asseoir
avoir	boire

To go
Irregular verb

PRESENT

vais	allons
vas	allez
va	vont

PAST
suis allé(e)

FUTURE
irai

To buy
Regular stem-changing verb

PRESENT

achète	achetons
achètes	achetez
achète	achètent

PAST
ai acheté

FUTURE
achèterai

To arrive
Regular –er verb

PRESENT

arrive	arrivons
arrives	arrivez
arrive	arrivent

PAST
suis arrivé(e)

FUTURE
arriverai

To call
Regular stem-changing verb

PRESENT

appelle	appelons
appelles	appelez
appelle	apellent

PAST
ai appelé

FUTURE
appellerai

To sit down
Irregular verb

PRESENT

m'assieds	nous asseyons
t'assieds	vous asseyez
s'assied	s'asseyent

PAST
me suis assis(e)

FUTURE
m'assiérai

See Verb Conjugation Charts for alternative conjugations.

To wait
Regular –re verb

PRESENT

attends	attendons
attends	attendez
attend	attendent

PAST
ai attendu

FUTURE
attendrai

To drink
Irregular verb

PRESENT

bois	buvons
bois	buvez
boit	boivent

PAST
ai bu

FUTURE
boirai

To have
Irregular verb

PRESENT

ai	avons
as	avez
a	ont

PAST
ai eu

FUTURE
aurai

choisir	connaître
croire	devoir
dire	entendre
éteindre	être

To know; to be acquainted with
Irregular verb

PRESENT

connais	connaissons
connais	connaissez
connaît	connaissent

PAST
ai connu

FUTURE
connaîtrai

To choose
Regular –ir verb

PRESENT

choisis	choisissons
choisis	choisissez
choisit	choisissent

PAST
ai choisi

FUTURE
choisirai

To have to, must; to owe
Irregular verb

PRESENT

dois	devons
dois	devez
doit	doivent

PAST
ai dû

FUTURE
devrai

To believe
Irregular verb

PRESENT

crois	croyons
crois	croyez
croit	croient

PAST
ai cru

FUTURE
croirai

To hear
Regular –re verb

PRESENT

entends	entendons
entends	entendez
entend	entendent

PAST
ai entendu

FUTURE
entendrai

To say
Irregular verb

PRESENT

dis	disons
dis	dites
dit	disent

PAST
ai dit

FUTURE
dirai

To be
Irregular verb

PRESENT

suis	sommes
es	êtes
est	sont

PAST
ai été

FUTURE
serai

To turn off
Irregular verb

PRESENT

éteins	éteignons
éteins	éteignez
éteint	éteignent

PAST
ai éteint

FUTURE
éteindrai

faire	finir
se laver	se lever
manger	ouvrir
parler	payer

To finish
Regular *–ir* verb

PRESENT

finis	finissons
finis	finissez
finit	finissent

PAST	**FUTURE**
ai fini	finirai

To do, to make
Irregular verb

PRESENT

fais	faisons
fais	faites
fait	font

PAST	**FUTURE**
ai fait	ferai

To get up
Regular stem-changing reflexive verb

PRESENT

me lève	nous levons
te lèves	vous levez
se lève	se lèvent

PAST	**FUTURE**
me suis levé(e)	me lèverai

To wash (oneself)
Regular reflexive verb

PRESENT

me lave	nous lavons
te laves	vous lavez
se lave	se lavent

PAST	**FUTURE**
me suis lavé(e)	me laverai

To open
Irregular verb

PRESENT

ouvre	ouvrons
ouvres	ouvrez
ouvre	ouvrent

PAST	**FUTURE**
ai ouvert	ouvrirai

To eat
Regular *–ger* verb

PRESENT

mange	mangeons
manges	mangez
mange	mangent

PAST	**FUTURE**
ai mangé	mangerai

To pay
Regular stem-changing verb

PRESENT

paie	payons
paies	payez
paie	paient

PAST	**FUTURE**
ai payé	paierai

See Verb Conjugation Charts for an alternative conjugation.

To speak
Regular *–er* verb

PRESENT

parle	parlons
parles	parlez
parle	parlent

PAST	**FUTURE**
ai parlé	parlerai

penser	placer
plaire	pouvoir
préférer	prendre
recevoir	réussir

To place
Regular –cer verb

PRESENT

place	plaçons
places	placez
place	placent

PAST
ai placé

FUTURE
placerai

To think
Regular –er verb

PRESENT

pense	pensons
penses	pensez
pense	pensent

PAST
ai pensé

FUTURE
penserai

To be able to, can
Irregular verb

PRESENT

peux	pouvons
peux	pouvez
peut	peuvent

PAST
ai pu

FUTURE
pourrai

To be pleasing; to like
Irregular verb

PRESENT

plais	plaisons
plais	plaisez
plaît	plaisent

PAST
ai plu

FUTURE
plairai

To take
Irregular verb

PRESENT

prends	prenons
prends	prenez
prend	prennent

PAST
ai pris

FUTURE
prendrai

To prefer
Regular stem-changing verb

PRESENT

préfère	préférons
préfères	préférez
préfère	préfèrent

PAST
ai préféré

FUTURE
préférerai

To succeed
Regular –ir verb

PRESENT

réussis	réussissons
réussis	réussissez
réussit	réussissent

PAST
ai réussi

FUTURE
réussirai

To receive
Irregular verb

PRESENT

reçois	recevons
reçois	recevez
reçoit	reçoivent

PAST
ai reçu

FUTURE
recevrai

savoir	suivre
tenir	vendre
venir	vivre
voir	vouloir

To follow
Irregular verb

PRESENT

suis	suivons
suis	suivez
suit	suivent

PAST
ai suivi

FUTURE
suivrai

To know
Irregular verb

PRESENT

sais	savons
sais	savez
sait	savent

PAST
ai su

FUTURE
saurai

To sell
Regular –re verb

PRESENT

vends	vendons
vends	vendez
vend	vendent

PAST
ai vendu

FUTURE
vendrai

To hold
Irregular verb

PRESENT

tiens	tenons
tiens	tenez
tient	tiennent

PAST
ai tenu

FUTURE
tiendrai

To live
Irregular verb

PRESENT

vis	vivons
vis	vivez
vit	vivent

PAST
ai vécu

FUTURE
vivrai

To come
Irregular verb

PRESENT

viens	venons
viens	venez
vient	viennent

PAST
suis venu(e)

FUTURE
viendrai

To want
Irregular verb

PRESENT

veux	voulons
veux	voulez
veut	veulent

PAST
ai voulu

FUTURE
voudrai

To see
Irregular verb

PRESENT

vois	voyons
vois	voyez
voit	voient

PAST
ai vu

FUTURE
verrai

NOTES

NOTES

NOTES

NOTES

NOTES

2,000+ Essential French Verbs is the perfect supplement
to any Living Language course, including ...

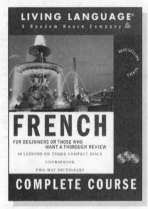

ISBN: 1-4000-2003-4

ISBN: 0-609-81061-8

ISBN: 0-609-81124-X

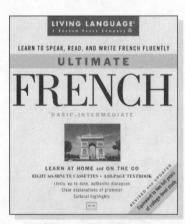

ISBN: 0-609-60734-0

ISBN: 1-4000-2057-3

Available at your local bookseller, or
for a complete list of Living Language titles,
please visit our Web site at www.livinglanguage.com